軍都の慰霊空間

―国民統合と戦死者たち―

本康宏史【著】

吉川弘文館

目次

目次

あとがき
索引　………………　三五三

九

序論　「慰霊」の場をめぐって——軍事都市と死のトポス

㈠　「軍都」研究の視角

日本近代の都市形成史・発達史を考える際、軍隊の駐留ならびに軍事関連施設の存在は極めて大きな要素のひとつといえよう。城下町を前身として近代的発展をとげた地方中核都市（県都）の多くは、とくにこうした色彩が濃い。このような都市においては、軍隊ならびに軍事関連施設の存在や、軍事的な要請に基づく都市整備の分析をぬきにして都市の形成や展開を語ることは出来ない。なかでも旧陸軍の「師団司令部」が設置された諸都市は、いわゆる「軍都」と称され、さまざまなレベルにおいてその軍事的特徴が刻印されてきたものといえよう。例えば、代表的な「軍都」でもある東京では、青山練兵場での一月八日の陸軍始めと十一月三日の天長節には観兵式が行われ、その拝観者は各停車場にあふれたという。まさに「軍都」東京の象徴的行事であった(1)。本書は、このような「軍都」という視点から近代の都市をとらえなおすとともに、とりわけ戦死者をめぐる「慰霊空間」の歴史的な特色をとおして、軍事的な諸条件を背景とした都市構造の問題を検討するものである。

ところで、矢守一彦氏によれば「（近世城下町の）城地とその近辺の（略）変貌は、当該都市の明治以降における歩みを端的に表わすものだった」が、この部位（城郭周辺）とここを占めることの多かった官衙・学校・軍施設との対応関係については、仙台や名古屋等、軍用に供されたグループ（立地が早い）と、金沢や秋田等、官衙・学校と軍施設が併立したグループがあるほか、明治三十年以降に軍施設を迎え入れた場合には、高田や会津若松等の停滞的な都市では軍用地がなお城地に立地したのに対し、甲府や岡山等、域外に立地した型もあったという。(2) こうした都市空間の構造変化について、「軍都」の形成という視点は、一定の有効性をもつように思われる。

なお、「軍都」という都市の特色を主要なテーマとして設定し、これを契機とした地域の問題を意識的に紹介した近年の研究に、佃隆一郎氏や市川秀和氏の論稿がある。(3) いずれも軍隊衛戍地となった地方都市における地域社会の実情を地域固有の条件にそくして分析した労作といえよう。本書では、以上のような視角から、陸軍師団の創設とそれに伴う都市の空間的変貌の諸相を具体的に明らかにしていきたい。

(二) 「慰霊空間」研究の現状

一般に、死者を弔い霊を慰める場合、具体的な慰霊の対象となるのは、代々の墓碑や仏壇、位牌などに拠る祖先の霊、あるいは氏神など、「イエ」共同体に属した産土神である。しかし、国家神道の強い影響下にあった戦前期の日本にあっては、戦死者の霊魂＝「英霊」に対して慰霊行為を営む際に、特定の場所が設定されていた。すなわち、忠魂碑・忠霊堂での慰霊祭、共同墓地や墓碑（合葬碑）での慰霊式典、招魂社・護国神社における招魂祭などである。(4) これらの「場所」は、いわば「慰霊空間」と呼ぶことができよう。本書では、戦死者慰霊に関する施設の立地と展開（廃止・移転など）が、近代都市においてどのような様相をみせるのか、「軍都」に特徴的な、師団管下の「陸軍墓地」および「招魂社」等を軸にみてみることにする。その際、都市の精神空間論的なアプローチ、とりわけ「慰霊」の営みをめぐる場所性の検証も避けては通れない問題といえよう。

このような問題に関して、宗教社会学者デイビド・E・ソーファーは、「宗教と景観」という論稿で、「宗教的建造物の様式、方位および密集度、共同墓地の土地利用（略）これらは、宗教体系がその土地に形に現れた伝統的な諸相をもたらすのに効果をあげている」と指摘している。(5) このように宗教的施設の成立条件が一定の景観や場所性を示すことは、我が国においても経験的に了解しうるところではないだろうか。

一方、鈴木理生氏のように、墓地の立地＝死体処理の問題ととらえ、「概念としての都市計画の本質」が「都市の維持・管理の手法」だとすると、「大都市における住民の死体処理の手法は、最も『都市計画』的なもの」であるという観点もなりたつ。すなわち墓地＝寺院は、都市の形成上「一貫して低湿地の陸地化の手段として計画されている」と言い切るような機能主義的な見方もなくはない。(6)

こうした議論をふまえたうえで、戦死者の霊魂に対して「慰霊」を営む特定の場所、すなわち、招魂社や護国神社、軍人墓地など戦死者慰霊に関する施設の立地と展開が、近代都市においてどのような様相をみせるのかという問題を考えてみたい。そうした実態の検証は、おそらく「軍都」に特徴的な、かつ重要な課題に違いない。

ところで、このような近代の「慰霊空間」に関する考証は、従来いろいろな立場からさまざまに試みられてきた。(7) 近年では、赤澤史朗氏に戦争と神社に関する包括的な研究があり、原田敬一、横山篤夫、森岡清美、今井昭彦、坂井久能、高木博志、木口亮、青井哲人氏らの陸軍墓地や招魂社・護国神社の立地に関する実証分析も注目されている。さらに、北陸地域においても市川秀和氏による福井市の足羽山招魂社の「場所性」に関する分析があり、(8) 筆者もこれらに関する若干の検証を試みてきた。(9) なお、原田氏の関係稿は、陸軍墓地の制度と実態に関して、基礎的かつ網羅的な検証を試みた労作といえるが、(10) こうした陸海軍埋葬地の実態に関しては、筆者も含め上記の研究者の多くが参加する国立歴史民俗博物館の研究グループ（「近現代の兵士の実像」研究会）が、近く調査成果を報告書としてまとめる予定である。また、この問題に関しては、中京大学の檜山幸夫氏の研究グループも精力的に全国各地の事例を調査しており、筆者も調査団の一員として、多くの教示を得るとともに若干の情報提供を行っている。(11)

いずれにせよ、こうした都市の精神空間論的なアプローチを含め、いわば都市空間の社会史の試みが、とりわけ「軍都」の近代史を語るうえでの有効な方法になるものと思われる。というのも、都市空間を重視する方法としての都市史は、そもそも社会史の観点からの西欧近代都市史研究の影響の下に生まれたもので、その西欧の「社会史的都市史」では、都市は多様な社会集団とその文化の集合体として捉えられるとされるからである。ここでは、これら諸社会集団の関係性そのものである「都市空間」を制度や施設によって管理・秩序化していくことが、都市の「近代化」の内容とされている。(12)だとすれば、社会史的な方法・視点を、これまでの近代日本都市史研究にどのように活用することができるのかが、改めて問われなければならない課題といえよう。

(三)「軍都」金沢論

1 「軍都」金沢の成立

本書では、「軍都」の「慰霊空間」を分析する事例として、北陸の地方都市「金沢」をとりあげた。石川県金沢市は、いうまでもなく「加賀百万石」の城下町として、また陸軍の第九師団司令部が置かれた「軍都」として知られた本州日本海側の中核都市である。こうした背景を前提に、金沢を分析の対象とした事由をかいつまんで説明しておこう。

まず、金沢が「軍都」であったという認識は、従来歴史書の叙述のうえではどのようにあつかわれてきたのであろうか。一般的には、日清戦争以降、金沢は「一躍にして軍都となり、それが市の経済に好影響を与えたことは言うまでもない」とか、「町には軍服姿があふれ、練兵場に向かう兵士の列に出会う機会も多くなり、軍都金沢の気配が色濃くなっていった」といったところが、大方の認識といえよう。[13] しかし、金沢市の公式的な歴史叙述たる、『金沢市史』現代編下（金沢市、一九六九年）の「軍事」の項目では、「日清戦争後、わが国の軍備は格段の拡張をみるのであるが、このときに金沢の軍編成も著しく拡大された」（傍点引用者）と指摘するのみであり、概説書のなかには「軍の施設といっても、加賀百万石の城下町金沢に第七連隊がおかれていた程度で、美術工芸品そして温泉郷、白山で知られている平和な県であった」（同右）[14] というような悠長な見方もあるのである。いずれにせよ、「伝統工芸の盛んな加賀百万石の城下町、金沢医大や四高・高工の学生が青春を謳歌した金沢市は、第九師団の師団司令部のある北陸の中心的な軍都であった」[15]、という叙述のごとく、日清戦争後の第九師団の設置がその画期となっているものと解されよう。[16] そこでまず、「軍都」成立の基本的な要件となる第九師団司令部の設置の経緯を確認しておきたい。

明治維新以降の金沢は、ほぼ明治の前半期をつうじて「衰退」の一途をたどった。例えば、これを端的に物語る金沢市の人口動態は、明治四年（一八七一）に一二万三三六三人を数え、全国的にも東京・大阪・京都のいわゆる三都に次ぐものであったのが、翌五年には一〇万九六八五人と激減し、三十年には八万二七人まで減少してしまったのである（以上、『金沢市統計書』[17]）。一方、幕末期に金沢と同様、江戸、大坂、京都の三都につぐ大城下町とされた名古屋（尾張城下では「四都」とも称したという）の都市人口は、明治六年には金沢とさほどかわらぬ一二万人代であったものの、二十三年には一六万四八四九人、四十三年には四〇万五六〇六人と増え続け、大正九年（一九二〇）には四二万九九九七人、昭和五年（一九三〇）には九〇万七四〇四人となって、戦前の時点ですでに一〇〇万都市（一三〇万人代）を形成しているのである。

このように沈滞した金沢の市勢を挽回すべく、さまざまな努力が重ねられたことはいうまでもない（例えば、博覧会の開催、尾山神社神門など新名所の建設）。とりわけ、その実効をあげるために、政治・経済・文化の拠点施設を金沢に誘致することが有効な方法と考えられた。なかでも軍施設、具体的には、陸軍の師団司令部を誘致することは極めて効果的な手段と考えられ、しばしばこれを目論んだ運動が試みられたのである。

こうした努力が功を奏し、晴れて第九師団は金沢に創設されるに至る。これ以降も戦時の動員や陸軍特別演習の際には、市当局や金沢市民がすすんで軍に協力する姿勢がしばしばみられるようになる。このように、一旦軍隊の駐留が開始されると、市民生活は良きにつけ悪しきにつけその影響を受けざるをえなくなる。大きくいえば、軍隊は、金沢という都市が成立する基盤＝構成要素のひとつになっていくのであった。

なお、金沢の軍事都市的な性格に関しては、従来「都市論・都市空間論」の立場から僅かながらも一定の関心が寄せられてきた。例えば、島村昇氏は、「(金沢）城跡（の主）が、（略）領主→軍部→大学と推移してきた経過は、まことによくその時代の傾向を反映している」と指摘[18]、土屋敦夫氏も金沢の都市形成を「城下町空間の近代化」と捉えたうえで、軍事的な要素もその条件のひとつとする見解を提示している。[19]近年刊行された『金沢市史』資料編17（建築・建設）も、金沢の都市形成の要素として軍事的な側面がその背景のひとつをなす、とする見解を叙述に組み込むに至っていることを付言しておきたい。[20]

2　師団設置と地域社会

「軍隊は最大の消費人口である」といわれる。このことは、とくに戦前期には強く認識されていたであろう。橋本哲哉・林宥一氏の推定によれば、「第九師団の戦闘兵員は、（略）一万人強である。平時にどれほどの兵員が金沢にいたのか確定するのはむずかしいが、師団関係者・家族をふくめておおよそ同数程度ではなかったかと思われる。それでも当時の金沢市の人口の約一割にあたる」とされており、(21)金沢の場合も消費面でのかかる状況は当然想像できよう。むしろ、師団の編成＝定員数は、各師団に一律であることから、人口が大都市に比べて少ない地方都市では、より軍隊駐留の影響を強く受けたものと思われる（例えば、豊橋、呉、弘前など）。むろん、消費の傾向を軍隊との関係から厳密に摘出して、統計上具体的に把握することは容易ではない。実際のところ、師団や軍隊の駐留が総体としての金沢の経済に、いかほどの影響を与えているものかは、いささか断定するに心もとない。本来ならば、より具体的、計量的な分析（あるいは経営実態の検証）が求められるところであろう。こうした点については、現在のところ史料的な制約もあり、引き続き調査を進め別に検討を試みたい。以下、この問題を示唆する興味深い事例を発掘したので、その概要を紹介し、「軍都」の市民生活、とりわけ地域社会とのかかわりをみるケーススタディとしたい。

大正十年（一九二一）十一月、ワシントンで開催された国際軍縮会議をうけて、陸海軍をめぐる大幅な軍備縮小の機運が到来した。いわゆる大正デモクラシー期の軍縮問題である。十四年三月、懸案の軍隊整理は、いよいよ陸軍省発表のごとく実施されることになり、第九師団では同月二十八日その詳細が示された。これによれば、第九師団管下では、富山の歩兵第六十九連隊は廃止され、金沢駐留の歩兵三十五連隊がそのあとを継ぐことになったのである。これに応じて、旧金沢城を占拠していた歩兵第七連隊が城内の兵営を引き払い、石川郡野村の三十五連隊兵営に移ることになった。この事態に関し、これよりさき「連隊廃止」の噂に反応して熾烈な連隊存続運動を行っていた野村付近各町会の有志は、連隊名こそ変われ従来と同様の立場を維持できることとなり、ひとまず安堵したもようである。

こうしたなか、同年四月十九日、野村練兵場原頭で富山に転営する歩兵第三十五連隊の観兵式が行われた。当時の新聞記事によれば、「観衆は十重二十重の人垣を作り、東側には愛国婦人会、その他将校家族や官民在郷軍人が、南側と西側には市部小学校生徒が並び、大部隊の延々たる行進は数千の観衆に勇壮な感慨を与えた」という。その後営中の雪中演習場で祝宴が設けられ、午後からは営庭各所で相撲などの余興も行われたという。(22)

ところが、翌大正十五年(一九二六)六月には、さきに移駐した歩兵第七連隊を野村から大手町の金沢城址へ再移転する旨の、第九師団長あて陸軍大臣命令があった。すなわち七連隊は十四年五月に野村に移ってから、わずか一年余で元の古巣に帰ることになったのである。これに対して、金沢城周辺、大手町、博労町、殿町、尾張町一帯の付近町民は、早速七連隊復帰の歓迎準備に取りかかった。一方、野村では、三十五連隊のかわりに七連隊が来てから、雑貨店や飲食店などが一層盛んに建築されたものの、七連隊の大手町復帰に伴い、商売等への影響が心配されることになった。六月三十日には、七連隊は大手町の旧営舎に復帰。その際、旧金沢城の営門付近には地元商店街をはじめとする住民約三〇〇人が総出で出迎えたと伝えられる。(23)かくして、この一連の連隊移駐事件は、軍隊と周辺住民の依存関係を鮮やかにあぶり出すものとなったのである。

3　比較「軍都」論の視点

このほか本書では、「軍都」間の比較の中で、金沢の軍事都市としての特色を析出する方策を心掛けた。なぜなら、先述したごとく「軍都」という概念は、歴史的な認識と空間的な認識の交錯する分析方法であるため、両面からの比較都市史的な観点が必要と思われるからである。

こうした点について、例えば、広島では「日清戦争期から日露戦争期へかけて軍事関係諸施設が拡充され、それに伴う軍事工業化と都市化のめざましい進展をみた」とされるのに対し[24]、金沢では「ほかに大工場や基幹産業がなかったこともあって、軍都としての性格がしだいに色濃くなっていった」[25]との相反する指摘がある（傍点引用者）。両都市の比較に関連して、川崎茂氏は、同じく地理学者内田順文氏の「イメージによる都市の〝風格〟評価」[26]を援用し、典型的な戦災都市である広島と非戦災都市金沢の対比分析を行っている（主要七〇都市の象徴要素を回答比率で比較）。これによれば、金沢と広島は、等しく大藩の城下町かつ陸軍の師団司令部所在の「軍都」でありながら、その都市イメージと実態には著しい差異があることが確認される。非戦災都市金沢では、藩政期からの象徴要素のみがきわだつことにより、いわゆる「百万石城下町」すなわち伝統的都市のイメージが強いのに対し、広島では、何といっても原爆関係の象徴要素がクローズアップされるのである。こうした地方都市間の比較文化史・精神史的な考察も、この問題の重要な視点であることを付言しておきたい。

(四) 課題と構成

最後に、本書の構成について確認しておく。本書は、三編構成で、第Ⅰ編（「軍都」論と「慰霊空間」）では、「軍都」論の可能性と師団設置クラスの「軍都」における「慰霊空間」の諸相、第Ⅱ編（「招魂」の空間）では、招魂社・護国神社の立地並びに遷移の背景と「招魂」制度の変遷について、さらに、第Ⅲ編（「慰霊」のコスモロジー）では、「慰霊空間」としての陸軍墓地とその立地の背景となった都市民衆の空間認識について、都市民俗学の成果を援用しつつ検討している。以下、各章ごとにもう少し詳しく紹介しよう。

第Ⅰ編第一章「『軍都』論」では、「軍都」という視点から近代の都市をとらえなおし、軍事的な諸条件をめぐる都市構造の問題を歴史的・空間的な特色から検討している。その際、「軍都」におけるさまざまな地域性の分析を、都市景観の変貌や都市空間（構造）の変化（都市類型論）をたよりに検証、陸軍師団の創設とそれに伴う都市の空間的変貌の諸相を明らかにした。とくに「軍都」金沢の特色をみるうえで、全国各地の「軍都」の創設と場所性に関して、その成立事情と諸相を研究史整理を兼ねて略述している。

第二章「『城下町』から『軍都』へ」では、「軍都」における空間占有の問題を、各師団衛戍地の諸相を対象に、主に城下町空間の変容という視点から概観した。その際軍事施設の設置状況に着目、中心地機能、すなわち都市プランの骨格の形成に関し城下町の都市構造の特質である地域制に焦点を合わせ検討している。とりわけ「軍都」金沢における空間的変容の様態を、軍事関係施設の空間利用の観点からあとづけた。なお、「軍都」の「戦争遺産」として、陸軍兵器庫を例に軍事的な近代化遺産についても紹介している。

第三章「『軍都』における『慰霊空間』の諸相」では、戦死者に対して「慰霊」を営む特定の場所、すなわち、招魂社や護国神社、軍人墓地、あるいは忠魂碑・忠霊塔など、戦死者慰霊に関する施設の立地と展開が、近代都市においてどのような様相をみせるのかという問題を考えている。

第II編第一章「招魂社の創設と招魂祭」では、石川県を対象に招魂社制度の地域的な変遷をたどり、同制度が民衆意識の形成（統制）に果たした役割につき検証した。その際、金沢郊外卯辰山で行われてきた招魂祭は、明治二十年代半ば頃から都心に位置する兼六公園内「明治紀念之標」の前で開催されるようになる。同紀念標建立の経緯とそこでの招魂祭の開催事情は次章で整理した。

第二章「明治紀念標の建設」では、西南戦争後の明治十三年に兼六公園内に建てられた「明治紀念之標」の性格と建碑をめぐる諸問題をとりあげた。その際、全国の銅像型慰霊碑の系譜のなかで金沢の紀念標の位置を明らかにし、とりわけ銅像のモチーフに、「記紀神話」の英雄「日本武尊」の図像を選定するに至った背景を検証している。第三章「招魂社の変遷」では、招魂祭の実態と金沢市内中心部への招魂社の「遷移」、さらに「石川護国神社」への「改称」過程をあとづけた。とりわけ、「遷移」が必要な課題と意識された歴史的な背景を招魂社遷移運動そのもののなかに検証した。

第四章「護国神社の創設と展開」では、「一府県一社制度」の形成に至る神社界ならびに内務省ほか関係各省の動向を検討している。このような護国神社制度の特徴は、いかなる社会的背景を反映したものであったのか。このほか占領期における護国神社、さらに「営内神社」の存在とその実態に関して検証した。

補論「台湾神社の創建」では、日本の植民地支配の精神的シンボルとされ、植民地下の神社の代表のひとつと目された台湾神社の創設をめぐる経緯について言及している。

第Ⅲ編第一章「陸軍墓地の創設と展開」では、陸軍埋葬地の創設過程に関して紹介した。「軍都」金沢の陸軍墓地は郊外の里山野田山に設けられ、西南戦争・日清戦争以降は合葬墓碑という形をとった。これら軍人墓地の墓碑・合葬碑には、いかなる慰霊意識が投影されてきたのだろうか。墓地空間の構成と特徴を確認し、加えて日露戦後のロシア兵捕虜の墓碑についても付言した。

第二章「忠霊塔及び忠魂堂建設運動」では、招魂社遷移問題と平行して昭和前期に展開した、「慰霊」をめぐるもう一つの半官製運動、「忠霊塔建設運動」について分析した。一方、これよりさき納骨堂を含む仏教的色彩の濃い慰霊施設として、各地で慰霊堂や忠魂堂の建設がみられた。ここでは金沢における忠魂堂の性格、さらに招魂社や招魂祭維持講との関係を検討した。

第三章「『慰霊空間』と民衆意識」では、地域社会における「慰霊空間」の認識の様相を検証すべく、招魂社と陸軍墓地の近世期以来の立地に関する背景（条件）を考察した。いわば「軍都」の空間認識（コスモロジー）ともいえる心的空間の諸相である。そのほか民衆意識の一端をうかがうために、戦没者慰霊にかかわる習俗や民間信仰についても論及している。なお、軍国社会の進展、戦時体制の強化という過程は、一面で伝統的な社会習俗の強調という事態をもたらしたが、反面、民俗的な地域社会の伝統との共存という点で、しだいに乖離する傾向をみせるようになる。こうした点をふまえ、最後に、戦争により「民俗社会」がいかに変質したかという問題について考察した。以下、こうした枠組の是非も含め、次章よりの具体的な事例分析に即して、多くのご批判を賜りたい。

注

（1）石塚裕道・成田龍一『東京都の百年』（山川出版社、一九八六年）六八頁以下。
（2）矢守一彦「明治以降における城下町プランの変容」（『城と城下町―生きている近世1』淡交社、一九七八年）。
（3）佃隆一郎「宇垣軍縮と〝軍都・豊橋〟―衛戍地問題をめぐる『豊橋日日新聞』の主張―」（『愛大史学』第四号、一九九五年）、市川秀和「軍都の解体から公園の再生へ―鯖江市における近代公共空間の形成に関する一考察―」（『福井大学地域環境教育センター研究紀要　日本海地域の自然と環境』七号、二〇〇〇年）。
（4）村上重良『慰霊と招魂』（岩波書店、一九七四年）。
（5）デイビド・E・ソーファー「宗教と景観」（マルティン・シュヴィント編著『宗教の空間構造』大明堂、一九七八年）。
（6）鈴木理生「江戸の寺町」（『幻の江戸百年』筑摩書房、一九九一年）。ただし、鈴木氏も「もちろん寛永寺・増上寺などの徳川の菩提寺やそれに準ずる護国寺などの場合は、例外であることはいうまでもない」として、これらの特殊性を強調している（傍点引用者）。
（7）細見長盛『不滅の墳墓』（巖松堂書店、一九三二年）、小林健三・照沼好文『招魂社成立史の研究』（錦正社、一九六九年）、村上前掲『慰霊と招魂』、大原康男『忠魂碑の研究』（暁書房、一九八四年）、籠谷次郎「市町村の忠魂碑・忠霊塔について」（『教育と国家の思想』阿吽社、一九九四年）など。
（8）森岡清美・今井昭彦「国事殉難戦没者、とくに反政府軍戦死者の慰霊実態」（成城大学文芸学部『成城文藝』第一〇二号、一九

八二年）、赤澤史朗「日本ファシズムと神社」（『近代日本の思想動員と宗教統制』第五章、校倉書房、一九八五年）、原田敬一「『万骨枯る』空間の形成―陸軍墓地の制度と実態を中心に―」（『佛教大学文学部論集』第八二号、一九九八年）、同「陸海軍埋葬地制度考」（大阪大学文学部日本史研究室編『近世近代の地域と権力』清文堂、一九九八年）、横山篤夫「真田山陸軍墓地の成立と展開について」（『地方史研究』二八一号、一九九九年）、今井昭彦「近代日本における戦没者祭祀―札幌護国神社創建過程の分析を通して―」（松崎憲三『近代庶民生活の展開』三一書房、一九九八年）、木口亮「戦没者祭祀についての一考察―茨城県牛久市城中町の事例を手がかりに―」（『RUGAS』一六号、立教大学地理人類学研究室、一九九八年）、坂井久能「神奈川県における忠霊塔建設」（『神奈川の戦争と民衆』研究収録、神奈川県高等学校教科研究会歴史分科会日本史研究推進委員会、一九九七年）、同「神奈川県護国神社の創建と戦没者慰霊堂」上・下（『神道宗教』第一七四・一七五号、一九九九年）、青井哲人『神社造営よりみた日本植民地の環境変容に関する研究―台湾・朝鮮を事例として―』（非売品、二〇〇〇年）、高木博志「官幣大社札幌神社と『領土開拓』の神学」（岡田精司編『祭祀と国家の歴史学』塙書房、二〇〇一年）など。市川秀和「足羽山公園の成立と場所の政治学―福井市における近代公共空間の形成に関する一考察―」（『福井大学地域環境教育センター研究紀要　日本海地域の自然と環境』六号、一九九九年）など。

（9）本康宏史「『軍都』と民俗」（一）（『都市の民俗研究』七号、一九八七年）、同「招魂社制度の地域的展開と十五年戦争」（高澤裕一編『北陸社会の歴史的展開』能登印刷出版部、一九九二年）、同「『軍都』の民俗再考―祈願と慰霊を中心に―」（二）（『石川県立歴史博物館紀要』九号、一九九六年）、同「『軍都』金沢―イメージと実態の変遷小史―」（本康編『金沢学⑧イメージ・オブ・金沢―〝伝統都市〟像の形成と展開―』前田印刷出版部、一九九八年）、ならびに本康「『軍都』のトポロジー―祈願と慰霊を中心に―」（櫛田清編『金沢学⑨トポス・オブ・金沢』前田印刷出版部、二〇〇〇年）。

（10）原田前掲「『万骨枯る』空間の形成―陸軍墓地の制度と実態を中心に―」、同「陸海軍埋葬地制度考」。なお、原田氏の諸論は、近著『国民軍の神話―兵士になるということ―』（吉川弘文館、二〇〇一年）にまとめられ、全体像がより明確になった。

（11）この経緯と成果は、檜山幸夫編著『近代日本の形成と日清戦争―戦争の社会史―』（雄山閣出版、二〇〇一年）に詳しい。なお、この問題に関しては、大原康男「続・忠魂碑の研究―護国神社制度の成立と忠霊塔建設運動に焦点をあてて―」（『國學院大学日本文化研究所紀要』五二輯、一九八四年）、籠谷前掲「市町村の忠魂碑・忠霊塔について」、今井ほか前掲「国事殉難戦没者、とくに反政府軍戦死者の慰霊実態」、坂井前掲「神奈川県における忠霊塔建設」、海老根功『東燃（株）和歌山工場大空襲のかげに』（埼玉新聞社、一九九〇年）など参照。とりわけ、檜山幸夫「戦争記念物と戦争記録物」は、日清戦争の事例を中心に、この問題に関して包括的な議論を展開し注目される（檜山前掲『近代日本の形成と日清戦争―戦争の社会史―』三三〇〜三三六頁）。また、今井前掲「近代日本における戦没者祭祀―札幌護国神社創建過程の分析を通して―」は、招魂碑から忠魂碑・招魂社をへて護国神社に発展した札幌護国神社の典型的な事例を丹念に追っており、極めて示唆に富む。さらに、全国の忠魂碑等の分布に関しては、各県の護国神社等が編纂した報告書がかなりあり、国立歴史民俗博物館では、これらをまとめつつ全国の戦争記念碑等を網羅的に調査するプロジェクト（非文献資料の調査・研究）を立ち上げている。筆者も新井勝紘、一ノ瀬俊也、海老根功氏をはじめとするこのメンバーから、多くのご教示を得ている。

(12) 大石嘉一郎・金澤史男「近代都市財政史研究の課題と方法」（明治学院大学産業経済研究所『研究所年報』第一一号、一九九四年）。都市化と軍事化の問題に関しては、原田敬一『日本近代都市史研究』（思文閣出版、一九九七年）の「序章」など参照。

(13) 石林文吉『石川百年史』（石川県公民館連合会、一九七二年）、「第九師団と軍都金沢」（制作委員会編『激動の地方史』北陸放送、一九九二年）。ちなみに、大石嘉一郎、金澤史男氏による地方都市の類型分類では、「金沢」は、仙台・熊本・広島とともに、「軍事・文化」の拠点性の高い「政治都市」と位置付けられている（大石・金澤前掲「近代都市財政史研究の課題と方法」一二四頁）。なお、この問題に関しては、本康宏史「『軍都』における都市空間の諸相―比較『軍都』論の前提として―」（『石川県立歴史博物館紀要』一三号、二〇〇〇年）参照。

(14) 小田幸平責任編集『日本の空襲五　愛知・三重・岐阜・福井・石川・富山』（三省堂、一九八〇年）三三四頁。

(15) 「『軍都』金沢と日露戦争」（宮本又久編著『明治・大正・昭和の郷土史　石川県』昌平社、一九八二年）二五頁。

(16) 第九師団戦史編纂委員会編『第九師団戦史』第十師団、一九六六年。ちなみに、第九師団設置の経緯に関しても、従来しばしば混乱がみられた。例えば手元の概説書の各年表のあつかいをとってみても、以下のように各書まちまちである。

イ、明治二十九年／この年、金沢に第九師団司令部設置（宮本又久編著『明治・大正・昭和の郷土史　石川県』昌平社、一九八二年）。

ロ、明治二十九・七・二十九／金沢に第九師団司令部設置→明治三十一・十一／金沢城内に第九師団司令部を設置（制作委員会編『激動の地方史』北陸放送、一九九二年）。

ハ、明治三十一・十一・一／金沢城内に第九師団司令部を設置（橋本哲哉・林宥一『石川県の百年』山川出版社、一九八七年）。

二、明治三十一／この年、第九師団司令部を金沢におく（下出積與『石川県の歴史』山川出版社、一九七〇年）。

(17)『金沢市統計書』の問題点は、土屋敦夫『近代における歴史的都市と工業都市の形成の研究』（非売品、一九九三年）の第一部、師団司令部の設置時期というごく基本的な問題ひとつとってすら、このような認識状況にあるのである。

四五頁以下に詳しい。

(18)島村昇「金沢の都市と住居—金沢の都市空間系—」（田中喜男・島村昇・山岸政雄『伝統都市の空間論・金沢—歴史・建築・色彩—』弘詢社、一九七七年）。

(19)土屋敦夫「都市における近代」（『日本建築学会北陸支部シンポジウム・北陸の近代—都市と建築—』報告書、一九八八年）、土屋前掲『近代における歴史的都市と工業都市の形成の研究』一四四頁。

(20)『金沢市史』資料編17 建築・建設（金沢市、一九九八年）。

(21)「日清・日露戦争と県民」、および「日清・日露戦争と軍都金沢」（橋本・林前掲『石川県の百年』）。

(22)「告別の一大観兵式」（『北国新聞』大正十四年四月二十日付）。

(23)「野村へ行った七連隊、又元の古巣に帰る」（『北国新聞』大正十五年六月二十五日付）。

(24)天野卓郎「軍都広島の変遷」（『歴史公論』第九巻第五号、特集「近代日本の都市」一九八三年）。

(25)橋本・林前掲「日清・日露戦争と軍都金沢」。いわば生産型「軍都」に対する消費型「軍都」。

(26)内田順文「都市の『風格』について—場所イメージによる都市の評価の試み—」（『地理学評論』五九巻A、一九八六年）二七六〜二九〇頁。川崎茂「伝統都市金沢の歴史的環境とアメニティ」（二宮哲雄編著『金沢—伝統・再生・アメニティ—』御茶の水書房、一九九一年）三一〜三三頁。この件に関しては、伊藤悟「北陸地方における都市のイメージとその地域的背景」（『人文地理』四六巻、一九九四年）三五三〜三七一頁、伊藤「都市空間の知覚」（『新しい都市地理学』東洋書林、一九九七年）一三八頁など参照。

I

「軍都」論と「慰霊空間」

第九師団の営庭（軍旗祭）〔博文堂　能登印刷出版部所蔵〕

前頁の写真は大正末年頃の第九師団歩兵第七連隊の「軍旗祭」光景．軍旗祭は，連隊に軍旗が下付された九月九日を記念して，毎年営庭で行われた（かつての金沢大学グランド付近）．正面が大手門わきの連隊本部．軍旗祭の午後は，営庭が市民に開放され賑わった．

この第Ⅰ編では，「軍都」という視点から近代の都市をとらえなおし，「城下町」を基層とする都市構造の変容と，師団クラスの「軍都」における「慰霊空間」の諸相を検討する．

一 「軍都」論

はじめに

明治以降、第二次世界大戦前までの日本の都市の性格を考えるうえで、「軍都」という概念は、抽象的ではあるものの一定のイメージと実態をもつものと思われる。とりわけ多くの地方都市においては、軍隊ならびに軍事関連施設の存在や、軍事的な要請にもとづく都市整備の分析をぬきにして都市の形成や展開を語ることはできない。なかでも旧陸軍の「師団司令部」が設置された諸都市は、いわゆる「軍都」と称され、さまざまなレベルにおいてその軍事的特徴が刻印されてきたものといえよう。そうしたなかで金沢は、仙台・熊本・広島など、いくつかの「軍都」とともにこうした特色を有し、その役割を果たしたものと思われる。もちろん、これら以外の軍事的な諸都市、例えば「連隊」が置かれた地方中都市や、「軍港」として整備された港湾都市なども、こうした範疇に含まれよう。本章は、このような「軍都」という視点から近代の都市をとらえなおし、軍事的な諸条件をめぐる都市構造の問題を歴史的・空間的な特色から検討するものである。

(一) 都市類型論と「軍都」論

1 都市類型論の動向と「軍都」

ところで、いかなる都市を「軍都」とみなすかは、当然、まず俎上にのせなくてはならない問題であろう。これは一方で、いわば日本近代都市史における都市類型にかかわる議論でもある。とりわけ地方都市に関しては、こうした都市類型論を重視する傾向が、一九七〇年代後半に研究上の市民権を得てきたことに注目したい[1]。例えば、金沢の事例に関しても、橋本哲哉氏は昭和五十一年(一九七六)に発表した都市化と民衆運動に関する論文において以下のように言及されている。同論文で橋本氏は、従来の「都市＝六大都市という発想」を批判し、一九一〇年代末の都市を「六大都市」、人口一〇万以上の「地方中心都市」、人口五〜一〇万の「地方中都市」、人口一〜五万の「町」を含めた「地方小都市」の四類型にくくってその動向の検証を試みたのである[2]。

こうした議論のなかで近年重視されつつある視点が、類型化を単なる横並びの分類としてでなく、都市の重層的な編成のあり方とその相互の諸連関を念頭に入れて進めていくことの必要性である。周知のとおり、後発の資本主義国として近代的発展を遂げた日本の場合、国家が資本主義の確立を強力に後押しした点は、しばしば指摘されるところである。ことにインフラストラクチュアの整備に当たっては、限られた資源を有効利用する立場から、重要度の高いものから優先的に「国家的公共政策」を通じて地域配分されていったという歴史がある。したがって、近代都市のヒエラルキー的編成は、なによりも「国家的政策」に強く規定されながら、その骨格が形成されたとみることができよう。こうしたなかで、「軍事」に関するインフラ整備が、明治後期から昭和戦前期にあっては、とりわけ優先的な「国家的公共政策」であったことはいうまでもない。例えば、明治二十九年（一八九六）の帝国議会に提出された「公共道路法案」の内容は、こうした「軍事」を軸として都市のヒエラルキー的編成を示唆する格好の事例といえよう。同法案によれば、優先的に整備されるべき道路分類は、以下のように規定されている。(3)

① 国道

東京より各府県庁所在地・師団鎮守府所在地・重要港湾に達するもの。

師団司令部鎮守府と管内旅団・衛戍地・要塞司令部を結ぶもの。

② 府県道

隣接府県庁所在地を連結するもの。

県庁と管内郡市役所緊要港湾・停車場ほか管内枢要地に達するもの。

緊要港湾停車場と国道を結ぶもの。

このような、道路区分・道路網は、とりもなおさずその順で重視した都市の拠点性を示している。とすれば、まず、府県庁所在地・中枢軍事拠点（陸軍師団、海軍鎮守府所在地）、重要港湾および諸軍事拠点が、第一に位置づけられ、次に府県庁所在地を副次的な中心として郡市役所、主要港湾、主要鉄道駅が位置づけられていたものと読み取れる。すなわち、「師団鎮守府所在地」を結節点としたネットワークが、最優先に位置づけられているのである。

以上のような政治、軍事、港湾の拠点の選定とそれをつなぐ交通ネットワークの重視は、国家的に序列づけられた近代都市のヒエラルキー的編成を形成するうえで決定的な役割を果たしたといってよいだろう。そしてその骨格は、およそ市制制定前後から日露戦争直後（一八九〇〜一九〇〇年代）の期間に固まってくるものと考えられるのである。

なお、こうした都市の諸要素を、構造的なレベルに即して分類したものが、大石嘉一郎・金澤史男氏による地方都市の類型分類（表1）である。ちなみに、同分類では、金沢は、仙台・熊本・広島とともに、「軍事・文化」の拠点性の高い「政治都市」と位置付けられていることに注目したい。[4]

一方、しばしば基準とされる大石嘉一郎氏の分類によれば、日本の地方自治体は、「大都市」あるいは「県庁所在地級地方都市」、さらにそれ以下の「零細都市」（郡役所・県の出先機関・中学などが立地、郡レベルの行政・文化・産業の中心＝町場）ならびに、「農村」に峻別され、これらは地域における重層的な編成を構成するものとされる。この際、前者は、東京・大阪をはじめとした、巨大都市、地方中心都市、港湾都市をさし、国レベルの政治・文化・産業の中心であり、後者は、県庁・軍隊・国の出先機関、大学・高校が立地する、府県レベルの行政・文化・産業の中心都市として設定されている。[5]この場合、師団管区（含数県）を統合の単位として設置される、師団衛戍地＝「軍都」は、「大都市」と、「県庁所在地級地方都市」を包含しつつ、実態的にはその中間に位置する都市群とも認識されよう。

ところで、こうした国家的に序列づけられた近代都市のヒエラルキーという、タテ型の都市認識の一方、同じ都市群の間にも、それぞれの歴史的形成過程や地政学的な差異による、ヨコ型の都市認識も可能といえよう。すなわち、「軍都」の比較都市史的な観点である。例えば、中国地方の拠点都市広島では、「日清戦争期から日露戦争期へかけて軍事関係諸施設が拡充され、それに伴う軍事工業化と都市化のめざましい進展をみた」とされるのに対し、[6]北陸地方の拠点都市金沢では「ほかに大工場や基幹産業がなかったこともあって、軍都としての性格がしだいに色濃くなっていった」[7]、との指摘もある（傍点引用者）。こうした地域「軍都」間の比較検討も、この問題の有効な視点であると思われる。いずれにせよ、「軍都」という概念は、その概念の有効性を含め、より厳密に検討されなくてはならないものといえよう（ただし、ここでは行論に先立って「当該都市の諸相に師団等の軍隊やその施設の存在が構造的な影響を与え

表１　地方都市の類型

拠点性 → ↓	市制施行地		市制未施行地
	Ｉ　政治	II	III
軍事・文化	仙台，金沢，広島，熊本	弘前，姫路	
港湾・文化	新潟，長崎，鹿児島		
軍事	宇都宮	久留米，佐世保，呉，横須賀，高田	舞鶴，善通寺，旭川
港湾	青森	下関，四日市，門司	敦賀，塩釜，境，船川
文化	水戸，静岡，松江，岡山，松山，高知，福岡，佐賀，山形	松本	浦和，札幌
	盛岡，秋田，富山，福井，甲府，岐阜，津，和歌山，鳥取，徳島，高松，前橋，長野，青森，大津，福島，大分	米沢，高岡，堺，尾道，若松，丸亀，高崎，小倉，長岡，豊橋，宇治山田，浜松	

(注)　第一次大戦を画期とする都市化の進展以降の各都市．出典は，前掲大石嘉一郎・金澤史男「近代都市財政史研究の課題と方法」より．ただし，同稿は，こと軍事に関しては，久留米と小倉，旭川と札幌の師団設置時期を取り違えるなど，基礎的な誤謬もみられる．

ている地方中核都市」という程度に、「軍都」概念をとらえておきたい)。

以下、本稿では、このような「軍都」におけるさまざまな地域性の分析を、とりあえず都市景観の変貌や都市空間(構造)の変化をたよりに検証することにしたい。もちろん、厳密な意味での〝比較「軍都」論〟を構想する際には、第一に、「軍都」の諸要素に沿った社会的・経済的な、あるいは政治的・軍事的な比較分析が必要であることはいうまでもない。しかし、こうした点に関しては、それぞれの都市を対象とした検討を今後の課題としつつ、本章ではまさに一つの〝前提〟として、この問題のアウトラインをなぞる作業に徹したい。

2 「軍都」の空間論

日本の近代都市史における景観の変貌や構造の認識に関する研究は、従来、歴史学のみならず、都市建築学や歴史社会学はじめ、さまざまな論及がなされてきた。なかでも、都市の空間的な把握に際してのアプローチの方法としては、各都市のさまざまな指標を全国的スケールで比較し、いわば日本資本主義発達史のなかで、封建都市の近代的変貌、新興都市の出現等として位置づける研究と、個別都市域における地域構造、とくに土地利用や景観の変化に重点を置く方法に大別されてきたという。(8)

例えば、前者の研究に関しての比較的新しい傾向としては、「地域中心」(地域的中核)としての都市のシステムそのものの変化を、近世都市→明治都市のなかでとらえようとする諸研究が注目され、(9)後者に関しては、城下町域と現代の都市域の景観を比較したものや市街地の形成と内部構造の変容、あるいは都心の変容など、変容の要因や歴史的核と現都市域との関連の追求などに整理して論じたものなどがあるという。(10)以上のような視角をふまえつつ、陸軍師団の創設とそれに伴う都市の空間的変貌の諸相を、次節以降具体的に明らかにしたい。

(二)「軍都」の諸段階

全国各地の「軍都」は、前節でみたごとく、第一義的には軍事的要請により政策的に成立したものではある。しかし、その実態は、各地域個別の事情もおりこみながら、設置(誘致)→建設→展開(移転・統廃合)の過程をたどった。以下、「軍都」金沢の特色をみるうえで、全国各地の「軍都」の成立と場所性(都市空間における空間的特色及びその意味)に関して一定の理解を得ておきたい。

この場合、一律に「軍都」といっても、それぞれの歴史や社会的背景が異なれば、「軍都」としての性格も異なってくることはいうまでもない。例えば、金沢の第九師団は、日清戦後の六個師団増設時に創設されたものであるが、このとき同時に、旭川、弘前、姫路などにも師団が設置され、ほぼ同時期に造営が完了した。これらのグループは、

図1 歩兵第三十五連隊の絵葉書〔石川県立歴史博物館所蔵〕

東京・大阪・仙台・広島など、維新初期に鎮台が置かれた「軍都」とは、規模や拠点性に自ずから異同をみることができる。

この点に関して多少言及しておくと、第九師団の設置自体は、ひとり北陸のみの事情ではなく、明治二十九年（一八九六）～三十二年にかけて、全国的にみられた師団増設の北陸ブロックでの展開と理解しなくてはならないものと思われる。こうした事情は、本章の主題のひとつである、他の諸「軍都」との比較の問題の前提となるものである。そこで、この点につきあらかじめ整理しておきたい。

金沢が「軍都」として成立する背景となったこの時期の軍拡政策は、明治三十一年の「陸軍常備団体配備表」の改正によって実施された。具体的には、北海道旭川に第七師団、弘前に第八師団、姫路に第十師団、四国善通寺に第十一師団、九州小倉に第十二師団、そして金沢に第九師団の司令部が置かれたのである。いうまでもなく、この増師編成は、軍事史的な把握からは、対露戦争を視野に入れた日清戦後の軍備拡張政策の一環のなかでとらえられる。すなわち、この管区の改正は、日清戦争を契機とした軍備拡張、師団増設の議論のなかで起こったもの

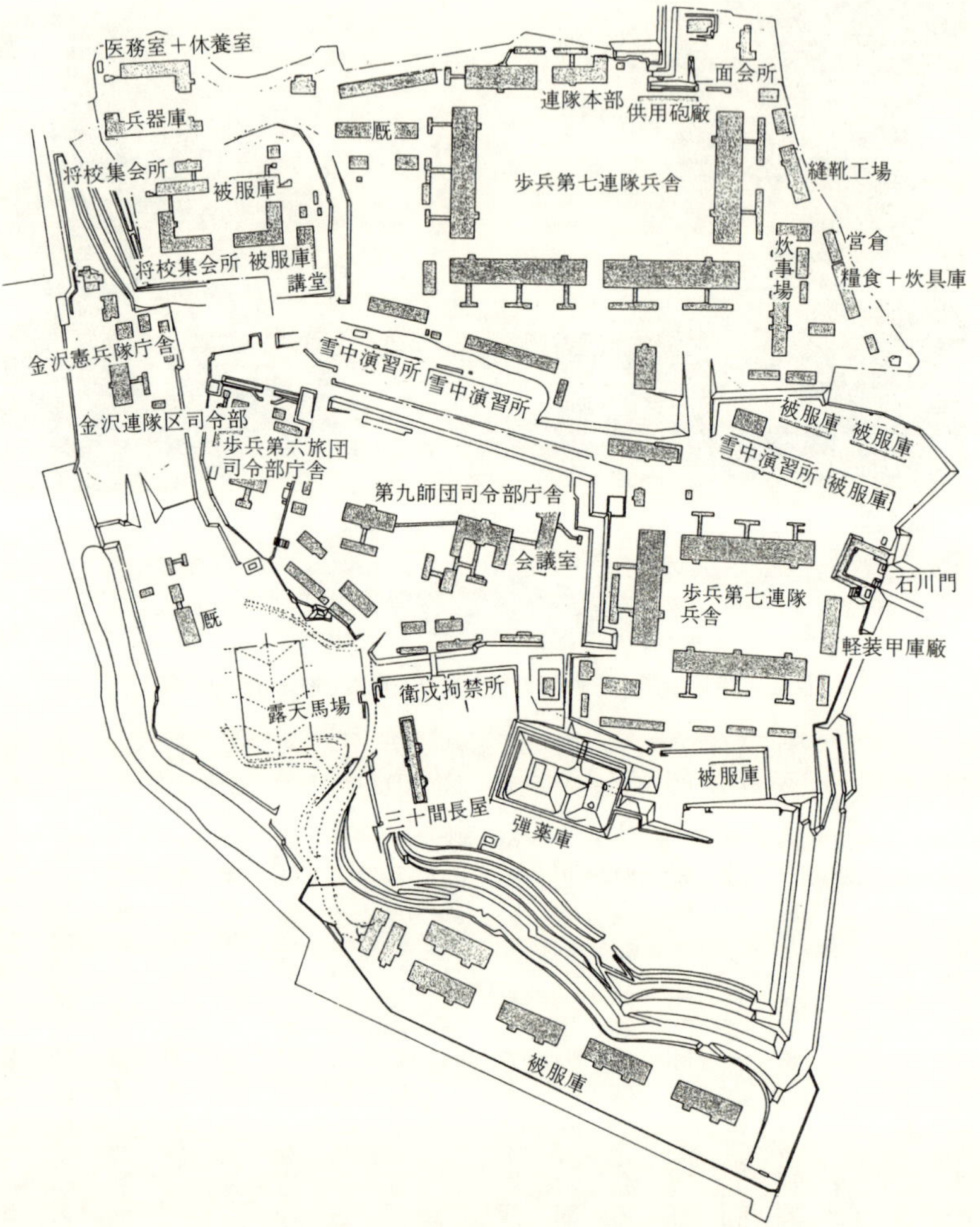

図２　金沢城内の軍施設配置図（昭和16年〈1941〉頃）
（Ｉ－二－(三)，注18の『報告書』より）

であった。具体的には、二十九年三月二十九日、陸軍管区表改正の勅令が公布され、例えば、第九師団管下では、連隊区が金沢、富山、岐阜にも設置されることになったのである。この際府県管轄は石川、富山、福井、岐阜の四県及び愛知県の五郡より形成された。同年四月二十二日、新設第九師団下の歩兵連隊は歩兵第七、第十九、第三十五、三十六の四個連隊となり、このうち金沢連隊区は第七連隊に、岐阜連隊区は第十九連隊に、富山連隊区は第三十五連隊に、福井連隊区は第三十六連隊に対応することになる。金沢に置かれた部隊は、第七、第三十五の二個連隊であった（ちなみに七連隊は羽咋郡以南の石川県、三十五連隊は鹿島郡以北と富山県がその管下である）。結果、この期の師・旅団の新設拡張は、三十三年末には、屯田兵を野戦師団に改編中の北海道第七師団（後述）その他を除いて、ほぼ全計画を完成するに至る。

表2　師団・鎮守府の設置時期

	年代	衛戍地
鎮台	明治　四(一八七一)	東京、仙台(東北)、大阪、小倉(鎮西)
	明治　八(一八七五)	東京、仙台、名古屋、大阪、広島、熊本
師団	明治二十一(一八八八)	東京、仙台、名古屋、大阪、広島、熊本
	明治三十一(一八九八)	札幌、弘前、金沢、姫路、善通寺、小倉
	明治三十四(一九〇一)	旭川(仮営移転→三五年完成)
	明治三十八(一九〇五)	京都
	明治　四十(一九〇七)	高田、豊橋、久留米(一九二五年廃止)
	明治四十一(一九〇八)	宇都宮、岡山(一九二五年廃止)
鎮守府	明治　十七(一八八四)	横須賀(横浜から移転)
	明治　十九(一八八六)	呉、佐世保
	明治三十四(一九〇一)	舞鶴(一九二三年要港部に格下、一九三九年復活)

こうした経緯から、これらの「軍都」は、明治四十年代以降、日露戦争にともなう軍拡により師団が設置された、岡山・宇都宮・豊橋などのグループとも一線を画することができよう（表2）。ちなみに後者は、大正末の軍縮期に、しばしば統廃合・移転の対象となっている（＝軍事拠点性の脆弱さ）。

さらに、旭川のように、ひとつの都市に師団のほとんどの施設が集中している場合と、京都・弘前のようにいくつかの周辺小都市に分散している場合では、「軍都」の性格はかなりの差異をみることができよう(「軍都」と見なすべきか、否かも含めて。なお、軍港宇品や鎮守府呉を擁した広島なども、一定の特異性を有するものと思われる。本章では、行論の都合上、呉をはじめとして佐世保、横須賀、舞鶴など、軍港都市を分析の対象から捨象しているが、これらの軍港や連隊レベルの軍事都市に関しても、別に考察の機会をもちたい)。このように第九師団の創設は、同時期の全国的な軍事的動向の中でとらえられなくてはならないが、一方で、第九師団管下独自の軍制の歴史も一応確認しておく必要がある。この地域では、維新以降明治三年の段階で、兵部省の命により金沢藩が租入一万石につき六〇人の常備兵を置くこととなった。金沢城内二の丸をその兵営とした旧藩士から成る歩・砲兵七個大隊である。五年兵部省は陸軍省と改まり、近代的な軍制が整えられ、六年一月に徴兵令が布告された。これにともない名古屋鎮台の分営所が金沢に置かれることになり、旧城内に歩兵一個小隊が駐留することとなる。その後十八年六月、全国レベルで陸軍軍制の編成替えが行われ、歩兵第七連隊は歩兵第十九連隊とともに第六旅団を構成することになった。この旅団司令部も金沢城内に置かれたのである。以下、この後の師団設立事情は後の節で詳述することになろう。

以上のような事情を確認したうえで、とりあえず全国各地域における「軍都」の成立事情と諸相を、自治体史・各県通史などを参照しつつ研究史整理を兼ね瞥見してみたい。

(三) 「軍都」の諸相

1 各地の「軍都」と軍施設の設置

(1)東京（近衛・第一師団）

首都東京は日本最大の軍都でもあった。「天皇の膝下」にあった東京には「直属の親兵」近衛師団と、「郷土部隊」としての第一師団が駐屯していた。すでに明治十年代後半からの軍備拡張の中で、軍事力の集中と軍事施設の増強を進め、市街には陸軍直属の各種軍事施設もひしめいており、東京はいわば軍隊とともに発展した都市ともいえよう。例えば、青山練兵場での一月八日の陸軍始めと十一月三日の天長節には盛大な観兵式が行われ、その拝観者は各停車場にあふれたという。まさに「軍都」東京の象徴的行事であった(11)。

さて、明治初期、在京軍隊の兵営は皇居の周辺に集められていた。現在の丸の内、日比谷、神田三崎町はいずれも練兵場だった。しかし東京の都市機能が拡大・充実し、また軍自体が増強増員されてゆくにつれて、軍事施設は次第に郊外へ拡散していくことになる。日露戦後には、かつて丸の内一帯にあった兵営が、近衛師団をのぞき、西郊の赤坂・麻布・目黒・渋谷・世田谷方面に移転した。具体的には、明治二十四年の改組に伴い、近衛師団の配置は以下のようになった。まず、師団司令部と近衛歩兵の第一・第二連隊が竹橋、歩兵第三連隊は赤坂一ツ木、歩兵第四連隊は青山、騎兵連隊は戸塚町に駐屯した。また、第一師団司令部は青山に、歩兵第一連隊は麻布に置かれた。これらの兵営に囲まれて設置されたのが、さきの青山練兵場（現、明治神宮外苑）である。

さらに、陸軍士官学校をはじめとする多くの軍事施設が市ケ谷から大久保辺にかけて設置された。すなわち、東は市ケ谷から、西は「戸山ケ原」とよばれた今日の新宿区百人町に及ぶ高台を中心とした地域である。この起伏に富んだ広大な地域に、帝国陸軍のさまざまな機関や施設がほとんど距離を置かずに連なっていた。例えば、参謀本部大本営、陸軍部陸軍省技術本部、航空本部などの中枢組織、士官学校、中央幼年学校、砲工学校、経理学校、軍医学校などの教育施設、東京第一衛戍病院、近衛騎兵隊や軍楽隊、大久保射撃場、科学研究所を含む戸山ケ原軍用地などである。

一方、小石川（現、後楽園付近）には日本最大の官営軍事工場である東京砲兵工廠が設けられ、旧工部省の赤羽工作分局（現、港区）をひきついだ造兵廠なども設置された。さらに日露戦争後は目黒から世田谷にかけての地域が軍人用住宅地として発展し、これがその後中央線玉川線（現、東急新玉川線）沿線の開発へとつながってゆく。

その後も軍の拡大と郊外への移転は続き、駒場の西方、世田谷に近衛輜重兵大隊、近衛野戦砲連隊、野戦砲兵第一旅団司令部などが創設されたことで、農村だった世田谷は兵営の地として発展を始めた。一方、赤羽、王子方面には陸軍火薬庫に加え、丸の内の工兵隊が移転、さらに陸軍被服廠、十条兵器製造所などの軍事工場が相次いで造られていった。なおこれらは、当時の東京市の周辺にあたり、陸軍墓地や廃兵院、兵器倉庫なども、北豊島郡や南葛飾郡との境界に立地していたのである。(12)

(2)仙台（第二師団）

仙台では明治四年、旧城址に東北鎮台が進出したのをはじめ、川内地区を中心に城地とその近辺を軍施設が占拠した。具体的には、まず、明治四年頃には仙台城旧本丸の建物が維持困難になり破却された。二の丸はすべて陸軍用地となり各施設が配置された。西公園から片平丁の大身侍屋敷も、控訴院、尋常小学校、監獄署、第二高等中学校に代わり、武家の屋敷地はすっかり姿を消した。特に片平丁は藩政時代重臣の屋敷地だったが、多くが屋敷を引き払い、そのあとに師団長官舎、裁判長官舎などが立てられた。明治十三年以降は、角五郎丁の広瀬川河畔や台原の射撃訓練場に軍用地が増加した。

仙台鎮台が第二師団に改編されたのは明治十九年である。このころ川内には、仙台城址に第二師団司令部、連隊区司令部、亀岡に砲兵第二連隊と衛戍監獄、大橋通に衛戍武庫と工兵第二大隊、大堀通に輜重第二大隊、筋違橋通に第四旅団歩兵第十七連隊、澱橋通に騎兵第二大隊があった。また、市域の郊外榴ケ岡には第三旅団司令部、仙台大隊区司令部と第三旅団歩兵第四連隊があり、東三番丁には憲兵隊本部がおかれていた。ほぼ軍事空間の二極分解という態である。明治二十年代には、追廻の練兵場や川内の軍用地が増加し、現在の西公園にあった医学講習所跡に偕行社が建ち、さらに陸軍省の用地であった片平丁の土地が旧制第二高等学校の敷地になるなどの変化があった。同三十年には、陸軍の士官養成を目的とし、地方幼年学校が榴ケ岡に開校している（のち、三神峯に移転した）。かくして仙台は、旧仙台城址には市街を見下ろす師団関連施設が屹立し、宮城野原には操練場（練兵場）が展開する、東北最大の「軍都」として発展を遂げるのである。(13)

(3)名古屋（第三師団）

廃藩置県とともに、名古屋には東京鎮台第三分営が置かれる。徴兵令の実施により二鎮台が増設されることになり、明治六年一月名古屋鎮台が設置された。二月には、名古屋城が陸軍省所管となる。七年三月に歩兵第六連隊が編成され、砲兵・工兵・輜重兵も順次置かれた。十八年五月には歩兵第五旅団、十九年には第三師団司令部と改められる（同二十一年五月設置）。この結果、城内二ノ丸には歩兵第六連隊、三ノ丸には旅団司令部・野砲第三連隊・輜重兵第三大隊が入った。こうしたなかで、明治四年に三ノ丸の旧竹腰邸に設けられていた県庁も、十年には久屋町、三十三年には武平町へと移ったのをはじめ、地方官衙は外濠と碁盤割り地域の中間の片端、また城地および碁盤割りの町屋地域の東縁や南縁のラインまで後退した。なお、郊外熱田には、三十七年十一月、東京砲兵工廠熱田兵器製造所が設置されている。(14)

(4)大阪（第四師団）

大阪には、第四軍管の鎮台が設置された。大坂城は、慶応四年（一八六八）、鳥羽・伏見の戦いで出火、幕府崩壊と運命をともにした。大久保利通による、大阪の「軍都」化の構想（大阪陸軍省構想）が進められたものの、結局、大坂城内には大阪鎮台が設置された。ちなみに、鎮台施設として、和歌山城（維新後陸軍省所管）の大広間が、明治十八年に移築されている。明治二十一年五月には、大阪鎮台を第四師団と改称、二十三年六月には城東練兵場が開設された。二十九年十二月には歩兵第三十七連隊も設置されている。(15)

一方、「天下の台所」の栄光を失った大阪に、新政府は大阪砲兵工廠を創設する。最新技術の官営工場の設置は、工業都市としての大阪の再生に大きく寄与した。なお、大阪砲兵工廠は、明治三年四月、旧大坂城三の丸青屋口に設置された造兵司仮庁を起源とし、その後十二年十月大阪砲兵工廠と改称された。大正十二年（一九二三）四月には、陸軍造兵廠大阪工廠、昭和十五年（一九四〇）四月に大阪陸軍造兵廠となり、大阪における重工業発達のさきがけとなったという。(16)なお、真田山の陸軍墓地、これに付随する招魂場、城東練兵場における招魂祭、さらに西南戦争の戦死者を弔うため中之島に建設された明治記念標など、慰霊空間に関する研究も大阪に関しては一定の蓄積がある。(17)

(5)広島（第五師団）

明治四年城内に鎮西鎮台第一分営が設置された。六年第五管区広島鎮台が設けられ、県庁は城内から移転（小町県庁）、郭内は軍事中枢基地となった。八年歩兵第十一連隊の編成、同十一年砲兵隊など各種部隊の増設があった。城内八丁堀には鎮台練兵場（のち西練兵場）が設けられ、基町には衛戍病院も設置された。同じく十一年には加茂郡原村に砲兵大砲射的場、江波新開に陸軍射撃演習場、ならびに広島衛戍監獄（二十年白島北町に移転）が置かれた。

その後二十一年には第五師団が設置され、城内のほか市中でも軍営化が進む。軍施設は、城内に師団司令部、歩兵第九・第十旅団、歩兵第二連隊、砲兵第五連隊、工兵第三中隊、輜重兵第五大隊が置かれた。二十三年には広島憲兵分隊、同年東練兵場（尾長・大須賀村）が加設される。このため、県庁は当初、旧城内に開設されていたが、このあおりで先述のごとく六年に小町国泰寺内へ、ついで十一年には中島地区の水主町へ移転する。結果的にみて官公衙は町屋地区のさらに外縁の旧侍屋敷地区を選ばざるをえなかったのである。

一方、明治十九年（一八八六）四月には海軍条例・鎮守府官制が制定され、安芸郡呉港が一大軍港として整備される。呉には鎮守府本部をはじめとする施設全般が置かれた（二十二年三月竣工）。この点は広島の「軍都」性を考えるうえで看過できない要素であろう。呉鎮守府は瀬戸内海の中央部、しかもその一番奥の広島湾に位置していたのである。同様に明治十六年九月広島近郊の宇品港で築港起工式が行われている。この宇品と呉は「軍都」広島のセットとして捉えることができよう。ちなみに、日清戦争時には、大本営が旧広島城内の第五師団司令部に移され、築港まもない宇品港は、大陸進出のため兵員と軍需物資を送り出す拠点となった。その後も軍事施設の拡充があいつぎ、二十八年六月には、似島陸軍検疫所（似島は、宇品港の沖合三キロにある周囲一六キロの小島）、三十年には陸軍糧秣支廠・大阪砲兵工廠広島派出所・台湾陸軍補給廠運輸部宇品支部が設置されるとともに、陸軍幼年学校が開校された。広島の派兵基地としての機能は、いっそう高まったのである。[18]

(6) 熊本（第六師団）

熊本には、早々と鎮西鎮台が設置される。これが明治六年一月に熊本鎮台となった。西南戦争の際、鎮台にあった官軍は市中に火を放つ挙に出る。市街は焦土と化し、熊本城は炎上した。この出来事は、旧城下町熊本にとって大きな意味をもつものといえよう。なお、西南戦争後、花畑町・山崎町一帯に山崎練兵場がおかれている。その後十八年五月、熊本鎮台には既設の歩兵第十三連隊に加え歩兵第二十三連隊が配備される。この両者によって歩兵第十一旅団が編成された。鎮台本営は花畑におかれたが、同地は近世細川時代には藩主細川家の本邸となっていたものである。二十一年五月熊本鎮台は第六師団と改称された。編制も拡充され、城内には師団司令部・歩兵第十三連隊・輜重第六大隊本部などが、花畑町には歩兵二十三連隊、大江渡鹿に工兵第六大隊、山崎山に騎兵第六大隊、さらに備前屋敷一帯に砲兵第六連隊などが駐屯するといった「軍都」熊本の基礎が徐々に整備されていく。三十年四月には、陸軍幼年学校も設置された。なお、三十三年に練兵場が渡鹿に移ると、その跡地には新市街が造成され、花畑町・辛島町・桜町などの新町名がつけられた。すなわち、旧城地の師団・旅団の司令部や歩兵第十三連隊などを中心に、かつて上級士の屋敷地区だった山崎町の大練兵場にかけて、歩兵第二十三連隊や各種特科部隊等々が立地したのである。かくして旧城下町は軍用地で分断される状態となった(19)。

ところで、熊本の場合、市の中央部を占拠する軍施設の郊外移転要求の動きが、明治中期より起ったことは注目すべき現象である。この運動の結果、明治三十一年には山崎練兵場が郊外の大江村へ、そして大正十三年(一九二四)の歩兵第二十三連隊の都城への移駐により、中心部の軍施設撤去が完了した。その跡地がしだいに商店街化し、辛島町の歓楽街としてにぎわうのは大正に入ってからであり、これと上通りを結ぶ下通町も繁栄を迎えるのである(20)。

(7)旭川(第七師団)

日清戦争時の明治二十八年三月、屯田兵をもって臨時第七師団(札幌)が編成された。戦後、三十一年一月北海道全道に徴兵制が施行されたことを契機に、札幌より旭川へ師団衛戍地の移転が行われる。この間の事由は詳らかでないが、戦略的配慮とともに、師団用地として必要とする膨大な土地(総面積は五四一万二八四八坪)の確保が容易で、かつ生活が可能な地を、札幌近傍では求め得なかったことが一因として考えられている。ちなみに旭川は、上川盆地内の諸河川が合流する北海道のほぼ中央に位置し、明治二十三年の開村以来屯田兵第三大隊の四兵村が設定されていた土地である。三十一年には空知太より延長の上川線(現、函館本線)が開通、十勝・天塩へ向けての鉄道も着工され、大きな飛躍を迎えようとしていた。

師団の主要建造物は、官衙として、師団司令部・憲兵隊・兵器支廠・衛戍病院・衛戍監獄・臨時陸軍建築部川上派出所。兵営として、歩兵第二十六連隊・第二十七連隊・第二十八連隊・騎兵第七連隊・砲兵第七連隊・工兵第七大隊・輜重兵第七大隊と騎兵に付属する露天馬場、それに第一区より第六区の官舎数百と火力発電所という大規模なものであった。三十三年十二月以降、鷹栖町近文に各隊の入営を迎える。翌三十四年十月には、第七師団司令部が札幌より近文の仮営に移転し（翌三十五年十月新築庁舎に移転）、十一月までに歩兵第十三・十四旅団司令部が開庁した。

一般に師団関連施設は、司令部以下の官衙および各兵科の連隊・大隊が、師団司令部の所在地とその周辺のいくつかの都市に分散して配置されるのが通常であるが、この第七師団においては、歩兵第十三旅団に属する第二十五連隊の札幌駐屯を除き、師団司令部以下の官衙・連隊が旭川という一衛戍地に集中して配置された、極めてまれな形態の師団であったといえよう。旭川の「軍都」性が顕著であったとされる所以のひとつである。(21)

なお、第七師団の敷地は近文台から石狩川右岸にかけての広大な地域を占めたが、このうち練兵場が現在自衛隊旭川駐屯地として、近文台の一部が自衛隊の演習場として利用されている。また、練兵場の脇の第七師団管轄の招魂社は、昭和十四年に北海道護国神社と改称され今日に至る。さらに、旭川駅から第七師団に通じる道路は当時「師団道路」とよばれていた（現、平和通り）。近郊では、上川郡当麻町との境に小皿を伏せたような山があり、射的山とよばれて第三大隊の射撃訓練場として使われていたという。(22)

(8)弘前（第八師団）

一〇万石の旧城下弘前の衰退傾向に歯止めをかけ、さらに発展への転換の契機となったのが、明治二十七年（一八九四）の鉄道開通と同二十九年の第八師団の設置だった。ただし、弘前と軍隊の関係は、明治四年八月、政府が四鎮台を置いたとき、弘前に東北鎮台第一分営（歩兵第二十番大隊）を設けたことから始まる（当初、青森に設置する計画が、建物その他の関係から暫定的に弘前に設けられたものという)。分営には旧弘前城本丸が充てられた。八年六月、歩兵第二十番大隊は、歩兵第四連隊第二大隊と改称され、同年一二月、弘前分営を撤収して青森に移った(のちの歩兵第五連隊)。この結果弘前と軍隊の関係は、一時ほぼ皆無となる。

その後、明治二十九年九月、弘前市に第八師団設置の話があり、市は挙げてこれを歓迎した。廃藩以後県庁を青森に移転された弘前が、師団設置をもって市勢を挽回しようとするのも当然といえよう。これは、鉄道の開通で部隊の移動に支障がなくなっていた弘前に、増設師団の新設が指定されたもので、司令部は三十一年十月に発足した。かくして第八師団は、歩兵第四旅団第三十一連隊を中心に、弘前市周辺に集中して配置されたのである。(23)

第八師団の設置に伴う施設一般と地籍の状況(形状)は以下のとおり。(24)砲兵連隊(平坦な水田)、工兵大隊(平坦な畑地)、騎兵連隊(平坦な畑地)、衛戍病院(林檎畑など平坦な畑地)、埋葬地(平坦な雑木林)、歩兵第一連隊営敷地(平坦な畑地)、師団司令部、監督部、連隊区司令部、経営部、砲面《ママ》支署(平坦な畑地)、旅団司令部及歩兵一連隊営(平坦な畑地)、輜重兵大隊営敷地(畑地)、練兵場(水田の混入する畑地)、射撃場(丘陵地の水田)、その他(衛戍監獄敷地、作業場など)。なお、師団設置を機に、旧城地の交換を願い出たが聞き届けられず、師団用地は富田地区を中心に設置されている。とはいえ、三十一年、陸軍省は第八師団兵器廠用地として三の丸の一部の返還を求め、これは認められて旧城内に兵器廠が設置された。この結果、旧城内に置かれたのは兵器支廠・火薬庫などの類であり、歩兵第三十一連隊ほか騎兵・工兵等々の諸連は、南郊の清水村から千年村にかけての各地に配置された。(25)

(9)金沢(第九師団)

金沢については、別項にて詳述するが、都市プランの特徴として、旧城地に早い段階(明治五年)で名古屋鎮台の分営(同八年に歩兵第七連隊)が入る一方、裁判所(同九年)、第四高等中学校(同二十年)なども設けられた点が指摘される。こうした例のように、旧城地およびその周辺において軍施設と官衙・学校との併立のみられる諸都市を、一つのグループとして括ることができよう。明治三十一年の第九師団設置においても、司令部こそ旧城地に設けられたが、歩兵第三十五連隊はじめ騎兵・野砲などの諸連隊は、旧城下町外（郊外）の石川郡野村方面におかれた。

⑽姫路（第十師団）

姫路には、明治七年大阪鎮台の分営がおかれた。明治六年、内・中曲輪一帯の面積三二万五八七四坪にのぼる旧城址や武家屋敷の心臓部に当たる土地に鎮台が設置されるに及んだ。これに伴い内曲輪の三の丸・向御屋敷、中曲輪では東・西屋敷や会所その他の施設がまず撤去され、兵舎・練兵場に変わった。その後しばらくの間残されていた清水町・一之橋あたりの武家屋敷も軍施設の拡張で取り払われ、明治十二年頃には本丸・西の丸や石垣・城濠以外の旧城施設は完全に姿を消したという。

その後、十七年歩兵第十連隊が三の丸に駐屯、「軍都」の性格を強める。城内に居住していた士族も立ち退き、「本城」や「向屋敷」などの武家屋敷は取り壊された。日清日露戦争時には、加古郡大野村に工兵兵営（二十九年）、姫路市内に陸軍懲治隊（三十五年）が設置された。三十年四月には第十師団が設置され、第八・二十旅団、第十歩兵連隊、並びに騎兵・野戦砲兵連隊などの編制となった。

こうした相つぐ増設によって中曲輪より内側は軍施設で埋めつくされ、昭和期に新設された憲兵隊などは、外曲輪にまではみ出てくる有様だった。このため市役所・裁判所・警察署などの官公庁は、外曲輪での分散立地を余儀なくされた。なお、明治三十六年国鉄姫路駅と城北の特科隊施設を結ぶ幅員八～一二メートルの通称「御幸通」（国府寺・小溝小路の間隙）が開通すると、旅館・土産物屋・飲食店などが集まって繁栄したという。[26]

⑾善通寺（第十一師団）

善通寺は、門前町として発達してきた反面、第十一師団司令部が置かれると四国最大の「軍都」として整備が進んだ。香川における軍隊の創設は、明治四年に四鎮台が設置されたとき、大阪鎮台第二分営が高松城内に置かれたのが始まりであったが、同年八月に、丸亀（現、丸亀市）に広島第島鎮台丸亀営所が設置され、それに伴い高松分営は廃止された。丸亀営所は、明治八年に営所から歩兵連隊に変わり、十九年に鎮台が廃止され、師団に改められたときには広島第五師団所轄の歩兵第十二連隊となっている。一方、二十九年七月、四国全域を管区とした第十一師団が編成されることになり、師団司令部は善通寺村（現、善通寺市）に設置することになった。師団の司令部が城下町でない片田舎の村に置かれることは、異例であったという。おそらく、師団設置の決定に伴う丸亀の地価高騰が、かえって善通寺に有利な状況を生んだものといえる。選定理由としては、村当局・地域住民の熱意協力、用地買収や交通機関の整備、用水・電力等の事情等から総合的に判断されたものといわれる。

師団司令部は明治三十一年十二月に開庁。第十一師団管下には、歩兵第十二連隊・第四十三連隊による歩兵第二十二旅団が編成された。師団設置工事は、丸亀衛戍病院、騎兵第十一連隊営舎、歩兵第四十三連隊営舎、野戦砲兵第十一連隊営舎、歩兵第二十二旅団司令部（三十年）、輜重兵第十一大隊営舎、工兵第十一大隊営舎、第十一師団司令部（三十一年）、練兵場、善通寺憲兵隊隊舎、善通寺陸軍兵器支廠（三十二年）、善通寺衛戍監獄、陸軍射撃場（三十三年）、偕行社（三十六年）と、順次竣工している。

ところで、善通寺の地形は、東に大麻山、西に五岳の山々を控え、東と北に讃岐平野が開けている。総本山「善通寺」がこのまちの象徴的存在となっており、善通寺界隈は、近世には門前町として知られた「聖地」であった。町並みは、善通寺を中心にひろがる町割りによって構成され、この寺の門前筋から二筋外した南に、広大な敷地を利用して、師団とその諸施設が置かれた。ちなみにこの形状は、律令体制の時代に条里制に基づいた耕地の区画に由来するという。善通寺文書によれば、一区分を構成する「坪」の形状は約一〇九メートル角であり、道路の拡幅等で変更があったにしても、千数百年前からの遺構の上に陸軍用地や官公庁街がのっていることが読み取れる。また、市内北一帯にひろがる筆の山、西山と甲山の山麓には練兵場が設けられ、衛戍病院もこの一角に建てられた。なお、師団の跡地は、現在陸上自衛隊善通寺駐屯地となっている。[27]

(12)小倉（第十二師団）

小倉には、明治四年四月、東山（石巻）・西海の二鎮台のうち、西海鎮台が設置されるはずだったが、結局実施されずに終わり、同年八月、東京・大阪・鎮西・東北の四鎮台のひとつ鎮西鎮台が設けられた。同地が大陸に相対している位置であることから、軍の要塞地帯のひとつになったものといわれる。分営は博多、日田に置かれた。八年には歩兵第十四連隊、十八年には第十二旅団司令部が、さらに三十一年には第十二師団司令部が設置され、北部九州の「軍都」となった。三十年六月から九月にかけて、熊本より工兵第十二大隊・歩兵第四十七連隊・騎兵第十二連隊が北方に移転。十一月師団司令部と西部都督府が設置された（三十一年西部都督府廃止）。師団司令部が置かれた小倉城は、別名勝山城と称し、中世より要衝の地として知られる。細川家が慶長七年以来居城とした。城内には陸軍第十二師団司令部門柱などが残されているという。なお、大正八年（一九一九）十一月には野戦重砲兵第五連隊も下関より「北方」に移り、昭和初期には陸軍造兵廠も置かれ、軍事・工業・交通の要地として一層「軍都」性を高めた。ちなみに、終戦前夜の長崎への原爆投下のおり、小倉が第一目標であったことはよく知られるところである。[28]

以下は、日露戦争以後の師団設置都市の事情である。資料の関係で管見を得た範囲での主な都市の状況をごく簡単に確認する。

(13)高田（第十三師団）

高田では、旧城地が長い間荒地化し、一部、士族たちが借地して耕作、堀の一部も水田化される状態だったという。明治二十九年ごろより盛んになった軍隊誘致運動がようやく奏効したのが同四十一年で、旧城地および侍屋敷、それに町の周辺の広大な土地を軍用に準備して第十三師団を迎え入れた。

⒁宇都宮（第十四師団）

宇都宮には、第十四師団が置かれた。近世の宇都宮は、城下町のほか、日光・奥州街道の分岐点として宿場町の役割をもっていたが、鉄道の敷設（明治十八年、上野・宇都宮間開通）は宿場町の機能を奪った。日露戦争後の明治三十八年、宇都宮に師団増設の報が伝わると、誘致運動がおこり、翌年には兵営敷地を県が寄付する旨の意見を提示した。四十年設置が決定、連隊練兵場ほかは、城下町の外縁、睦町から鶴田にかけての広大な土地におかれた。戦後は栃木県中央公園の敷地となった（現、県立博物館などが立地）。当時宇都宮市の人口は第十四師団の移駐により一万人増加し、それに伴い商業戸数も移駐前後の六年間で比較すると一五〇〇戸近く増加したという。ちなみに師団司令部と砲隊を結ぶ軍道は桜が植樹され名所となった。[29]

⒂豊橋（第十五師団）

明治二年、豊橋と改称した東海道の要衝吉田は、同七年には早くも旧城地に兵営設置が計画されたが、西南戦役のために遅れ、同十八年四月に歩兵第十八連隊としてこれが実現した（渥美郡豊橋町）。のち日露戦争での臨時師団として編成された第十五師団が三年後に常備師団化し、これを機に豊橋に移駐することになる。四十一年南郊の台地に第十五師団を迎え入れ、渥美郡高師村を中心に施設衛戍地が建設された。豊橋市街では、旧侍屋敷地区のうち川毛町が練兵場にあてられたが、一方、郡役所・裁判所・市役所・警察署などの官公庁は三ノ丸南の八町の大手門を中心とする一帯に集中した。ちなみに師団設置条件の一つとされた幹線道路の開設が、市街の近代化の一つの画期となったという。

軍施設は、歩兵第十七旅団司令部・歩兵第十八連隊（吉田城跡地。現、豊橋公園）・工兵第十五大隊・練兵場（現、競技場）が豊橋市内に、第十五師団司令部・歩兵第六十連隊・騎兵第十九連隊・野砲兵第二十一連隊・輜重兵第十五大隊・豊橋衛戍監獄・豊橋憲兵隊・豊橋衛戍病院・豊橋陸軍兵器支廠・演習地が高師村天伯原に設置されている。十八年段階では第十八連隊を旧城地や川毛町に収容し得たが、四十年に誘致した第十五師団は、旧城下町域の外の高師の地に置かれたことがわかる。(30)

⒃京都（第十六師団）

明治二十九年三月、第四師団管下に歩兵第三十八連隊が置かれ、紀伊郡深草村に兵営が置かれた。日露戦後の明治四十年四月、新設の第十六師団の設置場所に深草が決定、師団司令部・騎兵第二十連隊・野砲兵第二十二連隊・輜重兵第十六大隊などがおかれた。四十一年十一月に師団司令部が開庁し、各部隊の着営が完了した。

これよりさき四十年四月、第十六師団の京都設置が内定するとともに、八月、京都鉄道会社・阪鶴鉄道会社を国有化。翌年十一月、第十六師団司令部の事務を開始した。これにより伏見稲荷から黄檗にかけての広大な一帯が、一大軍事拠点へと様変わりした。例えば、久世郡富野荘村長谷山の山林二一七町歩は陸軍の用地として買収され、長池演習場として歩兵や工兵、騎兵などの演習が行われた。また、相楽郡宇治村には二十九年四月にはすでにあった黄檗火薬庫に加えて、宇治郡宇治村五ケ荘（現、宇治市）に宇治火薬製造所が開所した。この火薬製造所は、設置直後から小さな爆発事故や汚水問題などを引き起こしている。大正二年（一九一三）と昭和十二年（一九三七）には大規模な爆発事故が起こり、火薬庫の移転問題も起こった。なお、師団の誘致に際しては、当初京都市が望んだ北部地区（上賀茂一帯）が不適格とされ、深草に設置することが決定したものという。(31)

れることになり、岡山市はその管内に入った。師団用地のうち座主川北部の大部分と南部の一部とは岡山市の寄付で、他は陸軍省が買収した。ただし、かつての岡山城下内山下地区は早くから教育機関に占められ、中山下にも官公庁の開設が目立った。例えば、弓之町に開設の県庁は、同十二年天神山の旧鴨方藩邸に、市役所も東中山下の旧区庁舎に設置されていた。このようなわけで、師団が置かれたのは北郊の御津郡津島村（現、岡山市）となったのである。

なお、軍施設は、師団・旅団・連隊区の司令部・兵器部、歩兵第五十四・騎兵第二十一・野砲兵第二十三・山砲兵第二の各連隊、工兵・輜重兵第十七大隊・衛戍病院・監獄・憲兵隊・練兵場・東西射撃場・陸軍埋葬地・伝染病馬厩・山砲隊用露天馬場・工兵隊用作業場・衛戍地土取場・工兵隊用架橋演習場・号砲台・半田山演習場・平津作業場・師団長官舎・師団副官舎・憲兵隊副官舎・陸軍通路など、合計八三万五〇一二坪（約二七八・三三七ヘクタール）の用地に展開された。ただし、第十七師団は大正十四年軍縮で廃止され、歩兵第三十三旅団に格下げとなった。(32)

(18)久留米（第十八師団）

有馬氏の城下町久留米は、明治四年廃藩ののち、三潴県第一区に編入され、翌五年には若津より両替町に県庁が移された。当時の人口は二万六八二人戸数三九〇〇戸。九年県庁が福岡に移り、その治下に入った。明治二十二年市制施行。同年博多―久留米間に九州鉄道が開通し、これまでの筑後川の水運によるほか方法がなかった運輸事情に新たな道が開かれた。二十五年国分・野中・東西久留米村を合併、市域を拡大した。三十年には第二十四旅団司令部、三十一年三月には歩兵第四十八連隊がおかれ、「軍都」としての久留米の発足をみた。日露戦争の軍拡により三十八年六月歩兵第五十六連隊が編成され、第十四師団の隷下で満州の警備に当たっていたが、四十年十月、陸軍の平時編制改正とともに新設第十八師団に編入され衛戍地を久留米とした。軍事施設としては城下を離れた郊外に、連隊の兵営、工兵、輜重兵、砲兵の各特科部隊、練兵場などが展開した。ただし、岡山同様大正十四年四月の軍縮による軍備整理で解体され、日中戦争の勃発した昭和十二年九月まで再編されなかった。なお、三十七年筑後川に平行して筑後馬車鉄道が開通（吉井まで）。さらに大正元年、筑後川河口の若津まで大川軌道が、また南方の八女郡福島町まで三井電車が開通した。このように、筑後平野の南北を結ぶ電車交通の中枢の座を占めたことも、久留米に師団が設置された要因のひとつであろう。

ちなみに、地域的に近接する佐賀城下では、県庁（明治十六年、藩校跡の一部）のほか、市役所・警察署・裁判所・公会堂・図書館などが北堀端に集中、一方、同十七年旧県庁舎に開設の師範学校は、同三十九年旧三ノ丸へ、中学校は旧藩校跡より同十六年旧本丸へ、商業学校も同四十年旧本丸に開設というように、本丸跡を中心に旧城地も教育機関の集中が著しかった。同四十年に設置の歩兵第五十五連隊が北郊の高木瀬村に立地したのも当然だったといえよう(33)。

2 軍事施設と都市プラン

以上見てきたように、軍営の進出は、主だった地方都市でみられ、その際、城郭の軍用地化、公園化、官公庁・学校用地化の度合いは、それぞれの都市の事情が色濃く反映されることになる。この場合、旧城下町プランの枢要部位を軍施設によって占拠されることは、近代的な都市計画上の観点からすれば、マイナス要素ではあったが、いくつかの例のように、「軍都」となることによって、ようやく明治以来の「長期低落傾向」から蘇生した旧城下町も少なくなかった。こうした点は、明治三十年（一八九七）前後に師団関係施設を迎え入れた金沢をはじめとする諸都市の場合、それ以前の鎮台クラスの都市（東京・大阪など）が、軍事以外での拠点性を比較的高く有している事情を勘案すれば、より顕著であるといえよう（明治四十年代に設置された諸都市についてはなおさらである。しかし、このクラスの「軍都」は一方で地域ブロック内での拠点性も相対的に薄れるように思われる）。

ちなみに、師団設置の選定基準を陸軍当局は、どのように定めていたのであろうか。例えば、防衛庁戦史史料室に残された陸軍次官通達のなかに、設置候補地の選定に関する「新兵営建築ニ付地区選定ノ件」なる文書が確認されている。ここには「兵営地選定ニ関スル方針」が記されており注目される。その内容は、

一、可成《なるべく》市外ニ於テ之ヲ選定スル事。
二、可成各兵営ヲ集団シ得ヘキ広大ノ地ヲ選フ事。
三、可成官有地ヲ利用スル事。
四、土地高燥清潔、水質良好潤沢ニシテ、可成運輸交通ノ利アリ、給養ニ便利ナル事。
五、兵営地付近ニ於テ小銃射撃諸演習（遊泳、架橋共）ノ便アル事。
六、練兵場ハ可成広大ナルヲ要スル事。
七、鉄道水道其他ノ土木工事予定地及公共同墓地等ヲ避ケル事。
八、以上七項ヲ顧慮シ、止ムヲ得サレハ指定ノ市街ヲ距ル約二里迄ハ之ヲ許ス事。
九、可成一カ所以上ヲ選定スル事。
注意。選定地々価ノ概略ヲ秘密ニ採知シ置ク事。

とされている。(34) かなり具体的な選定指針が示されており、実際に設置された各都市の実情・実態はともかく、いわば「軍都」の空間的条件の一例ともいえよう。

ところで、矢守一彦氏の分析によれば、軍施設の設置が旧城下町プランのどの部位だったかを検討してみた場合、これらの地方都市は、大きく二つのタイプに分かれるようである。[35]その一つは維新以降の衰退がいちじるしく、旧城地や大身の屋敷跡の放置・荒廃の度合が大きい状況で、明治三十～四十年代にいたっても、ここに軍施設を誘致し得た場合である（高田・会津若松）。一方、旧城地周辺に早くから官公庁・教育施設の集中が進められ、軍施設と官衙・学校との併立のみられる諸都市（金沢・豊橋・松山・秋田・弘前）を、いま一つのグループとして括ることができよう（矢守分類によれば、前者は赤穂タイプ、後者は尼崎タイプとされる）。いうなれば尼崎タイプは、明治初年早々に旧城地が軍用に供されたグループであるのに比べ、赤穂タイプは、これが時期的にやや遅れて行われた点がほぼ共通している。ただし、日清・日露戦争後の軍拡期には、旧城地に加え旧城下町域の外に軍施設が設置されたり、旧城地の施設が旧城下町の域外に移転するケース（豊橋・甲府・松江・岡山・佐賀など）も見られるので、この分類に関しては丹念に個別検討を重ねなくてはならない。例えば、金沢ですら、軍拡時、すなわち明治三十一年の第九師団設置時においては、司令部こそ旧城地に設けられたが、歩兵第三十五連隊はじめ騎兵・野砲兵などの諸部隊は旧城下外の野村方面におかれたのである。

このような視点から、より厳密にみれば、「軍都」の都市プランは、城下町の変容というファクターを通して、以下のようなタイプに区別することも可能であろう。

イ、旧城下町域に師団が駐留したか（A）、否か（B＝城下町外・隣接郡部）。

ロ、城趾に師団司令部が駐留したか、否か（AD／AD′）。

ハ、城郭の転用は、占有型ａ・複合型ｂ（県庁・学校等）・放置型ｃ（公園等）か。

ニ、師団司令部・主要連隊の移転・統廃合があったか、否か（移転型、定着型）。

この際、多くの「軍都」はA型であり、旭川・善通寺・宇都宮・京都・岡山など郊外（あるいは城下町域外）設置＝B型は、師団衛戍都市では比較的少ないことがわかる。また、仙台・大阪・広島・金沢・小倉・高田などのように、師団司令部が設置される場合にはほとんどが旧城郭に置かれていることがうかがえ（AD型）、弘前・豊橋のように、師団司令部が城郭外におかれること（AD′型）は稀であった。この点、天守をシンボルとした城郭と師団司令部の象徴性という問題を強く示唆するものといえよう。ただし、さきにふれたように、東京＝皇居に対する象徴性は、軍隊に対する象徴性とは別の次元の問題として検討されなくてはならない。

さらに、多くの「軍都」が師団衛戍地として「定着型」をしめしているものの、岡山・豊橋・久留米のように師団が統廃合された場合や、熊本・弘前など師団司令部や主要部隊が移転している場合もある（移転型）。前者は多く軍縮期の軍備整理の対象となったものであるが、後者はその都市固有の条件が背景に見られるように思われる。いずれにせよ、各都市の「軍都」としての拠点性の度合いとの関係が問題となろう。ちなみに、金沢でも大正期に歩兵第七連隊の金沢城からの一時移転が、城郭周辺住民を巻き込んだ社会問題となっている。なお、城郭の利用形態が占有型か、複合型か、放置型かの差異は、師団設置時期や拠点性からはいちがいに推定できない。とりわけ県庁や学校の設置経緯など、城郭の地勢的（縄張りの形状）な条件なども考慮しつつ、検討する必要があるものと思われる。

以上、「軍都」の都市空間としての諸相を、各師団衛戍地の創設期の事情に即して確認した。このように都市の形成過程には近世の歴史的遺産が大きく影響しているものといえよう。とはいえ、各地の「軍都」は、基本的には明治維新以後の近代天皇制国家と日本資本主義社会の成立・確立過程において成立したものであることも、紛れもない事実である。要するに、近世と近代の都市構造の継承性と変質をそれぞれの「軍都」の歴史的条件にそって、読み取らなくてはならないのである。その上で大都市と地方都市を含む諸都市の重層的な編成過程を明らかにし、その編成過程で位置づけられた都市類型を折出する必要があろう。以上のような視角に依拠しつつ、次章では「軍都」金沢の事例を具体的に検討してみたい。

注

(1) 大石嘉一郎・金澤史男「近代都市財政史研究の課題と方法」(明治学院大学産業経済研究所『研究所年報』第一一号、一九九四年)参照。
(2) 橋本哲哉「都市化と民衆運動」(『岩波講座日本歴史17 近代4』岩波書店、一九七六年)。
(3) 大石・金澤前掲「近代都市財政史研究の課題と方法」。有泉貞夫『明治政治史の基礎過程』(吉川弘文館、一九八〇年)第四章の分析を再引。傍点引用者。
(4) 大石・金澤前掲「近代都市財政史研究の課題と方法」参照。
(5) 大石嘉一郎『日本地方財行政史序説』(御茶の水書房、一九六一年)。
(6) 天野卓郎「軍都広島の変遷」(『歴史公論』第九巻第五号、特集「近代日本の都市」、一九八三年)。
(7) 橋本哲哉・林宥一「日清・日露戦争と軍都金沢」(橋本・林『石川県の百年』山川出版社、一九八七年)。
(8) 矢守一彦「明治以降における変容」(『城下町のかたち』第四章、筑摩書房、一九八八年)。
(9) 森川洋「都市システムの近代化から」(豊田武・原田伴彦・矢守一彦編『講座日本の封建都市』巻一、文一総合出版、一九八二年)、田辺健一・田辺裕「日本の都市システムの歴史的展開」(田辺健一編『日本の都市システム』古今書院、一九八二年)。
(10) 藤岡謙二郎『現代都市の歴史地理学的分析』(古今書院、一九七七年)第二部第一章、金坂清則「土地利用・内部構造の変容」(豊田・原田・矢守編前掲『講座日本の封建都市』所収)。
(11) 石塚裕道・成田龍一『東京都の百年』(山川出版社、一九八六年)六八頁以下。
(12) 石塚・成田前掲『東京都の百年』、大江志乃夫「天皇親任の兵隊・近衛師団の実像」(別冊宝島『帝都東京』宝島社、一九九五年)、佐伯修「都の西北に生きつづける帝国陸軍の伝説」(同書)などより引用。
(13) 『仙台市史』特別編4 市民生活(仙台市、一九九七年)など参照。
(14) 矢守前掲「明治以降における変容」、および塩澤君夫ほか『愛知県の百年』(山川出版社、一九九三年)。

(15) 原田伴彦・西川幸治『日本の市街古図』（西日本編）解説（鹿島研究所出版会、一九七二年）、および小山仁示ほか『大阪府の百年』（山川出版社、一九九一年）。

(16) 三宅宏司『大阪砲兵工廠の研究』（思文閣出版、一九九三年）。

(17) 『大阪護国神社五十年史』（大阪護国神社社務所、一九九二年）。大阪の招魂社・陸軍墓地に関しては、原田敬一「『万骨枯る』空間の形成―陸軍墓地の制度と実態を中心に―」（『佛教大学文学部論集』第八二号、一九九八年）、横山篤夫「真田山陸軍墓地の成立と展開について」（『地方史研究』二八一号、一九九九年一〇月）などが詳しい。

(18) 矢守前掲「明治以降における変容」のほか、有元正雄ほか『広島県の百年』（山川出版社、一九八三年）、空辰男『加害基地宇品新しいヒロシマ学習』（汐文社、一九九四年）、天野前掲「軍都広島の変遷」。

(19) 原田・西川前掲『日本の市街古図』、森田誠一ほか『熊本県の百年』（山川出版社、一九八七年）、熊本県高等学校社会科研究会編『新版熊本県の歴史散歩』（山川出版社、一九九三年）。

(20) 矢守前掲「明治以降における変容」。

(21) 『新旭川市史』第七巻史料二、第三章「第七師団管轄下の屯田兵制」（旭川市、一九九六年）。

(22) 北海道歴史教育研究会編『新版北海道の歴史散歩』（山川出版社、一九九四年）。

(23) 小岩信竹ほか『青森県の百年』（山川出版社、一九八七年）。

(24) 「（弘前市南方）中津軽郡字百年山及桔梗野付近に兵営及び軍衛敷地買収見込調査報告」等による（『新編弘前市史』資料編4、弘前市、一九八七年所収）。

(25) 青森県高等学校地方史研究会編『新版青森県の歴史散歩』（山川出版社、一九九〇年）。

(26) 前嶋雅光ほか『兵庫県の百年』（山川出版社、一九八九年）、『姫路市史』第十二巻 史料編 近現代1（姫路市、一九八九年）、神戸新聞姫路支社編『検証姫路城 匠たちの遺産』（のじぎく文庫、一九九五年）。

(27) 『善通寺史』第一～三巻（善通寺市、一九七七～九四年）。陸上自衛隊第十三師団司令部四国師団史編纂委員会編『四国師団史』（第十三師団司令部、一九七二年）、善通寺市立図書館編『善通寺市史』（善通寺市、一九八八年）、香川県の歴史散歩編集委員会編『新版香川県の歴史散歩』（山川出版社、一九九六年）、日本建築学会四国支部編『過去からの遺産を明日へ―調査研究「過去からの遺産（旧陸軍善通寺第十一師団の建築施設群）」―』一九九九年。調査に際し、多田善昭・浜野多恵氏よりご教示をえた。

(28) 『小倉市誌補遺』(小倉市役所、一九五五年)、『北九州市史』近現代/行政社会(北九州市、一九八七年)、福岡県高等学校歴史研究会編『新版福岡県の歴史散歩』(山川出版社、一九八九年)。

(29) 阿部昭ほか『栃木県の歴史』(山川出版社、一九九八年)、編集委員会編『新版栃木県の歴史散歩』(山川出版社、一九九一年)、『栃木県史』史料編 近現代二(栃木県、一九七七年)。

(30) 佃隆一郎「宇垣軍縮と〝軍都・豊橋〟—衛戍地問題をめぐる『豊橋日日新聞』の主張—」(『愛大史学』第四号、一九九五年)がこの問題に詳しい。ほかに矢守前掲「明治以降における変容」、および『豊橋市史』第四巻(豊橋市、一九八七年)、塩澤君夫ほか『愛知県の百年』(山川出版社、一九九三年)など。

(31) 当初、候補地としては、イ、紀伊郡深草村付近、ロ、愛宕郡上賀茂・大宮村付近、ハ、葛野郡花園村付近、の三ヵ所が挙げられ、各商工会を中心とした誘致運動が展開した。京都市『京都の歴史8 古都の近代』(学芸書林、一九七五年)、森谷尅久編『図説京都の歴史』(河出書房新社、一九九四年)、井ケ田良治ほか『京都府の百年』(山川出版社、一九九三年)、朝尾直弘ほか『京都府の歴史』(山川出版社、一九九九年)、『宇治市史』四(宇治市、一九七八年)。

(32) 原田・西川前掲『日本の市街古図』、矢守前掲「明治以降における変容」、および『岡山市史』第六(岡山市、一九三八年)。

(33) 原田・西川前掲『日本の市街古図』、文殊社編『別冊歴史読本 地域別日本陸軍連隊総覧』歩兵編(新人物往来社、一九九〇年)。

(34) 日本建築学会四国支部編前掲書所収。

(35) 矢守氏によれば、「城地とその近辺の(略)変貌は当該都市の明治以降における歩みを端的に表わすものだった」が、この部位とここを占めることの多かった官衙・学校・軍施設との対応関係については、仙台や名古屋等、軍用に供されたグループ(立地が早い)と、金沢や秋田等、官衙・学校と軍施設が併立したグループがある他、明治三十年以降に軍施設を迎え入れた場合には、高田や会津若松等の停滞的な都市ではそれらがなお城地に立地したのに対し、甲府や岡山等、城下外に立地した型もあったという(矢守一彦「明治以降における城下町プランの変容」『城と城下町—生きている近世1』淡交社、一九七八年)。

二 「城下町」から「軍都」へ

(一) 城下町プランと近代都市プラン

1 近代都市と「城下町」

近世から近代に至る「軍都」形成の動向を検討する場合、軍事施設の設置に関連して、中心地機能、とくに行政的機能の集積や交通体系が、都市プランの骨格を形成していることは明らかである。こうした諸契機を具体的・景観的にいいかえれば、官公庁・銀行・商社・学校・工場・駅などの諸施設の立地の状態となる。これらが城域・侍屋敷地区・下士組屋敷地区・町屋地区・寺社地区などの旧「城下町」の地域制の区分けからみれば、どこに立地し、またそのことが当該都市の全体プランの上にどのような作用を及ぼしたかが問題となるのである。(1)

ところで、近代(明治)の主要都市の起源が「城下町」にあったとする点に関しては、浮田典良氏に興味深い研究がある。浮田氏によれば、『日本帝国第十統計年鑑』(明治二十四年(一八九一)刊)には、「二万人以上住居スル市街」が一四三掲げられているが、そのうち、現在地の市域に合併されている一〇都市、『日本地誌提要』(明治七年十二月から明治十二年十二月かけて逐次刊行)・『明治十一年共武政表』(明治十二年一月現在の記録)に記載の欠けている五都市を除外した一二八都市が、明治前期、すなわち産業革命直前の時期における日本の主要都市といえ、この一二八都市のうち、近世に城下町であったものは七八（六〇・九％）を数えるという（このほか高岡など発生的には城下町であったもの一〇都市を加えれば八八となって全体の三分の二を超える）(2)。すなわち、旧「城下町」が日本の歴史的都市の主流を成すことが明らかであろう。

いったい、近代都市の直接の基底を成す封建都市（ほぼ城下町）は、いまみたように、都市全体、特に主要都市に占める割合の高さと、現在の都市域の中で旧封建（歴史的）都市域が担っている機能の重要性という二重の意味で、わが国の都市の中で重要な存在をなしている(3)。とすれば、都市の「地域性の変容」をめぐる視角からの研究の特質と重要性は、「城下町プランの機軸が地域性にあったから、明治以降に関しても旧地域制度に即してそれぞれの変容を追い、かつ市域拡大の過程とも関連させつつ新旧の対比を試みるのが適当(4)」という指摘に尽きており、城下町の地域構造の特質である地域制に焦点を合わせる点で、これは最も基本的な立場といえよう。

なかでも、城郭・城地は、近世城下町の中核であり、その都市のシンボルであったことはいうまでもない（なお、ここでは「城地」はつまり城内＝大手門より内側と、一応決めておく）。また、旧城下町の地域制のうちでも、城地およびその周辺の大身の侍屋敷群は、しばしば官衙・学校・軍施設によって空間占有をとげていることが知られている。この中核エリアに関して言えば、例えば、小葉田亮氏の調査によると、昭和九年（一九三四）現在の旧「郭内」における土地利用の「卓越景」のうち、市制施行都市においては、兵営の占める割合がきわめて大きいことが指摘されている。小葉田報告では、この段階の土地利用の第一位は兵営(21)、つぎに学校・役場(12)、宅地(2)、山林(1)とつづき、残りは公園となっているという。なお、中小町村の利用傾向は圧倒的に公園(33)と学校(18)であった(5)。すなわち旧城地は公園化を除けば、明治の枢要都市では軍用地に充当された場合が圧倒的に多く、中小町村都市でこれに代わるものは官公庁と学校であったのである。このような旧地域制別の土地利用およびそれまでの変容系列を、小葉田氏とこれを評価しつつ批判する矢守氏の研究に従って要約すると、以下のようになろう。

郭内のうち傾斜地の部分は公園・神社になったが、平坦地の部分は、市制都市特に主要都市では軍用地をなすことが最も多く、軍施設が置かれなかった都市では、ほぼ官公庁・学校になっていた。これに対し、中小都市では軍用地の例は新発田と佐倉の二つのみで、公園・神社が半ばを占め、都市施設としては学校の立地が多く、停滞的な都市では山林・耕地化さえした。(6)

つまり、城地とその近辺の跡地利用を第一に取り上げるのは、いうまでもなくこれが旧城下町プランの核であり、かつ広大な敷地を占めていたためであり、一方、それゆえにこそ、この部位の変貌は当該都市の明治以降における歩みを端的に表すものだったからである。なお、この背景には、明治六年に「城郭廃棄令」が示達され、全国の城郭のうち軍施設として必要な分は存城とし、その他は廃城として大蔵省の管轄に移されたからという事実が指摘されている。おおいに注目すべき点であろう。いずれにせよ、このように「鎮台」地を皮切りに、主だった地方の都市において城地の内外が軍施設によって占有されたことは、その後現在にいたるまでの都市の空間構成に大きな作用を与えるものであった。

2　「軍都」と城郭

ところで、このように城郭が近代に至って軍衙、とりわけ師団司令部の営地に転用され、「軍都」のシンボルとなった事例は全国でかなりの事例を数えるものと思われる。しかし、同じく「城下町」といい、「軍都」といっても、それぞれの地域・都市には歴史があり、都市プランもある。「城下町」から「軍都」への移行の諸相も、それぞれ固有の特色をもつことはいうまでもない。例えば、しばしば金沢と比較される広島の事例に関して、以下のような評価がなされている（傍点引用者）[7]。

> 一八八九年（明治二十二）の市制施行以降、広島市が近世の城下町からやっと抜けだしたばかりのところへ、軍隊と軍需工業がつぎつぎと入りこんで、市内の一等地をその機関や施設が占有していった。（略）第五師団（歩・騎・砲・工・輜重・電信）の各隊をはじめ、（略）膨大な軍事関係機関や演習場・大砲発射場の施設が設けられた。そのため学校や街路・公園・広場などの公的機関や民生施設、非軍事的産業などがいかに制約を受けて放置され、犠牲を強いられる結果になったかはいうまでもないであろう。

こうした理解が一般的かどうかは、さらに検討を要するが、いずれにせよ軍事施設とそのほかの公的機関・民生施設の配置の様相（相関関係）は、都市プランを検討するうえで重要な要素といえよう。以下、次節以降金沢の事例を矢守氏の所論（方法論）を援用しつつ確認していくのだが、これを検討する前提として、全国各地のいくつかのケースを瞥見しておきたい。

まず、いうまでもなく鎮台衛戍地ならびに日清以後軍拡の「軍都」グループは、前章で示したごとく、ほとんどの場合が城郭を軍事施設、とりわけ師団施設に占有されている。例えば姫路では、廃藩置県後、城は陸軍省の管轄となり、城周辺には分営の施設が設置されている。ちなみに姫路城は兵庫県内唯一の「存城」である。このように、連隊・師団の設置とともに当該都市の城郭が「軍都」のシンボルとして再編されたケースは、かなり一般的であったように推察される。なお、この場合、首都の東京は、再三繰り返すようにわが国最大の「軍都」でもあったわけだが、その城郭（江戸城）の変遷（→皇居）は、きわめて特殊なケースになるためここでは捨象したい。おそらく江戸城→皇居の過程における特殊性は、本章の「軍都」論の対象をはるかにこえた議論になるものと思われる。例えば、宮城の中核部分＝皇居＝「帝国の中心」に軍隊が駐留しなかった事情と意味に関しても、さまざまな角度からの分析が必要といえよう（ロラン・バルトの中空論、山口昌男の「中心」「周縁」論、あるいは天皇の身体性論など）[8]。ただし、旧江戸城北の丸に駐留した近衛師団の存在が、天皇の象徴性を軍事的に代位しているものとみることもできよう。

つぎに、日露戦争以降の「軍都」＝師団衛戍地では、ほぼ半数が城郭地以外に師団司令部を設置していることがわかる。例えば、宇都宮、京都、岡山などである。おそらく師団設置時期が遅れたため、それ以前に別の施設による利用が行われ、城郭への軍隊の駐留をなしえなかったものと思われる。

さらに、師団衛戍地以外の旧城下町における軍施設と城郭の関係を、参考までに気のついた範囲で瞥見しておきたい。例えば、秋田は、明治三十一年に第十六旅団を迎え、頽勢から好転に向かった都市である。当時の軍施設の分布をみると、三ノ丸東部に旅団司令部・連隊司令部・衛戍病院、そして三ノ曲輪東部に兵営などが設けられた。とはいえ官庁・学校も旧三ノ丸西部に小学校、三ノ曲輪の藩校跡に師範学校や中学校、外堀にあたる仁別川（旭川）の東岸沿いに監獄署・県庁（旧町奉行所跡）その南隣に市役所などが立地した（併置型）。

会津若松は典型的な事例であろう。戊辰戦争の東北の雄地に軍隊が駐留したのは明治も末期の四十二年で、本一ノ丁に第六十五連隊が置かれた。維新以降、会津特有の事情からか、城郭は荒れるにまかせられ、市制施行時（明治三十二年）にいたっても、外郭内はほとんど耕作地で占められていた状態であったという。

甲府でも、旧内郭に町が立てられ、それが明治三十年の鉄道敷設と駅の開業に伴って繁華街に成長した。このため四十二年設置の歩兵第四十九連隊は北郊に駐屯せざるをえなかったのである。

松江では、明治四十一年に置かれた歩兵第六十三連隊が、南郊の古志原に立地した。旧城本丸は公園となり、大身の旧侍屋敷地区だった殿町一帯に官公庁や学校が集中していたのである。すなわち、十二年の郡役所と県庁の新庁舎、二十二年の市役所の仮庁舎と二十六年の新庁舎、二十九年の師範学校などがいずれも殿町におかれ、県庁はさらに四十二年に旧三ノ丸の現位置に進出している。

松山も、旧城地の一部に軍隊の進出をみたケースである。七年、城跡は本丸と天守閣を中心に公園化されたが、十年再び陸軍省の所轄に入り、旧三ノ丸の一部は丸亀連隊の分営にあてられ、十九年には歩兵第二十二連隊本部が設置される（四十三年に城山は松山公園に復した）。

師団設置クラスの「軍都」でも、弘前ではやや特殊な経緯をたどった。すなわち明治四年八月東北鎮台の分営が置かれ、旧弘前城本丸が兵営に充てられたものの、これよりさき、旧弘前城は兵部省の管轄となり城址は荒廃するままになっていたという。この間、旧藩士から旧城地を破毀し、桑園や放牧場にして授産に役立てたいとの拝借願いもだされたが、いずれも軍使用地という目的のため却下されたという。なお、幸い弘前城の破却は本丸御殿と武芸所などにとどめられ、城門・櫓はそのまま残されたため、城地がほぼそのままの規模で維持されている。こうした例は、全国的にも希有であるといわれる。もちろん、旧城下町であっても軍隊が進駐しなかった中小都市がかなりの数になることはいうまでもない。

㈡ 金沢城下の空間的変容

1 「軍都」金沢と城下町プラン

「軍都」金沢がどのように城下町の都市プランを踏襲しているのかを見ることにしよう。その際見落としてならないことは、金沢が維新以前すでに加賀藩百万石（正確には一二六万石余）の城下町、すなわち江戸を除けば、軍役規定上最大の軍事都市であった点である（他藩に比して藩士の城下町集住が顕著であったとも指摘される）。さらにさかのぼって「金沢御堂」「尾山御坊」時代をも考慮に入れると、実に中世以来の伝統的な「軍都」ということもできる。ゆえに近代的な「軍都」の形成を検討する際にも、少なくとも近世的な「軍都」が、いかに近代的な「軍都」に再編されたかという視点で語られる必要がある。とりわけ、幕末・維新期においてその転換がいかに遂げられたかが、ここでの主たるテーマとなろう。

なお、この間の近世から近代への事情が、都市景観上一般にどのようにとらえられているか、例えば、以下のように中村和宏氏が手際よく整理されているので、少し長くなるが引いておきたい(9)。

金沢は「加賀百万石の城下町」と形容されるように、近世城下町を基盤として成立した都市であるが、その起源は長享二（一四八八）年の一向一揆以後、天文十五（一五四六）年に本願寺勢力によってつくられた「金沢御坊」の寺内町といわれている。天正十一（一五八三）年に前田利家が金沢城に入城して以来、前田氏が加賀藩維持・発展を図りながら城下町を建設し、十七世紀中頃にほぼ城下町の体裁が整った。現在でも細街路網の基本的な形態は、ほとんど変化がない。

城下町当時の土地利用をみると、「加賀八家」と呼ばれる一万石以上の禄を有した家老クラスの重臣の屋敷が各方面に配置され、城下町の北と南の入口には寺院が群として配置されていた。全体として武家は面的に、町家は街道沿いに線的な配置となっていた。こうした金沢城下町の規模は約八㌔で、大略的にみて武家地約六割、町地約二割、寺社など約二割の割合で、武家のゆとりある敷地と町地の密集状況をうかがうことができる。当時の都市規模として金沢は、江戸、大坂、京都に次ぐ大きさを誇っていた。

明治維新以降武士階層の没落とともに一時衰退した金沢が、都市計画的な意味で近代的に変貌していくのは大正八（一九一九）年からで、この年に市中心部の街路が拡幅され、市街電車が走るようになった。この市街電車が走った区域は、藩政期からの旧金沢市域とほぼ一致し、これに伴う街路の拡幅で古い町屋が建て替えられたり、町家の表側半分の改築などが行われ、町の表情が変化していった。大正十二（一九二三）年には都市計画法が金沢にも適用され、法的な裏付けのもとに都市の近代化が図られていった。

ちなみに、筆者の中村氏は、金沢市の都市計画部景観対策課の景観担当職員（一級建築士、当時）である。こうした理解にみられるように、先に紹介した二、三の論稿を除けば、通常、金沢の都市近代化に際して、意識的に「軍都」という視点をみることは少ない(10)。

さて、こうした点を特に幕末期と維新期に分け、軍事機能の空間論的な変遷に着目して検討すると、まず、幕末期においては、「中心」たる城の機能の一時的な低下、新たな軍事施設の「周辺」への分散、の二点を指摘することができる。第一の点は、藩政期末の政治＝軍事状況に導かれたもので、幕末の軍事的関心が主として海防に向けられた結果、封建領国間の戦闘では一定の意味をもっていた城郭の軍事的地位が、相対的に低下することに一因がある。ついで維新→廃藩をへる中で、職業軍人としての武士がその身分をうばわれ、城を離れ、さらに明治四年八月には、城主前田慶寧とその一族が城内から去り、東京に移住することによって、ついに金沢城は軍事機能のみならず、権力のシンボルとしての機能も失うことになるのである。なお、追い討ちをかけるように、翌五年四月には県庁が能美郡美川町へ移転、金沢城下がもっていた政治的な中心機能をも根こそぎうばわれることになった。この時期以降金沢の中心部は多く畑地に帰り、往時の面影を失った次第がいくつかの記録に残されている。

第二の軍事施設の「周辺」への分散については、少し説明が必要であろう。すなわち幕末に加賀藩がたびたび行った兵制改革（＝軍事力の近代的な再編）、これに伴う軍事施設の設置は、ことごとく城外、それも都心から離れたいわゆる「都市の周辺」に設置されているということである。例えば河北郡鈴見村（現、金沢市）には嘉永六年（一八五三）、鉄砲の鋳造所が設置され、さらにこの鈴見鋳造所のある卯辰山麓は、慶応三年（一八六七）、観音町から常盤町にかけての一大地域開発＝「卯辰山開拓」が実施された。ここでは、舎密（化学）局なども含めて、いくつかの軍事施設が整備されていた。加えて石川郡土清水村（現、金沢市）には製薬所（塩硝火薬製造所）、小柳村（現、鶴来町）には火薬製造所と火薬庫五棟が、また能登の七尾（所口）には有名な軍艦所とこれに付属した語学所が建てられている。すなわち、加賀藩の中枢並びに一般の武士にとっては、これらの新しい軍事技術は、彼らの既存のパラダイムを越えたものであり、純粋に軍事的配慮のみならず、むしろ「周辺」に押しやるしかないものだったのではないだろうか。その結果、軍事施設が空間的に周辺化するという現象があらわれたのであろう。こうした、幕末における「軍都」金沢の空間論的な変遷は、単純にいえば、「中心」の空洞化と「周辺」の重心拡大という図式で理解されよう。

こうした段階をへたうえで、徴兵制や陸軍軍制など近代的軍隊の理念や諸制度が整備されるに至り、金沢の軍事空間も改めて中心部を密にしていく。すなわち、金沢では、城下町時代の広大な城地や武士地などが、明治以降、軍用地として変容を遂げた点に都市形成上の特徴があろう。明治四年（一八七一）の調査では、旧城下面積の七〇％近くが武士の宅地であり、それに城地や竹沢御殿（兼六園）を加えると、武家関係用地は実に七五％近くを占めていたという。[11] 以下、旧城下の空間的変容の様態を、軍事関係の空間利用の観点からあとづけてみよう。

まず、金沢城跡が第九師団司令部ならびに歩兵第七連隊衛戍地となったことは、再々述べたとおりである。また、下石引、出羽町一帯の本多家上屋敷や篠原出羽守屋敷などの武家屋敷群は、出羽町練兵場、九師団兵器庫、師団長官舎に（現在の県立歴史博物館、県立美術館、石川護国神社、厚生年金会館など）、奥村宗家の上屋敷は、陸軍衛戍病院（現、

図3　金沢とその周辺の軍事施設地図（明治33年〈1900〉）

国立金沢病院）に取って代わられた。すなわち、明治十九年には出羽町の五万余坪の篠原邸地を練兵場として獲得、三十一年には、練兵場に隣接する本多邸の跡地に兵器支廠を建設する。三十七年には同じく出羽町に陸軍病院分院を設置し、これがのちの衛戍病院となるのである。なお、小立野台地の旧武士地は、上野練兵場（現、金沢大学工学部）に転用された。

このように現在の金沢城—兼六園学術文化ゾーンが、かつての師団・連隊の司令部と兵営、師団長官舎、練兵場、兵器庫、はては衛戍病院や招魂社など軍事関連施設の集合するエリアの再編であったことは注目されなければならない。その一方で、石川郡野村の原野は、野村練兵場、歩兵第三十五連隊兵営、工兵々営などに（現、自衛隊・金沢大学附属小中高校）、さらに藩主・藩士の墓地野田山の一角には、陸軍墓地が造営されたのである。(12)

以上のうち金沢城周辺をのぞけば、小立野台地の旧武士地に「上野練兵場」、旧城下寺町のアーバンフリンジに「野村練兵場」が設けられたことで、「軍都」としての明治後期の郊外化が展開するという特徴を示している。なお、石川郡の野村は軍事的要請もあってか、大正十四年（一九二五）に金沢市に合併されている。いわば明治以降の軍用地化によって、旧城下ならびに周辺の空間構造に大きな変更が加えられ、「百万石城下」の維新後の衰退に一つの歯止め的な様相が見られることも興味深い。かくして、金沢は近世的な「軍都」＝城下町から、幕末〜維新期の軍事・社会的な転換をへて、近代的な「軍都」＝師団衛戍地へと再編・脱皮したのである。

2　軍隊の金沢城入城

第九師団司令部が設置された旧金沢城址が、さまざまな意味で「軍都」の中核となったことは、これまでの議論からも想像に難くない。以下、維新期の城郭の変貌をあとづけてみたい。金沢城は市街中心部、小立野台地先端部に位置する平山城である。前身は加賀一向宗門徒により築かれた金沢御堂、本格的な城郭普請が進められたのは、前田利家が入城した天正十一年（一五八三）以後とされる。維新後、前田家の治世は終結、二六〇年余にわたる城郭の主は、城を去ることになった。以後、明治二年（一八六九）二月には、金谷御殿をはじめとして、七十間長屋、土橋門が焼失。三年十月よりは、坂下門、新坂門、紺屋坂門、石川槍番所門、水揚門、桐木門、尾坂口門、西丁門、甚右衛門坂門、不明門、御宮門などのあらかたの門が残らず撤去され、金沢城は、近世城郭の体裁を急激に失っていくのである。

かくして、四年八月十八日には、城地は兵部省の所轄となる（『官報』）。ついで、五年二月二十七日、兵部省が陸軍省と変わり、不要な建造物は順次破壊されていった（『稿本金沢市史』市街編）。その後の名古屋鎮台分営所・歩兵第七連隊の設置はすでにふれたとおりである。なお司令部は、いずれも旧城二ノ丸跡に置かれ、入り口の門は西町の甚右衛門坂辺り（北側）に設けられた。また、二ノ丸広式は病院となり、のち衛戍病院として城内から小立野の旧奥村邸に移転した。二ノ丸の病院跡は将校の集会所に充てられたという。また、大手門裏の新丸に位置した越後屋敷・作事所・割場・会所は取り払われ、第一大隊の兵営が新築された。二ノ丸の各部屋、五十間長屋も兵舎等に改築された。このようにして近世城郭を構成して来た建造物が急速に壊され、逆に、近代的な軍隊の施設に取って代わられるありさまは、まさに金沢城の景観を大きく変貌させるものであった。

こうしたなか、十四年一月十日、旧城内二ノ丸より失火、旧城二ノ丸の建物はほぼ焼失してしまう。(13) ついで十七年七月には、玉泉院丸の鼠多門も焼失（『歩兵第七聯隊史』）、下って四十年三月二十三日には、旧本丸石垣が突然崩壊しこれに追い討ちをかけ、さらに百間堀の開削と幹線道路化工事が四十四年に完了し、金沢城は近世城郭のたたずまいをほとんど喪失することになるのである。(14)

(三)　「軍都」の戦争遺産

1　「軍都」金沢の戦争遺産

さて、ここで「軍都」金沢の近代化遺産についてふれておきたい。近年注目されつつある産業考古学の分野に、いわゆる「戦跡考古学」がある。主として戦争遺跡を調査研究の対象とする考古学、「戦争遺産」に関する取り組みのことをいう。対象とする時代は近代以降がその中心となっているものの、発掘調査の件数はさして多くない。その調査研究の対象としている戦争遺産＝戦争遺跡・遺構には、師団司令部・連隊本部などの地方官庁、要塞、練兵場、洞窟陣地、陸軍造兵廠、地下軍需工場、戦闘地、空襲被災地、防空壕、浮虜収容所、陸軍墓地などがある。(15)

このように見ていくと、戦争遺産の対象は実に多岐にわたっており、さまざまなアプローチが可能といえよう。とはいえ、日本では、こうした「文化遺産」についての調査研究（さらにいえば認識）はまだ緒についたばかりで、産業考古学の諸分野のなかでは最も蓄積の薄い分野のひとつともいえよう。こうしたことから、つい最近までは存在したのに、現在では消滅してしまった遺跡・遺構・建造物も少なくない。この背景には、戦後の平和主義的な社会風潮の中で、軍事に言及することを避けてきた傾向と、軍事施設・軍隊関係文書の破壊や焼却・廃棄など、資料の絶対的な不足によるところが大きい。

本節では、「軍都」金沢の諸相の具体例として、また旧軍事施設・遺構の事例として、第九師団金沢陸軍兵器支廠兵器庫（現、石川県立歴史博物館〔金沢市〕）の創建ならびに改築の経緯を紹介し、あわせて周辺施設を含めた軍事的な近代化遺産について考えてみたい。

2　第九師団兵器庫とその周辺

これまで述べてきたように、旧金沢城周辺は、かつて出羽町練兵場を中心とする軍事エリアであった。このため、旧城内から兼六園の周辺には、旧陸軍の施設の遺構が比較的まとまって保存されている。今日では博物館・美術館施設の集まる「兼六園文化ゾーン」として親しまれるこのエリアが、かつては「軍都」の中核であったことを確認するために、現在この周辺に存在する旧軍関係の建造物を紹介し、特徴を簡単にまとめておきたい。(16)

(1)旧陸軍第九師団司令部庁舎

現、石川県健民公社。明治三十一年（一八九八）、城内の二ノ丸城跡に建築された第九師団司令部庁舎。木造総二階建。昭和四十三年（一九六八）に現在地に移築される際、両翼が半分に切り縮められた他はほぼ原形を保っている。創建当初は、一階中央に玄関ホールを配し、両翼に廊下を付して軍医室や参謀室などの個室を並べていた。二階はホール上部に師団長室、他は一階と同様個室が並んでいたと思われる。

建物の外観は、一応ルネサンス様式を基本としてまとめられている。正面玄関上部の屋根妻面に三角形の破風を付けているが、これは古代ギリシャ建築に由来するペディメントの模倣であるという。このペディメント内の円形部分は、昭和戦前期に、「菊花御紋章」が付けられた跡である。また正面二階の窓にもペディメントが付けられ、軒下に付けた円板装飾、バルコニー風手摺の装飾、さらに、柱や窓廻りの意匠などに西洋の古典様式を多用している。

(2)旧陸軍第九師団長官舎

現、兼六園広坂休憩館。建坪七〇坪余りの木造平屋建て。建設年代は大正十一年（一九二二）。師団長官舎のみならず、官舎、すなわち軍の経費で建てられた住宅の間取りは、各省庁の事情や立地地域によって様々なバリエーションが生まれた。このうち職位の高い官吏の公邸は、普通の官舎に比べて規模が大きく、しかも西洋風に建てられるのが一般的であったという（明治九年「官舎貸渡規則」制定）。現存する第九師団長の官舎は、内外とも著しく改造が加えられ、創建当時の面影を止めている箇所は、玄関廻りだけだという。

外観は正面から見ると急勾配の瓦葺屋根に、同形式の三角破風をみせる屋根が直角に張り出した構え。鉄板葺の車寄せが付いている。玄関廻りの外壁に化粧柱や梁などをあえて見せているところは、ヨーロッパの民家でよく見かけるハーフ・ティンバーの扱いに近いという。平面構成は現在五室の居室があり、そのうちの二室には暖炉が設けられている。改造が甚だしく、正確な旧状を知ることは困難である。

(3)旧金沢陸軍偕行社

現、石川県健民公社。「偕行社」とは、陸軍の高級将校集会所のことで、海軍では同種の施設を「水交社」と呼んだ。当初は大手町に明治三十一年（一八九八）の第九師団設置とともに建てられた。

図4　旧陸軍第九師団司令部庁舎

四十二年に現敷地内に移転され、増改築が施された。なお最初の移転場所は交差点付近であったが、戦後に今の場所に移設されたものだという。移転に伴う改築が進み、内部の旧状は判然としないが、一階に軍服の布地や軍靴などの軍装品を売る販売所があり、遊戯室では、将校たちが玉突きや囲碁、将棋などの娯楽に興じていたと伝えられる。外観は内部に比べ、旧状を良く止めており、全体としては、ルネサンス様式にバロックの要素を加えた折衷式建築である。建物全体は玄関を中心に置いた左右対称の形式。正面玄関部分の屋根は一段高い寄棟のマンサード屋根を掛けて、建物の中心性を強調している。さらに、玄関に付けられた大アーチ、二階のアーチ窓、屋根面の丸窓を入れたゲーブル（妻飾り）風のドーマー・ウィンドー（屋根窓）などで構成される曲線のリズムによって、デザイン性がより強調されている。

(4)旧石川県護国神社

現、石川護国神社。昭和十年（一九三五）四月、出羽町招魂社に社殿竣工。同月十三日には「遷座祭」が執り行われた。当時の新聞記事には、「総工費十五万円で県内外の寄付に求め、今明二ケ年計画で実施せんとするもので、社殿および附属建物は本殿、拝殿、社

図5　旧金沢陸軍偕行社

務所、神庫、手水舎、鳥居等いづれも新築の予定」（『北国新聞』）とある。社殿の建築については、「内務省の角南技師、宮地考証官の指導を受け、殿内装飾は井上造神宮使庁技師の設計監督に係り、招魂社建築として一新機軸（のちの護国神社建築様式）を出した」ものだという（詳細はⅡ―四で紹介）。

(5)明治紀念標

明治十三年（一八八〇）十月建造。兼六園内の千歳台にひときわ異形を放つ「日本武尊銅像」は、明治十年の西南戦争で戦死した将校兵士を慰霊・顕彰するための記念碑である。石積みの高さ六メートル、像の高さ五・四メートル。石積に用いた石は、「金沢城内玉泉院丸の露地石」で「能登浦等より挽き寄せ給ひし石共なり」という（『金沢古蹟志』）。日本最古の銅像としてその勇姿を誇っている（東京の大村益次郎像、西郷隆盛像に十数年先行する）。像の製作には、高岡金屋町（現、富山県）の鋳物師があたった[17]（詳細はⅡ―二で紹介）。

なお、周辺の軍事遺構といえば、第九師団の中核拠点であった旧金沢城内の軍事遺産（例えば、第七連隊兵営や営倉など）が、金沢城址公園整備事業の過程で、ごく近年、何ら保存の議論も動きもなく破壊されたことを、とくに付記し強調しておく。

3　旧陸軍第九師団兵器庫

現在石川県立歴史博物館として再活用されている赤煉瓦造建物は、陸軍第九師団の兵器庫として建てられたものである。[18]建築年代順には、現在の博物館第三棟（敷地一番奥）が早く、ついで第二棟、第一棟が続いた。[19]まず、第三棟の建設計画は、明治四十一年（一九〇八）七月二十日付の陸軍省からの「御達」によって始まり、九月二十一日には、第九師団経理部から陸軍大臣宛に伺文書が出されている。この文書に対する十月八日付の「御指令案」の中に、「兵

図6　旧陸軍第九師団兵器庫

器庫ノ両妻入母屋ヲ切妻造トシ小屋梁中央物置ノ長ハ二百八十二尺トスヘシ」とあり、これが現存の第三棟の桁行長さ「四十七間」、すなわち「二八二尺」と一致する。また、北陸財務局保管の『建物台帳』には「明治四十二年八月新築」と記されており、竣工が明治四十二年八月であることが確認される。

第二棟については、明治四十五年六月一日に、第九師団経理部長河内暁から陸軍大臣上原勇作宛に、「兵器庫新築工事ノ件伺」が出されている。棟札によれば、起工は「大正元年十一月」、竣工が「大正二年八月」とされるものの、前述の『建物台帳』には「大正元年十月起工二年八月竣工」とあり、起工の時期に一ヵ月の違いがみられる。

さらに、第一棟は、第二棟の建設工事を進めている大正二年（一九一三）四月十九日付の文書「兵器庫其ノ他新築ノ件」のなかの「第九師団経理部へ達案」によれば、「兵器庫煉瓦造二層家瓦葺切妻五十間　八間　一棟（以下略）」と記されているものである。ここに表れている建物の形式、規模は現存の第一棟の形式及び大きさに対応する。『建物台帳』によれば、起工が大正二年六月、竣工は翌年六月である。工事請負は、第二棟と同じく長惣右衛門であり、第三棟の請負は不明であるが、一、二棟と同じく当時すでに県内を代表する施工会社であった長組と推定されている。

つぎに、兵器庫の管理並びに使用状況について概観する。旧陸軍時代、これら煉瓦造兵器庫は、隣接する木造兵器庫と合わせ、第九師団司令部が管轄した。兵器庫に勤務した旧兵士らの証言によれば（調査委員会で数名の関係者に聞き取り調査を試みている）、木造建造物のうち一棟が管理事務棟とされ、域内は土塀をめぐらし、出入口には歩哨が立ち、厳重な警備を行っていたという。兵器庫の周辺は演習時以外はもともと人通りもない場所で、一般には近寄りがたい地区であった。収納された物品は、大正二年の「達案」によると、「輜重車台百組　鞍架百五十組　属品棚五十組　属品箱四十組ヲ備付ク」とあり、輜重関係の諸具がおかれたようである。しかし、聞き取りによれば、時代によって、油・毛布・被服・荷車なども収納されたようだ。ただし、兵器庫とはいうものの、弾薬や火薬は、城内に弾薬庫が建造されており、安全管理や警備上の問題から、出羽町には置かれなかった。なお、これらの建物は、竣工から昭和戦前期までの間（陸軍時代）に、雪害による屋根瓦・出入口庇・雨樋などの復旧工事や側窓鉄扉及び床アスファルト修繕等の工事は行われているものの、構造・形状を大きく変えるような改良工事はなされていないようである。

戦後、旧軍施設の多くは大蔵省に移管されているが、これら三棟の建物も大蔵省所管となった。その後、昭和二十一年（一九四六）七月には、金沢美術工芸専門学校（現、金沢美術工芸大学）の設置認可が下り、三棟の兵器庫はその校舎に転用されることとなる。同年九月から二十三年六月にかけて校舎としての改築工事が行われた。[20]その後は、四十七年十一月、金沢美大が市内小立野へ新築移転することとなり、金沢市から県が有償で移管されることになった。移管を受けた県では、整備活用方針が策定されるまでは現状維持をはかることとし、埋蔵文化財整理室等に臨時的な利用はしたものの、五十八年、石川県立歴史博物館第一期工事の着手までは、ほぼ雑品庫を兼ねたような状態で置かれたのである。

4　陸軍兵器庫の諸相

ところで、金沢第九師団は、日清戦後の六個師団の増設に際して創設されたものである。このとき、同時に旭川の第七師団、弘前の第八師団、姫路の第十師団、四国善通寺の第十一師団、小倉の第十二師団が増設されている（Ⅰ―一参照）。これは対露戦争を視野に入れた軍拡政策の一環であり、このため、それぞれの軍事施設が各地で建設された。ほぼ同時期に建てられた兵器庫のなかには、現存し活用されているものもある。金沢の兵器庫の特徴を比較検討するためにも、最後に各兵器庫の経緯と現況を紹介しておきたい[21]。

(1)旧陸軍第七師団兵器庫（旭川）

明治四十二年（一九〇九）年建築。現在までに残っている旧兵器庫は一棟だけである。内・外部とも損傷が激しく、改造もかなり受けているものの、当初からの側窓鉄扉も部分的に残存している。外観はほぼ金沢の第二及び第一棟に類似しており、異なる点は、屋根が金属板葺である点、平・妻とも金沢の第三棟のような積出柱の出が少ない点などである。現、旭川・真興建設（株）倉庫。

(2)旧陸軍第十師団兵器庫（姫路）

現存する旧兵器庫は二棟で、明治三十八年、大正二年（一九一三）にそれぞれ建築された。姫路市役所として使用された後、美術館の展示空間を確保するために、内部が大きく刷新された。煉瓦造の外壁は、改造工事にあたって、大部分積み直しによる修復が施されている。外観構成は金沢の兵器庫に酷似している。現、姫路市立美術館。

(3)旧陸軍第五師団兵器庫（広島）

明治四十二年の建築。同時に建てられた数棟のうち一棟だけ現存しており、現在別途活用方法が検討されていると聞く。資料館として再利用するための工事によって、建物長さの三分の一が切り取られた。外観はほぼ旧状を止め、梁間の長さも八間と同類明治期兵器庫と類似している。現、広島大学医学部医学資料館。

(4)旧陸軍第十一師団兵器庫（善通寺）

明治四十二年（一九〇九）、同四十四年、大正十年（一九二一）に建築された全三棟の旧兵器庫が現存している。このうち明治期建設の二棟は、外の兵器庫と比べて規模が小さく、建物四隅の横出柱の納め方が斜めに張り出している。また、大正期の建物は、梁間・桁行とも金沢の第一、二棟や旭川の兵器庫と同様であった。いずれも内部に間仕切壁を設けるなどの改装工事を受けていたが、他の師団の建物に比べて保存状態が良く、全ての側窓に外開き鉄扉が残っており、構造も創建当初の姿を良く止めている。現、善通寺陸上自衛隊善通寺駐屯地施設。

以上、補論のようなかたちで「軍都」の戦争遺産の現状を紹介した。ところで、石川県、とりわけ県都金沢は、第二次大戦の戦災をまぬがれ、長い伝統に培われた文化遺産が豊富に残っているといわれる。とはいえ、一方では開発の波が地方にまで及び、大型の都市再開発事業に伴って各種の貴重な建築文化財が失われ、その保存も強く求められてきた。このような状況の中で、旧陸軍兵器庫を保存し、再活用することは、まさに今日的、かつ将来にわたる意義があるといっても過言ではないだろう。いずれにせよ、今後ともこうした遺跡・遺構の保存状態・保存環境に細心の注意をはらいつつ、「軍都」の戦争遺産として有効な活用を期待したいところである。

さて、本章では「軍都」における空間占有の問題を、各地の師団衛戍地の諸相を対象に、主に城下町空間の変容という視点から概観した。今後は、それぞれの「軍都」のケースを個別具体的に比較検討していく作業が求められよう。その際、都市の精神空間論的なアプローチ、とりわけ「慰霊」の営みをめぐる場所性の検証も避けては通れない問題といえよう。この問題に関しては、次章以降で詳細に検討したい。

注

(1) 矢守一彦「明治以降における変容」(『城下町のかたち』第四章、筑摩書房、一九八八年)。

(2) これらを地方別に見ると、東北、中国、四国、九州では、主要都市のほとんど大部分が城下町であり、その他の歴史的都市は、一七のうち一六までが関東、中部、近畿に集中している。江戸時代の城下町の側からみた場合、主要な城下町は、明治前期にも依然主要都市としてつづいている。最高時に一〇万石以上の大名がいたのに「明治前期の主要都市」(一二八都市)のなかにあらわれてこない城下町は、わずかに八都市にすぎないという(ちなみに、このなかには石川県の大聖寺一〇万石が含まれている)。なお、明治二十二年、すなわち市町村制施行の年にいち早く市制をしいた都市三九のうち、三二都市までが江戸時代を通じて城下町、ないし発生は城下町であった都市であり、そうでないのは六つの港町(新潟、横浜、堺、神戸、下関、長崎)と京都だけであるという(浮田典良「明治期の旧城下町」藤岡謙二郎編『城下町とその変貌』柳原書店、一九八七年所収、四五七〜四五八・四六三頁。矢守一彦編『日本城郭史研究叢書 第一二巻 城下町の地域構造』名著出版、一九八七年に収録)。

(3) 金坂清則「土地利用・内部構造の変容」(豊田武・原田信彦・矢守一彦編『講座 日本の封建都市』第一巻、文一総合出版、一九八二年)四六七頁。

(4) 矢守一彦『都市図の歴史・日本編』講談社、金坂前掲論文より再引、四六七頁。ただし、この視角からの研究が、小葉田の先駆的論文やそれを評価・批判した矢守の諸研究以外には余り多くない現状であるという(金坂前掲「土地利用・内部構造の変容」四六七頁)。

(5) 小葉田亮「旧城下町景観」(『地理論叢』七輯、一九三五年)。

(6) 小葉田前掲「旧城下町景観」、矢守一彦「城下町プランにおける『地域制』の明治以降における変化と作用」(矢守『都市プランの研究—変容系列と空間構成—』大明堂、一九七〇年)。

(7) 天野卓郎「軍都広島の変遷」(『歴史公論』第九巻第五号、特集「近代日本の都市」一九八三年)。

(8) 例えば、ロラン・バルトの一九七〇年における「空虚な中心」論(『記号の帝国』、邦題『表徴の帝国』宗左近訳、新潮社、一九七四年)、山口昌男『天皇制の文化人類学』(立風書房、一九八九年)、多木浩二『天皇の肖像』(岩波書店、一九八八年)など。

(9) 中村和宏「金沢の都市景観　その文脈をたどる」(川上光彦・丸山敦・永山光一編著『21世紀へのプロローグ　まちづくりの戦略』山海堂、一九九四年)。

(10) 金沢が「軍都」であったという認識については、本書序論―(三)参照。

(11) 田中喜男氏の推計によれば、延宝年間の金沢において、城郭を含まない城下面積のうち、六九・七%が武家地、一八・一%が町人地、一二・一%が寺社地、また幕末～明治維新にかけては、七四・五%が武家地(城郭含む)、二二・七%が町人地、二・八%が寺社地と算出されている(田中「城下町の成立・変容―地内町から城下町―」田中ほか『伝統都市の空間論・金沢―歴史・建築・色彩―』弘詢社、一九七七年、七七頁)。なお、土屋前掲『近代における歴史的都市と工業都市の形成の研究』では、ここでいう空間利用の変遷を「用地の使い換え」と捉え、軍事使用を含む主な使い換えのパターンを検出している。

(12) 新設師団用地の敷地面積について、当時の新聞記事には、「二九万一六六〇坪四合にして(うち、練兵場一二万四三五二坪)、兵営用地は予定の敷地にては尚不足をきたすもようであり、さらに一万六五七一坪を増加することとなり、目下所有主と交渉中」との記事が報じられた。これが決定すれば、合算して総坪数三〇万八二三一坪四合となる。こうした増設計画の後、野村の新兵営敷地十万余坪の地均らしが着手された。竣成は遅くとも「十月上旬までには結了の見込なり」とされている(「新設師団用地の総坪数」『北国新聞』明治二十九年九月十日付)。

(13) 防衛庁防衛研修所戦史史料部所蔵『陸軍省諸縣綴』に、金沢城焼失に関する報告、ならびに電報が残されている。なお、金沢城にとっては、「第六回」目の失火であったことが、歩兵第七連隊の編纂した「金沢城沿革ニ関スル重要ナル年代」(歩兵第七連隊編纂『金沢城の沿革』一九二三年、付表)に記されている。

(14) 歩兵第七連隊では、前掲『金沢城の沿革』のほか『金沢城ノ沿革並旧同藩ノ兵制防備及藩政ノ概要』(陸軍歩兵大尉辰巳富吉、同歩兵中尉千田倪次郎、同福田弘共編、年代不明、非売品)などを編纂しており、軍事施設としての金沢城についての関心がうかがえる。なお、千田倪次郎は、招魂社遷移運動の展開に際し中心的役割を果たす人物である(本書II―三参照)。

(15) 伊藤厚史「負の文化財―戦争遺跡の重要性」(『文化財学論集』一九九四年)。

(16) 瀬口哲夫・笠覚暁編『近代建築ガイドブック』東海・北陸編(鹿島出版会、一九八五年)二〇六～二二〇頁、及び笠覚暁・中森勉「第六章　近代建築」(『金沢市史』資料編17　建築・建設、金沢市、一九九八年)の記述による。

(17) 『兼六園全史』(兼六園観光協会、一九七六年)四五四～四五九頁。

(18) この旧金沢陸軍兵器支廠兵器庫（以下、「兵器庫」と略す）の保存・活用の試みに際しては、建築等の専門家による「本多の森赤煉瓦棟保存調査委員会」が設置され、歴史的・建築的調査ならびに一連の工事の経緯が、石川県立歴史博物館・石川県土木部営繕課編『石川県立歴史博物館（旧金沢陸軍兵器支廠兵器庫）保存工事報告書』（石川県、一九九〇年、非売品。以下、『報告書』と略す）として詳細にまとめられている。したがって、以下の、とりわけ建築学的な記述に関しては、ほとんどを同『報告書』に負っていることをあらかじめお断りしておきたい。なお、執筆分担は以下のとおり。第一章／建物の概要、第二章／保存調査委員会、第三章／調査事項、第五章／建物の復元的考察（以上、中森勉）、第四章／建物の史的考察（中森勉、初田亨）、第六章／建物の保存・再生計画（笠覚暁）、第七章／建物の構造計画（金多潔）、第八章／整備工事（石川県立歴史博物館・高橋裕、石川県土木部営繕課・斉藤安晃、江田晃次、宮永元洪、吉田正一、岡組・大西隆）。また大野勉「旧陸軍第九師団兵器支廠兵器庫について」、高橋裕「旧第九師団金沢陸軍兵器支廠兵器庫の保存と再生」（『石川県史だより』二四号、一九九〇年）も参照されたい。

(19) 以下の概要は、『報告書』第一章第二・三節の記述による。

(20) 金沢美術工芸大学編『金沢美術工芸大学五十年史』一九九七年。美大当時の兵器庫の状況をうかがう資料として、「金沢美術工芸大学時代の校舎の写真」八葉、「金沢美術専門学校模様替え工事図面」三枚などが残されている。

(21) 以下の概要は、『報告書』第三章第四節の記述による。

三 「軍都」における「慰霊空間」の諸相

㈠ 陸軍墓地

1 慰霊空間の諸相

戦死者の霊魂に対して「慰霊」を営む特定の場所、すなわち、招魂社や護国神社、軍人墓地など戦死者慰霊に関する施設の立地と展開（移転・統廃など）が、近代都市においてどのような様相をみせるのかという問題を考えてみたい。

一般に、死者を弔い霊を慰める場合、具体的な慰霊の対象となるのは、代々の墓碑や仏壇、位牌などに拠る祖先の霊、あるいは氏神など、「イエ」共同体に属した土産神である。しかし、国家神道の強い影響下にあった戦前期の日本にあっては、戦死者の霊魂＝「英霊」に対して慰霊行為を営む場合、特定の場所が設定されていた。すなわち、忠魂碑・忠霊堂での慰霊祭、共同墓地や墓碑（合葬碑）での慰霊式典、招魂社・護国神社における招魂祭などである。(1)これらの「場所」は、いわば「慰霊空間」と呼ぶことができよう。

本章では、戦死者慰霊に関する施設の立地と展開が、近代都市においてどのような様相をみせるのか、「軍都」に特徴的な、師団管下の「陸軍墓地」および「招魂社」を軸にみてみることにしたい。とはいえ、全国の実態を網羅的に検証することは、とうてい筆者の力量を超えるものである。それゆえ、具体的な作業としては、さきにあげた論稿をはじめとする先行研究の成果を、研究史整理を兼ねつつまとめ、この実態の概観、並びに問題の析出にとどめることになろう。なお、後述するごとく、忠魂碑等の立地は師団管下というよりも、町村あるいは集落（部落共同体）や個人レベルでの建碑が一般的とされるため、これも略述するにとどめる。

2　陸軍墓地の諸相

近代軍隊の創設に伴い、全国各地域では戦死者（従軍病没者を含む）を埋葬する特異な墓地空間が創設されるとともに、これを追悼する行事の執行も国民統合のうえで、不可欠なものとなる。(2) 在職中に死亡した将兵を、陸軍埋葬地（墓地）に埋葬するという規定が生まれたのは、明治六年（一八七三）五月であったとされる。このときの布告は、陸軍埋葬地を東京の「音羽護国寺近傍」に定める旨通知したものである。(3) 二年後、八年七月の「陸軍省達第三十一号」では、さらに東京以下の各鎮台に二三〇〇から二八〇〇坪の陸軍埋葬地を設定するように指示している。全国の陸軍墓地は、これらの規定を基準に創設されたものであった。その際、この規定基準の運用が、地域ごとにどの程度の幅と特色をもったのかが、本節の主題のひとつとなる。この点に関しては、規定基準そのものの分析からは、かならずしも明らかにならないため、各陸軍墓地の実態の具体的な検討が必要になろう。ただ、植民地の「陸軍埋葬地規定」に関しては、本土の場合と若干の差異がみられるので、あらかじめ多少付言しておきたい。

例えば、明治二十九年の「台湾及び澎湖島駐屯軍人軍属埋葬規定」によれば、同地の戦没者の埋葬は、「陸軍隊付準士官、下士官埋葬規則」によるほか、つぎのような規定が定められている（傍点引用者）。(4)

一、死骸は陸軍埋葬地共同墓地若くは選定したる土地に埋葬し、内地に送還せず、但海上に在ては水葬することあるべし。

一、墓標は地方の状況に依り、適宜の材料を選定し、概ね将官は高さ五尺方一尺、上長官は高さ四尺五寸方九寸、士官は高さ四尺方八寸とす、但軍属たる高等官は将校に、判任官は下士に其他は兵卒に準ず。

もちろん「地方の状況に依」る基準の幅がどの程度のものかは、具体的には詳らかにされていないが、日本国内でも、例えば個々の陸軍墓地の埋葬方法にかなりの異同が確認されることから[5]、植民地も含めた全帝国の陸軍墓地の実態が検証される必要があると思われる。

こうした問題関心に基づき、以下、本節ではさきの所論を引きながら、各「軍都」に設けられた埋葬地の成立事情につき整理しておきたい[6]。なお、金沢の陸軍墓地の場所性を分析する前提として、本来ならば師団レベルの陸軍墓地を検証すべきところであるが、紙幅の関係と調査の進展の事情から、ここでは、原田報告ほかに基づく「鎮台墓地」（すなわち創設グループ）の状況を、若干の知見を加えつつ略述することにとどめる[7]。

まず、東京の陸軍埋葬地は全国的にもきわめて早く設定された。場所は、音羽の護国寺に置かれ、境内を削って一万坪余りの墓地が設定されたという（いうまでもなく護国寺は、徳川綱吉・桂昌院の創建以来、将軍家代々の祈願所として知られる）。ここには第一師団だけでなく、近衛師団や在京各部隊在営中の下士官・兵卒が皆葬られた。敗戦後各地の陸軍墓地は大幅に縮小され、墓標、墓石等も整理されたが、東京も例外ではなかった。なお、同墓地には、個人墓碑のほかいくつかの合葬碑（日露戦争・満州事変のもの。日清戦争のものは建てられたものの現存せず）や多宝塔（＝忠霊堂、日清戦争のもの）が残されている。いずれにせよ戦前の護国寺地域は、陸軍墓地を中心とした戦没者の慰霊空間を形成していたのである。

仙台の陸軍埋葬地は、仙台鎮台が設置された時、向山鹿落に置かれた（仙台陸軍墓地）。その後、明治八年（一八七五）に歩兵第四連隊が創設されると、墓地の拡張が求められた。新しい陸軍墓地の条件として鎮台が示したのは、「鹿落の墓地より広大（数千坪程度）であり、歩兵第四連隊に比較的近く、清浄で高燥かつ景観に富み、将来、仙台市の発展の妨げとならないこと」（傍点引用者）の四点で、実地検分の結果、宮城郡原町小田原字井戸沢（現、仙台市井戸沢）の「丘阜地」に設置することとなった。この条件は、陸軍墓地の場所性を検討するうえで、興味深いものである。九年三月頃から整地に着手、数ヵ月にして整備（将校を上段の向って右側に、下士官は上段の左側に、兵卒は下段に）を終り、鎮台（のちには第二師団司令部）が管理した。なお、鹿落の陸軍墓地はその後廃止され、二十五年七月には新しい墓地に改葬された。新墓地は、日露戦争の凱旋報告の際参道を拡張し、敷地も三五〇〇坪となる。のち満州事変および日露戦争の合葬碑、昭和十五年秋には日中戦争（支那事変）戦死者の分骨を収めるための納骨堂も建立されたが、二十年八月以降荒廃したという。その後二十八年十一月に太平洋戦争の戦没者合葬墓を建立現在に至る（現、常盤台墓園）。霊苑は、小さな丘の上にあり、墓域は、三段の高さに区分され、さらに低い所にも墓標群（日清戦争の従軍軍夫の個人墓碑と陸軍合葬墓）が設置された。日露戦争時のロシア軍捕虜の病没者墓地もある（同様のロシア人墓地は、大阪・名古屋・金沢等でも確認される）。かくして同墓地は、旧青葉城天主台の護国神社とならび戦没者の「慰霊空間」として位置づけられた。ちなみに、原田氏によれば、六ヵ所の鎮台のうち、同じ場所にほぼ同じ広さで存続しているると思われる埋葬地は、仙台・大阪の二ヵ所しかないという。なお、日清戦争の軍人軍属の遺骨を収集し合葬した墓は、陸軍墓地とは別に民間の手によって仙台市原町の陽雲寺に建てられている。(8)

名古屋鎮台墓地は、現在の東区出来町にあった。戦後の復興過程で市中の多くの寺院墓地とともに、市民霊園である星ケ丘の平和公園に移された。なお、軍人墓地といえば、千種区月ケ丘にあった軍人像を林立させた墓地が有名で、一般に月ケ丘陸軍墓地と呼んでいたが、これは篤志家による個人墓地であって、陸軍の設けたものではないという。月ケ丘の墓地はのちに撤去され（平成八年頃）、数多くの軍人像と墓石は知多郡南知多町大字山海字上間の中之院に移されている。(9)

また、出来町の陸軍墓地は、昭和三十一年（一九五六）一月、墓碑等七三三基を平和公園に移し、管理も国から名古屋市に移管された。同墓地では、墓碑群のほか、日清・日露・シベリア出兵など合計一四基の合葬墓が東を正面に南北に建てられている（本来こういう形であったかどうかは不明）。外国人の墓石は、ロシア人とドイツ人のものがあり、それぞれ日露戦争ならびに第一次世界大戦の青島戦で捕虜となった者たちの墓とされる。(10)

大阪陸軍埋葬地は、明治四年（一八七一）八月、日本最初の鎮台が大阪に設置されたときに市内真田山（宰相山）に設けられた。現在は「大阪靖国霊場」とも「大阪靖国軍人墓地」ともいい、広大な墓地が広がる。かつては「真田山陸軍墓地」と呼ばれ、第四師団が管轄していた。五三五九坪（一七六八五平方㍍）の敷地に、西南戦争から第二次世界大戦までの四千八百余柱の墓標・墓石が並んでいる。墓域には大きな納骨堂もあり、四万三千余柱の遺骨が収められている。さきにふれたごとく、第一次大戦の青島出兵に際し、捕虜となって日本で没したドイツ兵の墓も残されている。横山篤夫氏の検証によれば、同墓地は、明治二年十二月に開設された大阪兵学寮の生徒の埋葬地としても設定されたものという。大阪兵学寮は大阪から日本陸軍を創設していく五つの施策の一つとして設けられたものである。また、兵卒の埋葬地とされたのは、同三年から準備された「辛未徴兵」によって、兵卒数千人が大阪に集結される予定であったからである。つまり、真田山墓地は、大阪鎮台の開設以前に陸軍中枢機関創設の一環として、戦死者だけでなく平時の病死者等も対象とした埋葬地のために設置が進められたものといえよう。いわば同墓地は、日本最初の陸軍埋葬地として成立したものである。ただし、四年七月、廃藩置県が断行され、軍の中枢機関は次々に東京へ移り、

図7　大阪真田山陸軍埋葬地

十月には大阪兵部省は廃止される。これに伴い真田山墓地は結果的に大阪鎮台の付属施設となったようである。(11)

なお、大阪真田山陸軍墓地は、以上の経緯からか、各地の陸軍墓地の遺骨が順次改葬されていることも注意したい。例えば、大正三年（一九一四）の段階では、明治十六〜十七年に埋葬された神戸大倉山麓陸軍墓地からの改葬が確認されている。(12)さらに、戦後も大阪府南河内郡野田村の戦死者（陸海軍とも）の墓碑が移転され一角にまとめられている（昭和二十三年）。横山氏の調査によれば、この野田村の墓碑は遺骨の収納というより記念品を収めるものとして建てられ、陸軍の規格より小さなスペースに統一されたものであるという。また、同村の戦没者全体を対象としたため、陸軍と海軍、将校と下士官・兵の区別がなく、建立の場所にも差別がないことも特徴である。(13)

広島陸軍墓地は、市内南東部にある標高七〇メートルの比治山上にある。比治山は、南北一キロの丘陵で、周囲は急崖、地峡により南北にわかれている。かつては広島湾の砂州に浮かぶ小島で、近世期には御建山と称されていた。のち「軍都」広島

表3つづき

和歌山県	1	深山　〃	1432	海草郡加太町	
		(和歌山　〃	2248	和歌山市今福)	
鳥取県	1	鳥取(並道路)	2856	岩美郡宇倍村(宇倍野村)	
島根県	2	浜田　〃	1935	那賀郡岩見村	
		松江　〃	1613	松江市(西津田)	
岡山県	2	岡山　〃	3370	御津郡横井村	
		栗林山(含附属地)	19675	姫路市(山畑新田)	原本では岡山県の欄
広島県	2	比治山〃	16875	広島市比治山公園	
		福山　〃	2040	福山市(草戸町)	
		(戸板山　〃	4027	安芸郡戸板村)	
山口県	3	山崎　〃	1069	吉敷郡宮野	
		番宅　〃	102	〃	別に，初瀬ヶ原
		部府前〃	1012	下関市(後田)	
徳島県	1	徳島　〃	2363	名東郡加茂名町(徳島市庄町)	
香川県	1	丸亀　〃	1820	綾歌郡土器村	
		(善通寺〃	3012	善通寺前)	
愛媛県	2	味生村	2747	温泉郡味生村	
		御幸村	201	温泉郡御幸村	
		(松山　〃	2747	松山市北済院)	
高知県	1	高知　〃	1080	土佐郡朝倉村	
福岡県	4	千堂　〃	3852	小倉市(篠崎)	
		(高坊	3136	小倉市城野)	
		谷　〃	2040	福岡市(浪人谷町)	
		千代松原　〃	618	福岡市(千代町)	
		久留米〃	3642	三井郡山川村	
佐賀県	1	佐賀　〃	1560	佐賀郡金立村	
長崎県	5	大村　〃	2124	東彼杵郡大村町	
		佐世保〃	371	佐世保市(小佐世保)	
		長崎　〃	342	長崎市(浦上町)	
		厳原　〃	229	下県郡厳原町	
		鶏知　〃	817	下県郡木内村(鶏知町)	
熊本県	2	小峰　〃	3577	熊本市(黒髪町)	
		花崗山〃	476	熊本市(横手町)	
大分県	1	大分　〃	2080	大分市(駄原)	
宮崎県	1	都城　〃	2693	都城市(五十市町)	
鹿児島県	1	鹿児島〃	1051	鹿児島市(鹿児島郡伊敷村)	
計	70ヵ所		179157		

(注)　真田山霊場維持会所蔵「旧陸軍墓地調査表」(昭和21年5月作製）より．数字等は原本のまま．カッコ内は加筆．横山篤夫氏より提供をえた．

表３　旧陸軍墓地調査表(昭和21年５月調)

府県別	墓地数	墓　地　名	積量(坪)	所　在　地	備　考
北海道	3	札幌陸軍墓地	9109	札幌郡豊平町	
		旭川　〃	4111	上川郡東鷹栖村	
		函館柏野　〃	500	亀田郡湯野川村	別に，函館市台町
青森県	2	弘前　〃	3300	中津軽郡千年村	
		青森　〃	4270	東津軽郡筒井村	
岩手県	1	盛岡　〃	1528	岩手郡滝沢村(盛岡市上田)	
宮城県	1	仙台　〃	3169	仙台市(小田原)	
秋田県	1	秋田　〃	1623	南秋田郡旭川村	
山形県	1	山形　〃	1536	山形市(南村山郡滝山村)	
福島県	1	若松　〃	1500	北会津郡東山村	
茨城県	1	水戸　〃	1936	東茨城郡渡里村	
栃木県	1	宇都宮〃	4127	河内郡姿川村	
群馬県	1	高崎　〃	951	高崎市(若松町)	
埼玉県					空欄
千葉県	1	千葉　〃	1396	千葉市	別に，習志野・佐倉
東京都					音羽
神奈川県	1	横須賀〃	1374	横須賀市(平作)	
山梨県	1	甲府　〃	1226	西山梨郡相川村(甲府市岩窪町)	
新潟県	3	高田　〃	3771	中頸城郡金谷村	
		新発田〃	1000	北蒲原郡五十公野村	
		村松　〃	1857	中蒲原郡村松町	
長野県	1	松本　〃	1233	松本市(東筑摩郡岡田村)	
静岡県	3	浜松　〃	1483	浜松市(高林町)	
		静岡　〃	1385	河倍郡千代田町(千代田村)	
		三島　〃	992	田方郡三島町	
愛知県	2	名古屋〃	2860	名古屋市(東区新出来町)	
		豊橋　〃	3481	豊橋市(東田町)	
岐阜県	1	岐阜　〃	1493	稲葉郡那加村	
三重県	1	津　〃	1989	一志郡久居村(久居町)	
富山県	1	富山　〃	1445	婦負郡長岡村	
石川県	1	金沢　〃	3165	金沢市(野田町)	
福井県	2	鯖江　〃	6140	今立郡神明村	
		敦賀　〃	2324	敦賀郡粟野村	
滋賀県	2	大津山上　〃	44	大津市山上町(字武士ケ谷)	
		大津山上	1937	〃　(字部屋ケ谷)	別に，八日市(神埼郡建部村
京都府	3	京都(含道路)	4927	京都市(伏見区深草)	
		福知山　〃	1224	福知山市(堀)	
		舞鶴　〃	1726	加佐郡餘内村(舞鶴市福来)	
大阪府	2	幸田山(真田山)	5252	大阪市(東区寒桐山町)	
		高槻　〃	865	三島郡高槻(高槻町)	
兵庫県	1	篠山　〃	1246	多紀郡城北村	
奈良県		(奈良　〃	1675	奈良県添上郡東山村)	

を象徴する山（「聖地」）として陸軍墓地、砲台が置かれた。ここからは陸軍兵器支廠・被服支廠の煉瓦造建造物を眼下に見下ろすことができる。明治五年（一八七二）の創設になり、山中南半に西南戦争以降の戦没者約一万余名を葬った。しばしば「全国最大最古の軍用墓地」と称されている。内訳は個人墓と合葬墓とからなり、個人墓は納骨を伴う。全体で四〇〇〇柱、合同墓と合わせ五〇〇〇柱ともいわれる。昭和二年（一九二七）八月の『国民新聞』記事にも、「此處の墓地には古き歴史を有する第五師団の勇士の骨が埋められ、四千あまりの墓碑が立ち並んでゐる」と規模の大きさが記されている。(14) 実際、墓石の示す戦死者も、北は北海道、南は沖縄までの三五三三柱を数えるという

表４つづき

奈　良陸軍墓地	1675	奈良県添上郡東山村
深　山　〃	1432	和歌山県海草郡加太町
和歌山　〃	2248	和歌山市今福
鳥取墓地並道路	42856	鳥取県岩美郡宇倍野村
浜　田陸軍墓地	1935	島根県那賀郡岩見村
松　江　〃	3838	松江市西津田
岡　山　〃	4112	岡山県御津郡横井村
栗林山　〃	19611	姫路市山畑新田
同附属	64	〃
比治山陸軍墓地	16875	広島市比治山公園
福　山　〃	2040	福山市草戸町
戸板山　〃	4027	広島県安芸郡戸板村
山　崎　〃	1069	山口県吉敷郡宮野村
同番宅　〃	102	〃
部府前　〃	1012	下関市後田
初瀬ケ原　〃	201	山口市八幡馬場
徳　島　〃	3067	徳島市庄町
丸　亀　〃	1820	香川県綾歌郡土器村
善通寺　〃	3012	〃　善通寺前
御幸村（露国俘虜）	201	愛媛県温泉郡御幸村
松　山陸軍墓地	2747	松山市北済院
高　知　〃	1294	高知県土佐郡朝倉村
千　堂　〃	3852	小倉市篠崎
高　坊　〃	3136	小倉市城野
谷　〃	2170	福岡市浪人谷町
千代松原　〃	618	福岡市千代町
久留米　〃	3642	福岡県三井郡山川村
佐　賀　〃	1560	佐賀県佐賀郡金立村
大　村　〃	2124	長崎県東彼杵郡大村町
佐世保　〃	371	佐世保市小佐世保
長　崎　〃	342	長崎市浦上町
厳　原　〃	229	長崎県下県郡厳原町
鶏　知　〃	817	〃　鶏知町
小　峰　〃	3577	熊本市黒髪町
花岡山　〃	476	熊本市横手町
大　分　〃	2080	大分市駄原
都　城　〃	2693	都城市五十市町
鹿児島　〃	1051	鹿児島県鹿児島郡伊敷村
計　83ヵ所	219425	

（注）　横須賀地方復員部「旧陸海軍墓地調（元陸軍省所管の分）」（昭和31年３月作製）より．数字等は原本のまま．坂井久能氏より提供をえた．

表4　旧陸軍墓地調査表（昭和31年3月調）

名　　称	規模（坪）	所　在　地
旭　川陸軍墓地	4111	北海道上川郡東鷹栖村
札　幌　〃	6787	北海道札幌郡豊平町
函館柏野　〃	500	北海道亀田郡湯ノ川村
函館台町　〃	100	函館市台町
青　森　〃	4270	青森県東津軽郡筒井村
弘　前　〃	3330	青森県中津軽郡千年村
盛　岡　〃	1607	盛岡市上田
仙　台　〃	3169	仙台市小田原
秋　田　〃	1623	秋田県南秋田郡旭川村
山　形　〃	1536	山形県南村山郡滝山村
若　松　〃	1500	福島県北会津郡東山村
水　戸　〃	1936	茨城県東茨城郡渡里村
宇都宮　〃	4127	栃木県河内郡姿川村
高　崎　〃	951	高崎市若松町
千　葉　〃	1396	千葉市中島
習志野　〃	1564	千葉県千葉郡二宮町習志野
佐　倉　〃	1763	千葉県印旛郡佐倉町
音　羽　〃	4237	東京都小石川区大塚坂下町
横須賀　〃	1374	横須賀市平作町
甲　府　〃	1226	甲府市岩窪町
高　田　〃	3771	新潟県中頸城郡金谷村
新発田　〃	5429	新潟県北蒲原郡五十公野村
村　松　〃	1857	新潟県中蒲原郡村松町
松　本　〃	2906	長野県東筑摩郡岡田村
浜　松　〃	4183	浜松市高林町
静　岡　〃	1732	静岡県安部郡千代田村
三　島　〃	1588	静岡県田方郡三島町
名古屋　〃	2860	名古屋市東区新出来町
豊　橋　〃	3481	豊橋市東田町
岐　阜　〃	1493	岐阜県稲葉郡那加村
津　〃	5054	三重県一志郡久居村
富　山　〃	1445	富山県婦負郡長岡村
金　沢　〃	3832	金沢市野田町
鯖　江　〃	7179	福井県今立郡神明村
敦　賀　〃	2324	福井県敦賀郡粟野村
大津山上　〃	44	大津市山上町（字武士ケ谷）
大津山上道路	1937	〃　（字部屋ケ谷）
八日市陸軍墓地	524	滋賀県神崎郡建部村
京　都　〃	4844	京都市伏見区深草
京都道路	83	〃
福知山陸軍墓地	2726	福知山市堀
舞　鶴　〃	1726	舞鶴市福来
真田山　〃	5252	大阪市東区寒桐山町
高　槻　〃	865	大阪府三島郡高槻町
篠　山　〃	1246	兵庫県多紀郡城北村

（陸軍墓地保存協賛会「比治山陸軍墓地墓石数」）。現在、これらの墓標は、通路に向かって南北八区画、各一〇段の段状に並べられているが、本来は、整然と山上の埋葬地に並べられていたもので、太平洋戦争期（昭和十九年初頭〜四月まで）、高射砲陣地を造る際に整理されたものである。戦後再び整理されて、現状のようになった。その段階で個人墓は土中に埋められ、遺骨は仮納骨堂に集められたという。ただし、今ある一つ一つの個人墓標は、「下士官高さ二尺五寸方六寸、兵卒高さ二尺方五寸」という「陸軍埋葬地法則」にそった大きさになっており、戦前の墓標がそのまま保存されたものだとわかる。戦後は墓地自体が荒廃し、墓標も放置されていたが、現在は比治山陸軍墓地保存協賛

会によって保存され供養がつづけられている。(15)

熊本には、花岡山と小峰の二つの陸軍埋葬地が造営された。花岡山陸軍埋葬地（約五〇〇坪）は、明治七年（一八七四）三月に設けられ、幕末維新から西南戦争の戦没者を葬っている。ただし、同陸軍墓地は、熊本鎮台の陸軍埋葬地の規定（前掲、明治八年七月「陸軍省達第三十一号」）の「二千八百坪」からすると、かなり狭いものである。おそらく、花岡山には「招魂社」（もと招魂場）が七年三月に設置された関係で、官軍墓地が置かれたのであろう。埋葬地の南側には「県官墓地」があり、近くには新設歩兵第十一旅団（熊本）の初代旅団団長として赴任した乃木希典の長女恒子の墓もある。合葬墓として明治十八年八月銘のものがあり、時期的には平時の死亡者の墓を集約したものと思われる。ちなみに「陸軍埋葬地法則」には「十年ヲ経タルトキハ之ヲ合葬スルコトヲ得」とあって、増えつづける墓標を合葬することが認められていた。なお、花岡山が軍事関係者の墓地であるとの認識は、同陸軍埋葬地の上の方の一帯が、大きな仏舎利塔を中心として、慰霊碑などが建立されている慰霊の空間として形作られていることからも、推定されよう。

花岡山について設けられた陸軍埋葬地が、旧制第五高等学校の北側の丘にある小峰陸軍墓地である（現、小峰市民霊園）。同墓地の墓石・墓標は、戦後取りまとめられて地中に埋められ、それをコンクリートで固めたうえ「忠霊塔」が建てられてたという。忠霊塔の裏に埋め込まれた碑文には、「今般都市計画の実施に伴ひ近代的墓苑に改め茲に忠霊塔を建立」との市長の説明書（昭和三十年十一月）がある。

また、一般に陸軍墓地の中、または近辺に軍馬・軍犬・軍鳩の慰霊碑を建てる例が少なくないが、熊本の第六師団には軍馬碑の例がある。軍馬の遺骨は、門司町の正蓮寺（浄土真宗）に葬り、墓地に「軍馬塚」を建てたという。(16)

こうしてみると、陸軍埋葬地（陸軍墓地）は、しばしば鎮台衛戍地近郊の丘陵（里山）に立地したことがうかがえる。この点は、金沢の事例も同様で、その「場所性」に関しては次節以降で詳しく検討したい。しかし、大阪真田山陸軍墓地の際の横山氏の指摘にもあるように、戦没者の墓地については、いまだ墓地面積の推移、景観の変化、祭祀の内容、納骨堂の建造、合葬墓碑の性格、戦後の推移など、究明されなくてはならない問題が数多く残されている。この点は、各地の陸軍墓地についても同様の課題であろう。こうしたことから、今後、各師団単位の陸軍墓地（例えば、旭川、弘前、姫路、善通寺、小倉、久留米等）や連隊単位の陸軍墓地、さらには海軍の埋葬地に関しても同様の調査と検証が進められなくてはならないものと思われる。(17) なお、原田氏によれば、全国で約六〇の陸軍墓地が確認されるというが、組織的な調査が待たれるところである。太平洋戦争の終戦段階での軍用墓地の建設実態に関しては、表3、表4を参照されたい。

(二) 招魂社・護国神社

1 招魂社の創設

招魂社・護国神社の立地及び景観も、「軍都」の「慰霊空間」を規定する重要な要素であろう。招魂社創設の経緯に関しては、陸軍墓地以上にさまざまなアプローチと研究の蓄積がある。ここでは、各地の招魂社がいかなる「場所性」のなかで建立され、金沢の招魂社がそのなかでどのような特色をもつかという視点からのみ、各地の招魂社の創設事情を概略確認しておきたい。なお、招魂社の創設に関し場所性を意識して論じたものに、さきに紹介した市川秀和氏による福井足羽山の事例分析がある。本章の主旨から、軍隊の駐留をみなかった福井市を「軍都」の範疇に加えなかったため（第九師団管下福井県内の連隊は、鯖江と敦賀に置かれた）、詳細な検討は捨象するが、同稿の「諸公共空間の場所性」をめぐる視点と考察は、きわめて示唆に富んだものである。本節との関係では、とりわけ明治六年（一八七三）の足羽山招魂社の創設事情と十六年の継体天皇像の建立事情に注目しておきたい(18)。

さて、全国の招魂社の創設過程については、幕末期以降の地方招魂場をめぐる諸事情は省くとして、制度的には、明治二年六月東京九段坂上に東京招魂社が設立され、鳥羽伏見戦争から函館戦争にいたるまでの全戦没者を合祀したことが、その画期とされる。そして東京招魂社が時とともに整備されて行く過程で、各地域においても廃藩置県によって管理主体である藩がなくなったために荒廃しつつあった地方の招魂場や墳墓を、官費で維持管理していく方針（明治七年二月十五日付「内務省通達」）が打ち出されたのである。これが国家・軍隊の「神社」としての「招魂社」制度の嚆矢であった。

ところで、小林健三・照沼好文氏による先駆的研究（『招魂社成立史の研究』）によれば、招魂社の種類は以下のように分類されるという。まず、「創立者」による分類として、藩主によって創立された社、地域住民有志・遺族などによって創立された社、県・県民・軍との協力によって創立された社がある。また、成立過程をその「発達形式」から分類してみると、

a、楠公祭—招魂祭—招魂社—靖国神社
b、招魂墳墓—招魂場—招魂社（祠）—護国神社
c、境内社—招魂社—護国神社
d、招魂碑（忠霊塔・忠魂碑）—招魂社（祠）—護国神社
e、招魂社—護国神社

f、護国神社

がパターンとして考えられるという。[19]ことに後者の視点は、招魂社・護国神社の場所性を検討する上で、（金沢の場合にみるごとく）しばしば遷移問題を伴うこの施設の分析には有効であると思われる。以下、こうした点をふまえ、全国の招魂社の実態を陸軍墓地同様に紹介しておきたい。

2 招魂社の諸相

まず、東京の事例。「軍都」東京での戦死者は、麴町区九段坂上（現、千代田区九段）の靖国神社に合祀された。よく知られるように、同社はかつて戊辰戦争当時に発足した東京招魂社が明治十二年（一八七九）六月に改称された別格官幣社である。とはいえ『靖国神社誌』によれば、「当時田安台と称した九段上に東京招魂社をたてられ」とのみあり、明治元年五月の布告にも「忠魂を慰むる為に神社を建てて長く祭祀せしむ」と祭祀の目的が強調されるばかりで、何故「九段坂上」の土地が選ばれたのかは詳らかではない。[20]この点に関して、鳥巣通明氏の考証（「靖国神社の創建と志士の合祠」）によれば、東京招魂社建立という発想の最初の痕跡は、「木戸孝允日記」明治二年三月十五日の条に見える次の件りであるという。[21]

今日此荘に至る。途中上野寺中を通る。去夏兵火の為に楼門其外多くは焼失。旧時の盛大実に如夢。此地を清浄して招魂社を為さんと欲す。

すなわち東京招魂社建立の最初の候補地は、「上野山内の寛永寺の辺り」であって、「兵火の末廃墟の相をなしていた」一帯であったというのである。簡単に言えば今日の上野公園の敷地であった。しかし、この計画は、上野の山の予定地に大学病院を建てたいとの希望が出たことから沙汰やみになる。その大学病院の計画も、さらに政府顧問のお雇い外国人ボードウィンの助言を容れて却下され、上野の山一帯を「公園となす」ことに決まって変更を余儀なくされる。こうして今日の上野公園が誕生するわけである。

一方、東京招魂社用地の次の候補は「九段坂の上」となり、これが格別の問題もなく決定に到ったところから、今日靖国神社が同地に存在する結果となった。そのことを示す最初の史料は、明治二年六月十二日付の「軍務官達」であるという。(22)

今度招魂場の儀、九段坂上三番町通元歩兵屯所跡へ御取建相成候ニ付、右場所為見分、左の面々被相越候事。

このとき、見分（検分）に赴いた面々とは、大村益次郎以下六名の新政府軍の高級幕僚であった。九段坂上の歩兵屯所跡は、当時東京府の所有だったが、検分に赴いた大村が一目でこの土地をよしとしたことから、軍務官より東京府に対しての土地引渡要請となり、交渉は難なくまとまって、一週間後には建設地の造成作業に入った。大村は大工を引連れて行き、現地測量の監督にあたってもいる。現在靖国神社の参道中ほどに大村益次郎銅像が聳え立つのを見ても、この人物と靖国神社との因縁の深さが推し測れよう。

かくして、明治二年六月二十八日、九段坂上の招魂場に仮設された急拵えの本殿と拝殿に清祓の儀が修せられ、翌二十九日「霊招」の式が、さらに、現在地での初めての招魂祭が執り行われた。(23)

実は、これよりさき京都では東山の霊山《りょうぜん》に招魂社が営まれている。霊山は、平安時代以来の京都の祈願所であった。もともと「東山三十六峰」の一つで、文政年間（一八一八〜三〇）から霊明舎が置かれ、神道祭祀の斎場として利用されていたという。こうした背景もあって、幕末の尊攘派志士の慰霊のため、この場所が選ばれたのである。とくに新政府軍の各藩の戦死者たちには、この霊山を中心に東福寺や泉涌寺などに慰霊の施設が造られていったという。のちには、招魂社（明治元年五月太政官布告により創建）のほか、坂本龍馬や中岡慎太郎ら幕末志士の墓碑や木戸孝允

図８　明治初年の東京招魂社（『ザ・ファーイースト』より）

の神道碑も建てられた。さらに昭和十四年（一九三九）には京都霊山神社の社殿が完成しており、「霊山」はいわば「近代京都の聖地」と目されてきたのである。(24)

なお、我が国招魂社の嚆矢は、幕末、元治元年（一八六四）の下関戦争における殉難者の霊を祀った「長州（山口）招魂社」であるとされている。山口・京都・東京の霊場の関係は改めて検討したい。以下、これ以外の主な「軍都」（鎮台レベル）の招魂社の事例を略述しておく。

仙台の招魂社は、明治三十五年の「昭忠碑」を起源とする。これは、三十一年十一月結成の有志の組織「昭忠会」が建てたものであるという。その後、三十七年八月、青葉城天主台址の現在地に招魂社が造営された。昭和十四年内務大臣指定の宮城県護国神社となり、翌十五年五月社殿造営着工。十七年五月に竣工して遷座祭が行われた。現在も旧城本丸の大部分を護国神社の敷地が占めている。(25)

大阪では、先述した最初の「軍埋葬地」とあわせて「招魂社」の設置が唱えられた。その後この招魂社は「大阪鎮台招魂社」となり、真田山の「陸軍埋葬地」に併設される。横山篤夫氏によれば、真田山墓地が成立した明治五年には、既に同地で招魂祭が執行されたものとされる。ただし、大阪の町の人々にはなじみのない祭事だったので、地車を引き出しハレの日として多くの人々を動員し、その定着をはかったという。その後、真田山墓地は、三十六年頃までは一般には招魂社の所在地として認識されてきたようである。

ところが、西南戦争後、招魂祭は大阪城旧天守台に設けられた仮屋で執行されるようになる（のちにみる金沢と同様の展開）。この招魂祭は「万余の群衆」が集まり、政府軍最大の兵站基地として賑わいを取り戻した大阪の祭典として盛大に開催された。おそらく真田山墓地が群衆の集合地として敷地が狭かったことに加え、当時流行していたコレラ患者の隔離病棟が真田山墓地沿いに新設されたこと、西南戦争の戦死者が政府軍側だけで七〇〇〇人を超え、真田山もその死体埋葬地としての面が強くなったものと推定される。こうして、招魂祭と分離した真田山墓地内の招魂社は、日露戦争後に靖国神社の地方分社として各地の招魂社が指定→整備されるなかで、これに含まれなかったのであろう。陸軍埋葬地の敷地内に建てられた招魂社として、分離独立もかなわず、大正期には解体撤去されたものと思われる。(26)

一方、大阪護国神社は、昭和十五年（一九四〇）に創建された。社殿は、交通の至便性から、住之江公園の一角（現、住之江区南加賀屋）に約一万坪を画して建設されたという。これよりさき、大阪市天王寺村の郷社大江神社隣接の国有地に官祭招魂社が置かれたが、明治二十年（一八八七）社殿改修を機に、墓碑四八基が阿倍野の八弘社墓地に移転改葬され、二十二年六月には官修墳墓に列せられた。大江招魂社は明治七年に官祭招魂社に列格すべきところその指定から漏れていたものを、二十一年になって改めて追認したものである。なお、第四師団管区を対象とした、官民有志設立の「弔魂会」による招魂祭も、明治三十三年以降、別に城東練兵場に祭壇を設けて行われている。また、明治十六年には、西南戦争の戦死者を弔う慰霊碑として、大阪中之島に明治紀念標が建立され、大阪偕行社が運営の

中心となり、以後靖国神社の大祭にあわせ招魂祭が挙行された。この標碑も大阪護国神社の起源の一つとされている。(27)

広島の護国神社は、のちに金沢でみるような、招魂社の遷移→護国神社の創設過程をたどった。すなわち、同社の起源は、明治元年創建の大須賀二葉の里の「水草霊社」(饒津神社側)であったが、八年官祭招魂社となり、三十四年官祭広島招魂社と改称した。その後、昭和三年(一九二八)には「社殿も矮小な上に老朽化」したため、移転計画が立てられた。同七年四月、第五師団、県、市、商工会議所主催の「勅諭拝受五十年記念時局博覧会」が開催され、これを契機に社殿の遷移が推進されたのである。具体的には、博覧会の余剰金を招魂社移転改築費の一部に充て、第五師団も西練兵場の一五〇〇坪を用地として提供した。翌八年三月広島偕行社において、師団、県、市、商工会議所各位により、招魂社の移転改築の委員会・奉賛会の設立が協議され、間もなく着工。九年十一月に竣工し、遷座式・落成式が行われたのである。ただし、この社は昭和二十年八月の原爆被爆により、第一鳥居を残し悉く灰燼に帰した。

なお、戦後の社殿は、城跡南西部の現在地に裏御門の鳥居とともに移築されたものである。神社の東側には広島に関係した軍人・軍属の慰霊碑が九基あり、その脇には多くの記念碑や銅像がならぶ。例えば、第五師団の兵士五千余名の忠魂墓碑はじめ、満蒙開拓青少年義勇隊の犠牲者の「拓魂の碑」、各戦役に徴用され似島陸軍検疫所で処理された軍馬の霊を祀る「馬魂碑」などが建てられている。(28)

熊本鎮台の招魂社は、明治二年(一八六九)、旧藩主細川韶邦・護久が戊辰役殉難者のために、城下花岡山に祠宇を建設したのを起源とする。花岡山招魂社と称し陸軍埋葬地の南五〇メートルほどのところに設けられている。この招魂社(もと招魂場)は、招魂社としては七年三月以来、幕末維新の志士の英霊を慰めてきた。一方、昭和十九年黒髪町立田山麓に護国神社の社殿造営を計画、着工したが、戦況緊迫のため進捗せず、終戦により造営中止となった。(29)なお、招魂祭は、山崎練兵場の東側中央に霊殿を据え実施されたこともある(のちにみる金沢と同様の傾向)[30]。ただ、花岡山招魂社に於いても例年祭奠の執行があった[31]。花岡山の場所性については、陸軍墓地の節でふれたとおりである。なお、のちに熊本県護国神社が城地三の丸の上段、すなわち旧藤崎台招魂祭場(現、宮内町、藤崎八幡宮跡地)に敷地を変更して建設されたことも付記しておく[32]。

ところで、鎮台クラス以外の「軍都」でも、それぞれ招魂社、護国神社が建設されたことはいうまでもない。例えば、弘前では、城内小丸(北の本丸)の東に、明治四十三年上白銀町から移転した護国神社(元招魂社)があった。昭和十一年(一九三六)に県社となり、十四年青森県護国神社となった。その嚆矢は、明治二年六月、城下宇和野に設けられた招魂場であったという。

また、善通寺の招魂社は、はじめ丸亀の歩兵第十二連隊付属地に創建されたものを、第十一師団の創設に伴って善通寺町の偕行社内に移霊、遷座、のち生野町(現、文京町)の現地に社殿を造営したものである。以下、旭川、弘前、名古屋、姫路、小倉、久留米等の事例もそれぞれの地域性・場所性をもつものと推察される。ここでは紙幅も限られ調査も不十分なので、各師団管下の招魂社・護国神社の実態分析の必要性を指摘するにとどめ、次章以降金沢の事例を通じつつ、やや詳細にこの問題を考察してみたい。

(三) 忠霊塔・忠魂碑

陸軍墓地の成立・立地の究明とともに、忠魂碑・忠霊塔等の立地の問題も本来はここで検討しなくてはならない問題である。ただ、忠魂碑・忠霊塔は、町村レベルのものや部落共同体・個人を建碑主体としたものなどさまざまなパターンがあり、これを一律にくくるわけにはいかない。とはいえ、「軍都」のレベル、つまり師団設置都市における「師団レベル」あるいは「県市レベル」での忠魂碑・忠霊塔が、どこにどのような形で創建されたかということも、「軍都」における「慰霊空間」を検証するうえで、極めて重要な要素といえよう。[33] 例えば、高崎では、陸軍大演習を契機として忠霊塔（高崎忠霊塔。高さ四五尺）が建設された。すなわち、昭和九年（一九三四）十一月、群馬県を中心に秋季陸軍大演習が実施され、同月三日にはこれを記念して歩兵第十五連隊の駐屯地である高崎市を一望できる高崎観音山山頂付近（現、高崎市石原町）に群馬県最初の忠霊塔が建設されたのである。[34] この場合、後述する金沢の（支那事変）忠霊塔と同様、里山の山頂付近に造営された点が注目される。

なお、本節では主題の関係から金沢市内の忠魂碑についてもほとんどふれないが、石川県内の忠魂碑分布については、昭和二十三年（一九四八）段階の状況報告が残されている。これはGHQの「神道指令」に基いて、「昭和二十三年二月付文部大臣官房宗務課長内事局長通牒」として出された文書（「忠霊塔、忠魂碑の措置について」）により、破壊等が確認された忠魂碑等の現況（市町村別の数）を報告したものである。これによると石川県内では二五三基、うち金沢市内には一七基の忠魂碑が建立されていたことが確認される（ちなみに昭和二十三年段階で残存していたのは、わずか三基であった）。なお、全国では、同年五月一日段階で、七四一一基の忠魂碑が措置対象となり、うち五六一三基（七五・七％）が除去されている。[35] いずれにせよ、忠霊塔建設運動をはじめ忠霊塔、忠魂碑等の地域的な検証に関しては、やはり今後の調査を期す段階といえよう。[36]

注

（1）村上重良『慰霊と招魂』（岩波書店、一九七四年）。

（2）原田敬一「『万骨枯る』空間の形成―陸軍墓地の制度と実態を中心に―」（『佛教大学文学部論集』第八二号、一九九八年）。

（3） 原田敬一「陸海軍埋葬地制度考」（大阪大学文学部日本史研究室編『近世近代の地域と権力』清文堂、一九九八年）。以下、この項の叙述は、一部を除き原田氏の労作に多くを負っている。貴重なご教示とともに、改めて感謝したい。また、陸海軍埋葬地の実態に関しては、筆者も参加する国立歴史民俗博物館の研究グループ（「近現代の兵士の実像」研究会）が、近く調査の成果を報告書としてまとめる予定である。詳細はこれに譲りたい。なお本章では主に師団衛戍地を対象とするため、「陸軍墓地」の通称を使用している。ほかに「軍人墓地」「埋葬地」などの用語も使われ、原田氏は、「軍用墓地」の呼称を提唱されている。

（4） 『大阪朝日新聞』明治二十九年四月十四日付、細見前掲『不滅の墳墓』二四二頁。また、本章では主題上詳しくふれないものの、海軍の埋葬地に関しては、いわゆる海軍墓地が、呉、舞鶴、横須賀、佐世保等に建設されている。なお、陸軍墓地のなかに海軍将兵の墓碑のあるもの、あるいはその逆の場合などもみられる。さらに、海軍の軍艦乗組員が洋上で死亡した場合の処理についても、別に規定（水葬等）がある。なかには、大正八年（一九一九）二月に副長以下四八名の病没者を出した、軍艦「矢矧」の「英霊」を祀る墓碑（遺骨の一部を合葬）のように、海外（マニラ）の共同墓地に「軍艦矢矧病没者墓」として建造された例もある（『大阪朝日新聞』大正八年一月二十八日付。この「矢矧病没者墓」の詳細に関しては、『水交社記事』二二三号・大正九年九月号、一九一〇年、に特集記事がある）。

（5） 例えば、大阪真田山の陸軍墓地の墓標は他の陸軍墓地のものよりも敷地面積が狭く（つまり墓標の間隔が狭い）、金沢野田山の陸軍墓地の墓標は近世的な土饅頭の上に建てられている。また、長崎の墓地には、亀型（直径約五㍍の円盤型）基台等がみられる。このような埋葬方法とその地域の墓制に関してもそれぞれの実態の検証が必要であろう。

（6） 原田前掲「『万骨枯る』空間の形成―陸軍墓地の制度と実態を中心に―」。

（7） この問題に関しては、目下、国立歴史民俗博物館の研究グループのほか、中京大学の檜山幸夫氏の研究グループが精力的に全国各地の事例を調査しており、筆者も両調査団の一員として、若干の情報提供を行っている。詳細は、檜山幸夫編著『近代日本の形成と日清戦争―戦争の社会史―』（雄山閣出版、二〇〇一年）三五頁以下。

（8） 『宮城県史』第七巻（宮城県、一九六〇年）、原田前掲「『万骨枯る』空間の形成―陸軍墓地の制度と実態を中心に―」参照。

（9） この経緯については、松本博行「戦争と民俗」（佐野賢治ほか編『現代民俗学入門』吉川弘文館、一九九六年）参照。

（10） あいち・平和のための戦争展実行委員会編『戦時下・愛知の諸記録（不完全データ）いまわかること・いまだにわからないこと』同会刊、一九九六年。

(11) 横山篤夫「真田山陸軍墓地の成立と展開について」(『地方史研究』二八一号、一九九九年)。
(12) 「改葬広告、神戸大倉山麓陸軍墓地から大阪真田山陸軍墓地へ」(『大阪朝日新聞』大正三年八月十三日付)、細見前掲『不滅の墳墓』二四三頁。
(13) 横山篤夫「旧真田山陸軍墓地に建立された野田村遺族会の墓碑一六九基について」(『国立歴史民俗博物館研究報告』第八二集、一九九九年)。
(14) 『国民新聞』昭和二年八月二十一日付、細見前掲『不滅の墳墓』二六六頁。
(15) 『比治山陸軍墓地縁起』広島比治山陸軍墓地奉賛会、一九六一年。『比治山陸軍墓地略誌』(広島比治山陸軍墓地奉賛会事務局、一九九八年)、檜山前掲『近代日本の形成と日清戦争—戦争の社会史—』三五〜三六頁、空辰男『加害基地宇品 新しいヒロシマ学習』(汐文社、一九九四年)、広島県歴史散歩研究会編『新版広島県の歴史散歩』(山川出版社、一九九二年)、および原田前掲両論文。
(16) 『熊本市史』(熊本市、一九三二年。復刻版、臨川書店、一九八六年)。戦没軍馬慰霊祭連絡協議会編『戦没軍馬鎮魂録』(偕行社、一九九二年)、熊本県高等学校社会科研究会編『新版熊本県の歴史散歩』(山川出版社、一九九三年)など。熊本の陸軍墓地に関しては、今井昭彦「陣風連の乱における戦死者祭祀」(『群馬歴史民俗』第一八号、一九九八年)が詳しい。
(17) 例えば、筆者も調査に参加した「軍港」佐世保の事情について紹介しておきたい。佐世保には、東山公園佐世保海軍墓地(佐世保市大宮町)が建設されている。明治十九年(一八八六)五月、第三海軍区佐世保鎮守府(明治二十二年七月一日開庁)として開設された軍港都市佐世保の海軍墓地である。当初、佐世保には戊辰戦争の戦没者を埋葬した陸軍墓地が市内の中心部峯の坂にあり、海軍殉難者は同墓地に埋葬された(明治二十三年海軍墓地に移葬)。これは鎮守府軍港工事中の明治二十一年八月十二日、入港していた軍艦葛城の乗員(二等主厨=一等主計兵曹)が作業転落事故で水死。佐世保における最初の海軍殉職者となり、軍港建設副委員長の中溝海軍少佐が、佐世保の有力者森田福次郎に相談したところ、森田が峯の坂に土地を借りて埋葬したものという。
　その後鎮守府開庁とともに殉職者の数も増加してきたので、海軍墓地を建造することとし、その用地として当時東彼杵郡日宇村福石免と呼ばれていた現在地(現、佐世保市東山町)を選定、民有地を買収したものである。すなわち福石免の赤坂から東谷、それに崎辺免の白岩にまたがる八九〇五坪(約三平方キロ)の山麓を、一〇名の地主から総額二一四七円一二銭で買い上げることとしたのである。二十四年二月二十六日佐鎮長官代理から海軍大臣宛て伺書が出され、海軍大臣からは同年三月二十八日付で認証書が下附された。同年四月二十八日には早くも土地買収を終了し、日宇村役場は鎖に対して地所引渡証を提出している。用地の買い上げが終ると山林を整地して墓地区画とした。明治二十五年十月二日から埋葬が始められ、「峯の坂」の三一基をはじめ「万徳町」の三基、「小佐世保免小田代」の四基及び「長崎稲佐海軍墓地」の四基の海軍軍人の墓を逐次ここに移したのである（以上、志岐叡彦『佐世保東山海軍墓地墓碑誌』東山海軍墓地保存協力会、一九八八年より引用。佐世保調査に関しては、国立歴史民俗博物館の戦争碑等非文献調査のメンバーと同行したものである）。

(18)　市川秀和「足羽山公園の成立と場所の政治学—福井市における近代公共空間の形成に関する一考察—」（『福井大学地域環境教育センター研究紀要　日本海地域の自然と環境』六号、一九九九年）。

(19)　小林健三・照沼好文『招魂社成立史の研究』錦正社、一九六九年。ほかに森安仁「戦後における神社研究の成果と課題（招魂社の項）」（『神道史研究』第三〇巻第三号、一九八二年）、今井前掲諸論文や木口亮「戦没者祭祀についての一考察—茨城県牛久市城中町の事例を手がかりに—」（『ＲＵＧＡＳ』一六号、立教大学地理人類学研究、一九九八年）、坂井久能「神奈川県における忠霊塔建設」（『神奈川の戦争と民衆』研究収録、神奈川県高等学校教科研究会歴史分科会日本史研究推進委員会、一九九七年）、同「神奈川県護国神社の創建と戦没者慰霊堂」上・下（『神道宗教』第一七四・一七五号、一九九九年）も、それぞれ護国神社等の成立事情を詳細に分析しており参考になる。とりわけ今井昭彦「近代日本における戦没者祭祀—札幌護国神社創建過程の分析を通して—」（松崎憲三『近代庶民生活の展開』三一書房、一九九八年）は、招魂碑から忠魂碑・招魂社をへて護国神社に発展した札幌護国神社の典型的な事例を丹念に追っており、極めて示唆に富む。

(20)　大江志乃夫『靖国神社』（岩波新書、一九八四年）。

(21)　小堀桂一郎『靖国神社と日本人』（ＰＨＰ新書、一九九八年）二六頁。

(22)　靖国神社編『靖国神社百年史』資料編上（原書房、一九八三年）一八頁。

(23)　「招魂社創建の際の祭式」（前掲『靖国神社百年史』資料編上）三〇～三一頁。

(24)　森谷尅久編『図説京都の歴史』（河出書房新社、一九九四年）。

(25)　年史編纂委員会編『全国護国神社会二十五年史』（全国護国神社会、一九七二年）、同『全国護国神社会五十年史』（全国護国神社会、一九九七年）の宮城県護国神社の項。

(26)　横山前掲「真田山陸軍墓地の成立と展開について」の指摘による。

(27) 年史編集委員会編『大阪護国神社五十年史』（大阪護国神社社務所、一九九二年）など。大阪の事例に関しては、原田前掲「『万骨枯る』空間の形成―陸軍墓地の制度と実態を中心に―」、横山前掲「真田山陸軍墓地の成立と展開について」などが詳しい。

(28) 広島県歴史散歩研究会編『新版広島県の歴史散歩』（山川出版社、一九九二年）、潮康史編『御社殿造営誌』（広島護国神社、一九九五年）。

(29) 上米良利晴編著『熊本県神社誌』（青潮社、一九八一年）、今井前掲「陣風連の乱における戦死者祭祀」、『新熊本市史』史料編第九巻　新聞上・近代（熊本市、一九九八年）など参照。

(30)『熊本新聞』明治十年十月十六日付。

(31)『熊本新聞』明治十一年三月十六日付。

(32)『新熊本市史』史料編第九巻　新聞上・近代、一九九八年。

(33) この問題に関しては、照沼好文氏が「碑表、形象等に関する研究」（『神道宗教』第一一〇号、一九八三年）で問題の所在を指摘、羽賀祥二氏も愛知県の事例を報告している（羽賀「軍都の戦争記念碑―豊橋第十八連隊と神武天皇銅像記念碑―」田中彰編『近代日本の内と外』吉川弘文館、一九九九年）。羽賀氏は、このほか米沢や金沢（西南役尽忠碑）の事例にも言及している（「神社と紀念碑」、羽賀『明治維新と宗教』筑摩書房、一九九四年）。ほかに海老根功・坂井久能氏らの前掲論文など参照。

(34) 今井昭彦「群馬県邑楽郡護国神社の創建過程」（『群馬文化』第二四七号、一九九六年）。なお、海老根功氏のご教示によれば、群馬県下の忠霊塔数は、他県に比べ極めて多い点（約一〇〇～二〇〇基）が特徴であるという（海老根編『群馬県の忠霊塔等』群馬県護国神社、二〇〇一年）。

(35) 文部省作成「忠霊塔忠魂碑等撤収状況」石川県厚生部旧蔵文書。

(36) この問題に関しては、序論の注(11)参照。ちなみに、高知県南国市域では、他県ではみられない「忠魂墓地」の形態を確認している（前掲国立歴史民俗博物館戦争記念碑等調査）。これは、旧村単位の陸海軍共同軍人墓地域に、忠魂碑・忠霊塔が集合して建立されるケースである。こうした各地の「慰霊空間」の諸相を、全国的に比較検討する作業がさらに求められよう。

II 「招魂」の空間

出羽町招魂社に参拝する兵士（昭和10年〈1935〉,『官祭招魂社造営誌』より）

前頁の写真は『官祭招魂社造営誌』の口絵．説明文には「昭和十年秋季例大祭軍隊団体参拝ノ光景」とある．出羽町招魂社は，卯辰山山麓の官祭招魂社が，昭和十年四月，金沢市中心部の出羽町に遷座したもので，十四年四月には内務大臣の指定に基づき石川護国神社と改称された．

この第II編では，招魂社・護国神社の創設と変遷をたどり，遷移・改称の背景と招魂社制度の地域的特色や社会的役割について検証する．

一　招魂社の創設と招魂祭

㈠　石川県における招魂社の創設

1　招魂祭から招魂社へ

戦争の拡大と戦没者の増加に呼応した「慰霊」行為の社会的な役割は、「軍都」をめぐる精神史の重要な要素であろう。こうした観点からは、地域的視野にたった「慰霊空間」の形成と展開の諸相、具体的には、招魂社の造営並びにそこにおける招魂祭の実態など、「場所性」や地域民衆の「精神性」（さらにいえば「精神動員」の在り方）の究明が不可欠となろう。本章では、石川県を対象に招魂社制度の地域的な変遷をたどり、同制度が民衆意識の形成（統制）に果たした役割につき検証したい。

さて、招魂社制度の研究は、当然のことながら戦前戦後を通じて神社制度史・神道史の立場から行われてきた(1)。また一方で、「国家と宗教」に関する議論を踏まえた、今日的な問題関心からの論及も少なくない(2)。こうしたなかで大原康男氏は、一連の忠魂碑研究の一環として、「護国神社制度の成立と忠霊塔建設運動に焦点」をあわせた論稿をまとめ、同テーマにおける実証研究の水準を高めた(3)。しかし、同氏の論稿は、労作ながら史料至上主義的なきらいがあり、「民衆意識の統合」という視点が事実上捨象されている。こうした点から、赤澤史朗氏が指摘した「満州事変を契機として、祈願祭や慰霊祭、招魂祭と『軍神』神社の建築を軸に、神社は国家を守る宗教的機関として急速に浮上していく」、「これらの祭典の挙行や神社建設は同時に神社への国民の集団参拝を促すものであった」(4)という視角は、地域レベルの分析においても貫徹されるべきものであろう。

いずれにせよ、招魂社制度とその運用、とくに「民衆意識の統合」という観点からの実態の究明は、なお検討されなくてはならない課題である。この場合、方法論的にいえば、かつて籠谷次郎氏が忠魂碑に関して地域の実態を丹念に検証されたように(5)、同様の事例報告と分析が、招魂社制度とその機能についても、各地域で本格的にすすめられなくてはならない。もちろん、その実態は、創設期と定着期、さらにいえば満州事変期と日中戦争・太平洋戦争期では、顕著な相違があろう。例えば、開戦時の戦争支持熱高揚の様相ひとつをとってみてもそうしたことは想像に難くない。こうした段階的な差異、あるいは状況の歴史的展開こそが、民衆支配と、民衆意識の画一化過程の、それぞれの到達点を示すものといえるのである。以上のような観点から、招魂社制度の創設状況を起点にして、段階的な「民衆統合システム」の形成過程を概観することにしたい。

なお、行論の前提として「招魂」の意味を管見の限りにおいて確認しておく。同語は、語義的には古く中国で人が死んだとき、屋上に上がって死者の魂を招きかえらせたことに由来し、一般に「死者の霊を招いて祭ること」と解されている。また、「招魂祭」に関しては、室松岩雄『神祇雑祭式講義』が、「之を〈たまよばい〉の祭りとも云い、時を限りて行はれし事もあれば、事変に臨みて行ふ場合もあり、また時としては重病に瀕したさいに行ひ、或は死後に其人を蘇生せしむ為に行ふ事もあった」としつつ、日本の社会に伝統的な習俗であったことを指摘している。しかし、近代においては、「国事受難者や戦没者の霊魂を招き、これを親しく弔慰する祭儀」と限定され、「霊祭」「弔祭」「弔慰祭」と記して、幕末期から盛んになって来た歴史がある。(6)これが後に国家神道的な色彩を強め、戦争遂行の大きなイデオロギー装置として機能したことは、およそ知られるとおりである。

また、次節以降問題にする招魂祭の「斎場」については、溝口駒造「明治初年招魂社制度の考察」に、「招魂祭とは霊魂を招降して祭祀することであって、招魂社の旧名招魂場は、斯かる祭祀を行ふための臨時性を持った斎場を意味する」(7)とされている。さらにその斎場として、招魂社・忠霊祠など常設祭祀施設、営庭・練兵場など公有地の祭場、忠魂碑の前、があげられているように、さまざまなタイプが存在することをあらかじめ指摘しておきたい。(8)

さて、招魂社の創設過程については、前章で確認したごとく、幕末期以降の地方招魂場をめぐる諸事情は省くとして、制度的には明治二年（一八六九）六月、東京九段坂上に東京招魂社が設立され、鳥羽伏見戦争から函館戦争にいたるまでの全戦没者を合祀したことが、その画期とされる。そして東京招魂社が時とともに整備されて行く過程で、各地域においても廃藩置県によって管理主体である藩がなくなったために荒廃しつつあった地方の招魂場や墳墓を、官費で維持管理していく方針（明治七年二月十五日付「内務省通達」）が打ち出されたのである。これが国家の「神社」としての招魂社制度の嚆矢であった。では石川県下ではいかなる経緯をたどったのであろうか。

2　卯辰山招魂社の創設

石川県における招魂社制度の歴史は、とりもなおさず金沢における招魂社の歴史にほかならない。もちろん、金沢以外の市町村、あるいは集落単位の招魂儀礼が存在しないわけではない。(9)とはいえ、本章で問題としているのは、招魂社並びに護国神社を中心とした「軍都」の「慰霊空間」における招魂儀礼の在り方とその社会的な役割であり、いきおいこれらが設置され、制度化された金沢の事例の検討が中心とならざるをえない。また、忠魂碑に関しては、忠魂碑自体の「慰霊空間」としての重要性は十分認識するものの、I―三―(三)でふれた理由から、本書では忠魂碑に係わる問題をとりあえず捨象しており、本章でもこの視角が採られている。

さて、維新期の卯辰山の状況を報告した『卯辰山開拓録』には、「『招魂台』、越後筋にて戦死人の招魂台なり。庚申塚へゆく道の左側にあり。玉兎が丘の続きなり」とある。(10) 以下この間の事情を年次を追ってみてみよう。

明治元年（一八六八）十月十日、藩主前田慶寧《よしやす》は、北越戦争で戦死した加賀藩の将士を祀るため、卯辰山に招魂祭を営むことを命じた。「恭敏公（慶寧）記史料」には、

十月十日。命寺社奉行。為祭越後之役我兵士戦死者。令於卯辰神社側営招魂祠。

定番頭江

今般越後筋江出陣之奮戦死候者、深く不便被思召、卯辰山神社近辺において霊祭被仰付候段被仰出候。尤永く其霊魂を祭礼可被仰付而は、追而一祠御取立等之儀も被仰出候。依之不取敢於同所仮に一宇を被設、来月二日辰刻より当式被仰付候間、為拝参戦死候者之親類は勿論、其余貴賤之無差別罷越候儀不苦候

とある。(11)

これをうけて、十一月二日卯辰山にて招魂祭が開催された。この際の様子は、以下の藩当局の史料「御用方手留」に詳しい。(12)

十一月二日

一、前に有之通、今日卯辰山神社近辺において、今般越後筋江出陣戦死之人々霊祭被仰付候に付、示談之上、河内守・玄蕃上下着用、朝五時過より見分旁相詰候事。（後略）

一、彼是朝五半時過比より、於右仮屋祭式有之候に付、溜り之前江玄蕃相同じ着座見分。寺社奉行等も其次に着

座。夫より別紙写置候霊祭式目之通にて、昼九半時過比無滞祭式相済候事。

但、献供相済候迄音楽有之、祭文等は三篇読上に候。少女は三人に候。且拝礼は列坐之人々順に、一人充榊之技を持、霊前下に居有之三方の上江載せ、拝礼いたし候儀に候。及遅刻候事故溜にて焼飯給候事。

一、相公様にも昼九半時之御供揃にて、仮屋江御立寄御覧。（中略）追付御野装束之儘被為入、霊前にて御拝も有之。各溜之上屏風囲之処に被為入、御着坐之上、音楽並乙女之舞御聴聞等有之。相済御戻、直に養生所等にも御出御見物、暮比御着被遊候旨之事。（後略）

一、御戻後仮屋内江拝参之人々入込、戦死之人々親類江は霊前に備有之紅白之鏡餅一重充被下之、神主より相渡候。右暫見物もいたし、夕七時過罷帰候事。

霊祭主付には高井陸奥守等五人、祭主には卯辰山八幡宮神主の厚見豊後が選ばれ、十一月二日、盛大な霊祭が神式で執り行われたのである。(13)

一方、金沢の招魂社は、卯辰山中腹の通称鳶ケ峰とよばれ

図９　卯辰山招魂社（『官祭招魂社造営誌』より）

る地に建設された。その卯辰山の中腹（咸泉が丘とも称す）、招魂社本殿の跡を示す石碑の後方に八基の同じような石碑が並んでいる。うち七基は北越（戊辰）戦争の戦没者記念碑である（右端の碑は維新前後の政治的殉難者の碑）。創建はともに明治三年（一八七〇）。ただし、碑石の痛みが甚だしいため、三十四年二月、旧藩当主前田利嗣の勧めにより補修されたものという。[14] この慰霊碑の建設は、招魂社の創建と一連のものとしてとらえることができる。その間の事情をみてみよう。

まず、招魂社の創設にあたっては、旧藩主慶寧と側近の発案・対応が契機となったようである。例えば「小川清太見聞録」[15]の記載によれば、幕末期より慶寧の側近であった小川清太（旧名小川仙之助）等が相談にあたり、招魂祭の執行について準備をすすめたことが知れる。

〔第十　招魂社〕

卯辰山招魂社設立ノ顚末ニ就テハ之ヲ知ルモノ尠ク其実情ハ毫モ世ニ顕ハレザルガ如シ、抑モ此社ノ設立ハ恭敏公ノ有難キ思召ヨリ出シモノニテ吾等ハ同公ニ対シ常ニ感謝ノ念ヲ忘ルヘカラズ
時ハ陸原惟厚ガ少参事ヲ勤メシ頃ナリキ、恭敏公陸原ニ好機ニ小川ヲ呼フヘキヲ命セラル、時ニ小川ハ御守衛ノタメ東京ニアリ、既ニ陸原上京尋デ小川ト相伴フテ皈ル
小川藩庁ニ出デ恭敏公ニ謁見セシニ、公曰ク越後ノ役ノ事ヲ語ラシテ更ニ仰セラルルニハ生存セル者ニハ余レ考ヘフル所アレドモ、死者ニ対シテハ労ニ報ユルノ途ナシトテ其間頻リニ御落涙アリタリ、小川モ暫クの間黙然タリシガ、軈テ公ニハ招魂社デモ立テテハ如何ト仰セラル、小川ハ夫レコソ死者ニ於テ大ニ喜ヒ申スベシト答フ、然ラバ速カニ之ヲ建テヨト仰セラレ、又金ハ惜マサル故立派ニ造ルベシ、就テハ米五六千俵ヲ与ヘントノ御話アリシモ、多キニ過クルモ不必要ニ候カト申セシカバ、陸原側ラヨリ語ヲ添ヘ先ツ三千俵トシ不足起ラハ何程ニテ

モ補充スヘシトノ事ニナレリ
小川ハ引続キ上京スヘキ筈ナリシ故公ニハ工事監督方ニ付御懸念アリ、依テ小川ハ公ニ申上ケテ軍事方へ委托スルコトトセリ、場所ハ其以前越後戦死者ノタメ向山ニテ御祭アリシコトアリシ故旁々同處ニ設クルコトトセリ、当時軍事掛ニハ岡田與一、小幡造二《象爾》等アリ、杉村寛正ハ少属位ニテ居リシト覚ユ、依テ小幡へ公ノ御趣意ヲ語リ予算等ノ組立等ヲナシテ協議セリ、又タ御作事ノ主附ハ野尻与三郎ナリシ故之ニモ御満足アル様ニト申談シ聽テ小川ハ上京セリ

　以上の証言によれば、恭敏公前田慶寧の発案を小川がくみ取り、陸原惟厚の助言によって、はじめ「三千俵」の下賜をうけ（後段で時価一万五〇〇〇円と算出）、岡田與一、小幡造二《象爾》、杉村寛正ら軍事掛、および作事奉行野尻与三郎の尽力で造営が始められたことが知れる。その際、招魂社の建設場所は「其以前越後戦死者ノタメ向山ニテ御祭アリシコトアリシ故」に、卯辰山に選定されたという。もちろん、小川本人の旧藩および新政権内での政治的な立場もあり、[16]右の証言を鵜呑みにはできないが、かなり具体的なものでもあることから、おおよそ実際の経緯を示すものといえよう。ちなみに、石川県立歴史博物館所蔵の小川家文書には、「卯辰山招魂社履歴書」「卯辰山招魂祭御執行ニ付調書」（付「戊辰戦没者慰霊碑雛形」）などの関連史料が残されている。これらがのちの公式的説明である「官祭招魂社事績」等の記述のもととなっているものと思われる。

　いずれにせよ、以上の招魂社創設の事情から察するに、全体として「民衆意識の統合」という色彩は薄く、あくまで戦没者・殉難者に対する藩（県）や藩士・遺族の慰霊（慰撫・顕彰）祭祀に終始するものであった。なお、このののちの経過については表5に略述した。「北越戦争」という石川県固有の事情と維新政府主導の官祭招魂社の整備過程が重層的にからみあい、地域的な特色をみせている点に注目したい。

表5　招魂社の創設

年(西暦)	月／日	
慶応　四(一八六八)	四／五	加賀藩へ出兵の命(七六〇〇余名中戦死者一〇六人)
	六／十九	前田慶寧、卯辰山に天満宮造営について重臣に諮る
	十／十	慶寧、北越戦争の戦死者のため卯辰山に招魂祠を造営
	十一／二	卯辰山庚申塚に仮斎場を設け招魂祭(斎主は豊国社神職)
	十一／二十三	斉泰は慶寧と凱旋士卒のため能を舞う
明治　二(一八六九)		豊国社境内の山王旧社で招魂祭(仮鎮座)
明治　三(一八七〇)	十二／	社殿完成、正遷宮招魂祭。北越戦死者碑卯辰山鳶ケ峰に建立
明治　四(一八七一)	二／二十五	祭典を春二月二十五日、秋八月二十五日に決定
明治　五(一八七二)	二／二十五	招魂祭開催。相撲奉納
明治　八(一八七五)	八／	太政官達で官祭招魂社経費規定(祭祀料一〇円、修繕費一五円)
	十二／	豊国神社(元山王社)神職が社務を兼務
	十二／	例祭日を春四月二十五日、秋九月二十五日に決定
明治　十(一八七七)	八／	例祭日を毎年九月二十五日に改定
明治　十一(一八七八)	十／二十六	明治天皇北陸巡幸に際し、祭祀料三〇円下賜。臨時祭斎行
明治　十二(一八七九)		招魂社明細帳作成。招魂社登録制に
明治　十九(一八八六)	五／	豊国神社の神・拝殿が殿町遷座
明治三十二(一八九九)	五／二十	招魂社の墓碑を前田家が修築
明治三十四(一九〇一)		官祭招魂社を私祭と区別
明治　四十(一九〇七)	八／二十六	殿町の豊国社が卯辰山に復帰
明治四十二(一九〇九)	六／	皇太子北陸行啓に際し、幣帛料二九円下賜
大正　二(一九一三)		靖国神社祭祀の神霊合祀に関する内務省令
大正　六(一九一七)	五／二十五	熊本役(二柱)西南役(一〇七柱)日清役(一一八柱)日露役(二七四四柱)を合祀
大正　十二(一九二三)	四／七	官祭式日を四月三十日に変更
大正　十五(一九二六)	三／五	戊辰役病死者(三三柱)を英霊として合祀
	六／十	勤王家(一六柱)合祀

(注)　鏑木勢岐「顕忠廟の由来」並びに、『官祭招魂社造営誌』『金沢の百年』『北国新聞』記事より作成。

なお、この時創建された社（「顕忠社」と称した）は、『開化新聞』の記事によれば、以下のような建造物であった。(17)

前堂の天井ハ金銀丹青を以て唐草を描き之を承くるに唐木を以て格子を組ミ揚け金銀を以て之を粧飾し欄間ハ珍木を以て波瀾飛龍を彫刻し頗る善美と称す、後堂ハ露天にして別に柵を設け此中に七つの石碑を建て（前出の北越戦没者記念碑—引用者注）戦死者の姓名を刻し拝者をして一目瞭然たらしむる為めに金を以て字を塡す、社地の広さ大凡二千五百歩之を圍むに丹青の瑞籬を以てし堂前の左方に別に一大碑を建ツ（安達幸之助の碑—引用者注、以下略）社地内にハ悉く王爾木奇石を植立す、此に来り一見する者をして唯報国尽忠の為めに感激涕泣して去るに忍ひさらしむ（略）

また、この堂宇の門には、旧藩主かつ知事前田慶寧の揮毫になる「顕忠」額が掲げられていた（のち、招魂社の遷移に伴い、護国神社に移し掲げられている）(18)。

なお、この霊社の名称については、慣習により「招魂社」と呼んできたが、実は創建当初はこの名称が問題になっていたようである。というのも、明治二年、藩は卯辰山豊国神社境内に仮殿を設けたのであるが、同年五月長谷大膳が民政寮へあてて「私社内に有之候戦死人霊社、以来何宮と相称し可申哉、奉伺候」と照会したのに対して、藩の神祇方から「戦死人霊祠と相唱可然と被存候」(19)と回答しているのである。「神社」ではなく「霊屋」（祠）であるという考え方が、この時点でもなお根強く残っていることがうかがえる。ちなみに、この回答は「神祇方」、すなわち石川県の寺社関係の事務を担当した森田平次（柿園、明治期を代表する郷土史家、国学者）の起草と目されている。さきの「神仏混淆調理方留帳」のなかの控えに「社と申ものニ而ハ有御座間敷、則霊屋と申物と奉存候、左候得バ、神之社など申格ニハ必相成間敷筋ニ付」とあり、「戦死人の祠は霊屋と申すものである。神社などといったものではない」

と主張しているのも森田であろう。[20] おそらく「戦死者祭祀のための神社」というものの理解が、完全には徹底していないものと推察される（のちに検討する戦死者と「穢れ」の問題とも関連する。神道では本来「死者」は「穢れ」たものと意識されていた）。

いずれにせよ、翌三年十二月新社殿が造営され、先述の如く旧藩主慶寧「顕忠」額にちなんで「顕忠祠」あるいは「顕忠廟」と称したのである。[21] ついで、この「祠」あるいは「廟」が招魂社に列せられたのは、こののち明治八年四月のことであった。以上の創設事情は、『金沢古蹟志』にはつぎのようにまとめられている。[22]

〇卯辰山招魂社

此の社は卯辰神社の下にあり。其の草創は明治元年戊辰年越後奥羽の諍乱に、吾金沢藩出兵戦没の者百三名、その霊魂を祀らん為め、同年十一月二日卯辰山庚申塚の地に仮殿を設け、初めて藩知事前田慶寧卿より祭奠を命ぜらる。是その濫觴なり。さて同三年十二月、卯辰山なる今の社地をトして、招魂社を造立し、各々石碑を建てられ、知事公より祭祀料米一千俵を毎歳寄附せられ、春秋両度招魂祭を執行せしめらる。故に有志の輩狼烟を献備す。廃藩後は祭祀料を止められ、僅に予備金を以て両度の祭奠を修し、狼烟の式あるのみなりしが、明治八年四月諸府県の招魂社費に官金御下渡の旨後達相成、同年十二月豊国神社の神職に兼務を命ぜられ、是より毎歳官祭を執行する恒例とは成りたり。

その後、表5にもあるように、明治八年八月の太政官達により全国の招魂社は国家の管理に移され、十二年には各地の招魂社を登録する「招魂社明細帳」が作成されている（一般神社と登録原簿は別となる）。のちに大正二年（一九一三）の内務省令第六号によって、「靖国神社祭祀の全神霊を其社に合祀し得」と規定され、その国家管理が強化された。しかし、その際も明治二十七年（一八九四）の「府県社以下神社の神職等に関する勅令」（第二十二号）、大正二年（一九一三）の「官国幣社以下神社の祭祀に関する勅令」（第十号）など内務省管下の規制とは無関係におかれ、[23]一般の神社に対し特殊性をもつ神社として軍との関係が強調されたのである。なお、卯辰山にはこの間日清戦争時に、戦没者のための忠魂堂の建設も計画されている。この慰霊施設に関しては、章を改め検討するが（III—二）、ここでは卯辰山の場所性の問題として注目しておきたい。

(二) 招魂祭の変遷と明治紀念標

1 明治後期～大正期の招魂祭

前節のような変遷をへるなかで、金沢の招魂祭はどのような祭式が開催され、いかなる展開をみせたのだろうか。明治後半から大正期にかけての諸相を瞥見してみたい。

① 明治二十年（一八八七）五月

「戦没者慰霊招魂祭」／兼六公園内の招魂祭が始まった。午前九時ごろには入りきれない人も多かった。九時四十分、練兵場から上がった火烽が再び上り祭式が終わると、東西新地の手踊りが始まり、練兵場では相撲が始まり大にぎわいとなった。[24]

② 明治二十三年（一八九〇）六月

「招魂祭の景況」／金沢兼六公園における招魂社が始まったが、ちょうど米価高騰し貧民餓死に瀕せんとする時節柄にもかかわらない人出となった。午前十時祭式が終わると遊戯、餅投げ、角力、競馬、撃剣などが賑やかに行われ、公園内も終日にぎわった。貧民の飢餓状態はどこにあるのかと思われるほどであった。[25]

③ 明治二十七年（一八九四）十二月
「官民共同大祝捷会」／旅順口（ママ）は首尾よく陥落され大捷報は全国に伝わりたり、帝国臣民たるものだれか此の捷を祝賀せざらん、我が金沢市民も欣喜雀躍万人一意に祝賀会の挙は企画てられ、予期の如く十二月一日午後より盛大なる祝捷会は公園内明治紀念標の前において挙行されたり。[26]

④ 明治二十八年（一八九五）十二月
「招魂祭」／（略）本年の特に大招魂祭あるべくして又殊に先んずべき所以なり、祭るの時参拝の人整はす参拝人集まりて虎疫再ひ蔓延す是に於いてか一日千秋と期したる招魂祭は之を延期する止むを得ざるに出でたり、金沢招魂祭は本月十日より四日間兼六公園明治紀念標前に於て鄭重厳粛且盛大に挙行せられ（略）。[27]

⑤ 明治三十二年（一八九九）十月
「金沢招魂祭の景況」／十月二十九日、三十日両日を以て執行されたり、加越能三州の人士、否第九師団の貔貅その英

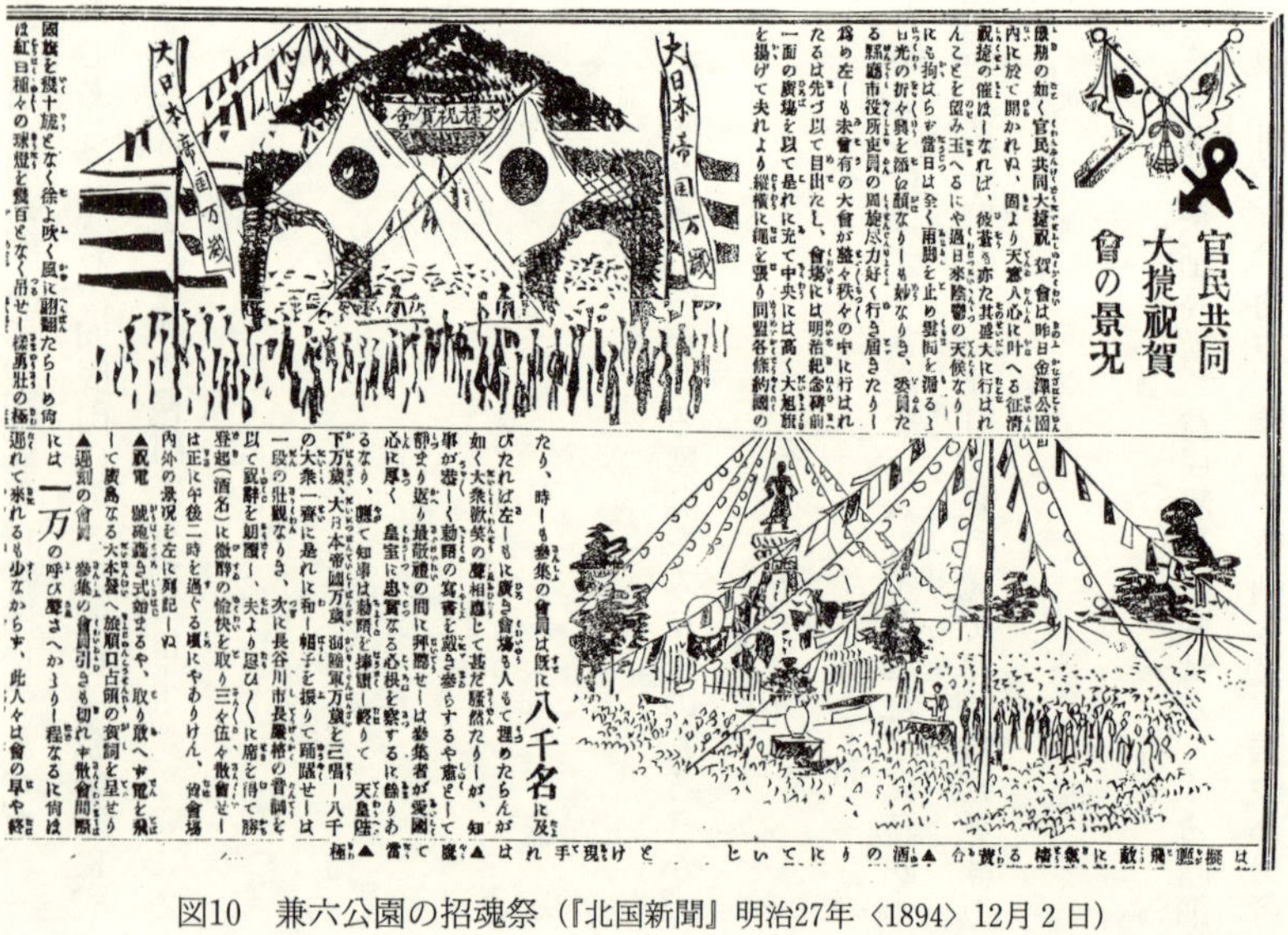

官民共同大捷祝賀會の景況

豫期の如く官民共同大捷祝賀會は昨日金澤公園内に於て開かれぬ、固より天意人心に叶へる征清祝捷の催ほしなれば、彼蒼も亦た其盛大に行はれんことを望み玉へるにや過日來陰鬱の天候なりしにも拘はらず當日は全く雨脚を止め雲間を漏るゝ日光の折々興を添ゆ顔なりしも妙なりき、委員たる縣廳市役所吏員の周旋尽力好く行き届きたりし爲め左しも未曾有の大會が整々秩々の中に行はれたるは先ず以て目出たし、會場には明治紀念碑前一面の廣場を以て是れに充て中央には高く大旭旗を揚げて夫れより縱横に繩を張り同盟各條約國の國旗を幾十旒となく徐よ吹く風に翩翻たらしめ尚ほ紅白種々の球燈を幾百となく吊せし樣勇壮の極たり、時しも參集の會員は既に八千名に及びたれば左しもに廣き會場も人もて埋めたらんが如く大衆歡笑の聲相應じて甚だ騷然たりしが、知事が恭しく勅語の寫書を戴き參らするや廊として靜まり返り最敬禮の間に拜聽せしは參集者が愛國心に厚く皇室に忠實なる心根を察するに餘りあるなり、讀て知事は勅語を捧讀し終りて天皇陛下万歳、大日本帝國万歳、海陸軍万歳を三唱し八千の大衆一齊に是れに和し帽子を振りて踊躍せしは一段の壯觀なりき、次に長谷川市長慶祝の昔詞を以て祝辭を朗讀し、夫より退ひ〳〵に席を得て勝登起(酒名)に微醉の愉快を取り三々伍々散會せしは正に午後二時を過ぐる頃にやありけん、爾會場内外の景況を左に列記しぬ

▲祝電　號砲轟き式始まるや、取り敢へず電を飛して廣島なる大本營へ旅順口占領の賀詞を呈せり

▲遲刻の會員　參集の會員引きも切れず散會間際には一万の呼び聲さへかゝりし程なるに尚は遲れて來れるも少なからず、此人々は會の早や終

図10　兼六公園の招魂祭（『北国新聞』明治27年〈1894〉12月2日）

骨を馬骨に包み其職に死せし人の忠魂を吊慰せんとす、金沢兼六公園明治紀念標前に陸軍の将校主催たり、祭式は碑前の社殿には二十九日午前八時神式を以て行はれ、午後浄土、真言、天台、曹洞合併、三十日午前は真宗、午後には日蓮宗の仏式を以て行はれ参詣者は非常に多く練兵場内には工業物などありしといふ、今や鉄道開通の故に遠近より来集する人甚だ多く一列車毎に四五百人の増加を見るに至れりといふ。[28]

⑥　明治三十九年（一九〇六）十月

「金沢に於ける招魂祭」／（第一日）本年は日露戦争陣没者をも兼ぬることとて全県下非常の意気込みなりしも、惜哉降雨の為にせっかくの希望も水泡に属したるぞ是非なけれ、今当日の光景を記せば、（略）▽祭式執行（略）、▽軍隊生徒の参拝（略）、▽終式後の光景／祭式は午後十時三十分を以て全く終わりを告げ、午後は別に祭式もなかりしかば各参詣者は直ちに余興観覧と出懸けたれど、前来の降雨尚ほ歇まず何れも途方に暮れたるが、博物館（兼六園内の勧業博物館―引用者注）に於ける能楽のみは僅かに雨露を凌ぐの準備を整へて是を演舞したれば（略）、花火は雨中に葬られて只音響の轟くを聞くのみ、紀念標前の菊花は夜間電灯を点じ霞ケ池の牡丹花は池水に映じて美観を呈せり。[29]

⑦　大正八年（一九一九）十月

「慰忠魂　招魂祭―殉難藩士の忠霊に対し護国堂の誠意を捧ぐ―」／在郷軍人会連合総会、金沢市連合分会第一回総会、十七日午後一時一日金沢城に東久爾宮殿下を迎え開催。祭殿は兼六公園内旧長谷川邸跡、周囲に曼幕。角力、東廓の手踊、練兵場では煙火があがった。[30]

⑧　大正十五年（一九二六）十月

「出羽町練兵場に一万人」／午前九時より出羽町練兵場内祭場に於て昇神式、余興として午後一時から奉納激剣、銃槍。五時三十分から邦楽の奉納演奏。十時野村練兵場で競馬。市中の人出、人気を呼ぶ手踊。第一日 午後物売りの声、手踊、相撲、競馬、ゴッタ返し、遠く鹿島郡御祖村からの獅子舞(以下略)(31)。

このように、明治後期から大正期にかけての招魂祭は、草創期の卯辰山麓での儀礼的な様相に比べて、極めて祝祭的な要素を強めている点がみてとれよう。さらにこうした事態に呼応して、招魂祭の祭事場所も「兼六公園」や「出羽町練兵場」などの市内中心部で開催され、一部、駐留部隊を中心とした儀礼的なものは残るものの、卯辰山招魂社の「慰霊空間」としての役割が事実上失われていることがうかがえるのである。

2 明治紀念標と招魂祭永続講

日清戦争の翌年、明治二十九年(一八九六)七月十八日付『北国新聞』に、「兼六園内明治紀念標前に其招魂祭を挙行せらる」という記事がある。石川県における日清戦争後の招魂祭は、この「明治紀念之標」の前で行われたことがわかる。これよりさき、明治二十年代半ば頃から、本来、金沢郊外卯辰山の招魂社で執り行われるべき招魂祭は、都心に位置する兼六園内で、大勢の民衆を集めて賑やかに開催されるようになった(前項参照)。以下、これを伝える新聞記事を改めて引く。

〔招魂祭の景況〕

金沢兼六公園における招魂祭が始まった。ちょうど米価高騰し貧民餓死に瀕せんとする時節柄にもかかわらない人出となった。午前十時祭式が終わると遊戯、餅投げ、角力、競馬、撃剣などが賑やかに行われ、公園内も終日にぎわった。貧民の飢餓状態はどこにあるのかと思われるほどであった(32)。

なお、この間の経緯は、一般には「招魂社が都心を離れた卯辰山山麓にあって、しかもその境内が狭かったため」

という理由で説明されている。(33) 筆者は、その理由が単にそれだけにとどまらないことを、かつて招魂社遷移〜護国神社創設の経緯を追いつつ論証した(II—二参照)(34)。しかし、その問題はここでは捨象するとして、招魂社は何故兼六園の、それもとりわけ「明治紀念之標」の前で行われるようになったのか。また、「明治紀念之標」とは、そもそも何なのか。以下、同紀念標の建立経緯とそこでの招魂祭の開催事情を簡単に整理しておきたい。

さて、兼六園は、近世の林泉回遊式大名庭園にしては、比較的広く平坦なスペースを園内にもっている。「千歳台」と呼ばれる一角である。この千歳台に、兼六園のシンボルのひとつ「明治紀念之標」(以下、「明治紀念標」と略す)が建てられたのは、明治十三年(一八八〇)十月のことであった。この明治紀念標(日本武尊の銅像)は、明治十年の西南戦争で戦死した将兵の忠魂を祀り、記念するための建碑であった。それゆえ、台座の標題は、総司令官であった陸軍大将有栖川宮熾《たる》仁《ひと》親王の揮毫になる。ちなみに、熾仁親王の世嗣(弟宮)威《たけ》仁《ひと》殿下の妃が、前田慶寧の四女慰《やす》子《こ》であったことから、依頼にあたってその人脈が使われたものと推察されている。建立の際には、浄土真宗の大谷光尊をはじめ、各宗派の僧侶や神職が来会して霊を弔い、盛大な供養が六日間つづけられた。

ところで、旧家柄町人や町役人をつとめた金沢の旧家の資料(例えば、尾張町の石黒家文書など)のなかには、しばしば「招魂祭永続講」に関する領収書をみることがある。

〔永続講受領書〕

①

記

一 金貳円

右招魂祭ニ付寄附相成正ニ受領候也

明治廿四年七月十日 祭典事務所 印(招魂祭典事務所)

石黒伝六 殿

② 記

第五四号

一 金貳円也 印

右招魂祭永続講金納附相成正ニ受領候也

明治二十六年六月十九日 祭典事務所 印

石黒伝六 殿

③ 記

一 金貳円也 印

右招魂祭永続講金トシテ納附相成正ニ受領候也

明治二十九年七月十八日 祭典事務所 印

石黒伝六 殿(35)

このような市民層が社会的経済的に支えるなか、日清・日露戦争以降、金沢の招魂祭は兼六園内の(正確には兼六公園内)明治紀念標前で、いわば祝祭空間における祝祭行事として開催されるに至る。

以下、明治二十年代後半以降の招魂祭が明治紀念標前で開催されつづけていた具体的な事情を示す史料を得たので、ここに紹介したい。招魂祭典永続講の趣意及び規約である。(36)

〔招魂祭典永続講趣意〕

招魂祭は例年金沢公園内明治紀念標前に於いて執行する所の祭典にして其祭祀の主旨は殊更に喋々するを要せず

と雖ども之を約言すれば即ち国家の為め身命を犠牲に供したる者の霊魂を慰め併せて忠勇義烈の遺風を宣揚するにあり殊に明治廿七八年の戦役の如き我が親愛なる幾多将卒が国あるを知つて家あるを知らず君あるを知つて身あるを知らず厳寒酷暑の間に在て辛苦を嘗め硝烟弾雨の下に立つて奮闘し而して遂に名誉を荷ふて悪疫に斃れ敵弾に死する者其数実に少からず豈に病歎に堪へざらんや於是か苟も国民たる者は満腔の誠意を尽して最も盛大なる祭典を挙行し其の名誉を永遠に発揚し以て其忠魂を慰めん事寔に目下緊要の事なりとす然り而して此の祭典たるや毎歳挙行すと雖も之に要する資金は只特志者の義捐を仰ぐ慣例にして未だ一定の募集方法なし為めに祭事に際し幾多の煩雑を来す而已ならず若し斯の如き姑息の方法に據り数年を経過するときは或は人事の変遷と共に此祭事も亦如可なる厄運に遭遇するや図るべからず因つて招魂祭永続講なるものを設けて資金募集の方法を確定し尚本年は大に寄附金をも募集し併せて基本金を作り以て此の祭典をして永遠に失墜なからしめんと欲す同感の士は左の規約に依り陸続加盟あらん事を望む

明治廿八年九月　　発起人

〔招魂祭典永続講規約〕

第一条　本講は招魂祭永続講と称し其事務所を金沢偕行社内に設く

第二条　本講は加越能飛四個国の同盟者を以て組織す（第三条略）

第四条　本講は一口金五十銭と定む　但し一人にて数口を負担するは入講者の随意たるべし

第五条　十口以上の金額を納むる者を特別講員と称し其以下を通常講員とす（第六条略）

但し、特別講員には紀念の為め木杯を付与す（以下略）(37)

「趣意」の文言にもあるように、招魂祭は、この段階で「例年金沢公園内明治紀念標前に於いて執行する所の祭典」

であったことが、まず知れる（傍点引用者）。それとともに「国家の為め身命を犠牲に供したる者の霊魂を慰め、併せて忠勇義烈の遺風を宣揚するにあり」とあるごとく、「兵士の死」は、国家発展の犠牲者の死と認識され、「忠勇義烈の遺風を宣揚」せねばならなかったのである。ここに日清戦争後のあるべき「国民」像・「兵士」像が規定され謳われることになるのである。

とりわけ同「永続講」の結成は、「悪疫に斃れ敵弾に死する者」を眼前にイメージして、「講」という「真宗王国」石川にあっては、極めて（地域民衆が了解しやすい）身近な形態をとりつつ、内実は「国民たる者」として、「満腔の誠意を尽くして最も盛大なる祭典」を行うべく求めているのである。それにしても、本来神道的な色彩の濃い招魂祭の運営を、仏教的な「講」の組織化で実施しようとするところに、この地域の特色が現れていてその点でも興味深いものといえよう。

注

（1） 小林健三・照沼好文『招魂社成立史の研究』国学研究叢書第一編（錦正社、一九六九年）、森安仁「戦後における神社研究の成果と課題（招魂社の項）」（『神道史研究』第三〇巻第三号、一九八二年）など。

（2） 藤谷俊雄「靖国神社と天皇制軍国主義」（『新しい歴史学のために』八月号、一九六八年）、同「国家神道の本質」（『文化評論』八九号、一九六九年）、村上重良『国家神道』（岩波書店、一九七〇年）、同『慰霊と招魂』（岩波書店、一九七四年）、大江志乃夫『靖国神社』（岩波書店、一九八四年）、土方美雄「なぜ靖国神社か―思想と歴史」（『天皇制論叢1　靖国神社国家神道は甦るか』社会評論社、一九八五年）など。近年では、今井昭彦「群馬県下における戦没者慰霊施設の展開」（『常民文化』一〇号、一九八七年）、今井「近代日本における戦没者祭祀―札幌護国神社創建過程の分析を通じて―」（松崎憲三『近代庶民生活の展開―くにの政策と民俗―』三一書房、一九九八年）、坂井久能「神奈川県護国神社の創建と戦没者慰霊堂」上・下（『神道宗教』一七四・一七五号、一九九九年）など、地域における招魂社や忠魂碑の建設事情を問題にしつつ明らかにする論稿がふえている。

（3） 大原康男「続・忠魂碑の研究―護国神社制度の成立と忠霊塔建設運動に焦点をあてて―」（『國學院大学日本文化研究所紀要』五

二輯、大原『忠魂碑の研究』暁書房、一九八四年に収録）。本稿も神社政策の動向においては、教えられる点が少なくなかった。

（4）赤澤史朗「日本ファシズムと神社」（赤澤『近代日本の思想動員と宗教統制』第五章、校倉書房、一九八五年）二〇一頁。

（5）籠谷次郎「市町村の忠魂碑・忠霊塔について」（『歴史評論』二九二号、一九七四年）、同「戦没者碑と『忠魂碑』」（『歴史評論』四〇六号、一九八四年）。

（6）藤井貞文『近世における神祇思想』、室岩前掲書とともに大原前掲『忠魂碑の研究』五七頁に収録。

（7）招魂場並びに招魂社の性格に関しても多くの論及があるが、とりあえず溝口駒造「明治初年招魂社制度の考察」（『皇国時報』六七二号、一九三八年）など参照。

（8）招魂祭の祭式は時代や地域によりもちろん異なるが、大概の次第は以下のとおり。「祭主以下一同着席→修祓→降神→献饌→斎主祭文→来賓拝辞→祭主以下奉玉串拝礼→撤饌→昇神→仏祭→退場→折詰分配→その後、銃剣術、撃剣戍、柔道、剣舞、角力、券番奉納踊その他」（例示として、大正六年五月十三日長崎梅ケ崎招魂社に於いて行われた招魂祭の記録を、福田忠昭『振遠隊附箱館出征始末』一九一八年、三二四〜三二五頁より抜粋）。

（9）金沢の招魂社に関しては、石川県招魂社奉賛会編『官祭招魂社造営誌』（非売品、一九三八年）、が公式の記録。なお、本章の主題上、招魂社制度に関しては金沢の事例が中心となる。もちろん金沢以外の各市町村、郡部にあっても慰霊祭・招魂祭の執行がないわけではない。例えば、『加越能郷友会雑誌』二〇一号（明治四十年六月二十五日付）には、明治四十年（一九〇七）六月の「鳳至郡の招魂祭」の様子が掲載されている（「鳳至郡の招魂祭は輪島町にて去二十日より執行せしが、最初は神式を以て始め次に真宗僧侶、次に曹洞日蓮合同の仏式を修し式の前後軍楽と神楽を奏せり、招待せられて臨場したるは九師団長、県知事、旅団長、七連隊長他同郡出身将校、各町村軍人団長、遺族、郡内公官吏、有志数百名、祭典中は各種の催物ありて頗る盛況なりき」）。一般に、県都あるいは連隊等の衛戍地以外の招魂祭は、各地域の忠魂碑の前で開催されることが多いとされ（大原前掲『忠魂碑の研究』）、石川県下でも多くの事例が確認される。例えば、筆者の調査した能美郡根上町浜開発の場合、八幡神社北脇にあった忠魂碑は、明治四十一年五月に、当時の根上村長中山庄右衛門が題言揮毫を乃木希典大将に依頼して建立したもので、昭和六年に浜小学校の校門北側に移され、敗戦後解体されたのち現在は加賀舞子に建てられてたものである。かつて浜開発にあった頃は、同町西二口にあった忠魂碑とともに、一年交代で、盆前の八月初め頃、戦没者遺族や小学校の高学年生徒、関係者等が参列して慰霊祭（招魂祭）が執り行われていた。式典終了後は根上町在郷軍人会主催の銃剣道大会が開催され、人気を博したという。昭和に入っても、八年八月の『根上村報』（第一号）記事は、招魂祭の様子が以下のように報告されている。「（招魂祭は）七日午後三時、西二口の忠魂碑前に於て、村及び村在郷軍人会主催で開催された。公職者、警察官はじめ各種団体等四十名余りが参加、安住寺、法林寺両住職の読経、焼香のあと、村長の祭詞、学校長及び青年団長の弔詞があって、午後五時に終了している。その後銃剣術の試合、仕掛け花火があり、八時からは福岡尋常小学校にて満州事変、靖国神社大祭等の活動写真で盛会をなした」（『新編根上町史』通史編、根上町、一九九五年、五〇四頁）。

(10) 開拓山人（内藤誠斎）『卯辰山開拓録』（石川児遊刊、一八六九年）。同書は慶応三年六月から明治元年十二月までの卯辰山に関係した事績を記したもの。

(11) 『加賀藩史料』幕末篇、九三五頁。

(12) 『加賀藩史料』幕末篇、九四一〜九四三頁。

(13) この件に関しては、広瀬誠「明治初年の戦死者祭祀と加賀藩」（『富山史壇』四一号、越中史壇会、一九六八年）、広瀬「戦死者祭祀に関する補記」（『富山史壇』四二号、越中史壇会、一九六八年）参照。

(14) 同慰霊碑に関しては、誤読がめだつものの、園崎善一「卯辰山招魂社旧址内外石碑群解説」（『北陸戦友』二三号、石川県戦友諸団体協議会刊、一九九七年）に紹介がある。また、北越戦争に関しては、千田登文『加賀藩北越戦史』一九二〇年をはじめ地域の各戦史に詳しい。近年、中島欣也『戊辰朝日山―長岡城攻防をめぐる九人の青春像―』（恒文社、一九八四年）が上梓された。なお、北越戦争の戦没者数には、一〇三、一〇四、一〇五、一〇八柱というさまざまな数字が伝えられている。例えば「卯辰山招魂社創建碑」（明治三年十二月）は一〇三、石川県厚生部の数字は一〇四（石川県厚生部編『石川県将士の記録』石川県刊、一九七三年）、石川護国神社および遺族会の数字は一〇八柱としている（「官祭招魂社由緒書」及び記念誌編さん委員会編『終戦五十周年記念誌「憶う」』遺族連合会、一九九六年、一三五五頁）。また、島田節義は、元治の役の殉難者九名を加えて一三九名（すなわち戊辰戦争は一三〇名）という数字をあげている（島田「靖国神社の由来と加越能出身の祭神」『加越能時報』二三八号、明治四十五年一月十五日付、一九一二年）。

(15) 「小川清太見聞録」中の十一、「加越能文庫」及び「氏家文庫」、金沢市立玉川図書館所蔵。

(16) 例えば、後段では、のちに金沢区長から市長となる長谷川準也の名をあげ、（当時、長谷川が軍事掛に就いていたこともあり）「本来ハ工事出来ノ上ハ前田家ヘ呈スベキ筈ナルニ長谷川等ハ自個ノ作ノ如ク考ヘ居シ」と批判している。明治十年代の政治的主流（忠告社幹部）である長谷川と、幕末に藩主側近として活躍した小川の政治的位置を思えば、このテキスト自体の性格も興味深いところである。

(17)『開化新聞』明治五年九月刊、石川県立歴史博物館所蔵、六六〜六七頁。

(18)現在、卯辰山招魂社の跡には、旧招魂社本殿址碑、招魂社創建碑（金子惺撰、佐藤衡書）が残されている。なお、旧卯辰山招魂社本殿（元金沢城二の丸御殿能舞台）は、中村神社（中村町）の拝殿に、同唐門（元金沢城二の丸唐門）は、尾山神社（尾山町）の東御門に移築され現存している。

(19)「神仏混淆調理方留帳」加越能文庫、金沢市立玉川図書館所蔵。

(20)広瀬前掲「明治初年の戦死者祭祀と加賀藩」一〇〜一四頁参照。

(21)『石川県史』第二巻（石川県、一九二八年）。

(22)森田柿園『金沢古蹟志』三二巻、六〇五頁。

(23)『皇国時報』七〇二号、一九三九年三月。

(24)『中越新聞』一八八七年五月六日付、「」内はタイトル。カタ仮名をひら仮名になおし、一部文章も簡略化した。傍点は引用者(以下同じ)。

(25)『富山日報』明治二十三年六月十三日付。

(26)『久徴館同窓会雑誌』七七号、明治二十七年十二月二十八日付。もちろん、この記事自体は日清戦争の祝捷会のものだが、一連の流れの中であげておいた。以下、『久徴館同窓会雑誌』並びに『加越能郷友会雑誌』（いわば石川県人会誌）の検索に関しては、詳細な所在目録を作成された森山誠一氏のご教示を得た。深く感謝したい。

(27)『久徴館同窓会雑誌』八四号、明治二十八年十二月（日付不明。終刊号）。

(28)『加越能郷友会雑誌』一七三号、明治三十二年十一月二十六日付。

(29)『加越能郷友会雑誌』一九五号、明治三十九年十月二十五日付。

(30)『北国新聞』大正八年十月十日付、一面の初段記事。

(31)『北国新聞』大正十五年十月十九日付。

(32)『富山日報』明治二十三年六月十三日付記事の抄録。

(33) 『金沢市史』現代編上、五七四〜五七五頁。なお、この記述は護国神社の公式的な説明である、鏑木勢岐「顕忠廟の由来—卯辰山招魂社から石川護国神社へ—」一九八〇年、からの転載である。これら一連の記述は、元石川護国神社神官の故鏑木勢岐氏が執筆されたと察せられるが、同様の説明は、『石川県神社誌』の記載をはじめ、護国神社境内の案内板や卯辰山の旧招魂社址碑文など随所にみることができ、いわば「定説」となっている。これらの記述の原形は、鏑木氏が昭和九年（一九三四）三月に作成した「官祭招魂社銘記」（社の基礎に埋めた銅板）の「其地偏小ニシテ衆庶ノ報賽ニ便ナラズ是ニ於テ一昨年官民相謀リ本社奉賛会ヲ設ケ（後略）」なる一文に求められる（前掲『官祭招魂社造営誌』に写真掲載）。

(34) 本康宏史「招魂社制度の地域的展開と十五年戦争」（高澤裕一編『北陸社会の歴史的展開』能登印刷出版部、一九九二年）七四三頁以下。

(35) 金沢市石黒裕明家文書。一紙、印刷、一部墨書。「招魂祭典事務係」印押印。その後の調査により、こうした永続講受領書は、石川県下金沢以外の地域でも残されていることがわかった。例えば、筆者は能登七尾の「鹿島郡自治会文書」のなかに、地域名望家にあてた同様の受領書を確認している（七尾市史編纂事務局所蔵）。同講の広がりが、かなり広範、かつ組織的なものであったことがうかがえよう。

兵収第四九四号ノ二

大正十年十月七日　七尾町長　廣島弥兵衛 印

冨岡町区長殿

招魂祭典費寄附募集ノ件依頼

標記ノ件ニ関シ戊辰役以来戦病死軍人本県招魂祭ハ例年ノ通リ来ル十八、十九日ノ両日ヲ以テ金沢市兼六公園内ニ於テ挙行ノ事ニ決定相成候処該祭典費寄附方其節ヨリ依頼越候条例年ノ例ニ依リ左記全額貴区内ヨリ取纏メ来ル十四日迄ニ当場へ御差出ノ様致度此段及御依頼候也

記

一、金八拾壱銭

追テ貴職ニ於テ該祭典参拝御希望ニ候ハヾ参拝券交附候条当場へ御申出相成度申添へ候也

この段階では、「講」というより地区単位の強制寄附の呈を示している。

(36) 『北国新聞附録』明治二十八年九月二十五日付、傍点引用者。
(37) 同前。

二　明治紀念標の建設

はじめに

金沢市のほぼ中央に位置する兼六園。「日本三名園」と称され、前田家「加賀百万石」のシンボルともいえるこの大名庭園の中央に、江戸期を代表する庭園には一見そぐわぬ古代武人の銅像が聳え立っている。神話時代の英雄「日本武尊」を象った「明治紀念之標」である。

西南戦争の余韻もようやく落ち着いてきた明治十三年（一八八〇）、陸軍金沢営所の将校や県令千坂高雅ら県庁の官吏、さらに宗教家らが協議して、兼六公園（当時）の中に西南戦争戦没者のための記念碑を建造する話が起こった。これに至る経緯は、のちに詳らかにされるが、ほぼ一年をかけて「日本武尊」をモチーフとした銅像が完成、同年十月に東西本願寺の催す竣工式を兼ねた盛大な落成法要をへて、今日に至るまで兼六園の真ん中に建っているのである。

この「異様」な戦争記念碑の建立の経緯とその背景、碑前で行われた慰霊祭式の様相、さらに図像の象徴性と受容の状況など、「明治紀念之標」をめぐる諸問題について考えてみたい。すなわち本章は、「軍都」金沢における「慰霊空間」の一つとしての「銅像型慰霊碑」が果たした役割に関して、多角的な考察を加える試みである。

さて、近年歴史学の分野では、こうした戦争記念碑を、近代社会を特徴づける「モニュメンタリズム」を示す基本的な非文献資料ととらえ、その学問的な意義がしだいに理解されるようになってきた。[1] 例えば、ベトナム戦争記念碑等の研究者であるアメリカの社会史家ジョン・ボドナーは、戦没記念碑を「エリートの歴史観と個別民衆的価値との対話、あるいは闘争の場であり、妥協の場でもある。その相互作用の結果として公的記憶(public memory)が産出するのである」と指摘している。[2]

また、同じくベトナム戦争記念碑の象徴性を分析したマリタ・スターケンによれば、「正当化された歴史記述と私的な記憶のはざまにあって、絶えず変化する様々な歴史や人々が共有する記憶を表彰するのが、集合的な文化の記憶」であり、その意味で、戦争記念碑は、「過去の困難な体験を振り返ってそれに向かい合うという『癒し』の行為を表す象徴であっただけでなく、(略)戦争の歴史化と再歴史化にも重要な役割を果たしてきた」のだという。つまり、戦争というものはいかに記憶されるべきか、戦争ではだれが記憶されるべきなのかという問題をめぐって、戦争記念碑はまさに論争の的になってきたのだった。[3]

ところで、日本における戦争記念碑

図11 明治紀念標の絵葉書
〔石川県立歴史博物館所蔵〕

研究は、これまで主として忠魂碑・招魂碑を対象に、その歴史的な背景、その宗教的な性格、その場での儀式がいかなる性格をもつのかをめぐって、「政教分離」や「信教の自由」に関する立場の相違を全面に押し出す形で行われてきた。(4) しかし、近年、戦死者の慰霊や戦争における「兵士の死」という問題を新たな角度から解明しようという研究が現れてきていることにも注目したい。その際の資料として重要視されるに至ったのが、記念碑・慰霊碑・墓碑などのモニュメントである。なかでも森岡清美・今井昭彦氏は戊辰戦争及び西南戦争の慰霊の実態を金石文を素材に明らかにしようとし、照沼好文氏も碑表、形象等の宗教上の特色をいち早く指摘している。籠谷次郎氏は忠魂碑を軸に多様な戦没者記念碑の分析を試みており、海老根功氏は慰霊碑の全体像を丹念な調査から明らかにされた。さらに、近年、檜山幸夫氏は日清戦争の事例を中心に、この問題に関する包括的な議論を展開し注目される。(5) また、慰霊碑の形態については、「戦跡考古学」の問題提起などをうけて、ようやくその実態が注目されつつある。こうした視点からは、例えば、今井氏の諸論をはじめ、新宮譲、寺門雄一、下山忍氏らが、本章と問題関心を共通する分析を試みている。(6)

一方、慰霊碑ではないが、明治期における天皇像の創設を「場所性」を主題として論じたものに、市川秀和氏による福井足羽山の継体天皇像の事例分析がある。市川氏の「諸公共空間の場所性」をめぐる視点と考察は、慰霊碑研究に際してもきわめて示唆に富んだものといえよう。本章との関係では、とりわけ明治六年(一八七三)の足羽山招魂社の創設経緯と同十六年(一八八三)の継体天皇像の建立事情に注目しておきたい。(7)

いずれにせよ、戦争記念碑の分析をなおざりにしては、日本近代の戦争、戦死者、遺族、宗教に関わる広範な問題はとうてい理解し得ないものと思われる。以上のような動向をうけて、羽賀祥二氏は日清戦争記念碑の分析の前提としてではあるが、金沢の「日本武尊像」を含む西南戦争記念碑に関して興味深い指摘を行っている。すなわち、次の

論点である。(8)

地域社会との関わりのなかで記念碑を考察できるのは、西南戦争の時点からである。西南戦争記念碑は直後に建立されたものより、明治二十三年(一八九〇)前後に立てられたものが多い。

日清戦争記念碑の直接的な前提として西南戦争記念碑は存在する。

こうした指摘の妥当性も含め、次節以降、西南戦争記念碑(とりわけ「日本武尊像」)と日清あるいは日露戦争の記念碑を中心にその系譜を整理してみよう。

(一) 銅像型戦没者慰霊碑の系譜

1 明治期の銅像型慰霊碑

(1) 戦没者慰霊碑と天皇像

西洋から導入された銅像建設の思想を戦争記念碑として具現するとき、人々の頭に思い浮かんだのが、「戦う皇族」のイメージであっても不思議ではない。その際、そのモチーフを「日本武尊」にもとめたところに金沢の慰霊碑の独自性がある。というのも、この時期(明治前半期)の戦没者慰霊碑の図像で、金沢以外に日本武尊像の例を確認することは、おそらくできないからである。(9)

一方、日本における銅像記念碑の起源を考えたとき、それが金沢の「明治紀念之標」(以下「明治紀念標」と略す)

に溯ることは間違いない。その後、東京の靖国神社境内に大村益次郎（明治二十一年）の銅像が建立され、楠木正成・西郷隆盛（いずれも三十年建立）の銅像がこれにつづいたのである。つまり、一八八〇年代から歴史的に著名な、また政治的な功労を上げた人物の銅像記念碑が建てられるに至る嚆矢が、日本武尊像なのであった。(10)

こうした事情もあって、天皇、ことに神話時代の天皇をモチーフとした明治期の戦争記念碑（慰霊碑）は、実はそれほど多くないし、研究も進んでいない。この時期の銅像としては、これまでに「神武天皇」像等が若干知られるのみである。(11)すなわち、陸軍第十八連隊の「軍都」豊橋では、日清戦争後に戦勝記念碑が建立され、同様に新潟の白山公園（御幸ケ丘近接）や、氷見の朝日山公園でも日露戦争後に戦没者慰霊碑が創建されている。これらは、いずれも神武天皇を像のモチーフとしたものである。(12)

以下、日本武尊像の性格を明らかにする前提として、また、戦没者慰霊碑・戦争記念碑における天皇（皇族）像の系譜を確認するために、各地の神武天皇像（記念碑）ほかの建設経緯ならびに性格を瞥見しておきたい。

(2)　豊橋の神武天皇像

〈建設の経緯〉

豊橋は、第十八連隊の「軍都」である。豊橋の神武天皇像は、日清戦争の戦勝記念碑として明治三十二年（一八八九）三月に建造された。同月九日、計画からおよそ四年をかけて建立をみた神武天皇銅像記念碑の除幕式と、戦病死者を祀る臨時招魂祭が執り行われている。碑文によれば、建立の意図として、佐賀の乱以後活躍した三河・遠江・駿河・伊豆四ヵ国の軍人の義勇を表彰すること、第十八連隊所属の戦死者のために毎年祭典を執行すること、人々が日々この記念碑を仰ぎ見て忠孝の心を励ますこと、という三点を上げている。なお、神武天皇銅像を碑上に安置する

にあたっては、宮内省の許可が必要だったようである。(13)

〔形態・意匠〕

神武天皇の銅像は、高さ八尺五寸の直立像（古代武人像）で、直刀を指し、弓を抱えた姿であった。現在の台座上部にはめ込まれている銘板（創建時のものではない）によれば、「装いはいずれ故事に基づいて古代武人を模したものでしょう。しかし、お顔だけはよりどころのないため、かしこくも明治大帝をお写し申し上げ原型にしたと言い伝えられております」とされる（傍点引用者）(14)。像の具体的なイメージの問題として注目したい。

なお、台座は当初三層構造をなし、その高さは敷き台から銅像部分を含めて七間五尺三寸で、見上げるような高さであったという。「最下部は方十五間四面の花崗岩を以って築積せる台石からなり、城郭の石積のような形状」をしていた。そして「その上部にもう一段切石を積み、そしてその上に銅像の台石となる角柱の石碑、それに高さ六尺、巾三尺四方、方角の銅碑の上に安置された神武像が安置してあった」という(15)。

台座に刻まれた「征清紀念碑」の篆額は、元帥陸軍大将彰仁親王の揮毫になり、撰文は、日清戦争当時の第三師団長で記念碑建立時には陸軍大臣を任めていた桂太郎が記している（横井忠直書）。記念碑の両側に高さ八尺、幅四尺の銅碑各一基を設け、佐賀の乱以後日清戦争に至る戦病死者の氏名を刻んでいたという。ちなみに、この銅像は「豊橋八景」のひとつとされた。

〔製作者〕

銅像の作者は、東京美術学校教授岡崎雪聲（一八五四〜一九二一年。正確には、美術学校を辞任して始めた工房で製作したもの）。岡崎は鋳金家で、皇居前広場の楠木正成騎馬像（高村光雲彫刻）や上野公園にある西郷隆盛像の鋳金を担当している。

〔設置場所〕

はじめ豊橋市八町練兵場（現、豊橋市八町通り四丁目、豊橋児童遊園地南側）の盛り土された上に、西向きに建てられていた。西を向いていたのは、行幸に際して、天皇が豊橋駅を通過されるおりに遥拝される都合（「お顔が拝せられるように」）からとされる。

設置場所が民有地であったため、のち大正年間に第二の場所、第十八歩兵連隊の練兵場北端に移転した。その際、台座を支える盛り土は取り払われ、台座から上が移転されたという（絵葉書「豊橋名勝」に図像が残されている）。

太平洋戦争の敗戦により、進駐軍の眼を恐れて撤去（銘板によれば「もとの八町練兵場から、ひそかに」「遷座のやむなきに立ち至った次第」）、市内の小社の拝殿に隠し置かれていた。その後、昭和四十年、吉田城址本丸出郭の一角、保食神金柑丸稲荷の跡地に仮の御座所を設けて移築。現在は、豊橋公園の一部となっている。(16)

(3) 新潟の神武天皇像

〔建設の経緯〕

新潟の神武天皇像は、日清・日露戦争の戦死者を慰霊するために建てられた。新潟市在郷軍人会は、明治三十六年（一九〇一）市内白山公園に日清戦争の戦死者を祀る昭忠碑を立てることを計画する。新潟市では二十九年に新潟市兵事談話会が結成されており、三十二年三月には新潟市在郷軍人団が発会している。発会式には在郷軍人一〇〇人余が参加し、団長には少尉八木孝助が選ばれた。(17)

その後、公園を管理する市の許可も得て、建設費の募金を始め、予定額一五〇〇円の半ばまで集まった。しかし、この計画は日露戦争により団員の多くが従軍したこともあり一担中止され、日露戦後、団員の凱旋を待って、新たに戦没した「忠死者ヲモ合祀スル趣旨ヲ以テ」事業が継続された。この結果、規模は拡張され、「新潟市軍人家族救護会」の解散に際し残余金の寄付を得、これを基礎に着工の運びとなった。日露戦争の従軍者が帰郷した三十九年三月から、日露戦争戦死者も合祀した昭忠碑を神武天皇像に変えて建造することとなる。その際、さきの救護会残金三〇〇〇円に新たに募った献金を合わせて費用とした。[18]

「設立趣旨書」によれば、新潟市の昭忠碑は当初木標が日和山の共同墓地に建っていたが、朽ちてきたため石碑として建立することにしたものという。「設立趣旨書」の原文には、「明治二十七八年戦役後有志数名相謀リ忠死者ノ為木碑ヲ新潟市共同墓地内ニ建設シタリシカ其後該木碑ハ漸次腐朽シタルヲ以テ明治三十五年ノ初新潟市在郷軍人団(明治三十二年三月創設)ニ於テ工費約五百円ヲ以テ是ヲ改築シ石碑ト為サントノ議起リタリシカ尚熟議ノ結果三十六年ニ至リ工費ヲ約千五百円ニ増加シテ白山公園内ニ建設セント決シ」とある(現、新潟市一番堀町、白山神社脇)。

完成除幕式は明治四十年四月二十八日に挙行され、同年九月には新潟市に維持資金一八五円を添えて寄付された。[19]

〔形態・意匠〕

当初の計画であった刻文石碑が変更され、地球の上に神武天皇が立つ像が建造された。ただし、はじめは「石碑上ニ銅若クハ鉄製ノ地球ヲ据ヘ其上ニ銅製ノ蜻蛉ヲ附スルモノ」であったという。

碑のデザインは公募され、入選した東京美術学校教授の島田佳矣(檜山前掲書、三三一頁には佳美とあるが、誤記。正確には表記の名前が正しく、戦前の金沢美術工芸界では、かなりの影響力をもった著名人であった)の作品を原型にしている。[20]

碑の形態は、土台石と石造台座二段・銅像台座一段の上に地球儀型の球体を据え、右手に鷹、左手に弓を持った神武天皇の立像(高さ六尺一寸のほぼ等身大立像)を載せたもの。台座にはめ込まれた「昭忠」銘の揮毫は、陸軍大将山県有朋の筆によるものである。なお、地球儀に描かれている地図は、日本の領土で、神武天皇がその地を統治するという構図と理解できる。ちなみにこの地図には、南樺太・千島列島・北海道・本州・四国・九州・沖縄・台湾・韓国が描かれている。ただし、当時（島田のデザインした時期も、さらに昭忠碑が建立された時期も）韓国はまだ併合以前であった。島田の意図か、発注者の要求かは定かでないものの、韓国を領土（植民地）としてみる意識が、日露戦後からあったことをうかがわせる。(21)

〔制作者〕

意匠の募集を東京美術学校に託し、「同校教諭島田佳矣氏ノ考案ニ係ル（略）現在ノ意匠ヲ選定シ、御像並ニ地球ハ三十九年八月末東京市下谷初音町岡崎雪聲氏ニ鋳造ヲ托シ」たものであった。岡崎雪聲は、豊橋の神武天皇像の作者でもある。岡崎の業績や島田の図案傾向等を考慮すれば、おそらく、東京美術学校を中心とした日本美術の振興と再評価を目指す人々のつながりが、豊橋や新潟の神武天皇銅像の建立の背景をなしていたものと思われる。(22)なお、島田は東京美術学校教授であったが、さきにふれたごとく、実は加賀金沢の士族出身であった。すなわち、美術学校の教授として金沢での意匠経験を背景に、充実した仕事を展開するなかで、神武図像のデザインに当たったものと思われる。ちなみに、明治元年生まれの島田は、当然、明治十三年に盛大に建立された日本武尊像の存在を認識していたにちがいない。新潟の日露戦争戦没者記念碑の図像考案にあたっても、少年時代より郷里にて見知った戦没者碑の図像として、まず兼六公園の像が思い浮かんだのは当然のことであったろう。

さらにいえば、同じ兼六公園のなかには、もう一基、興味深い記念碑が存在している。それは「明治紀念標」から数十メートルの場所、ちょうど金沢の地名伝承の由来ともなった「金城霊沢」の脇にある「大屋愷敆」の記念碑である。明治三十六年十一月の建立。高さは約三・五メートル。細長い墓石のような形で、上部には二頭の猪の背に直径約六〇センチの球体が載せられている（新潟の碑は三十九年の建立）。表面には「大屋愷欱之碑」と大書され、左側面に略歴が刻まれ「翁実に金沢文明の先導にて教育の耆宿なり」と結ばれる。ちなみに、大屋も加賀藩士にして維新以後金沢藩および石川県の地誌や語学の教師をつとめた人物である。[23] この大屋の記念碑のモチーフをも、島田が神武天皇像に一部引用したと考えても、あながち的はずれな類推とはいえまい。いずれにせよ、新潟の神武天皇像の考案者が、金沢出身の島田佳矣であったことは、（岡崎雪聲が、豊橋に引き続き新潟の像を手掛けていることも含め）日本武尊像との系譜を考えるうえで、極めて興味深いものといえよう。

〔設置場所〕

新潟では、はじめ郊外の里山（日和山の共同墓地）に木碑の昭忠碑が建てられ、のちに市内中心部の白山公園に移転、神武天皇像という具体的な形象をもって建て代えられた。

白山公園では、日露戦争の時に大祝賀会が開かれた。三十九年七月の第一艦隊の新潟港来航に際しても、海軍大将東郷平八郎が新潟入りしている。このときは歓迎ムードも盛り上がり、仮装行列が行われ、万代橋の西詰めには大きな凱旋門が作られたという。[24] なお、明治天皇は、白山公園内にこの日のために築かれた小さな丘の野立所（現、美由岐賀丘＝御幸ケ丘）で休息をとり、風景を愛でている。この御幸ケ丘から白山神社脇の昭忠碑銅像までは数百メートル、同じ白山公園のなかに建てられたものである。[25]

(4) 氷見の神武天皇像

〔建設の経緯〕

明治四十年（一九〇七）日露戦争の戦没者慰霊碑として建立された。氷見郡尚武会（在郷軍人会の前身）が、朝日山の山頂に神武天皇の銅像を建てたものである。除幕式は四十一年九月十日に行われ、記念絵葉書も発行された。

〔形態・意匠〕

弓を持つ神武天皇の立像。弓の先には羽を広げた鵄が止まっている。姿から察するに、豊橋や新潟より若々しい神武天皇像とみえる。台座には、乃木希典大将の揮毫で「永芳」の文字が刻されている。当時の氷見郡長松本於菟が、尚武会長の依頼により自ら上京し、当時学習院長であった乃木希典将軍に面会を求めて染筆を懇請、乃木は日露戦争時、管下第九師団の犠牲者を多数出した旅順攻撃の総司令官（第三軍）であったこともあり快諾したという。

〔制作者〕

原型製作は大塚秀之丞、鋳造人は喜多万右衛門。喜多万右衛門は、氷見近郊の中核都市高岡有数の銅器鋳造師として知られる（ちなみに日本武尊像も高岡銅器の鋳造になる）。なお、大塚秀之丞の作品は、ほかに富山県新川郡入善町の神功皇后像があり、神武天皇像との関係が注目されよう。[26]

〔設置場所〕

氷見市朝日山公園。市街地に隣接する小高い丘陵で、市民の憩いの場所ともなっている。銅像の建っている周辺は、もともとは胴船山と名付けられた里山であったが、銅像建設の折に朝日山公園として公園化されたものという。このあたりの経緯は、のちに紹介する継体天皇と足羽山公園の関係に近い。神武像建立以後、氷見郡の招魂祭も毎年この銅像の前で行われるようになったという。[27]

2　大正期以降の銅像型慰霊碑

(1)　神武天皇像

富山県小矢部市西中の県立小矢部園芸高校内に神武天皇の銅像を乗せた忠霊塔がある。忠霊塔脇には「戦死者芳名」と「碑の友」の二基の副碑が添えられている。「戦死者芳名」碑には西南戦争から大東亜戦争までの戦死者が刻まれており、形態や石の状態からみて戦前に建立されたものと認識されている。戦後ＧＨＱの指令で一時撤去されたものの、講和条約締結による独立が達成された後に、再建された事例のひとつであろう。(28)

また、神武天皇といえば、「金鵄勲章」のモチーフとなった金色の鵄が思い浮かぶが、この金鵄の意匠を用いた慰霊碑も、各地で確認されている。例えば、大正十一年（一九二二）に建立された、茨城県内西町亀城公園の忠魂碑（陸軍大臣山梨半造揮毫）には、標柱に鵄のレリーフが刻まれている。(29)

さらに、昭和八年（一九三三）四月建立の茨城県河内村大字金江津側高神社境内の忠魂碑（陸軍大臣荒木貞夫揮毫）も、同じく鵄のレリーフを戴いている。同碑は在郷軍人会金江津分会が中心となって建立したものである。(30) このように、大正から昭和戦前期にかけては、市町村の忠魂碑・慰霊碑に神武天皇像や金鵄を用いることも、全国的に見れば少なくなかったようである。

(2)　兵士像型戦没者慰霊碑

太平洋戦争期に入ると、一般将兵のなかからも「軍神」が誕生するケースが増え、こうした事情を背景に兵士像を象った記念碑、慰霊碑もみられるようになる。こうした兵士像のなかでは、愛知県名古屋市千種区の月ケ丘丘陵にあった軍人像を林立させた墓地がよく知られていた。同墓地は、地域の人々からは「陸軍墓地」と呼ばれていた施設であったが、実際は篤志家による個人墓地で、陸軍が正式に設けたものではない。現在は、すべての墓碑（二二七基）が撤去され、知多郡南知多町大字山海字上間の中之院に移されている。(31)

このほかにも航空犠牲者の像が、埼玉県所沢市並木一丁目所沢航空記念公園に大正二年三月建立されている例など、同様の兵士像は全国的にはそれなりの数になると思われる。ちなみに、よく知られた兵士の像としては、埼玉県川口市の小池幸三郎の胸像などがある。小池は日露戦争の旅順港閉塞作戦に参加。広瀬中佐ら決死隊の一員として任務遂行中敵弾に倒れた兵士である（昭和十一年建立。戦後、四十一年に川口神社に再建）。(32)

金沢でも野田山山麓の大乗寺境内に、陸軍大演習時に自害した木村三郎大尉の銅像が建てられていた。木村大尉は演習に使用する架設電線が故障した責任をとったものである。このような「軍神」（軍人の生き神）信仰に関しては、銅像設置の経緯とからめて、別に個別具体的な考察が求められよう（「軍神」の問題については、III—三—(三)—3参照）。

また、直接該当する慰霊碑が対象とする人物ではないものの、乃木希典将軍の像が、慰霊碑に用いられるケースも少なくない。埼玉県蕨市の和楽備神社（昭和十一年一月蕨北小学校校庭に建立）に建立された慰霊碑もその一基である（戦後撤去。昭和三十二年十一月移転再建）。この時期の慰霊碑に関しては、日露戦争の三十周年にあたり、各地で乃木希典の像が建立されたものとの理解もある。(33)「乃木信仰」との関連からも興味深い事例といえよう。

(3)　福井の継体天皇像

慰霊碑ではないものの、明治期における天皇像の系譜から見逃せない事例が、福井足羽山の継体天皇像である。この継体像に関しては、研究史でふれたように市川秀和氏による「諸公共空間の場所性」をめぐる視点からのすぐれた分析がある。[34] 以下、市川氏の所論から学んだ、この興味深い事例の背景を紹介しておきたい。

福井足羽山の継体天皇像は、明治十六年（一八八三）に建立された。ここでは、明治六年（一八七三）の足羽山招魂社の創設事情と継体天皇像との関係に注目しておきたい。すなわち、越前福井には従来から継体天皇を崇敬する精神的下地があった。維新以降、視覚的に重大な意味を持つ記念行事としては、明治十三年四月に足羽神社と武生の岡太神社で催された「継体天皇一三五〇年記念祭」が注目される。岡太神社の祭礼図からは壮大な行列を中心とした盛大な状況がうかがえるという。ちなみに岡太神社は継体天皇に続く安閑・宣化両天皇を主祭神として祀った神社であり、皇室とは古くから深い関係を持つ社であった。

この「継体天皇一三五〇年記念祭」を契機に、明治十六年三月には、継体天皇の聖蹟を後世に永く伝え残すことを目的として「継体天皇像」の建設が具体的に持ち上がる。当時の『福井新聞』紙上には、像建設のための寄付金を募る広告が大きく載せられたという。こうして足羽山産出の笏谷石からつくられた継体天皇像は、足羽神社よりさらに奥の小高い頂に設置されることになった（足羽神社と招魂社のちょうど中間という、かなり計算された空間ともいえる）。同年十一月頃には設置完了、翌年の明治十七年六月十二日から十六日にかけて、落成記念式典がにぎやかに催され、広く一般の眼に眺められるようになった。

以上、越前出身の継体天皇（男大迹皇子）祝祭の要請は、基本的には地元福井の地域的な契機から生まれたものといえるが、その背景には、新政府による歴史的人物の英雄化などの一連の感化政策、すなわち「天皇崇拝心を国民すべての精神性へ早急に定着」させるための、「帝国の祝祭」という国家イベントの一環として取り組まれた「視覚装置」であったともいえる。祝祭碑と慰霊碑という違いはあれ、神話の天皇・皇族をモチーフに、広く一般大衆の眼に眺められる存在として天皇（あるいは国家）崇拝心を定着させる契機となった偶像（それも、あるいは笏谷石、あるいは高岡銅器という地域素材を強調した像）という点で、福井の継体天皇像や氷見の神武天皇像、さらに金沢の日本武尊像は、すべて共通のベクトルをもつものといえよう。

(二) 西南戦争と「明治紀念標」の建設

1 「明治紀念標」の全国的な建設

明治十年代は、一つの時代の区切りを示すかのように、それ以前の戦争を対象とした墓碑・記念碑建立の動向が見られるようになった時期である。このうち西南戦争戦没者は明治十年（一八七七）十一月に東京招魂社に合祀されるとともに、羽賀祥二氏によれば、翌十一年秋以降、近衛連隊や各鎮台で陣没者記念碑の建立が始まり、天皇・大臣・参議の寄付が行われたものという。(35)

こうした例には、名古屋鎮台・大阪鎮台大津営所・近衛諸隊・熊本鎮台・名古屋鎮台金沢営所・大阪鎮台・陸軍士官学校などがあり、各地に続々と鎮台出身兵士の記念碑が建立されていった。例えば、『太政類典』の一件文書「鹿児島始末」（明治十三年十二月二日の条）には、「陸軍省伺／熊本県下肥後国山本郡豊岡村字水本及ヒ舟底官林ノ地所へ十年ノ役戦死者ノ紀念碑設立ノ為メ当省へ需要ノ儀予メ内務省へ及協議候処、今回差支無之旨回答申越候（略）」とあり、熊本鎮台の記念標の建設が確認される。(36) このほか明治十一年九月には、大津三井寺山頂に滋賀県の記念碑が建立されており、さらに、明治十六年三月には大阪でも中之島に「明治記念標」が建立され、西南戦争の戦死者を弔う拠点となっている。横山篤夫氏によれば、大阪では大阪城での招魂祭ののち、この標前で靖国神社の春季大祭日にあわせて、毎年五月招魂祭が続けられることになったという（大阪護国神社の起源のひとつ）[37]。このような全国各地の西南戦争記念碑＝明治紀念標の設立の動きのなかで、金沢の「明治紀念之標」（日本武尊像）を位置づけてみる必要があろう。

2　石川県と西南戦争

明治維新政府に対する、不平士族の最後で最大の反乱であった「西南戦争」は、明治十年（一八七七）二月に起った。西郷隆盛が主宰する「私学校」の生徒が中心となって決起し、その数一万五千の兵士が鹿児島を発って、熊本に向けて進行したのであった。これを聞いた明治政府は、有栖川宮熾仁親王を征討総督に任命し、全国の鎮台（後の師団）兵に出征を命じた。

石川県では、金沢の第七連隊本部と第一大隊から第三大隊までが参加することとなり、連隊本部長には平岡芋作中佐が任命された。連隊と第二大隊が二月二十日に石川県を出発したのをはじめ、順次九州へ向かい、戦線に投入された。その総数は二〇〇〇名にも達したという。三月には征討軍に編入され、博多に上陸。直ちに西郷軍と戦闘を交えている。その後、第七連隊は各地に転戦、四月二十一日熊本城に到着したのち、さらに鹿児島まで進撃した。

戦局において薩摩軍と官軍との戦いは熾烈を極めたが、圧倒的な軍勢を誇る官軍の前に、薩摩軍は九月二十四日退却した鹿児島の城山で敗れ去った。ちなみに、戦闘で放たれた銃弾は西郷隆盛の股部と腹部を貫き、これで最後と考えた西郷は部下の別府晋介に介錯を頼み自害したという。余談となるが、この西郷の首級を見つけたのは、第七連隊の千田登文中尉が率いた一兵卒前田恒光であったと伝えられる。彼は溝の中に手拭いで包まれていた塊を発見し、調べたところ西郷の首級であることがわかって、官軍の参軍山県有朋に届けたと千田中尉が後に語っている。

こうして西南戦争が政府側の勝利に終わると、これを境に武力による士族の反乱はおさまり、民権思想に基づいた言論に訴える運動が盛んになる。石川県下でも士族結社「忠告社」ののち「耕腸社」「精義社」、さらに「盈進社」などが組織され、全国組織ともそれなりの関係を持ちつつ活動を展開する。とはいえ、石川士族の結社の主流は、民権運動への同調を装いつつも、政治的には政争と県官の地位を競う傾向が強く、むしろ授産事業に力点をおいたものという側面は、終始否めなかったと評されている。

ところで、西南戦争においては、戦局の激化に伴い、徴兵制下の陸軍部隊のほか、政府軍の要員として約六七〇〇名の警察部隊が動員された。石川県下でもいわゆる「巡査部隊」が編成されている。京都東山の霊山《りょうぜん》歴史館には、幸いにもその折の従軍記録が残されている。(38) この文書は警察部隊に志願した巡査、小林重太郎のものである。これによると小林巡査は、明治十年七月三日、横浜より乗船、大分県佐伯村に上陸している。その後、西郷軍との延岡熊野江の戦いに参戦し、勝利。十月四日品川港へ凱旋した。一連の任免文書によれば、五月十七日付けで「四等巡査心得」を警視局から拝命。「石川県徴募巡査七番小隊伍長」となり戦地に赴いている。文書には行動日程が細かにしるされているほか、旅費、日当請求も警視局用箋に記されている。このお陰か、凱旋後の十一月十三日付で警視局から従軍慰労金二〇円支給され、十二年十二月二十二日付賞勲局総裁三条実美よりの勲功状とともに金七円が下賜されている。石川県参戦兵士の行軍の過程がうかがえよう。

さて、戦いは政府軍の勝利に終わり、同連隊は十月下旬金沢に帰還した。ちなみに小林巡査は、九州での戦線をかい潜って無事生還したのだが、出兵した兵士のうち戦死した石川県人も実に三百九十余人にのぼった。これらの戦死者を慰霊するために、兼六園内に建立されたのが、何度も繰り返すが「明治紀念之標」なのである。以下、この巨大な記念碑が、戦後三年を経て建てられた経緯を次項以降検討してみたい。

3　西南戦争「尽忠碑」の建設

兼六園とは金沢城を挟んでちょうど反対側に位置する尾山神社の境内（旧金谷出丸＝金谷御殿跡地）には、「明治紀念之標」に先行して西南役戦没者の「尽忠碑」が建てられていた。明治紀念標を考察する前提として、この尽忠碑についてまず確認しておきたい。

西南戦争で戦死した石川県人は出兵した兵士のうち、約二割に当たる三百九十余人であった。明治十一年（一八七八）九月には生還した兵士らが中心となって、戦死者の霊を祀るために尾山神社の境内に「尽忠碑」（径一・五メートルほどの円盤形石碑）が建立された。旧藩主前田斉泰《なりやす》は自ら碑文を撰するとともに、建立の資金の一部として二五〇円を寄付している。このように西南戦争尽忠碑はもと尾山神社の境内にあったのだが、現在は兼六園内の明治紀念標、つまり日本武尊像の傍に移されている。紀念標が建立された際に移転されたのであった。この間の設立と移転の事情を、同神社に残された文書により瞥見してみよう。

例えば「金沢尾山神社内戦死者石碑保存会御補助ノ再願」（明治十四年七月九日付）には、「去ル十一年愚輩数名協力シ、且旧同藩中有志ニ謀リ尽忠碑ヲ金沢尾山神社境内ニ建設セリ。当時従二位公（斉泰）ノ御巡遊ニ際スルヲ以テ、碑文ノ選且ツ御揮毫ヲ賜リ。尚且同年九月廿四日祭典執行ノ際モ親シク御臨拝ヲ辱フシ、実ニ諸君モ了知セラル、所死者ノ光栄何ソ之レニ若ク者アラン哉（後略）」とあり、建碑の経緯がうかがえる。全文は以下のとおり。(39)

明治十年西南ノ役ニ従軍セシ旧金沢藩加越能三州ノ戦死者三百有名ノ芳名ヲ万才不朽ニ伝ヘント欲シ既ニ去ル十一年愚輩数名協力シ且旧同藩中有志ニ謀リ尽忠碑ヲ金沢尾山神社境内ニ建設セリ。当時従二位公（斉泰公）ノ御巡遊ニ際スルヲ以テ碑文ノ選且ツ御揮毫ヲ賜リ。尚且同年九月廿四日祭典執行ノ際モ親シク御臨拝ヲ辱フシ実ニ諸君モ了知セラル、所死者ノ光栄何ソ之レニ若ク者アラン哉。然リ而シテ該碑ヲ時々ニ修理シ之レヲ永世ニ保存シ毎年九月廿四日ヲ以テ祭典ヲ修メ其忠魂ヲ吊慰セント欲シ其費ニ充ン為メ更ニ愚輩協議シ互ニ再醵金ヲ為セシニ僅カニ八拾円ノ金額ヲ得タリ。之レヲ尾山神社ニ寄納シ不盛ノ祭典ヲ挙ルモ其利子ヲ以テ祭費ニ充ルニ其半ヲ償フニ足ラス。尚修理費ノ如キハ等外ニ於テ然ルナリ。蓋シ従来ノ実検ニ依ルニ祭典費及ヒ保存修理費ハ少ナクモ資本金三百円ヲ備ヘ其利子ヲ以テセサレハ足ルヘカラス。（中略）茲ヲ以テ乍恐旧公ヨリ金弐百弐拾円ノ御補助ヲ辱フセハ前貯蓄ノ金八拾円ト併セテ後年永ク該碑ヲ保存シ且年々祭典ヲ運綿執行セント其恩賜アラン事ヲ昨十三年九月懇々請願セリト雖モ未タ何等ノ御沙汰無之愚輩ノ衷情止ム能ハス。再ヒ右恩賜ノ許可ヲ得ン事ヲ伏テ奉懇願候。（下略）頓首再拝

明治十四年七月十九日

金沢尾山神社内石碑建設

担当人　旧金沢藩士

木越　亘　富樫高明　千田登文　飯森則正　磯村惟亮（在姫路）等

村井　亘　寺西成器　北川亥之作　御等

前田従四位公御家令扶

この文書には、七月二十日付の前田家への依頼添書も付されている。

一、明治十四年七月廿日

当地尾山神社境内西南戦死者石碑祭典費等御補助金再願、別紙御家令扶ェ差出度候ニ付、乍御手数至急御進

達方御取計被下度此段及御依頼候也

金沢士族

十四年七月廿日

木越　亘　印

富樫　高明　印

飯森　則正　印

前田従四位　殿

金沢御邸御用弁方　御中

追而本文願意御許容相成候様、乍御手数可然御紹介被下度此段併而致御依頼候也

この尽忠碑の建設を前提として、明治十三年に至り金沢営所の将校、県庁官吏、宗教家、一般の庶民らが共同して、西南戦争の戦死者のために大記念碑を兼六園の中に建てようということが発起されたのである。尽忠碑だけでは十分でなかったと意識されたこと、あるいは神社に建造されたもののほかに公園にも必要であるとされたこと（尽忠碑も公園に移築されたことも含め）が、二つの建碑の過程から推論されよう。こうした結果、兼六公園に建造されたのが「明治紀念之標」なのであった。

4　「日本武尊像」の建設

「近代都市祭典の成立」過程において、兼六園は「かつての領君の庭園であったが、今は人々が集い、歓楽する場所」となっていた（羽賀前掲「神社と紀念碑」。この点は、次節で詳述する）。こうした空間において、しかも「日本武尊にも通じる軍事的英雄」だと喧伝されることによって、戦死者の慰霊は達成されると考えられたのであろう。石碑の

柵外には金沢営所の求めで詠われた東西本願時法主の詩碑があり、羽賀氏によれば、「武士」の「いさを」と「義気」が詠い込まれているという。(40) しかし、ここでの羽賀氏の関心は、「身分制解体後の地域社会において神格化された旧領主と鎮魂の紀念碑とが、どのような機能をもったのかを検討することに主眼がある」とされており、日本武尊像の建設より、むしろ二年前の十一年九月に建てられた、「石川県士尽忠碑」のほうに分析対象をもとめている。同碑は、前項でみたように、藩祖前田利家を祀る尾山神社境内に西南戦争で戦死した、旧金沢士族と第七連隊の兵士のための建碑であった。このため尽忠碑の建立の経緯と尾山神社の創建の意義、さらに明治二十四年に開催された藩祖利家三百年祭典についての考察、その過程で明治十年代の神社が近代都市のなかでアイデンティティシンボルとして復権する様相を、日清戦争後に行われた平安遷都千百年祭を代表とする「都市祭典」という概念から説いている。(41)

こうした関心から、私見によれば本来は「尽忠碑」と密接な関係にあり、実は藩主家の動向とも無関係ではない「日本武尊像」に関しては、簡単な紹介にとどまっており、同像に対する位置づけはかならずしも明確ではない。

さて、再三ふれたように、明治十三年（一八八〇）のはじめに西南戦争の戦死者慰霊の大記念碑は兼六園の中に建てるべく発起され、同年の十月に完成した。この像の築造にあたっては、明治天皇から一〇〇〇円、旧藩主前田斉泰が七〇〇円、東本願寺二〇〇〇円と多額の寄付もあった。西本願寺は標の外回り柵などを寄進し、庶民の寄付も石川県内はもちろん、遠くは長野方面からも献金を得たという。こうして同年十月二十六日から三十一日にかけて、浄土真宗大谷派の法嗣大谷光尊をはじめ、各宗派の僧侶や神職が来会して、霊を弔い、盛大な完成供養が六日間つづけられたのである。(42)

ところで、基本的な問題として、銅像のモデルが「何故、日本武尊なのか」という疑問がある。これについては、従来いくつかの説が存在した。例えば、森田柿園の『金沢古蹟志』には、「記念標に標出せる日本武尊の銅像は、是景行天皇（十二代）の御世、尊をして熊襲国を征伐せしめられし故事によったるものにて、熊襲国は即ち日向・薩摩の地なればなり」としている。すなわち、官軍に対して反乱を起こしたのが、西郷隆盛を中心とした薩摩や日向の士族であり、それを鎮めるために戦って戦死した兵士の記念碑だからだというのである。もちろん、これには異説もある。

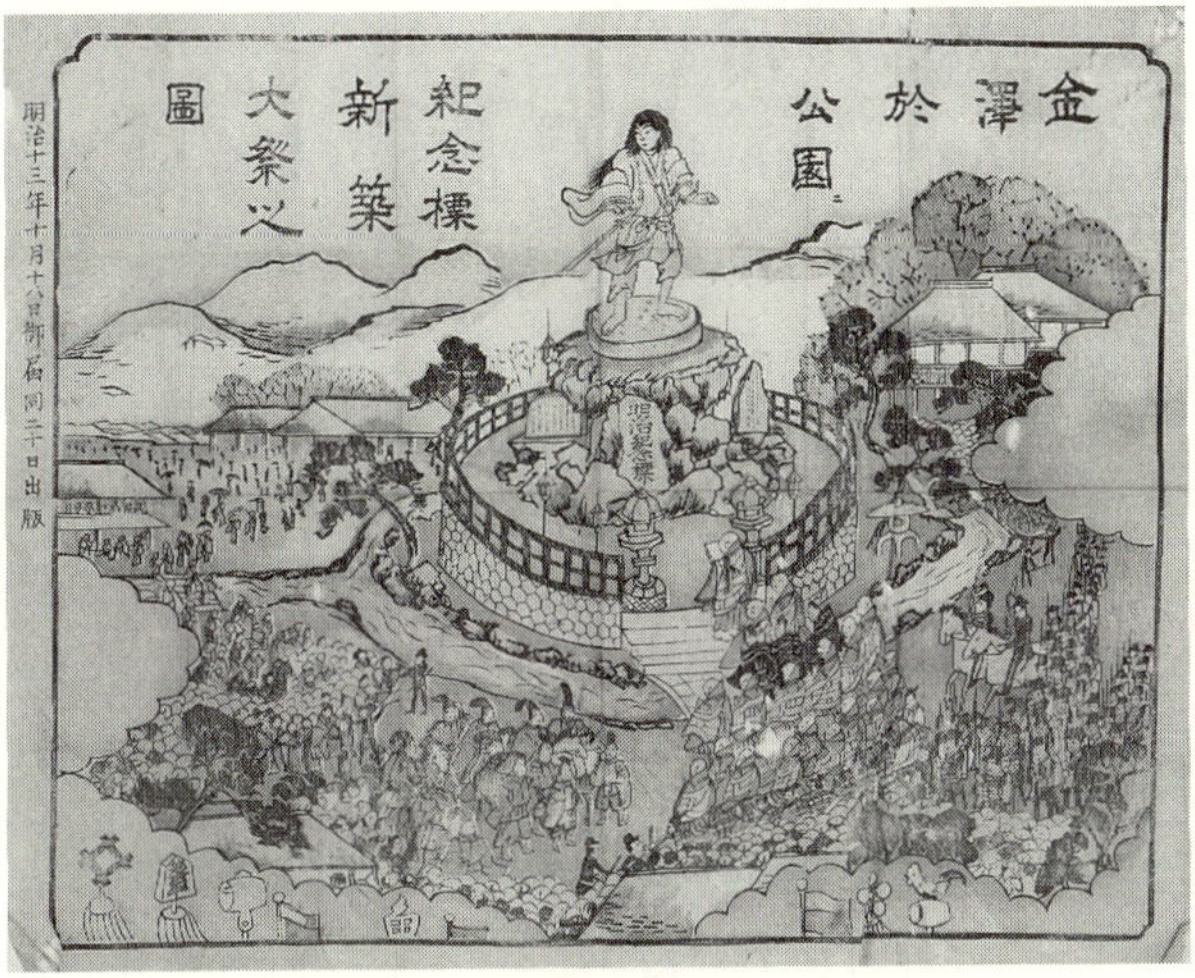

図12　明治紀念標新築大祭之図
〔吉野谷村宮本家所蔵，石川県立歴史博物館提供〕

例えば、「明治紀念之標」を囲む柵の内の多くの碑のひとつ、「明治紀念の碑」の碑文中に、「挙国人加其軍以賀東征之偉」という記述がみえる。[43] 日本武尊東征のおりに、この国の人たちが挙げて尊の軍に加わったことを喜びたたえたという神話の引用である。すなわち「加賀」という国名伝説と日本武尊の関係に、銅像選定の背景を求めるという説である。[44]

もちろん、この「神話」自体も「加賀」の地名伝承のひとつに過ぎない。とはいえ、「熊襲征伐」伝承にせよ、「東征」伝承にせよ、いずれも「記紀神話」に発するエピソードであることは、注目したい（もともと「日本武尊」を図像に採用しようとすれば、来歴を古事記・日本書紀にみられる「記紀神話」にもとめるのは、当然といえば当然なのだが）。この点に関しては、次節で改めて検討する。

明治紀念標は、石積みの高さが六メートル、銅像の高さは五・四メートルとされる。見た目、数十個の自然石があたかも雑然と積み上げられているように見えるが、構造は堅牢で、一〇〇年の風雪に耐えてきた。しばしば観光案内に謳われる、蛇・なめくじ・蛙の「三すくみ伝説」も石組みの強さを物語る逸話のひとつであろう。この石組みを担当したのは、太田小兵衛という露地師であった。小兵衛は「金谷御殿、巽御殿等の庭園皆其設営に成り、藩主前田斎泰卿より賛辞を蒙ったること幾度なるを知らず」（『北国人物志』）とされる幕末以来の名人で、維新後も「明治紀念標を公園に建設せらるに当り、其造営を命せられ幾多の辛苦を経て漸く成功」したという。また、石積みに用いた石は、『金沢古蹟志』によると「城内玉泉院丸の露地石」であったという。「寛永年中旧藩三世中納言利常卿、玉泉院丸に泉水築山を造らしめ給へる頃、能登浦等より挽き寄せ給ひし石共なり」と記されている。具体的には、二代藩主利長の正室であった玉泉院のために、京都の庭師剱左衛門に造らせた露地を取り壊し、その石を「標」の石積みに使ったというのである（前掲『兼六園の歴史』参照）。金沢城内のどの古絵図を見ても、この玉泉院丸庭園の池や築山が画かれており、おそらく城内の庭の中でも特に景観を誇っていたものに違いない。

こうしてみると、明治紀念標は、土台が加賀藩時代の遺構、その上部の像は近代の造形ということになる。もちろん意図した訳ではないにせよ、結果として旧藩主の庭石を皇族の日本武尊が踏みつけている（逆にいえば、支えている）格好になるのである。うがった見方をすれば、前田家の大名庭園である兼六園の、それもまさに眺望を誇る千歳台の中央に、維新政府＝官軍の戦没者慰霊碑を建てること自体、かなり政治的な産物といえるのではないか。「加賀の武士《もののふ》」の後裔の記念像として、あるいは「城下町金沢」のシンボルとして建立するならば、例えば前田利家の像（あるいは文化大名として知られる五代綱紀）などが兼六園の真ん中に構えていてもよいようにも思えるのだが（なお、利家像は石川門下の堀の片隅に、控えめに建っている）。この事情に関しても次節で推察してみたい。

5　「紀念標」の図像論争

「日本武尊像」の原型、すなわち製作図案の製作者については、長い論争がある。例えば、石川県立美術館が所蔵する木像に「日本武尊」という彫刻が残されている。高さ二三チセンのこの木像の台座の裏には、明治十三年六月御神像師　松井乗運齋　六十六翁　作之」と墨書されている。これまでに考証されたところによると、当時の金沢仏師を代表すると目された松井乗運が、兼六園内に日本武尊像が建立されることを知り、故実を調べ、「苦心惨憺夜を日に継いで」彫りあげた木像で、乗運「会心の作」と伝えられる。(45)しかし、この木像は残念ながら一部の反対にあって実際には採用されなかった。一部の人々が誰であったのかは、今も定かでない。

一方、金沢の郷土史家副田松園は、当時、図案家として一世を風靡した岸光景原図説をとなえている。岸光景は兼六園を会場に定期的に開催された「蓮池会」（金沢の美術工芸振興研究会）とも深いつながりをもっていた。園内の勧業博物館、円中孫平ら市内の美術工芸関係者ともしばしば提携関係にあり、彼らがかかわる「温故図録」（図案貸出し制度）を支えた中心的な図案家でもあった。(46)

さらに時代は下るが、水島莞爾氏は「像」の姿からして、これは彫刻家の作品ではなく、加賀狩野佐々木派の絵師佐々木泉竜の線描とみている。その根拠として、泉竜の高弟であった津田南皐の日記ともいうべき『南皐聚録』のなかの記述や、泉竜の曾孫にあたる坂井正雄氏の証言などを挙げ、佐々木泉竜が原型を画きあげたものだと結論づけたのである。(47)ただし、これらの説は、決定的な論証に欠け、「標」の図案選定に関する記録もいまだに確認されていないことから、原型を作成した人物が果たして誰であるのか、今日でも断定するまでに至っていない。(48)

(三) 天皇巡幸と「明治紀念標」

1 北陸巡幸と「紀念標」

明治十一年(一八七八)十月、北陸・東海巡幸が実施された。当然金沢にも若き明治天皇が行幸、市内を巡る。このとき兼六公園に立ち寄ったことが、翌々年の日本武尊像の建造に大きく影響したのではないだろうか。以下この点に関して若干の私見をまとめてみたい。

明治五年(一八七二)から明治十八年(一八八五)にかけて行われた、いわゆる明治天皇の六大巡幸は、北海道から九州までほぼ全国に及ぶ。五年の近畿・中国・九州へむけての巡幸を皮切りに、九年の奥羽巡幸、十一年の北陸・東海巡幸、十三年の山梨・三重・京都巡幸、十四年の山形・秋田・北海道巡幸、とんで十八年の山陽道巡幸である。明治の前半は、まさに「巡幸また巡幸」の時代であった。そして、これらの巡幸によって明治天皇は近代化の途上にある地方の実情を直接うかがうことができ、一方、天皇一行を迎える民衆は、目の当たりにした天皇をシンボルとして、新しい時代を実感したのである。

明治維新以降、明治天皇がはじめて北陸に足を踏み入れたのは、その十一年(一八七八)秋の北陸巡幸のことであった。この年八月、天皇は岩倉具視ら随行約八〇〇名を率い東京を出発、新潟から長岡を経て越中に入り、魚津、富山をめぐって、十月二日金沢に到着した。その後小松、丸岡、福井、今庄を訪れたのち、十一月に帰京している。

石川県立歴史博物館所蔵の錦絵「北陸東海御巡幸石川県下越中国黒部川図」(三島雄之助画)は、明治巡幸の折の鹵

簿のありさまを描いたものだが、これをみれば、地方警部、騎兵、近衛仕官、大臣参議、宮内卿等を前後に引き従えた、「ミカドの行列」の威容がよくうかがえる。このとき明治天皇は、右大臣岩倉具視ら随行者七九八人、乗馬一一六頭という大行列をくみ、信濃路を高田へぬけて、一旦新潟・長岡へ赴いたのち、九月二十八日、越中新川郡境川に到着、石川県（当時の富山は石川県管下）に入って、桐山純高県令らによる奉迎をうけた。以後、魚津、富山、石動を経て、十月二日金沢に。金沢市内では、南町の中屋彦十郎宅に宿泊。三日は、石川県庁、師範学校、裁判所、勧業博物館、第七連隊の上野練兵場、大手町の医学館などに臨行。翌四日は、第七連隊の金沢営所、公立中学師範校、撚糸会社・製糸会社・銅器会社を見学した。その後天皇一行は、小松、丸岡、福井、今庄と巡り、敦賀から滋賀・京都へ立ち寄って、東海道経由で十一月九日に帰京している。数ヵ月にわたる旅程といい、規模といい、この期の天皇巡幸のうちでも最大、屈指の大行幸であった。

なお、天皇は行く先々でその土地の名望家の居宅を行在所とし、開化の諸施設を順覧した。はじめて見る天皇旗や天皇の馬車、近衛騎兵の姿は、人々に新しい時代の主人公が誰かを教えたことであろう。同時にこの巡幸は、通信設備や道路などの整備改良をもたらし、文明開化の一区切りともなっている。(49)

ところで、この地方巡幸は、自由民権運動の高揚のなか人心の収斂のために企図されたものでもあり、石川県下への行幸には、同年五月の大久保利通暗殺事件、さらに直前には近衛砲兵隊の反乱（竹橋事件）もあって、ことのほか警戒心を抱いていたともいわれている。このためこの巡幸では供奉の文官武官三〇〇人余りに加え、特に四〇〇人もの警察官が随行した。ちなみに、生前の大久保は大阪遷都建白にあたって、「外国においても、帝王、国中を歩き、万民を撫育するは、実に君道を行ふものと謂べし」と指摘している。これも歴史の皮肉であろうか。

いずれにせよ、明治前期の北陸巡幸は一連の地方巡幸のなかで最大のものであった。もとより、天皇の行幸は極めてその時代の特徴を色濃く反映したものであり、この文脈にあって、北陸地方への巡幸は、当然その時点における北陸の歴史的位置を浮かび上がらせるものといえよう。こうしたなか、兼六公園（博物館＝成巽閣）への臨行が行われるわけだが、その過程を検証してみると、軍人としての明治天皇像の形成と微妙に関係していることがうかがえるのである。まず、以下の行幸日程を示す。

「石川県御巡幸之節奉奏迎之次第」（＝予定された行程）

〔前日〕

一、県庁へ臨幸之節、県令行在所へ参上御先導之事。（以下略）

一、公立第一男女師範学校へ臨幸之節、左之通奉供天覧候。（略）此間金沢裁判所へ臨御。

一、金沢公園勧業博物館へ臨幸之節、左之通奉供天覧候事。（以下略）

〔後日〕

一、金沢営所へ臨幸。

一、公立金沢医学所へ臨幸の節、左の通奉供天覧候事。（以下略）

一、公立中学師範学校へ臨幸の節、左の通奉供天覧候事。（以下略）

一、製糸会社・撚糸会社・銅器会社へ臨幸之節、左の通奉供天覧候事。（以下略）

一、県令為伺天機、御泊行在所毎に参上候事。

一、滋賀県下へ御移之節は、県令管轄境木ノ芽峠に於奏送聖駕候事。

一、同日県令為伺天機、敦賀行在所へ参上候事。

明治十一年九月(50)

「御通輦日記」（＝実施された行程）

〔十月三日〕

本日払暁より晴。

午前八時十五分行在所出御あらせられ、同時三十分県庁へ臨御、（略）八時五十分還御。（略）夫れより師範学校へ臨幸、（略）九時三十分同所御発輦、金沢裁判所へ臨幸。夫れより金沢公園勧業博物館へ臨御、（略）同所にて午餐を供し、十二時三十五分同所御発輦、上野練兵場へ出御。此時司令官・諸士官・兵卒を引率し、棒銃を為して尊礼し、金沢営屯在の三大隊演習へ臨御。（略）一時五十分同場御発輦、金沢医学所へ臨御。御雇外国教師ホルトルマン氏、各教員・諸生徒を率ゐて門前に奉迎。三時三十分同所御発輦にて行在所へ還御。

本日御通輦の御道筋は、行在所より南町・石浦町・香林坊高より左へ、広坂通を上り県庁へ入らせられ、又広坂通を下り師範学校。夫より又広坂通を上り、百間掘通・紺屋坂を下り金沢裁判所へ。同所より又紺屋坂を上り公園へ入らせらる。午後は同所より直に石引町通り上野練兵場へ。復石引町を元の道へ、復び公園内を御通輦、紺屋坂を下り、尻垂坂通りを大手町医学所へ臨幸。夫れより西町下松原町を経て還御あり。（略）

〔十月四日〕

本日雨天。

午前八時二十分行在所を出御、金沢営所へ臨御。九時三十分同所御発輦、中学師範学校へ臨御あり。（略）十時四十分当校御発輦。夫れより銅器会社・製糸会社・撚糸会社を御通覧、十一時五十分行在所へ還御。

本日御通輦の御道筋は、行在所より西町元不明門通り、甚右衛門坂より金沢営所へ御入り、大手門より大手町通り、西町復び不明門より上松原町通り中学師範学校へ、夫より仙石町より石浦町・紙屋小路より高岡町通り製糸

会社へ。同所より元の道を不明門へ出て、南町行在所へ還御。(51)

すなわち、「計画」（予定の行程）では、「前日」に、県庁、師範校、裁判所、公園、「後日」は、営所、医学校、中学校、撚糸社、製糸社、銅器会社、とされているが（金沢市文化協会刊『明治行幸史料』中の「金沢駐輦中御巡覧所御道筋予定之図」による）、実際に行われた行程は同年十月二日金沢に到着し、南町の中屋彦十郎宅に宿泊。三日（＝前日）は、県庁、第一師範学校、女子師範学校、金沢裁判所、公園（成巽閣で昼食）・勧業博物館、第七連隊の上野練兵場、大手町の金沢医学所などを訪問。翌四日（＝後日）は、第七連隊の金沢営所、公立中学師範校、撚糸会社、製糸会社、銅器会社を見学しているのである。つまり、予定になかった第七連隊の上野練兵場が、臨行先に加えられたこともあり、天皇は巡覧第一日目の途中で、兼六公園内成巽閣（前田家別邸）で昼食をとることになったのである。つまり、当初予定されていなかった軍隊への臨行が、実際の行幸段階で日程に組み込まれ、その行程で兼六公園を通過、その際成巽閣に立ち寄るという慌ただしい日程となったのであった（事前の予定では公園は、第一日目の最終予定地であり、百万石の庭園を愛でる十分な時間がとってあったことと思われる）。これに関して、和田文次郎編『明治天皇北陸巡幸誌』には、両日にわたる軍隊視察が以下のごとく明記されている。(52)

「上野練兵場に臨御」

金沢勧業博物館より県令が先導し、石引町を経て上野練兵場に臨御あそばされ、平岡（芋作）歩兵第七連隊長以下下士官等の奉迎を受けさせられ、各大隊の飾隊整列及び対抗運動等の操練を叡覧在らせられた。

「金沢営所に臨御」

西町元不名門より旧金沢城甚右衛門坂を登り名古屋鎮台金沢営所に臨御あそばさる。（略）平岡連隊長が金沢屯営の由来等を奏上するを聞召して兵舎を巡覧あそばされ、（略）士官に酒餞料七拾銭宛を賜はり御小憩の後還御あらせられた。

以上のように、当初予定になかった小立野の上野練兵場（射撃演習場）の閲兵が、急遽日程に繰り込まれ、これにより「大元帥」としての明治天皇は、連日軍隊関係の施設を親しく臨行している。こうした背景もあって、「明治紀念之標」の建碑を求める金沢区連隊長山口素臣の「建設趣意書」には、つぎのような意図が明確に示されているのである。(53)

「金沢営所司令官山口中佐紀念標設立之挙ニ付懇願書」

金沢営所司令官陸軍歩兵中佐山口素臣ヨリ宮内省へ上申　十三年八月二十八日

明治十年鹿児島逆徒征討ノ際、当第七師管ノ軍隊命ヲ奉シテ戦闘ニ従事シ、天威ノ赫々タルヲ荷ヒ以テ不逞ノ徒ヲ征ス　大義名分ノ存スルトコロ天誅踵ヲ旋ラサス、諸隊ト共ニ戡定ノ功ヲ奏スルヲ得タリ　此役也全管中戦死スル者許多ナルヲ以テ、当時従軍ノ将校発起シ広ク有志者ニ謀リ、紀念標ヲ金沢公園内ニ建築シ聊カ其霊魂ヲ弔慰セントス　頃日工事ヲ董シ来ル十月方ニ落成ヲ期スル所ナリ　恭ク惟ルニ往年聖上北陸御巡幸鑾輿営所ニ臨御アリ在営ノ輩一同咫尺ニ天顔ヲ拝スルノ栄誉ヲ辱フス　是レ実ニ千載ノ一時其幸福何事カ之レニ若ンヤ　加之天歩無限営中ヲ被為巡、生存教育ノ形状ヨリ兵食飲水ノ良否ニ至ルマテ親シク叡覧セラレ、真ニ至仁至慈兵ヲ待セラル丶ノ優渥ナル、誰カ感泣襟ヲ湿サ丶ル者アランヤ　曩ニ戦死者ノ輩ノ如キ幸ニ生存ナラシメハ共ニ千載ノ一時ニ値遇シ、天恩ノ優渥ナルヲ拝戴スヘキヲ、嗚呼何ソ生者ノ幸ニシテ死者ノ不幸ナルヤ　今生存ノ者ヨリシテ之ヲ見ル衷情共ニ語ルニ忍サルモノアリ　然リ而シテ適々紀念標設立ノ挙ヲ企ツ　聞ク近衛及ヒ名古屋大津ノ如キモ業ニ已ニ斯ノ挙アリ　且ツ各々叡慮ヲ以テ若干ノ賜アリシト　該隊戦死者ノ如キ其幸栄亦何ソ之ニ若カン於是欣慕雀躍シ冒瀆ヲ顧ミス、切ニ閣下ニ哀願セントス　固ヨリ当紀念標ノ如キモ一役同行ノ戦死者ナルヲ以テ、遥ニ九重ニ達シ亦叡慮ノ在ル所ヲ拝戴シ之ヲ標文モ刻シ、以テ無窮ニ伝ヘ永ク枯骨ニ光栄ヲ負ハシメハ、則チ独リ戦死者ノ幸ヒ而已ナラス　北陸僻陬ノ民天恩ノ隆渥ナルニ沐浴シ聖徳ヲ千歳ノ下ニ頌シ、冀クハ頑懦ヲ匡正スルニ足ル所アランカ　且ツ標スルニ日本武尊ノ神像ヲ以テスル者ハ抑モ又微意ノ存スルアリ　大意ニ述ル所ノ如シ謹ンテ写図一葉ヲ献ス　願クハ閣下負担将校ノ悃願スル所ヲ垂憐シ、辱クモ九重ニ達スルノ栄ヲ得ハ何ノ賜カ之ニ加ヘン　伏テ懇願ノ至ニ堪ヘス　頓首再拝、写図略ス

宮内省庶務課上申　十三年九月四日

金沢営所司令官山口中佐紀念標設立之挙ニ付懇願書進達侯也

但賜金書抜供高覧候也

金百円下賜可然哉

宮内省裁決　十三年九月六日

一、金百円

右金沢営所ニ於テ去ル、十年西南之役戦死者ノ為メ紀念標建設候、趣被聞召思召ヲ以下賜候事

これに対し宮内省からは、以下の達が下達された(54)。

「宮内省ヨリ金沢営所司令官山口陸軍中佐へ達」

十三年九月十一日

明治十年西南之役戦没者ノ為メ紀念標建設候趣被聞食、思召ヲ以金百円下賜候条該費ヘ御差加ヘ可有之候、此段

及御達候也

つまり明治天皇（とその政府）は、巡幸直前の近衛兵の反乱（竹橋事件）の衝撃もあってか、「無限《くまなく》宮中ヲ被為巡、生存教育ノ形状ヨリ兵食飲水ノ良否ニ至ルマテ親シク叡覧」するという配慮で兵と接したのである。これに対し金沢の将兵は「真ニ至仁至慈兵ヲ待セラル、ノ優渥ナル、誰カ感泣襟ヲ湿サヽル者アランヤ」という心情で応えている。宮内省も「右金沢営所ニ於テ去ル、十年西南之役戦死者ノ為メ紀念標建設候、趣被聞召思召ヲ以下賜候事」として、「金百円の下賜」をただちに認めた。すなわち、今、現在生きているものが天皇の北陸巡幸の際に十分に優待されたのに対して、死者の不幸を捨てておくことはできない。天皇が死者を顕彰し、その栄光を後世に伝えることが、まさに「明治紀念之標」（直接は、明治の御代を末長く記念するとの意味）建碑の目的だったのである。[55] なお、このとき明治天皇は侍従高辻修長を遣わし、卯辰山招魂社に宣命を奉じ祭祀料弐拾五円（九月二十五日）を下賜していることも付記しておきたい。[56]

ところで、ここに登場する金沢区連隊長の山口素臣は、さきに紹介した大津三井寺の西南戦争紀念碑の建立に際し、大津営所司令官（少佐）として紀念祭の祭主を務めた人物であった。大津の時は当時の県令籠手田安定とともにこの紀念碑の建立を主導し、碑文に「今生き残って勲功を授与されたものは感慨を感じ、往時を思い起こして碑を建てて死者の魂を慰める」と記しているのである。今日の平和や安定が天皇の威力によってもたらされることに加え、「非命の死を遂げた戦死者の霊魂」を追憶し、慰撫することの重要性を一貫して説いていたのであった。[57]

さらに、この間の事情、とくに北陸巡幸と軍事視察（明治天皇の大元帥イメージの形成過程）[58] については、巡幸直前の竹橋事件（近衛兵の暴動事件）[59] の影響を含め、別に機会を改めて検討するつもりだが、金沢の臨幸に際しては、とりあえず軍隊関連の次の二つのエピソードを紹介しておきたい。

まず、西南戦争において重症を負い両眼を失明した歩兵中尉富樫高明に対し、明治天皇は特別に下賜品を与えている。すなわち、このとき「行在所に参し天機を奉伺した」富樫に対し、「前年西南の役に少尉を以て戦に加はり、銃丸双眼に入つて失明したのを深く憐愍せさせ給ひ、思召しに依り」、大山陸軍少輔をつうじて翌日平岡歩兵第七連隊長を其邸に遣わし、「金五十円並に白羽二重一疋を下賜」しているのである(60)。

また、金沢営所に臨御する前日、岩倉右大臣は「思召しを奉じ」、屯在兵で罪を犯して懲罰に処せられている者を釈放(特赦)している(「金沢営業所屯在兵之内犯罪有之懲罰令ニ拠リ、現今処断中ノ者ハ今般御巡幸ニ付特別ヲ以テ右懲罰可差免此旨達候事　明治十一年十月三日　右大臣岩倉具視」)。こうした小さな配慮が逸話となり、大元帥天皇の権威と親密感を積み重ねていったのである(61)。

以上の背景のなかで、「日本武尊」のイメージが、西南戦争の危機をのりこえ全国を精力的に巡幸しつつある、若く勇ましい「軍人天皇」イメージの定着に効したとしても、あるいは無理のないことといえるのではないか。さきにみた加賀の地名伝説からしても、明治初期の金沢人のなかに、日本武尊に対する一定の親しみがあったことは、容易に想像できる。こうしたさまざまな事情の結果として、明治紀念標が「日本武尊像」として創設される契機が形づくられたのではないだろうか。いずれにせよ、兼六公園の日本武尊像は、日本における銅像記念碑の起源であるとともに、近代における戦没者慰霊／顕彰碑の原形のひとつであると特筆しうるのである。

2　庭園の政治学——兼六公園の場合

兼六園の都市公園としての性格にふれたおりに、庭園／公園のもつ政治性について若干言及しておきたい。日本の公園史は、明治六年(一八七三)六月十五日付で明治新政府が発した一通の布告にはじまる。現在の内閣に当たる太政官が、各府県あてに出したもので、内容は、各地にある名所・旧跡など「庶民遊覧の地」を「公園」として指定するため、相応しい場所を申し出よ、というものだった（「永ク万人偕楽ノ地トシ、公園ト相定メ〈略〉其景況巨細取調、図面相添、大蔵省ヘ伺出ズ可キ事」）。

当時、西洋の制度・文化を急速に導入しつつあった明治維新政府は、日本へ来る外国人に対する体裁もあって、「都市公園」なる文明施設を建設することを急務としていた。これよりさき、幕末の外国人居留地では、不自由かつ窮屈な生活を余儀なくされている居留民に対し、余暇施設の充実がもとめられたが、このうち代表的なものが、競馬場・遊歩道・公園の三つの施設であったという。こうした事情で明治三年には横浜の山手公園が、日本最初の洋風公園としてできたのである。ちなみに「公園」という翻訳語は英語のパブリック・ガーデン（Public garden）からとったもので、明治三年頃に生まれた新語であるという。

さきの太政官布告をうけて、当時の東京府に五つの公園が誕生した。浅草（浅草寺）、芝（増上寺）、上野（寛永寺）、深川（富岡八幡宮）、飛鳥山の各公園である。いずれも江戸時代から庶民に親しまれて来た寺社地や観光地だった（なお、本格的な洋風公園の嚆矢は、日比谷公園とされる）。例えば、上野公園の場合、戊辰戦争で、まったく「廃墟の相をなしていた」（「木戸孝允日記」明治二年三月十五日の条）彰義隊の激戦地は、のちに九段の靖国神社に造営される東京招魂社の候補地となっていた。しかし、上野の山に大学病院を建てたいとの希望が出たことから、招魂社建設は沙汰やみになる。その病院の計画も、政府顧問のお雇い外国人ボードウィンの「都市には公園が必要」との助言を容れて却下され、結局、上野の山一帯は都市公園として生まれかわることに決まるのである。[62]

一方、金沢の兼六園は、明治六年六月の太政官布告に基づく指定公園として、七年五月開放される。しかし、園内はこれよりさき明治四年二月、「四民偕楽」のため「與楽園」の名で一般の入園を許していた（「触留」『加賀藩史料』

所収)。ただし、この時は、期間限定、かつ厳しい入場制限を設けた部分的な開放であった。なお、「與楽」という名称の起こりは、維新後旧藩主慶寧が側近を慰労するため催した「與楽宴」にちなむという。田中正義の『與楽宴序』(明治三年十二月刊)に「衆楽之地」とあるあたりが淵源ともいわれる。

翌明治五年(一八七二)二月には、園内に開校された金沢理化学校の通達によって、春季(桜の季節)に限って開放されることになる。(63)

兼六園之義は、(略)勝地にして、内は水石を愛翫すべく、市街に接して老幼も亦来り易し。故に今春陽温和の際に当り、庶人に来遊することを許す。

一、当三月三日より四月十五日迄連日遊歩之事。但、雨天之節は指止候。

一、朝八字よリ夕五字限り之事。

但、五字拍子木にて合図次第各退散可致事。

一、此園内に入る者、礼譲を重んじ、穏和を主とし、聊も粗暴之挙動有之間敷事。

一、外国人居住所の方え立寄間敷候事。

一、園内樹木並薬園等一切立障る間敷事。

一、園中を踏荒らすが故に、高足を禁ずる事。

一、銘々弁当、小竹筒等持参之儀勝手たるべし。併乱酔暴動堅く禁止之事。

一、水茶屋等、願に依り相許し可申候間、望次第名書き学校え指し出すべく候事。

壬申二月　　庶務掛　学校

以上の注意書きにあるように、当時の兼六園は、学校が管理し、薬草が植えられ実用的に利用されていたようである。「外国人居住所」というのは、山崎山下のデッケンの居館を指すもの。その後、石川県は期限を切らずに兼六園の常時開放にふみ切った。

兼六園の義、自今平生遊覧苦しからず候。且、同所に住居、或は出店等致し置き侯望の者は地所払下候條、絵図面を以て代金入札致す可く候。

但、樹木等在来之地景は存置候間、開墾等は相成らず候事。

壬申五月

いわば兼六園の「公園宣言」である。なお、この「壬申五月」というのは、太政官布告の出る明治六年六月より数ヵ月前であった。この点は、石川県の英断として明記しておきたい。いずれにせよ、太政官の通達に基づく国指定の都市公園として、七年五月七日から「兼六公園」は正式に開放されたのである(五月七日は、のちに兼六園開園記念日となる)。その後、大正十一年(一九二二)には「金沢公園」の名で「名勝」として指定され、「兼六園」の旧称に復すのは、昭和も間近の大正十三年三月のことであった。すなわち「兼六公園」の時代である。

ところで、現在、県庁所在地になっている地方都市は、多くは城下町をその前身としており、旧城址の近辺に大名庭園を残している。これらは江戸の大名庭園に比べれば、よく保存されて、いわゆる観光名所としても知られるのである。

こうした大名庭園＝公園のなかで、「天下の三名園」と呼ばれる庭園がある。通常岡山の後楽園、水戸の偕楽園、そして金沢の兼六園をさす(高松の栗林公園などは、これを凌ぐとの説もあるが)。しかし、この「三名園」「三公園」はいつごろからそう言われているのか、どうしてこの三箇所が選ばれたのか、という疑問がわく。少なくとも城や館をもつ大名の数だけ国元の庭園があるとすれば、二〇〇以上は、全国にそうした大名庭園が存在したはずである。また、大名庭園であっても、数多く存在した江戸の「名園」は、一つも入っていない。さらに不思議なことに、三名園に数えられている庭園はすべてこれら大名庭園で、庭園の本場とみなされる京都の庭は全く含まれていないのである。

おそらく「三名園」の呼称は、「日本三景」（天橋立、松島、厳島）との類似から考えだされたものだろうが、三景の名称の初出も実ははっきりしないという。林春斎、林春徳編『日本国事跡考』（一六四二年）にあらわれる「三処奇観」がその原形らしいが、三景はすでに江戸時代から文人たちの間で語られ、人々のあいだでも広く通用していたようである。(64)

そもそも地方の城下町において、藩主の庭園が自由な見物の対象として開放されていたとは考えられないから、江戸時代に誰もが唱えるような「三名園」というような呼称は存在し得なかったことは間違いないだろう。つまり三名園・三公園の名称は明治以降に生まれ、人々に受け入れられるようになった、「近代」の表現であろうと思われる。

こうした点について庭園史家白幡洋三郎氏は興味深い事実を指摘している。

白幡氏によれば、庭園はしばしば「政治秩序の記号」（川崎寿彦氏の定義を再引）であったという。例えば、イギリスの庭のごとく様々に枝を広げた樹木や、自然な曲線を描く川や園路は、自由を象徴するものであり、大英帝国が誇る立憲君主の政治体制の造園的表現であるという。これに対するフランス絶対王政、つまり画一的な秩序にしばられた平面幾何学的な庭園様式が示す庭園の姿とは、「政治思想」においても異なるものだと考えられたのであった。

ふりかえって、十七〜十八世紀の日本では、回遊式の広々とした庭園が広まり、各藩大名が、江戸の藩邸にも国元の屋敷にもこの庭園をきそって設けた。回遊式の大名庭園は、政治的機能として最も重い「将軍御成」の場を筆頭にして、武家による公家の接待や家臣団への慰撫が行われる重要な社交の場であったといえる。

もともと自然には存在しない人為的な風景を、思いのままの規模につくりあげること、すなわち「庭園＝楽園」を所有することは、それだけで大きな権力を見せつけるに十分だったのである。これに加え「将軍御成」の格付けが、とりもなおさずその大名の格をイメージづけたのであった。

さて、「日本三公園」をめぐる問題に関しては、実は明治の庭園史家小澤圭次郎が、大正四年（一九一五）に出版した『明治庭園記』のなかで述べている。(65) 以下、煩瑣になるが、重要な見解なので引いておこう。

何人の首唱に出でしか、日本三公園と称し、水戸の常盤公園、金沢の兼六公園、岡山の後楽公園を以て之に充てたり、然れども、此選や元来園事に曚瞶なる者の月旦に過ぎざれば、敢て歯牙に掛るに足らずと雖も、世間は耳食の輩多く、心識の士少なきを以て、滔々たる天下、此説を疑ふ者あらざるが如し、蓋し是等の人は、皆眼有りて物を視るの明無き者と謂ふ可きなり、兼六公園の天下の名苑たるや、固より論無し、岡山後楽園の景趣は、遠く栗林園に及ばざれども、亦佳園として視る可き所あるを以て、猶可也とす。水戸の常盤公園に至りては、天保年間に、景山公が経営せられし、偕楽園荒敗の地を割きて、之を公園と改称したれども、其地勢たるや、仙波湖に俯臨せし、曠敞の岡背に過ぎざれば、猶東京の飛鳥山に於けるがごとく、遊歩地のみ、運動場のみ、爭でか兼六、後楽の二園と並称すべき園趣を具備有したる處ならんや、畢竟日本三公園の題目は、一笑をも値せざる俗評にして、所謂日本三景の呼称に擬したる拙挙なれば、具眼の士は、未だ曾て此説を取る者あらざるなり、（略）岡山公園の景勝は、全く宏壮に失して、幽邃を欠きたる者なれば、其宏壮や、決して賞揚すべき所に非ざるなり、蓋し鉄槍は、両園共に、片時の嘱目にして、岡山公園は、元来幽邃の致に乏し園趣なるに、天覧後にて、清掃整潔、限界殊に瀟麗なりしかば、益す其宏壮を覚え、高松は、半園荒廃、乱草莽々たりしを以て、目境頓に堙塞を感ぜし者ならん、然れども、猶假山の景色は、高松の方を勝れりと云ひしは、具眼と謂ふ可きなり（略）。

すなわち、「何人の首唱に出でしか、日本三公園と称し、水戸の常盤公園、金沢の兼六公園、岡山の後楽公園を以て之に充てたり」と記したうえで、小澤は、この「日本三公園」は、根拠のない妄説・俗説だと退けるのである。しかし、この「俗説」が生まれた発端を匂わせるようなことを別の個所に書いてもいる。これによれば、明治十八年（一八八五）、岡山後楽園に明治天皇の行幸があり、その時東京の各新聞がきそってこのことをとりあげため、後楽園の名が知れわたったという。その後、この後楽公園を偕楽園（当時は常盤公園）、兼六公園と並べて、「日本三公園」と称する「俗説」が生まれたというのである。つまり、明治天皇の推賞によって岡山後楽園は全国に認知され、そして日本三公園の俗説が誕生した。その際の契機となったのが、天皇の行幸であるというわけである。(66)

この小澤説を敷衍して白幡氏は、「日本三公園の名称が浮上する直接のきっかけは、小澤の言うように岡山後楽園への行幸かもしれないが、底流として、各地への天皇行幸がありそうな気がする」と指摘するのである。(67)なるほど、これよりさき明治十一年には、明治天皇は兼六公園に行幸している。また、確かに大名庭園のいくつかは、明治前半の天皇巡幸の際の臨行地となっており、そのことで、その庭園の「格」が創成された部分がある。つまり江戸時代の「将軍御成」が、明治になって「天皇行幸」にとってかわったのが、近代における大名庭園系公園の「格付け」の源泉ではなかっただろうか。(68)

こうしてみると、兼六園もまた、藩主の庭園というイメージをしだいに失いつつあるなかで、「軍都」のシンボルを景観のなかに取り込み、空間の意味を変容させつつあったようすがうかがえよう。

㈣　日本武尊と「天皇の軍隊」

1　「明治紀念標」と招魂祭

(1)　日本武尊と近代（「記紀」の近代史）

「明治紀念之標」＝日本武尊像は、近世大名庭園の代表格のひとつ兼六園の一等地に、明らかに「近代」のシンボルとして建造されたものであった。とすれば、その図像のモチーフは、「記紀神話」の逸話からとったものとしても、あえて「記紀神話」をもちだした背景そのものが、問題とされなくてはならない。この点『兼六園全史』をはじめとする従来の類書は、神話や伝承自体の紹介に終始しており、その意味するところに踏み込んだものはまずみられない。つまり、明治十三年という段階で、なぜ「西南戦争戦没者慰霊碑」の図像に「記紀神話」、とりわけ「日本武尊」の図像を選択しなければならなかったのか。この点について、当時の発起人や関係者の意図を史料からたどることは難しいが、明治十年代の日本人の精神風土として「記紀神話」がいかなる位置をしめていたのか、とりあえず整理しておきたい。

近世後期、とりわけ幕末から明治にかけて、国学の普及とともに国粋主義が高揚するにつれて、おそらく「記紀」の受容も地方の知識層をはじめ一般に浸透していたものと想像される。例えば、神武天皇をはじめとする神話時代の天皇に関しても、近世尊王論が勃興するや、天皇奉祀の神社や山陵の修補が唱えられ、実際に各地で史蹟の整備が進められるのである。こうした背景を基盤として、明治政府は新政の大本を神武天皇の創業の事績に則ることとなったのであろう。[69]

この過程で、儒学、国学から、江戸後期の海防論者、経済政策家（例えば、加賀藩とも関係の深い海保青陵や本多利明など）、さらには蘭学の思想をうけたものに至るまで、知識人の物の考え方のなかに、日本の神代や建国についての観念が、尚古思想として深く影響していたことは、しばしば指摘されるところである。[70]少なくとも為政者や知識人のなかには、「日本国は神の国である」という思想は、かなり浸透していたものと思われる。ただ、こうした観念や知識が、一般の庶民にまで及んでいたかについては、いまひとつ定かでない。しかし、幕末期の「お陰参り」や「ええじゃないか」にみられる天照大神や神道系民間信仰の流行にはじまり、「王政復古」をへて、維新初期の「紀元節」の制定（明治五～七年）、教部省・大教院体制のもとでの神道系活動家の啓蒙などによって、「神武創業」の新政下での人々の「記紀神話」に対する理解も、明治十年代には（通俗的であったにせよ）一定の浸透と広がりをもっていたのではないだろうか。[71]

さらに、この傾向は明治十年代以降急速に加速される。自由民権運動の高まりに対抗して、政府は教育政策を転換。明治十二年（一八七九）には欧化主義的教育を批判し、「仁義忠孝」を明らかにする儒教的徳育の重視を説いた「教学聖旨」が天皇の名で宣せられ、翌十三年には、文部省内に設けられた編集局の局長・西村茂樹が儒教的道徳をかかげた『小学修身訓』が編纂・刊行される。さらにその翌年には、尊王愛国を基調とする「小学校教則綱領」が制定され、修身教育の基本は万世一系・天壌無窮の国体観にたつ「尊王愛国」の精神の養成にあると規定された。「小学校教則綱領」では、歴史教育から外国史は排除され、とりわけ記紀の神話が歴史教育の中核に据えられるようになる。かくして、万世一系・天壌無窮の天皇制国家が法的にも思想・宗教的にも強化されてゆくのである。[72]

こうした前提のうえで、日本武尊は、近代社会においてどのようなイメージでとらえられていたのであろうか。おそらく、日本最初の人物銅像（モニュメント）として創建された際に、一般の人々がほぼ共通に認識し、受容されていた日本武尊のイメージが存在していたのではないだろうか。むろん、さきにふれたごとく金沢に特殊な事情（加賀の地名伝承等）があったにせよ、こうした明治十年代の社会に一般的な認識を背景として、碑の図像の「日本武尊」選定に至ったものと推察されるのである。

ところで、日本武尊は、景行天皇を父とし、播磨稲日大郎姫を母として生まれた。名を小碓尊《オグナノミコ》といった。「景行紀」の伝えによれば、「幼くして雄略し気有します。をとこざかりに及りて容貌魁偉。身長一丈、力能く鼎を扛げたまふ」とある。また、銅像との関連では、以下の伝承が知られている。

天皇は、九州の熊襲建《クマソタケル》の討伐にむかわせる。武尊は「御室楽」（宴会）のとき姨の倭比売命からもらった衣装を着て女装し、懐剣をもって酔った熊襲建兄弟を刺す。弟の方が死ぬ時にヤマトタケルノミコトの称号を贈られたという（『古事記』では「倭建御子」、『続日本紀』では「日本武皇子」と記す。近年の研究では、ヤマトタケノミコトと呼称すべきという有力な説もある）。

古代史家の解釈では、日本武尊の神話は、ヤマト（朝廷）の戦略的拡大を伝承の背景として、一人の人間の生涯として描いているところに特徴があるという。特に『古事記』の場合が顕著であり、「景行記」の大部分は恰も日本武尊の一代記の観を呈しているかにみえる。いずれにせよ、日本武尊の伝承は、本来ヤマト国家の成長に伴う皇族将軍等の軍征に関する伝承がその原話となっていたであろうことは、伝承の舞台から推察することが可能であろう。(73)

記紀の伝えるこの皇子は、日本の歴史上最も愛された英雄像の一つで、そのためにその遠征の伝えられる地方はもとより、経路を延長してその遠征・滞在の説話がつくられていることはよく知られる。(74)加賀でも、さきの「加賀国名」伝承に加え、河北郡津幡町の白鳥明神の縁起に「加賀国加賀郡加賀爪村鎮座日本武尊の神霊白鳥明神と奉称由、其証顕然たり」とあるように、加賀爪村の地名伝承としても残されているのである。(75)

一方、図像に関していえば、日本武尊は時代を越え後世に至るまで絵画・文芸の題材となっており、例えば、金沢の「明治紀念之標」の原図作者の一人とされる佐々木泉龍(加賀狩野派佐々木家の絵師)も、その下絵を画くにあたって参考にしたのは、実は、天保七年(一八三六)に菊池武保が著した刊本『前賢故実』に掲載された、日本武尊の画像なのであった(ちなみに描かれているのは像のモデルとなった熊襲征伐の折の女装像)。この『前賢故実』には日本武尊のほかにも、武内宿禰や神功皇后など記紀神話の人物が描かれ、これに人物の代表的な逸話が添えられており、幕末・天保期の段階でこれら神話の人物イメージが、刊本の図像として一般に流布していたことがうかがえる。

いずれにせよ、ここで強調したいのは、明治十三年(一八八〇)の段階で、西南戦争戦没者の慰霊碑のモチーフに、ほかでもない天皇制「神話」を引いたことである。つまり、近代天皇制の形成過程のなかで、曲折はあるにせよ、世俗レベルの記紀神話のイメージが、確実に社会に定着しつつある様をうかがうことができるのである。こうしたなかで、慰霊されるべき戦死者の性格規定や当時の社会の雰囲気(より限定すれば碑の建設の意味)を、日本武尊という図像に集約・反映させせんとする意図が存在したのではないだろうか。日本武尊の聳え立つ姿からは、そのような憶測が芽生えてならないのである。

(2) 「日本武尊」信仰と招魂社・招魂祭

日本武尊が明治前期の近代社会において一定の認知を得ていたとして、これを慰霊碑のモチーフに選定する背景のひとつに、「招魂」思想との関係があるのではないか。このような推測を展開するにあたって、ひとつの示唆的な事例を確認したので紹介したい。それは、静岡県の久佐奈岐神社の起源である。

小林健三・照沼好文『招魂社成立史の研究』によれば、久佐奈岐神社は、日本武尊の東征の際、その麾下として従軍した将士の霊を祭祀する特異な神社であるという。例えば、『静岡県庵原郡誌』には、

古伝云、吉備武彦命、日本武尊東征の時、従て副将軍たり。有功を以て、庵原国造たり。ゆえに、吉備武彦命、深く尊を崇む。此時、庵原の東方の郷、東久佐奈岐の地に、尊を祝い祭れるなり云々。当社は、延喜式神明帳所載、東草奈岐神社にして、古来社伝に云う。日本武尊及供奉の諸神を祭り、九万八千社と云う云々。

と記録されている。さらに、『静岡県神社誌』には、

扨て、此地も東夷御征伐の御時、行宮を作らせ給いし御旧蹟なるべし。富士紀行に「広き野山ここや彼方、草薙の御社九万八千の御社など申して、昔々神々進発の御陣の跡に、社多くおわし坐云々」など記したれば、其神も倭健命の行宮の御跡なるべしという。(76)

とくに前者の「日本武尊及供奉の諸神を祭り、九万八千社」という箇所は、日本武尊の東征の際の従軍将士のうち、陣中に没したものの神霊を祭祀したことを意味したものと理解できる。これは広義に解釈すれば、いわゆる「招魂」儀礼、招魂社の先駆として注目されよう。こうしてみると、幕末維新の際の招魂社（場）、あるいは招魂墳墓といった殉難者の英霊を祀る形式の出現以前にも、古くから陣没者の神霊を祭祀する墳墓・碑・祠などがあり、その伝説とともに全国各地に伝承したものが少なくなかったことが想像されるのである。

もともと、古代史家が指摘するように、ヤマトタケルという名前はもちろん実名ではなく、「ヤマトに住むタケル（勇者、勇猛な武人）」の意味であって、あくまでも普通名詞として認識されるものである。クマソタケルやイズモタケルのごとく、上に地名を冠すれば、幾人もの勇者の名前が出来上がるわけであり、ヤマトタケルという名前も、決

してひとりの人間に占有されるものではなかったと考えられる。すなわち、実際には、大勢の名もなきヤマトタケルがいたはずであった。かれらの身分や年齢は実にさまざまであったろうが、それぞれ「治天下大王」(景行天皇)の命令のもとに各地を転戦、あるいは遠い異郷の地で陣没し、ヤマトに生きて帰ることがなかった者も多数いたであろう。だとすれば、「ヤマトタケル」とは、遠山美都男氏がいうような「名もなき武人たちの集合霊的な存在」と見なしてよいものと思われる。換言するならば、「ヤマトタケルの物語というのは、このような多数の無名戦士の墓碑銘のようなもの」だったのである。(77)

一方、金沢では、明治二十年代に入ると、兼六公園においても戦没者の招魂祭が開催されるようになる。この経緯はさきに示したとおりである。例えば、日清戦争の翌年、明治二十九年(一八九六)七月十八日付の『北国新聞』には、「兼六公園内明治紀念標前に其招魂祭を挙行」という記事がみえる。ここからは、石川県における日清戦争後の招魂祭が、「明治紀念之標」の前で開催されたことが確認されよう。

これよりさき、明治二十年代半ば頃から、金沢の招魂祭は、卯辰山の招魂社とは別に旧城下の都心に位置する兼六園内で、大勢の民衆を集めて賑やかに開催されるようになったようで、その賑わいは、II—一—(二)で紹介した当時の新聞記事からもうかがうことができる。再引しておく。

「招魂祭の景況」

金沢兼六公園における招魂祭が始まった。ちょうど米価高騰し貧民餓死に瀕せんとする時節柄にもかかわらない人出となった。午前十時祭式が終わると遊戯、餅投げ、角力、競馬、撃剣などが賑やかに行われ、公園内も終日にぎわった。貧民の飢餓状態はどこにあるのかと思われるほどであった(略)。

また、日清・日露戦争の凱旋に際しては、ことさら盛大な凱旋祭が催され、万という人々が兼六園の明治紀念標前に繰り出したのである。例えば、泉鏡花の小編「凱旋祭」（明治三十年の作品）には、その折の光景が生き生きと活写されている。(78)

紀元千八百九十五年一月一日の凱旋祭は、小生が覚えたる観世物の中に最も偉なるものに候ひき。知事の君をはじめとして、県下に有数なる顕官、文官武官の数を尽し、有志の紳商、在野の紳士など、尽く銀山閣といふ倶楽部組織の館に会して、凡そ半月あまり趣向を凝されたるものに候よし。

先づ巽公園内にござ候記念碑の銅像を以て祭の中心といたし、ここを式場にあて候。この銅像は丈一丈六尺と申すことにて、台石は二間に余り候はむ、兀如として喬木の梢に立ちをり候。右手に提げたる百錬鉄の剣は霜を浴び、月に映じて、年紀古れども錆色見えず、仰ぐに日の光も寒く輝き候。

銅像の頭より八方に綱を曳きて、数千の鬼灯提灯を繋ぎ懸け候が、これをこそ趣向と申せ。一ツ一ツ皆真蒼に彩り候。提灯の表には、眉を描き、鼻を描き、眼を描き、口を描きて、人の顔になぞらへ候。

このように、民間伝承の素地をふまえつつ招魂祭が賑々しく開催され、その中心に社《やしろ》ではなく戦没者慰霊碑＝銅像があるという風景が、西洋文明の導入をへた明治十年代の、きわめて時代を象徴したありようとはいえないだろうか。そして、その慰霊像が「日本武尊像」であったという点が、実に金沢の事例の興味深いところなのである。

なお、こうしたなか、明治二十年代後半以降の招魂祭が「明治紀念之標」前で開催されつづけた具体的な事情を示す史料が、Ⅱ—一—(二)の「招魂祭典永続講趣意及び規約」並びに「招魂祭典永続講規約」であった。「趣意」の文言にもあるように招魂祭は、この段階で「例年金沢公園内明治紀念標前に於いて執行する所の祭典」であったことが、まず知れる。それとともに「国家の為め身命を犠牲に供したる者の霊魂を慰め、併せて忠勇義烈の遺風を宣揚するにあり」とあるごとく、「兵士の死」は、国家発展の犠牲者の死と認識され、「忠勇義烈の遺風を宣揚」せねばならなかった。ここに日清戦争後のあるべき「国民」像・「兵士」像が規定され、謳われることになるのである。とりわけ同組織の結成は、「悪疫に斃れ敵弾に死する者」を眼前にイメージして、「永続講」という「真宗王国」石川にあっては、きわめて（民衆が了解しやすい）身近な形態をとりつつ、内実は、「国民たる者」として、「満腔の誠意を尽くして最も盛大なる祭典」を行うべく求めているのである。

それにしても、本来神道的な色彩の濃い招魂祭の運営を、仏教的な「講」の組織化で実施しようとするところに、この地域の特色が現れていて興味深い。なお、旧家柄町人や町役人をつとめた金沢の旧商家の資料（例えば、石黒家文書など）のなかには、しばしばこの「招魂祭永続講」の領収書をみることがある。あるいは、彼らがこの講組織をささえた主たる層であったことがうかがえよう。

一方、紀念碑の前での戦死者の鎮魂儀式が、神道と仏教の両方で執行されたことも注目される事象といえよう。もともと、建立の際には、浄土真宗の大谷光尊をはじめ、各宗派の僧侶や神職が来会して、霊を弔い、盛大な供養が六日間つづけられたのだが、のちに招魂祭という神道的な慰霊儀式が紀念碑の前でも開催されるようになると、仏教的な儀式と神道的な儀式が並行して開催されるようになった。ここに示されるのは、戦没者慰霊の汎宗教的在り方に加え、鎮魂の形式よりも、むしろどのような場所でそれが行われるのかが問題だったのである。この問題について羽賀氏は、愛知県下の事例から、「鎮魂のための社と石碑、それは町に生活する人々を眺める場所、人々のにぎわいと休息」「郷土の自然に包まれた日常生活にもっとも身近かな場所のなかに配置されたのである」(79)と指摘しているが、金沢兼六園における明治紀念碑の性格は、まさにその要件を満たす「慰霊空間」の代表といえよう。

さらに、このような西南戦争の戦死者紀念碑、多くは「明治紀念標」と名付けられたこれらの標碑が、しばしば招魂祭の祭場（依り代）に使用されたことは、金沢のみならず大阪、大津、名古屋等々、多くの事例をあげることができる。例えば、島根における西南戦争戦死者紀念碑などは、竣工式をかねて翌二十二年五月旧松江城において招魂祭が挙行されている。ここでは遺族、官員、学生生徒などおよそ四〇〇名余が参列し、参加した市民で旧城の公園は雑踏を極め、「未曾有の盛況」が松江全体を覆ったという。その松江城は明治二十三年、第五師団から払い下げを受け、その後公園として市民に開放されており、ちょうど金沢における兼六公園と明治紀念標の関係を彷彿とさせるものであった。(80) まさに、招魂碑としての「明治紀念標」が作り出した光景といえよう。

いずれにせよ、羽賀氏が、戦争記念碑に関して問題とすべきテーマとして「記念碑が立てられた場所、すなわち顕彰・慰霊の空間の問題がある」と指摘するように、慰霊碑が建てられた土地が顕彰と慰霊の空間としての役割を果たすことを、金沢の兼六公園・明治紀念標は、如実に語ったものといえるのである。(81)

2 日本武尊と明治天皇

最後に、大衆にとっては疎遠な「見えざる存在」としての天皇を、視覚的に造形化することの意義とは何か、ということを改めて考えてみたい。その際「軍都」豊橋において、日清戦争後に、明治天皇像を安置した戦勝記念碑を提案していることは注目に値する。羽賀氏の紹介によれば、それは「円筒形の銅碑に『大勝利紀念碑』という文字がみえ、その上に馬上の天皇が剣を抜いて前方を凝視した姿を描いたものである」という。(82)

この記念碑計画の解説によれば、「世界列国を驚嘆させた英文英武なる天皇と忠良無双なる国民の空前な大事業を表彰するために、明治天皇銅像記念碑が必要」であると論じているのである。大元帥として軍隊を統括する明治天皇が、戦勝軍人のシンボルとして銅像のモデルに最もふさわしいと考えたのだろう。さきにふれたごとく明治維新は神武創業を理念とし、神武天皇の建国を先例とした「第二の建国」であることが意識されていた。このため、祭祀や紀年法（神武紀元）など、神武天皇にかかわる制度が整備されていく。つまり明治天皇と神武天皇がダブルイメージでとらえられていたのである。明治二十三年（一八九〇）には金鵄勲章が制定され、橿原神社の創建がこれを象徴するものであった。そして日清戦争は「神武天皇の東征」をしのぐ大事業だという認識があったことはいうまでもない。(83)

羽賀氏が指摘するように、豊橋の明治天皇銅像記念碑の計画が神武天皇銅像に変更された経緯についても、もちろん厳密な考察が必要だが、少なくとも明治二十年代は神武天皇が立憲国家のシンボルとして注目をあびた時代であったことは間違いない。しかも、この場合の天皇は、日清戦争をへて軍人・大元帥として威厳を深めた明治天皇のイメージに重なる、四十代の「成人天皇」像であった（豊橋の神武天皇像の顔つきは、明治天皇をモデルとしたという説もある。その後、神武天皇の姿は小学校の教科書の挿絵などを通して、一定のイメージに固定されていった）。これに比べ、金沢の民衆の目にふれた天皇は、明治十一年（一八七八）の大巡幸で北陸に立ち寄った若き明治天皇、すなわち、まだ二十代の初々しい「青年天皇」（イメージとしては若き皇族）だったのである。(84)

天皇の容姿が視覚化されて一般的に認識されるのがそれほど古い話ではないことは、近年の明治天皇をめぐる身体論・図像論が明らかにしてきた。(85)そのうえで、「目に見える形で功績を現した存在が神本来の姿」として表現されるとすれば、その威力は一層増すことになる。(86)換言すれば、そうした存在、語り継がれるような具体的な人格であるからこそ、人々は「威力あるもの」として感心することができるのである。こうしたモチーフも「明治紀念標」（含意としては「明治天皇行幸紀念標」）が「日本武尊」像として建造されるに至った背景のひとつだったのではないだろうか。

なお、天皇家（皇族）といえば、石積みのほぼ中央に据えられている縦二メートルあまりの巨大な〝鏡石〟に大書された「明治紀念之標」の揮毫の主も、皇族有栖川宮熾仁《たるひと》親王である（銘文は、「陸軍大将兼左大臣議定官二品大勲位熾仁親王書」[87]。熾仁親王は、「皇女和宮」降嫁事件の悲劇の主人公として、また、戊辰戦争の東征大総督としてよく知られるが、西南戦争においても「征討軍総督」に任ぜられた皇族であった（のちに参謀本部長、陸軍大臣を歴任）。ここにも、皇族男子＝軍人というイメージの付与が色濃くみてとれよう。

ところで、有栖川宮家と前田家が特別の関係にあったことは、あまり知られていない。最後に、「日本武尊像」のモチーフとも微妙に関係するこの事情について、若干付け加えておきたい。というのも、熾仁親王の世嗣である威仁《たけひと》殿下の妃は、十四代藩主前田慶寧《よしやす》の第四女慰子《やすこ》で、明治九年（一八七六）に婚約し、「明治紀念之標」が完成した年の十二月に嫁いでいるのである。すなわち、日本武尊像の完成した明治十三年十月は、成婚の二ヵ月前ということになる。標碑の揮毫にあたって、この人脈が有効に使われたことは想像に難くない。まさに題字を残すには、二重の意味で適切な人選であったといえよう。

これよりさき明治十二年四月、明治天皇と皇后は二日間（十日・十八日）にわたり東京本郷の前田邸に行幸している。これを奉迎して、かつての加賀藩十三代藩主前田斉泰《なりやす》は、得意の能を天皇の前で演じているのである（斉泰の能への傾倒は並大抵のものではなく、「能楽」という用語も岩倉具視の求めに応じて斉泰が考案したものと伝えられる。また斉泰が、幕末以来かなりの尊王思想の持ち主であったことも指摘されている）。『明治天皇紀』明治十二年四月の条によれば、「十日（略）午後零時三十分、具視・重信・馨等を随へて還幸の途に就かせられ、蹕を本郷区本富士町華族従四位前田利嗣の邸に駐めたまふ、熾仁親王及び太政大臣三条実美等亦利嗣の招請に応じて至る」「十八日（略）皇太后・皇后、午前八時三十分青山御所御出門（略）途上駕を従四位前田利嗣の本郷の邸に枉げたまひ、能楽を御覧あり、午後十一時還啓あらせらる」（傍点引用者）とされる。[88]また、このときの光景が、両日を融合した形で（実は天皇と皇后は別の日に行幸啓しているので）、錦絵「前田家繁栄之図」（楊州周延画、北尾卯三郎版）に描かれ流布している。この画面には、「安宅」を舞う斉泰、中央の天皇皇后を挟んで、右手に三条・岩倉ら政府の顕官、左手に当主前田利嗣(慶寧は明治七年に逝去)をはじめとする前田家の一族、とりわけ前田家の姫君たちが艶やかに描かれている。天皇皇后はともかく、観客のなかでひときわ目立つのは、右手中央近くの有栖川宮であろう(名前の標記も別枠)。このときすでに、有栖川宮家と前田家の婚儀は進捗し、熾仁親王の弟宮、威仁親王(のち宮家を継ぐ)と前田慰子(慰姫、画面では左から三人目)の成婚を翌年に控えていた。こうした事情も画面の構成に表われていたのではないか。有栖川宮威仁親王と前田慰子の婚礼が翌年の十二月ということを考慮すれば、この臨行の宴が両家の懇親の席であったという見方も、それほどうがったものとはいえまい。(89)そういう意味でも、この前田邸への天皇臨行の栄誉は、長きにわたる徳川家との姻戚関係で権力を保持して来た「百万石大名」が、維新を契機に皇室との姻戚関係を結ぶに至った「前田家繁栄」の慶事であったにちがいない。

とすれば、前田家にとって、「日本武尊像」に託したイメージは、もちろん表向きは西南役の犠牲者、かつての加賀藩の臣下たちを慰撫する武人像であったとしても、含意に、二年前の十一年十月に兼六園を訪れた若き明治天皇の面影や、あるいは征討軍総督として題字に揮毫をいただく有栖川宮熾仁親王、さらには威仁親王のイメージが重ねられたとしても、かならずしも不自然ではないはずである。

(五) 加越能勤王紀念標の建設

1 勤王紀念標と元治の変

本章では明治前期、兼六園に建立された日本武尊像の背景を分析している。ところで、兼六園内には、日本武尊像のほかに、もう一基銅像が建っていた。場所はかつての梅林、以前は「長谷川邸跡」として知られた広場の一角である（二代目金沢市長長谷川準也邸跡。現在は江戸庭園風に造成修景されその面影はない）。像は前田慶寧《よしやす》の全身像であった。この銅像、つまり記念碑は、正式には「加越能維新勤王紀念標」といい、昭和五年（一九三〇）十二月十四日に建造されている。立派な台座を持ち、台座の銅板には「殉難志士」の氏名が刻まれていたという。これよりさき、昭和四年四月、東京の加越能郷友会が、「元治甲子の変」（加賀藩末期、元治元年〔一八六四〕の一連の政変。いわゆる元治の変）の折の「加越能三州の志士、殉難者」を慰霊するために建碑を発起し、これを母体として「昭和戊辰大典記念加越能維新勤王家表彰会」と称する協賛団体を結成、目標総額七万円の寄付を募って建造したものであった。ちなみに、表彰会の委員長には男爵木越安綱が推されている。木越は石川県出身者として初めて大臣となった陸軍軍人である。

さて、この記念標のモチーフとなったのが、衣冠をまとった十四代藩主前田慶寧の像であった。いうまでもなく慶寧は、十三代藩主斉泰《なりやす》の嫡男であり、慶応二年（一八六六）四月斉泰の退隠により、加賀藩最後の藩主を継いだ人物である。母は十一代将軍徳川家斉の娘溶姫。明治二年（一八六九）六月版籍奉還に伴い、金沢藩知事に任命され、同四年七月廃藩置県の命を受け、藩知事を辞して同年八月東京へ移住している。藩主として四年、藩知事として二年、合わせて六年、幕末維新の動乱期の治政にあたった。

一般に佐幕寄りの父斉泰の方針を勤王に転換したことで知られるが、一方で、旧制を改めて新政に対応し得るように努め、例えば兵制に関しては洋式兵制をも取り入れるなど、開明的な姿勢もみせた。以下、この像の建碑の事情とその後の経緯を、幕末の政局を引きながら紹介してみよう。

そもそも「元治の変」とは何か。幕末期、佐幕だ倒幕だ、あるいは尊王攘夷だと揺れる政局のなかで、加賀藩の藩論も一向に定まらず、藩主斉泰、世子慶寧はその舵取りに苦慮していた。こうしたなか、元治元年（一八六四）参議会議が「長州征伐」を示唆したのに対し、「公武一和」にたがうとする側近の批判を慶寧が受け入れ、藩主斉泰の名でこれに反対する「建白書」を提出するに至る。その後慶寧は、藩主名代として上京（五月）、幕府に対しては「征長反対」、長州に対しては「朝廷服属」を説得し事態の収拾を図った。この間、慶寧側近の勤王派は、密かに長州の志士らと連絡をはかり、一旦事ある場合には、天皇を加賀藩領近江海津（現、滋賀県マキノ町）へ移し、共に戦う旨の密約までしていたという。同年七月十九日、いわゆる「禁門の変」が起こり、加賀藩も出兵。この時点で、もはや「幕長周旋」の効も虚しくなったと判断した慶寧は、病気を理由に近江海津に退去してしまったのである。

この慶寧の行動は、結果的に幕府の「禁裏警護指令」を無視し、長州と結託したものと見なされることになり、加賀藩は窮地に陥る。そのため斉泰は、慶寧を謹慎させ、不破富太郎・千秋順之助ら側近の勤王派や在野の攘夷運動家をとらえて、四十余名を切腹以下の刑に処したのである。かくして加賀藩の尊攘派は壊滅。この一連の騒動を、加賀では「元治の変」と呼んでいる。加賀藩にとって、尊王倒幕運動への唯一の参加機会であり、以後の幕末政局のターニング・ポイントであったと評されている。

この「元治の変」の記憶をとどめるため、処刑された「加越能三州ニ於ケル勤王志士」、すなわち加賀の尊王派三十三名の名を銅板に刻んだ記念標を建てて顕彰したのが、兼六園内長谷川邸跡の「加越能維新勤王紀念標」（慶寧銅像／吉田三郎作、以下勤王紀念標と略す）だったのである。(90)

そうした意味では、戊辰戦争（北越戦争）から西南戦争に至る明治維新のいかなる機会にも公式には顕彰されなかった、旧加賀藩士の慰霊と顕彰を果たした政治的な記念碑として、「明治紀念之標」と意味合いとしては相通ずるものといえよう。以下、この「勤王紀念標」が、昭和初期に至って建造された経緯（後述するようにその運動は明治期から存在した）、あるいはその背景について、「明治紀念之標」の系譜を確認しておくためにも若干の紹介を試みたい。

2　勤王紀念標建設の経緯

金沢市立玉川図書館の近世史料館に、「加越能維新勤王紀念標」に関する一連の文書（簿冊）が残されている。(91) 横地家による寄贈である旨の記載から、建碑の中心であった横地永太郎の旧蔵文書であったことがうかがえる。ちなみに『加越能維新勤王史略』（刊本、昭和五年刊）の叙述も多くをこの文書に拠っている。いずれにせよ、「勤王紀念標」の建設経緯を語る貴重な一次史料であろう。この「明治維新勤王家表彰標建設関係文書」のなかに、「表彰標」建設の「趣旨書」があり、ここから勤王紀念標の建設経緯が概略明らかになる。

「趣旨書」

欧洲大戦後世上ハ急激ナル好景気ノ変動ニ襲ハレ黄金崇拝ノ勢滔々トシテ止マス之ニ於テ我カ日本帝国モ漸ク人心頽化シ腐敗其ノ極ニ達シ奢侈ニ耽リ遊惰ノ気風ニ流レ危険思想ノ横行スルマデニ至レリ偶々昭和二年七月島田一郎ノ五十年祭野田ノ墓前デ行ハルルヤ横地永太郎氏ハ当時ノ世相ヲ非常ニ慨嘆シ加賀藩勤王家ヲ表彰シタル石碑ヲ建立シ永遠ニ国民思想ノ標識トシ世相ノ悪夢覚醒ニ微力ナリトモ益センモノト志シ昭和三年九月十五日氏ハ発起人トナリテ同志ト協謀シ長町一番丁広瀬道太郎氏宅ニ会合実行委員会ヲ開催セリ時ニ集レルモノ横地永太郎、大友佐一、中杉龍馬、吉尾和三、広瀬道太郎、西野三郎、大垣理吉ノ七氏ニシテ更ニ水島辰男、後藤昔壮氏等ノ同志ヲ募リテ昭和三年十一月七日再ビ廣瀬氏宅ニ会合シ着々基礎ヲ鞏固ナラシメタリ然ルニ水島、後藤ノ二氏ハ退役軍人ニシテ共ニ日清日露ノ戦没者モ合セ石碑建設センコトヲ唱ヘタリ仍テ一時二碑建立ニ決議セシモ後チ多方面ノ意見ニ依リ先ヅ勤王家ノ石碑ヲ建立シ後チ機会ヲ見テ日清日露ノ戦没者碑ヲ建立スルコト、ナレリ斯クテ二碑同時建立ノ議決裂スルニ及ビ後藤氏ハ自己ノ主張貫徹セザリシヲ理由トシテ同会ヲ脱退セリ此ニ於テ組織ヲ改メ昭和四年一月事務所ヲ上松原町大友佐一氏方ニ移シ同年二月二十一日横地氏ヲ代表者トシテ金沢警察署ニ基金募集願ヲ提出シ同年三月二十二日之レカ許可ヲ受ク是ヨリ先横地氏ハ勤王始末ヲ著シ事蹟ヲ明カナラシメ克クソノ趣旨貫徹ニ努メタリ
昭和四年三月五日広ク趣旨書ヲ頒布シ同月二十六日横地氏ヲ代表トシテ金沢市役所ニ旧金沢城百間堀地内表彰碑建設敷地願（図面添付）ヲ提出セリ
又同年四月三日、水島、横地、大友、西野ノ四氏上京シ同月五日富士見軒ニテ郷土出身ノ先輩ト会合シ克ク主旨ヲ傳ヘ助力ヲ請ヒタリ
昭和四年七月三十日敬賛会ヲ解散ス
　昭和十二年十二月二十九日
　　　横地永太郎
　　吉尾和三
　大友佐一

これによれば、同碑は、金沢の有力者横地永太郎が「当時ノ世相ヲ非常ニ慨嘆」し、加賀藩の勤王家を表彰する石碑を建立せんと奮起したことに端を発するようである。横地のいう「当時ノ世相」とは、第一次大戦後の、「急激ナル好景気」に沸き「黄金崇拝ノ勢」が止まず、「人心頽化シ腐敗其ノ極ニ達シ奢侈ニ耽リ遊惰ノ気風ニ流レ」る風潮をさすものであった。加えて「危険思想ノ横行」をみるに至りつつある社会状況をも危惧するものでもあったろう。このため「世相ノ悪夢」を覚醒させ、永遠に「国民思想ノ標識」とすべく、昭和三年（一九二八）九月十五日、同志

と協謀、七名（横地永太郎、大友佐一、中杉龍馬、吉尾和三、広瀬道太郎、西野三郎、大垣理吉）からなる実行委員会を結成、第一回会合を開催したのである。その後、水島辰男、後藤昔壮ら、在郷軍人同志を加えて会合を重ね、翌四年一月には事務所を上松原町の大友佐一氏宅に移し、同年二月金沢警察署に基金募集願を提出、同年三月建設許可を受けるに至る。これを契機に同会は、「趣旨書」を頒布して広く賛同者を求め、一方で、三月二十六日金沢市役所に旧金沢城百間堀地内での表彰碑建設敷地願（図面添付）を提出したのである。

なお、さきの「趣旨書」によれば、横地が建碑を発起したのは、これよりさき昭和二年七月に、紀尾井町事件の首謀者島田一郎らの五十年祭が野田山の墓前（実は慰霊碑だが）で盛大に行われたことが契機となったという。この点も興味深い背景といえよう。

3　勤王紀念標と日清戦争

幕末勤王家の慰霊と顕彰のための建碑の発議は、実はこのときが初めてではなかった。そうした事情は、さきの「勤王記念表彰標建設趣旨書」のなかからもうかがえる。

例えば、「建設経緯」の後段には、「水島、後藤ノ二氏ハ退役軍人ニシテ日清日露ノ戦没者モ合セ石碑建設センコトヲ唱ヘタリ」とか、「一時（日清・日露戦争の）二碑建立ニ決議セシモ、多方面ノ意見ニ依リ先ヅ勤王家ノ石碑ヲ建立シ、（中略）後チ機会ヲ見日清日露ノ戦没者碑ヲ建立スルコト」などの記述がある。結局、このとき（昭和初期）は「二碑同時建立ノ議決裂スルニ及ビ、後藤ハ自己ノ主張貫徹セザリシヲ理由トシテ同会ヲ脱退セリ」とあるように、二碑の建設は実現しなかったのだが、こうした要求の背景には「前史」があった。

というのも、「勤王家慰霊顕彰碑」建築の機運は、日清戦争の前から存在していたようなのである。具体的には、昭和五年（一九三〇）三月、石川県社会課長に提出された「勤王家表彰事業経過」に、「加越能三州ニ於ケル勤王志士ノ為ニ表忠碑ヲ建設セントスル議ハ、先ツ明治二十七年、加賀藩ニ於ケル元治元年ノ殉難志士ノ為ニ建碑セントスル計画ニ初マリタリ」とあることで確認される。

「勤王家表彰事業経過」

一、加越能三州ニ於ケル勤王志士ノ為ニ表忠碑ヲ建設セントスル議ハ先ツ明治二十七年、加賀藩ニ於ケル元治元年ノ殉難志士ノ為ニ建碑セントスル計画ニ初マリタリ

然ル処当時日清戦役起リ国家多事ニシテ一時中止スルノ余義ナキニ至リ越エテ明治三十年ニ及ヒ再ヒ発議アリテ記念碑位地ヲ金沢市尾山神社境内ニ選ビ在京ノ有志林賢徳、加藤恒、石黒五十二、塩谷方圀《(ママ)》氏等之ニ尽力シタルモ途中不幸ニシテ幹部ニ逝去スルモノ等事故生ジ遂ニ中絶シタリ

二、更ニ第二回発議アリタルハ大正二年十二月ナリ当年ハ元治ノ変ヨリ五十年目ニ相当シタルニヨリ在京ノ有志此ノ機ヲ以テ建碑ノ企ヲ再興シ趣旨書ヲ頒布シタルモ其ノ趣意一般ニ徹底セズ再度中絶スルニ至レリ

三、昭和三年九月ニ至リ金沢在住ノ有志相謀リ第一回、第二回ノ計画ヨリ広キ範囲ニワタル勤王家即チ前田家五代綱紀公以来ノ勤王家ノ為ニ頌表碑ヲ建設シ昭和大典ノ記念事業トシ身ヲ以テ国ニ報ヒタル志士ノ忠績ヲ顕ハシ国民精神ノ振興ヲ計ラント志士敬賛会ヲ設立シ水島辰男閣下委員長トナリ之ガ建設ニ努力ス然ル処昭和四年四月東京加越能郷友会ハ右事業ヲ賛成シ全国的ニ趣旨ノ徹底ヲ計リ事業本部ヲ東京ニ移シ建設費ヲ七万円トシ明治維新勤王家表彰会ヲ設立スル事ニ議マトマリ委員長ニ木越安綱閣下ヲ推ス従テ表彰人名ハ東京本部ニ於テ詮議スル事ニ決ス

金沢市ニ於テハ同年七月志士敬賛会ヲ解散シ同時ニ明治維新勤王家表彰会石川支部ヲ設立ス

しかし、この計画は、「当時日清戦役起リ、国家多事ニシテ一時中止スルノ余義ナキニ至」った。さらに明治三十年にも「再ヒ発議アリテ記念碑位地（設置位置）ヲ金沢市尾山神社境内ニ選ビ、在京ノ有志林賢徳、加藤恒、石黒五十二、塩谷方圀等之ニ尽力シタ」のだが、この再計画も「途中不幸ニシテ幹部ニ逝去スルモノ等事故生ジ遂ニ中絶」に至ったのである。ちなみに、日清戦争後の建碑については、『久徴館同窓会雑誌』六九号（明治二十七年三月二十九日付）に詳しい経緯が記されている。同誌は、東京における石川県人会の機関誌のような雑誌で、明治前期の石川県関係者の事績をうかがうに便利なものである。ここには「元治殉難者紀念碑建設」というタイトルで、「殉難者ノ建碑ニ付趣意書」の全文が掲載されている。(92)

「殉難者ノ建碑ニ付趣意書」

幕府ノ末造議論紛起シ廟策未タ一定セス、我カ旧藩主恭敏公有為ノ才ヲ以テ勤王ノ説ヲ唱ヘ藩士不破千秋等ノ諸有志亦悲憤謀ヲ協セ身ヲ忘レ国ニ報イ共ニ朝旨ヲ奉シ大ニ為ス所アラントス、而シテ時運未タ会セス一蹶事成ラス各刑典ニ就ク豈ニ千載ノ遺憾ナラスヤ、既ニシテ明治中興其冤漸ク雪クト雖モ事実猶湮滅シテ世ニ暴白セサルモノ殆ト三十年地下ノ神霊未タ瞑目セサル者アリ、然ルニ聖世ノ今日烱鑒照サヾル所ナク遂ニ恩波枯骨ニ及ヒ廿四年不破等ノ殉難士官祀ニ列セラレ贈位ノ典アリ、此年公又贈位ノ特恩アリ、是ニ於テ天下始メテ加州此事アルヲ知レリ、其歓タル独リ其神霊其子孫ノミナラス、我カ輩旧藩人ニ於テモ亦天下ニ対シ栄トスルニ足ル者アリ、宜ク此時ニ及テ之カ記念ヲ表スルノ計ヲナスヘシ、蓋シ臣ノ功君ヲ待テ顕ハレ君ノ明亦臣ヲ待テ顕ハル嚮ニ殉難士ノ栄典ニ与ル固ヨリ歓フヘシト雖モ猶未タ慊然タルノ憾ナキ能ハス、今日公ノ此典ヲ得ルニ至テハ其尽ス所全ク顕ハレ而シテ其臣ノ忠績亦益以テ明カナリ、聖恩ノ優渥ナル以テ加フル莫シ因テ茲ニ同志相謀リ殉難者ノ為メニ一碑ヲ建テ其事蹟ヲ不朽ニ伝ヘ以テ常時君臣ノ尽ス所ヲ明示セントス、冀クハ旧藩内ノ人士此意ヲ酌ミ此挙ヲ

賛シ多少其資ヲ棄捐シ以テ竣功ヲ見ルニ至ランコトヲ聊カ其要旨ヲ記シ之ヲ諸君ニ告ク

明治廿七年　月　日　発起人

殉難士姓名

贈正五位　不破富太郎　贈正五位　小川幸三

同　千秋順之助　同　青木新三郎

同　大野木仲三郎　同　駒井躋庵

同　福岡総助　浅野佐平

「元治殉難者紀念碑建設予定並事務手続概略」

一、金弐千五百円ヲ以テ碑石基石鉄柵其他工作運搬印刷物並ニ郵税等一切ノ費用冀望金額

二、紀念碑建設位置ハ金沢尾山神社境内トス

三、棄捐金〆切ノ期ハ明治廿八年六月トス

四、賛成加名者申込ハ成ルへク五月尽日迄ニ別紙申込証票ヲ以テ東京本郷区本郷本富士町弐番地殉難者建碑事務員会計主任林賢徳加藤恒両名ニ宛発送スル事

五、賛成加名者出金ノ方法ハ本年六月ヨリ翌年五月迄十二回ニ分割シ払込ムモノトス

但一時又ハ二三回ニ纏メ出金スルハ随意ノ事

六、送金ハ石川県下ヲ除クノ外第四項ノ通リ両名宛ニテ発スル事

七、石川県下ノ集金ハ金沢トシ金沢発起人ニ於テ事務員ヲ置キ集ムルモノトス

八、集金ハ確実ナル銀行ニ預ケ置ク事

九、東京及金沢事務員ハ時々事務整理ノ為メ互ニ通報シ殊ニ集金ノ高ヲ報スルモノトス
十、紀念碑ノ構造及各自ノ出金額ハ他日明細ナル報告書ヲ印刷シ加名者ニ配布スルモノトス
十一、申込証票ハ左ノ雛形トス
但郵便端書ヲ以テ之ニ換ユル事ヲ得（申込証票雛形略）

前者によれば、これよりさき明治二十四年に、不破富太郎ら殉難の志士たちが「官祀」に列せられ、「贈位ノ典」を受けたことが建碑運動のひとつの契機となったようだ。後者「概略」には、「此年公又贈位ノ特恩アリ、是ニ於テ天下始メテ加州此事アルヲ知レリ」とある。しかし、「栄典」は「固ヨリ歓フヘシ」とはいうものの、旧加賀藩士の名誉回復については、「猶未タ慊然タルノ憾ナキ能ハス」との感が強かった。このため「茲ニ同志相謀リ殉難者ノ為メニ一碑ヲ建テ」、彼らの事蹟を不朽に伝えようとしたのが、日清戦争時の勤王紀念標の建設動機だったのである。ちなみに、このときの発起人には、南郷茂光、石黒五十二、中橋徳五郎、佐雙左仲、中田正義、桜井錠二、早川千吉郎、野口之布、林賢徳、黒川誠一郎、三宅雄次郎、北條時敬、斯波蕃、加藤恒、米山道生ら加賀藩関係の名士が名を連ね、前田家に関係した石黒五十二、林賢徳、加藤恒、塩屋方圀が事務員（幹事）を務めた。

なお、寄付手続きは、「事務手続概略」に、「賛成加名者申込ハ成ルヘク五月尽日迄ニ別紙申込証票ヲ以テ東京本郷区本郷本富士町弐番地殉難者建碑事務員会計主任林賢徳加藤恒両名ニ宛発送スル事」とか、「賛成加名者出金ノ方法ハ本年六月ヨリ翌年五月迄十二回ニ分割シ払込ムモノトス。但一時又ハ二、三回ニ纏メ出金スルハ随意ノ事」とあるように、実に念のいったものであった。

また、この時点での紀念碑建設位置は、「尾山神社境内」とされていることにも注目したい（西南役尽忠碑も尾山神社境内に建てられた）。かくして、醵捐金の締切を二十八年六月と設定し、醵金運動が展開された。しかし、この明治

二十年代の運動も、さきにふれた明治三十年代の運動も、結局は記念碑の建造にまでは至らなかったのである。とはいえ、これらの過程からは、明治期を通じて戊辰役や西南役をめぐる慰霊碑の要求が、機運の波こそあれ、常に存在していたことがうかがえよう。

4 碑の完成と撤去

勤王紀念標の起工式は、昭和五年（一九三〇）五月十七日、午前十時より兼六園長谷川邸跡北隅の建設地で挙行された。当日は、修祓式から鍬入れ儀式、玉串奉賛とすすんで式は終了した。建設工事は「前田侯爵家の多大なる後援、さらに先輩有志、三州出身者の賛同協力の下に」、順調に進み、同年十二月十四日、竣工除幕式を挙行することとなった。除幕式には前田侯爵も臨席。陸軍大臣の代理として阿部信行中将をはじめ陸海軍の代表者が参集した。

除幕式は金沢市兼六公園内の成巽閣東北の空地にて昭和五年十二月十四日厳かに挙行された。前田侯爵はじめ阿部陸軍中将、木越委員長、三高校長、京都市会議員、石川県知事、富山県知事代理、第九師団長、裁判所長、金沢市長、高田市長、前田男爵、本多男爵、商工会議所会頭、各官衙学校長、管区内在郷将校団、県市会議員、青年団、少年団、青年訓練所、中学校小学校、消防組合ほか、参列者総数千五百余名。大天幕内の式場は立錐の余地なき盛況を呈したという。

儀式は尾山神社宮司ほかによる修祓の儀が行われ、前田家の手によって除幕、威風堂々たる束帯姿の前田慶寧立像と台石の左右に勤王家氏名を刻んだ額面が厳然として現れ、一同、思わず拍手をしたという。こののち、担当者の工事報告、式辞、祝辞と続き、最後に遺族代表小川忠明氏の謝辞で終了した。また、引き続き慰霊祭に移り、標前の祭壇には紅白大鏡餅や盛菓子が供えられ、尾山神社宮司が斎主となり、降神詞、供餞、祝辞、玉串奉典、そして委員長挨拶。式後遺族および来賓は西町の市公会堂で茶菓宴に臨んだ。加えて市立図書館では維新勤王家遺品展覧会が三日間開催され、会期中千七百余名の来観者を集め盛況であったという。[93]かくして明治半ばからの「郷土の懸案」であった加賀藩勤王家の記念碑が完成した。しかし、皮肉にもこの慶寧像は、建設以来一五年間ほどの命脈であった。というのも、昭和二十年までには、完全に取り壊されてしまったからである。

昭和十九年（一九四四）勤王紀念標は、太平洋戦争下の戦時金属回収に基づき、前田慶寧の銅像・志士たちの氏名が刻まれていた銅板とも軍用に供出され、台石も撤去されてしまう。さきに紹介した野田山大乗寺の木村三郎の軍神像も同じく金属供出のため撤去されている。精神論よりも物資対策のほうが、優先されたのである。ところが、この太平洋戦時下においても、明治〜大正期以来たびたび移転・撤去議論のあった日本武尊像は、結局供出・撤去の対象にはならなかった。なぜ、日本武尊は撤去されなかったのか。この間の県当局の事情は、いまのところ詳らかにしえないが、全国的な傾向を鑑みれば「国家権力を誇示するために象徴（シンボル）として建立した『銅像』」に関しては、金属供出の対象から外される傾向にあったともいわれる。[94]まして、日本武尊像のような「皇族」の銅像を撤去することへの躊躇は、想像に難くない。それにしても、平時の撤去論と戦時の存続論が交差するところに、この銅像の性格の複雑な点があろう。

いずれにせよ、その太平洋戦争を「生き延びた」日本武尊像は、戦後占領軍の撤去命令をも、かろうじて免れたのである。さきにふれたように、石川県下でも多くの忠魂碑・忠霊塔が撤去・破壊されるなか、兼六園の日本武尊像は一部関係者の尽力で破壊を免れ現在地に残されたのであった。すなわち、ＧＨＱ／進駐軍（石川軍政隊）が金沢に乗り込んだ昭和二十年（一九四五）十月、兼六園に遊んだ軍政隊指揮官ヘーコック中佐は、剣をさげた日本武尊を見るなり「武器を持った軍人像」であるとして、速やかな撤去を求めたという。これに対し日本側は、「この銅像は剣の舞を踊る女性の姿でありむしろ平和の象徴である」とか「西南戦争のように国民同士が争う悲劇を二度と起こしたくないという平和祈念の碑であり、台座の蛇・蛞蝓《なめくじ》・蛙の三すくみの石組みも互いに牽制して事を起こさせないという意味である」と「弁明」して、事なきを得たという。事の真偽はともかく、GHQの戦争記念碑政策に対する地域対応の一例といえよう。(95)

まとめにかえて

金沢は、仙台や広島、あるいは名古屋などと同じく、旧城下町から、旧城郭に師団司令部や兵営をもつ「軍都」へと変化した。これは、豊橋や鯖江、松江など、少し遅れて連隊が駐留する地方の「軍都」として近代社会を形成しはじめた中都市もほぼ同様である。こうした都市の性格が、西南戦争、日清・日露戦争という、近代の諸戦争、とりわけ対外戦争の勝利を契機として、戦争勝利と戦死者追悼のシンボルを必要としていたことは、本章でみた過程からも明らかであろう。むろん「軍都」の戦争記念碑は、忠魂碑等の郡町村における「小さな記念碑」という広い裾野をも視野にいれながら考察されなければならない。さらに、戦争記念碑と陸軍墓地の合葬碑とは、「合葬」という行為の実態をふまえたうえで、どこにその性格の違いがあるのかということも問題となろう。いずれにせよ、近年の関心の高まりにもまして、戦争記念碑研究に求められる課題は多様かつ広範に残されている。その際、さきにベトナム戦争碑に言及したマリタ・スターケンが指摘する、「記念碑をめぐる言説において、何が重要な兵士の物語かといえば、それは直接の戦争体験ではなく、戦後のかれらに対する扱いについてなのであった」(96)という認識は、日本における戦争記念碑研究にもあてはまる共通認識といえよう。そういう意味で、物言わぬ戦争記念碑は、「兵士の物語」の語り部なのである。

注

（1）阿部安成ほか編『記憶のかたち—コメモレイションの文化史』（柏書房、一九九九年）など。

（2）ボドナー・J『鎮魂と祝祭のアメリカ暦の記憶と愛国主義』（野村達郎ほか訳、青木書店、一九九七年）。粟津憲太「ナショナリズムとモニュメンタリズム—英国の戦没者記念碑における伝統と記憶—」（大谷栄一・川又俊則・菊池裕生編著『構築される信念—宗教社会学のアクチュアリティを求めて—』ハーベスト社、二〇〇〇年）より再引。粟津氏のご教示によれば、本来、記念碑(monument)という言葉は「思い出される」を意味するラテン語monereに派生し、派生語のmonumentumは「記憶の場」という意味であるという。一方、モーリス・アルヴァックスによれば、「記憶と忘却」は、すぐれて社会的な現象でもあり、社会集団は集合的記憶（memoire collective）というべきものを持っていて、「記憶と想起」においては、知覚イメージと社会的な意味付けが互いに浸透しあっているとされる（アルヴァックス・M『集合的記憶』小関藤一郎訳、行路社、一九八九年）。この点につき、マリタ・スターケンは、「ある文化の中でどのようにして記憶が決定されるのかは、記憶のとる様々な形式をみればわかる。たとえば、記憶の形式の一つに公的な記念行事というものがあるが、これは、歴史、個人的記憶、集団的記憶といった、絶え間なく変化する言説が一点に収斂する場だと言ってよい。と同時に、この公的な記念行事は歴史そのものを創りだすひとつのやり方でもある」としている（マリタ・スターケン「壁、スクリーン、イメージ—ベトナム戦争記念碑—」『思想』八六六号、一九九六年八月、三〇頁）。

（3）マリタ前掲「壁、スクリーン、イメージ—ベトナム戦争記念碑—」三一〜三二頁。なお、通常は、敗北を記念するためにモニュメントが建てられることはなく、他方、死者が忘れ去られることのないようにメモリアルが建設される。モニュメントは、ほとんどの場合、勝利を強調して記念するのにたいして、メモリアルは悲しみ、喪失、責務や義務といったものを内包するが、同時に、ある特定の歴史記述を生み出す枠組みを提供する。卑近な例では、金沢市の石川護国神社境内に建立された「聖戦大碑」をめぐる甲論乙駁の経緯をみよ。

（4）大原康男『忠魂碑の研究』（暁書房、一九八四年）、籠谷次郎「市町村の忠魂碑・忠霊塔について」（『教育と国家の思想』阿吽社、一九九四年）など。

（5） 森岡清美・今井昭彦「国事殉難歿者、とくに反政府軍戦死者の慰霊実態」（『成城文芸』一〇二号、一九八二年）。照沼好文「碑表、形象等に関する研究」（『神道宗教』第一一〇号、一九八三年）。籠谷次郎「戦没者碑と『忠魂碑』」（『歴史評論』四〇六号、一九八四年）、同「戦争碑についての考察」（『歴史評論』四四四号、一九八七年）。海老根功著『東燃（株）和歌山工場大空襲のかげに』（埼玉新聞社、一九九〇年）九九頁以下。檜山幸夫「日清戦争と日本」（東アジア近代史学会『日清戦争と東アジア世界の変容』上巻、ゆまに書房、一九九七年）、同『近代日本の形成と日清戦争—戦争の社会史—』雄山閣出版、二〇〇一年）三二〇～三三六頁。

（6） 新宮譲治「戦没者個人碑について」（『歴史と地理』四四二号、一九九二年）、同「明治期戦没者碑の変遷—個人墓から集合碑へ—」（『歴史と地理』四五七号、一九九三年）、寺門雄一「近代石造遺物からみた地域・戦争・信仰—茨城県取手市域の戦没者慰霊碑を例にして—」（『地方史研究』二五〇号、一九九四年）、下山忍「戦没者墓石について」（『地方史研究』二五八号、一九九五年）、同「戦争碑の変遷」（『季刊考古学』第七二号、二〇〇〇年）など。

（7） 市川秀和「足羽山公園の成立と場所の政治学—福井市における近代公共空間の形成に関する一考察—」（『福井大学地域環境教育センター研究紀要　日本海地域の自然と環境』六号、九七—一一六、一九九九年）。

（8） 羽賀祥二「日清戦争記念碑考—愛知県を例として—」（『名古屋大学文学部研究論集』史学44、一九九八年）一～二頁。ただし、羽賀氏の論証に対しては、基本的な視角を高く評価するものの、記念碑研究の要とされる現地調査を怠り、既存の報告書や自治体史に依拠するという方法論上の問題点が厳しく批判されている（檜山幸夫『近代日本の形成と日清戦争』序章、一二～一三頁）。なお、この問題に関しては、羽賀「軍都の戦争記念碑—豊橋第十八連隊と神武天皇銅像記念碑—」（田中彰『近代日本の内と外』吉川弘文館、一九九九年）が、前者の論点の具体的な事例考察であり、さらに米沢や金沢（西南役尽忠碑）の事例にも氏の論及は及んでいる（羽賀「神社と紀念碑」『明治維新と宗教』筑摩書房、一九九四年）。

（9） 時代が下れば、墓碑・記念碑を日本武尊像で象るという事例が、まったくないわけではない。例えば、富山県西礪波郡福岡町赤丸地区（字古屋）では、郷社浅井神社が管理する日本武尊像の戦没者慰霊碑が確認される（『福岡町史』福岡町役場、一九六九年、七六一頁）。なお、日本武尊の終焉のきっかけとなった地と伝えられる伊吹山山頂にも尊の像が建立されている。しかし、これはギリシャ彫刻のような石像で、戦没者慰霊碑とは直接関係はない。

（10） 羽賀祥二「軍都の戦争記念碑」（田中彰編『近代日本の内と外』吉川弘文館、一九九九年）二九九頁。松原典明「近代の銅像」

(『季刊考古学』七二号、雄山閣出版、二〇〇〇年)七一頁など。また、フィールドはヨーロッパ近代ながら、「記憶のかたち」としての銅像の問題点を明らかにしたものに、光永雅明「銅像の貧困―一九―二〇世紀転換期ロンドンにおける偉人銅像の設立と受容―」(阿部ほか前掲『記憶のかたち―コメモレイションの文化史』八一頁以下)がある。参照されたい。

(11) 横田正吾「『神武像』三体など」(『東海日日新聞』平成八年五月二十四日付)。

(12) このほか、奈良の大台ケ原にも神武像が建造されていることを、高木博志氏からご教示いただいた。もちろん橿原神宮(奈良県橿原市久米町)との関係で建立されていることはいうまでもない。

(13) 羽賀前掲「軍都の戦争記念碑」二九三~二九四頁。

(14) 風間省三「私が調べた神武天皇像」(『東海日日新聞』平成三年三月四日付)。

(15) 『扶桑新聞』明治三十二年二月二十八日付。『歩兵第十八連隊史』一五六頁。

(16) 風間前掲「私が調べた神武天皇像」。

(17) 『新潟市史』通史編3 近代上(新潟市、一九九六年)二七〇頁。新潟市編『新潟歴史双書2 戦場としての新潟』(新潟市編刊、一九九八年)。

(18) 『新潟市史』通史編3 近代上、二七〇~二七一頁。『新潟市史』上巻(新潟市、一九三四年。国書刊行会覆刻、一九八八年)一〇一九~一〇二六頁。『新潟市史』資料編6 近代2(新潟市、一九九三年)一六二一~一六二三頁。『新潟市史』別編 図説新潟市史(新潟市、一九八九年)。

(19) 明治三十八年「公園ニ関スル議決書類」(新潟市役所文書、『新潟市史』資料編6 近代2所収)。『昭忠碑記録』(新潟市郷友会、一九〇七年。複写版、一九九五年)一~二頁。

(20) 島田佳矣のプロフィールは、以下のとおり。「明治元年(一八六八)金沢生まれ。明治十七年石川県金沢中学校入学。二十年、創立とともに石川県工業学校陶画科に入り、二十二年東京美術学校絵画科に入学。卒業後、東京高等学校(現、東京工業学校)助教授をへて、三十五年東京美術学校教授、大正三年(一九一四)図案科主任となる。その間、公私の博覧会・展覧会の審査委員たること無数、農商務省図案及応用作品展覧会には、第一回より審査員となる。其の他、地方の講習会に聘されて、意匠図案の改良進歩に資し、地方工芸開発の為、努力したる事、枚挙に遑あらず。又、度々宮内省御用の大作品を意匠監督し、今や我国工芸界第一の老大家を以て目せらる」(東京美術学校教授で、のち石川県立工業学校校長田辺孝次の言。田中喜男『伝統工芸職人の世界』

雄山閣出版、一九九二年、二二七頁より引用)。
(21) 檜山前掲『近代日本の形成と日清戦争』第二章「日清戦争と民衆」三三一頁参照。碑の内容・場所に関しては、井村哲郎氏、島津担氏のご教示・ご協力をえた。深謝したい。
(22) 羽賀前掲「軍都の戦争記念碑」三〇二頁。
(23) 大屋愷敆のプロフィールは、以下のとおり。天保十年(一八三九)八月二十五日金沢生まれ。加賀藩士石沢水満の嫡子で、ちょうど天保凶作のあとで世情騒然としたさなかだった。洋学、兵学、天文、数学、絵画などを修めた博識の人で、明治初期の小学校教育振興のために多くの教科書をあらわし、地方の普通教育の基礎をつくった。一方、文明開化を主導した一人(掛け時計、石油ランプ、蝙蝠傘などを紹介し、藩士たちを驚かせた)。石川県下で初めて、断髪令にさいして率先してチョンマゲをおろしたのもこの人物である。地域の各種展覧会審査委員、工芸審査委員、図案審査委員を歴任。地球儀を製作した地理学者でもあり、その記念碑は、その功績を示してか、球体に乗る二頭の猪のデザインが施されている(猪の意匠は大屋の生まれが亥年であったためという)。なお、大屋には『皇統小史』四巻(知新堂、一八七四年)なる著述もある。
(24)『新潟市史』別編 図説新潟市史(新潟市、一九八九年)九七頁。
(25)『新潟市史』資料編5 近代1(新潟市、一九九〇年)。
(26) 横田前掲「『神武像』三体など」。
(27)『氷見百年史』(氷見市役所、一九七二年)一六四頁。『氷見町史』(氷見町役場、一九二八年)。『氷見郡史』(氷見郡役所、一九〇九年)。『富山県紀要』(富山県、一九〇九年)。原田三郎「朝日山銅像トビの始末記」(『氷見春秋』第三号、一九八一年)。なお、氷見の神武像の設置経緯や場所等に関しては、橋本哲哉氏を通じて氷見市史編纂室にご教示・ご協力いただいた。
(28) 檜山幸夫「日清戦争総論」(檜山前掲『近代日本の形成と日清戦争』)五九頁。筆者も現地調査に協力した。
(29) 海老根功『忠魂碑』茨城県上(東宣出版、一九八五年)一九一頁。
(30) 海老根功『忠魂碑』茨城県下(東宣出版、一九八五年)八六頁。
(31) 松本博行「戦争と民俗」(佐野賢治ほか編『現代民俗学入門』吉川弘文館、一九九六年)参照。筆者は幸いにも移転前に調査しえた。このほか、兵士像型の戦没者慰霊物としては、静岡県焼津市の常昌院に、日露戦争の戦没者木像が安置されている(一一三体)。これらの木像は、必ずしも慰霊碑というわけではないが、堂内に、あたかも位牌のようなあつかいで整然と配置され、兵士ひとりひとりの面影を伝えている。この木像なども兵士型慰霊碑の変種といえなくもない（屯田兵部隊の置かれた北海道旭川の郊外にも、屯田兵像を象った同様の兵士型慰霊木像が残されている）。

(32) 海老根功『戦争のいしぶみ　埼玉県』（埼玉新聞社、一九八五年）七二頁。下山忍「埼玉の戦争碑おぼえがき」（『川口北高の教育』二一号、一九九六年）九一頁。

(33) 下山前掲「埼玉の戦争碑おぼえがき」九一頁。日露戦争との関連については、下村忍氏のご教示による。乃木信仰に関しては、大濱徹也『乃木希典』（河出書房新社、一九八八年）、同『明治の墓標―庶民の見た日清日露戦争―』（河出書房新社、一九九〇年）。

(34) 市川秀和「足羽山公園の成立と場所の政治学―福井市における近代公共空間の形成に関する一考察―」（『福井大学地域環境教育センター研究紀要　日本海地域の自然と環境』六号、一九九九年）九七～一一六頁。

(35) 羽賀前掲「神社と紀念碑」三三二頁。

(36) 「鹿児島始末」（『太政類典』国立公文書館所蔵）。

(37) 横山篤夫「真田山陸軍墓地の成立」（『地方史研究』二八一号、一九九九年。のちに横山『戦争時下の社会―大阪の一隅から―』岩田書院、二〇〇一年に収録）二〇六頁。

(38) 「西南戦争出張文書」明治十～十二年、霊山歴史館所蔵（特別展図録『紀尾井町事件―武士の近代と地域社会―』石川県立歴史博物館、一九九九年に収録）。

(39) 北村魚泡洞『尾山神社誌』（尾山神社社務所、一九七三年）一二二～一二三頁。

(40) 羽賀前掲「神社と紀念碑」三四〇～三四一頁。

(41) 羽賀前掲「神社と紀念碑」三四一頁。

(42) ちなみに、この銅像を製作したのは現富山県高岡市金屋町の鋳物師たちであった。明治四年（一八七一）の廃藩置県により、越中は新川県となったが、同じく九年には、再び新川県が廃止され石川県に合併された。それが明治十六年まで続いているから、銅像を鋳造した時の高岡は、石川県に所属していたことになる。なお、碑の鋳造にあたっては、金沢の鋳物師武村弥七が見積りや製作の差配を担当したという（前掲『兼六園全史』、山森青硯『郷土工業物語』私家版、一九八八年、六三頁参照）。

(43) 周辺の石碑について若干言及しておきたい。「紀念標」が建っている柵の中には、東西両本願寺の法主であった大谷光勝、大谷光蛍の書いた歌碑をはじめ多くの石碑が置かれている（一四基）。当時の県令の千坂高雅銘、県大書記官・熊野九郎識の「明治紀念標碑銘」、藩政期の藩校・明倫堂の講師であった藤田維正撰の「崇忠会碑」、銅像を鋳造した棟梁と鋳造世話人名を刻した石碑（この中に書かれていた者は全員ではなかったことが平成二年／一九九〇年に解体修理したときに判明した）、さらに、負担者（寄付者）の名を列記した碑と、「明治紀念の碑」などが主なものである（前掲『兼六園全史』参照）。

（44）柵の内の碑の一部には、「金沢旧鼠田園所在之巨石累畳以為基礎（略）其以尊之像亦有故　也相伝尊征東夷到此国也挙国人加其軍以賀東征之偉是以国名之由而起也（略）明治十三年／負担者」との記述がある。この記述を現代文に書き改めると「金沢の〝旧鼠田園所〟すなわち玉泉院丸庭園にあった巨石を（この標の）基礎として築き上げた。（略）その上に日本武尊の像を乗せたのは理由のあることだ。尊が東の未開人を征伐するときにこの国にやってきた。その時、この国の人たちは挙げて尊の軍に加わった。尊はおおいに喜びたたえた。これが（加賀という）国名の起こりである」という事になろう。「標」の柵のなかには数多く石碑が置かれているが、何故、日本武尊の銅像を石積みの上に乗せたかを説明しているのは、この石碑だけであるという（前掲『兼六園全史』参照）。

なお、日本武尊をめぐる加賀の地名伝承には上記とは若干異なるテクストも残されている。橘隆盛『州名紀原』には、「『風土記』にいわく、日本武尊諸国討征の時、荒血山を越えて、北陸道を下り給ふ時、尊の兄大碓皇子思召けるは、北陸道は難所なり、尊勢少ふしては定て夷等に落されなんとて、数千の軍兵を引率して江沼国にて追付給ふ、尊賀び給ひて、賀を加へたりと仰せられて、江沼を改て加賀国と号す」とあり、「されば『州名紀原』に引証せる『風土記』は俗本なる『国名風土記』といへるものなり」という（『石川県史』第四編、一〇六四〜六五頁）。なお『三州志来因概覧』にも同様の記述がみられる。

（45）浅野吉治郎『松井乗運行状』（私家版、一九一八年）に以下の記述がある。「越中高岡の鋳物師模型を作ってこれを鋳た。当時翁は其の挙を聞いて、故実を査覈し、苦心惨憺夜を日に継いで長さ五六寸許りの原型を彫刻した。蓋し翁の会心の作であったが、不幸一、二有力者の反対の為に採られないで、年久しく県の勧業博物館に陳列し、現今は物産陳列館に保管してある。爾うして銅像の総ての不調和は、今に至るまで識者の非難を受けて居る。識者は当時翁の作った模型によらないのを千秋の恨事として居た」。ちなみに乗運は、尾山神社の祭神も修復している（『松井乗運行状』）。明治六年社殿造営の間、藩祖利家の木造を仮に卯辰神社に遷座したところ、「翁参拝して手の案配の誤って居るのを発見し、詮議の結果翁に修復を許した、翁毎日斎戒して山に登り拝殿に於いて修復した」という。

(46) その際の図案が、東京国立博物館所蔵『温知図録』としてまとめられている。横溝廣子「明治政府による工芸図案の指導について—『温知図録』にみる製品図掛の活動とその周辺—」（『東京国立博物館紀要』第三四号、一九九九年）参照。

(47) 水島莞爾「明治紀念之標日本武尊の作者は加賀藩、御用画師佐々木法橋泉竜翁也」（『石川郷土史学会会誌』三号、一九七〇年）。

(48) 靖堂「兼六公園内の日本武尊の銅像」（『加越能郷土友会々報』三九号、昭和八年二月）、前掲『兼六園全史』、山森前掲『郷土工業物語』など参照。

(49) 前掲特別展図録『紀尾井町事件—武士の近代と地域社会—』参照。

(50) 石川県所蔵「御通輦日記」（日置謙編『明治行幸史料』金沢文化協会、一九三二年）八〜九頁。

(51) 石川県所蔵前掲「御通輦日記」三六〜三九頁。

(52) 和田文次郎編『明治天皇北陸巡幸誌』地（加越能史談会、一九二七年）三四頁。

(53) 国立公文書館所蔵『法令全書』賞恤門　旌表、六六頁。

(54) 同前。

(55) これよりのちの事例ながら、新潟の神武天皇像においても、天皇行幸と建碑との密接な関係がうかがえることはさきにふれたとおりである。このとき明治天皇は、新潟市の白山公園内に、この日のために築かれた小さな丘の野立所（現美由岐賀丘＝御幸ケ丘）で、眼前に広がる信濃川の流れと広大な平野、そして遠い山々という風景を眺めて、行在所の白勢邸へ戻ったという。こののち神武天皇像が、かつて昭忠碑の建てられた郊外の日和山ではなく、市内中心部の白山公園内に建立されたのも、この御幸ケ丘との関連であったことは想像に難くない。ちなみに、御幸ケ丘から白山神社脇の昭忠碑銅像までは数百メートル、同じ白山公園のなかにある。

(56) 新潟でも御覧二日目の十八日には、侍従を戊辰戦争で戦死した新政府軍兵士を祀る招魂社へ派遣して、祭典を執り行わせている点も、金沢の場合とまったく同様であった（『新潟市史』資料編5　近代1、新潟市、一九九〇年）。

(57) 籠手田も島根県知事として、明治二十一年九月、西南戦争での島根県出身戦死者のために、再び松江城跡に「西南之役雲石隠戦死者紀念碑」を建立している（羽賀「神社と紀念碑」三三四頁）。

(58) これを契機として、軍人（大元帥）としての明治天皇は、大演習の統裁を頂点として、各都市を衛戍地として訪れたおりに、しばしば軍衙や練兵場の視察とセットで立ち寄っていることが確認される。例えば、顕著な事例では、岡山の後楽園のごとく、明治四十三年十一月と昭和五年（一九三〇）十一月両度の大演習に際して大本営が置かれ、明治・昭和天皇の臨行を得たほか、昭和初期には園内の鶴鳴館に徴兵署が置かれるなど軍事空間の色彩を色濃くみせている場合もある（『岡山市百年史』岡山市、一九八九年）。

(59) 竹橋事件に関しては、澤地久枝『火はわが胸中にあり』（角川書店、一九七八年）など参照。

(60) 和田文次郎編『明治天皇北陸巡幸誌』地（加越能史談会、一九二七年）二七頁。

(61) 和田文次郎編『明治天皇北陸巡幸誌』地（加越能史談会、一九二七年）四四頁。

(62) 小堀桂一郎『靖国神社と日本人』（ＰＨＰ新書、一九九八年）。靖国神社編『靖国神社百年史』資料編上（原書房、一九八三年）。

(63) 前掲『兼六園全史』参照。

(64) 田中正夫『日本の公園』（鹿島出版会、一九七四年）一二二〜一三〇頁。白幡洋三郎『大名庭園—江戸の饗宴—』（講談社、一九九七年）九六頁。ほかに丸山宏『近代日本公園史の研究』（思文閣出版、一九九四年）、白幡『近代都市公園史の研究』（思文閣出版、一九九五年）参照。

(65) 小澤圭次郎「明治庭園記」（神田喜四郎編『明治園芸史』日本園芸研究会、一九一五年）二三三頁以下。

(66) ちなみに、明治天皇の臨行地のなかで、庭園を訪れたものと目されるものは、以下の九ヵ所にすぎない。訪れた順に、仙台桜ヶ岡公園・奈良（公園）博覧会場・長野城山公園・新潟白山公園・金沢（兼六公園）博物館・津公園・札幌偕楽園・鶴岡公園・山形千歳公園・岡山後楽園（修学院離宮・桂離宮など皇室関係地は除く）。うち、現在特別名勝に指定されている公園は、兼六園と後楽園の二ヵ所である。水戸常盤公園（偕楽園）には、明治二十三年十月に皇后が訪れている。なお、管見によれば「三名園」に関する初出は、正岡子規の明治二十四年八月の記述であるとされる。

(67) 白幡前掲『大名庭園』、同『近代都市公園史の研究』参照。

(68) 行幸啓と大名庭園に関して、例えば、弘前城の庭園は、明治二十七年市に貸与され、翌年五月から公園として開放される。時代は下るが、明治四十一年、皇太子（大正天皇）行啓の折、「鷹揚園」と命名された（『新編弘前市史』資料編4、弘前市、一九八七年）。

(69) 羽賀前掲『史蹟論』ほか参照。このほか羽賀氏によれば、不破郡玉村倉部山の壬申の乱関係地に、日本武尊の腰掛け石伝承があるという（阿部直輔『美濃雑誌』所収、阿部は明治初期の岐阜県官吏。同『史蹟論』二六一頁より再引）。なお、神武天皇を祭神とする橿原神宮に関していえば、明治二十年代に奈良県高市郡の人々が橿原宮の遺跡に天皇奉斎の神社の創建を請願し、紀元二五五〇年に当たる明治二十三年三月、祭神・社号・社格が定まり同年四月鎮座式を執行している。高木博志氏は、これに関連して明治天皇の行幸と皇室独自の文化的「伝統」の顕彰に関しても言及されている。例えば、高木「一八八〇年代、大和における文化財保護」(『近代天皇制の文化史的研究—天皇就任儀礼・年中行事・文化財—』校倉書房、一九九七年)は、西南戦争の年、明治十年の「大和国行幸」が、橿原神宮の創建等の皇室神話の顕彰の政治的契機となったことを明らかにしたものである。

(70) 日本史研究会編『日本の建国』第七章「古代の理想化」(青木書店、一九六六年、一三三〜一四七頁)。

(71) 前掲『日本の建国』第八章「紀元節の制定」一五〇頁。安丸良夫『近代天皇像の形成』第八章「近代天皇制の受容基盤」(岩波書店、一九九二年)二三六頁以下。

(72) 荒川紘『日本人の宇宙観—飛鳥から現代まで—』紀伊国屋書店、二〇〇一年、二九一・二九五頁。

(73) 石母田正「古代貴族の英雄時代—『古事記』の一考察—」(『論集史学』三省堂、一九四八年。のち石母田『神話と文学』岩波書店、二〇〇〇年に収録)、瀧口泰行「倭建命東征伝承の構成と展開」(『國學院雜誌』八一—八、一九八〇年)、伊野辺重一郎『記紀と古代伝承』一九八六年、守屋俊彦『ヤマトタケル伝承序説』一九八八年、瀧口「日本武尊伝説」(宮田登ほか編『日本「神話・伝説」総覧』新人物往来社、一九九三年)、門脇禎二「日本における英雄時代—ヤマトタケル伝説とその周辺」(森浩一・門脇禎二編『ヤマトタケル—尾張・美濃と英雄伝説』大巧社、一九九五年一一頁以下)、和田萃「ヤマトタケル伝承の成立過程」(同前、七九頁以下)など参照。なお、通常日本武尊のモデルは雄略天皇であるとされる。その諡号がワカタケルを含むことや倭王武(宋書倭国伝)とあること、また、その伝承に共通点があることなどから、雄略天皇の属性を移し換えて再生された存在がヤマトタケルであるという見方である。逆に言えば、雄略の時代には〝タケル〟は〝ヤマト〟の英雄としての意義を既に有していたため、むしろ諡号にもちいられたとみるべきでもあろう。

(74) 川副武胤「やまとたけるのみこと/日本武尊」(『国史大辞典』吉川弘文館、一九九三年)。

(75) 前掲『石川県史』第四編、一〇六六頁。ほかに、石川県下では羽咋郡富来町大福寺の高爪神社や同町地頭町の建部神社などが確認されている。なお、全国の日本武尊を祭神とする神社・祠の分布に関しては、「ヤマトタケル関係神社一覧」(森・門脇前掲『ヤマトタケル』二二四頁)参照。加賀ではないが、興味深い事例として、尾張犬山の継鹿尾山蓮台寺の鎮守白山宮には、以下の説話が残されている。蓮台寺の縁起は、神功皇后の時代に熱田からこの山上に光が飛んだことをきっかけに、日本武尊を白鳥大明神として祀ったことである。のちに大明神は仏教に帰依して千手観音として顕在した（「本尊千手観音縁起」）。この光物が山上に飛来したとき、一人の老人が現れ、熱田の神の到来だという。この老人に誰かと問うと、「我ハ白山」と答えて消えたという（羽賀祥二『史蹟論―19世紀日本の地域社会と歴史意識』一九九八年、名古屋大学出版会、二三三頁参照）。この説話からは、一方で熱田社と結び付きながら、白山信仰がこの地の仏教とかかわりがあったことをうかがうことができるとともに、日本武尊がモチーフとして関係している点にも注目したい。すなわち、加賀に深い関係をもつ白山信仰と日本武尊との関係を示す事例のひとつでもあるのである。なお、白山信仰は、加賀・越前・美濃にまたがる霊峰白山を崇拝の対象とする古来からの信仰であった。加賀藩領の鶴来にある白山比咩神社を本社とする白山神社・白山宮は、八幡神社とならんで現在でも全国に数多くの末社を擁している。

(76) 小林・照沼前掲『招魂社成立史の研究』一〇〇頁。

(77) 遠山美都男『天皇誕生―日本書紀が描いた王朝交替』（中央公論新社、二〇〇一年）九三頁。

(78) 泉鏡花「凱旋祭」（『新小説』第二次、第二年第六巻、春陽堂、一八九七年。岩波文庫版、一九九一年、二五六～二五七頁）。なお、泉鏡花の日清日露戦争や軍人を題材にした作品は、三浦一仁氏によれば十編といわれる（「予備兵」「海戦の余波」「琵琶傳」「海城発電」「勝手口」「凱旋祭」「きぬぎぬ川」「軍人の留守宅見舞の文」「外国軍事通信員」「柳小島」。三浦「泉鏡花―反軍小説家として」西田勝編『戦争と文学者』三一書房、一九八三年）。原田敬一「軍隊と日清戦争の風景―文学と歴史学の接点―」（『鷹陵史学』第一九号、一九九四年）によれば、文学論としてこれらを検討したものには、蒲生欣一郎「兵役拒否と鏡花」があるという。

(79) 羽賀前掲「神社と紀念碑」三四五頁。

(80) 『史料 籠手田安定』四二七頁、羽賀前掲「神社と紀念碑」三四九頁参照。

(81) 羽賀前掲「日清戦争記念碑考―愛知県を例として―」二四頁。羽賀氏は、近代から現代にかけての顕彰・慰霊空間のもっている意味を問うことも一つの課題となるとして、戦後を含めた戦争記念碑・戦没者慰霊碑とその空間の問題をも提起しているが、金沢の兼六公園・明治紀念標に関していえば、戦後「慰霊空間」として復活した様子はみられない。

(82) 『風俗画報』臨時増刊「征清図会第八編」の表紙「大勝利紀念碑図」（羽賀前掲「日清戦争記念碑考―愛知県を例として―」二九頁）。

(83) 一八八〇年代に明治天皇と神武天皇が武人のイメージで語られるようになる過程については、高木博志「近代における神話的古代の創造―畝傍山・神武陵・橿原神宮、三位一体の神武『聖蹟』―」（『人文学報』第八三号、二〇〇〇年）二四頁以下が詳しい。

(84) 石母田前掲「古代貴族の英雄時代」によれば、「古代貴族が創造した二つの型の英雄である神武天皇と日本武尊は、いずれも国家の創造あるいは統一の事業とむすびつけられている」(一三四頁)としており、そのうえで石母田氏は、「古代文学が創造した二つの典型的な英雄としての神武天皇と日本武尊との対立は、古代貴族の精神構造＝政治構造の対立的側面の表現とみられる」という興味深い指摘をしている(同一三八頁)。なお、同論文で石母田氏は、日本武尊の英雄的性格を『古事記』と『日本書紀』の叙述の違いから分析、ヘーゲルのいわゆる「叙事詩的英雄」に至らぬ「浪漫的英雄」と評している(同一四〇頁)。

(85) 佐々木克「天皇像の形成過程」(飛鳥井雅道編『国民文化の形成』筑摩書房、一九八四年)、同「明治天皇の巡幸と『臣民』の形成」(『思想』八四五号、岩波書店、一九九四年)、同「明治天皇のイメージ形成と民衆」(西川長夫・松宮秀治編『幕末・明治の国民国家形成と文化変容』新曜社、一九九五年)、多木浩二『天皇の肖像』(岩波書店、一九八八年)、飛鳥井雅道『明治大帝』(筑摩書房、一九八九年)、岩井忠熊『明治天皇─「大帝」伝説─』(三省堂、一九九七年)、原武史『可視化された帝国─近代日本の行幸啓─』(みずず書房、二〇〇一年)など参照。

(86) 羽賀前掲「神社と紀念碑」三四五頁。

(87) 明治十三年(一八八〇)四九一名の和歌山県士民のために、県民の醵金をあつめ岡山の頂上に建立した、和歌山市の西南戦争記念碑も石碑に刻まれた「記念碑」の書は、有栖川宮熾仁親王の揮毫によるものであった。

(88) 宮内庁『明治天皇紀　第四』(明治十二年四月十日、十九日の条、吉川弘文館、一九七〇年)六五〇～六八六頁。

(89) 佐々木克「明治維新期における天皇と華族」(『思想』七八九号、岩波書店、一九九〇年)、同「明治天皇の巡幸と『臣民』の形成」(『思想』八四五号、岩波書店、一九九四年)参照。

(90) 三三名を含む元治甲子の変関係殉難志士の氏名は以下のとおり。前田慶寧／藤井右門直明／松平大弐康正／斉藤弥九郎善道／本多主殿政均／柴田躋庵定勝／不破富太郎友風／青木新三郎秀枝／千秋順之助藤篤／大野木忠三郎克敏／小川幸三忠篤／安達幸之助寛栗／福岡惣助義比／野村円平／宮永良蔵正純／加藤謙次郎／堀四郎政材／大野木源蔵克正／大城戸長兵ヱ宗守／碓井次郎左ヱ門顕古／逸見文九郎在綱／葛原鎌六秀藤／野口斧吉之布／浅野星佐平茂枝／永原恒太郎好和／広瀬勘右ヱ門政敏／谷村周達直／御園(瀬尾)余一紹元／高木守ヱ有制／久徳伝兵ヱ尚則／福岡文平(朝倉周義)／石黒圭三郎(桂正直)／安井和介顕比／岡野判兵ヱ政繹／行山康左ヱ門(松平義国)／岡野外亀四郎政以／青山将監悳次／豊島安三郎毅／永山平太政時／鶴見小十郎逵／菅野三太郎定明／山本道斉／関沢安左ヱ門房清／山崎伝太郎孝之／西野則兄(以上四五名)。

(91) 「明治維新勤王家表彰標建設関係文書」(昭和十二年、金沢市立玉川図書館所蔵、横地永太郎氏寄贈)。
(92) 『久徵館同窓会雑誌』六九号、明治二十七年三月二十九日付。
(93) 『加越能郷友会々報』三一号、昭和六年三月三十日付。
(94) 松原前掲「近代の銅像」参照。
(95) 北国新聞社出版局『石川の戦後50年』(北国新聞社、一九九五年)三六七頁、及び松本三都正氏の談(毎日新聞金沢支局「銅像の恩人」『兼六園物語』新人物往来社、一九七四年)一六六頁。
(96) マリタ前掲「壁、スクリーン、イメージ―ベトナム戦争記念碑―」四六頁。

三　招魂社の変遷

(一)　招魂社の遷移とその前提

1　遷移の理由

明治初年以降卯辰山の招魂社で執り行われてきた招魂祭は、前章で確認されたように、明治後半より金沢市内の中心部において開催されることが通例となり、以後出羽町の「石川護国神社」に移行され、敗戦を経た今日も、同社で「例大祭」として執り行われている。こうしたことから、石川県の近現代を通じて、この招魂社（護国神社）が石川県民の戦没者慰霊の中核的役割を果たしてきたことは否めない。

ただ、この一貫した招魂社制度の歴史のなかで、とくに「民衆意識の統制」という視点から注目されるのは、一九三〇年代（とりわけ一九三二〜三九年）の市内出羽町への遷移から護国神社改称に至る過程であろう。この間の経緯をまず表6から概略確認されたい。

ところで、全国的に見れば、招魂社の創設や遷移に際しては、いくつかの選定地をあげたうえで、一定の条件を設定しつつ慎重に移転地を決定している場合もみられ、その過程のなかに、招魂社・護国神社の創設・移転をめぐる当

表6　招魂社から護国神社へ

年(西暦)	月／日	
昭和　七(一九三二)	六／十六	卯辰山招魂社移遷問題協議会で県、市、軍部代表が協議。新たに出羽町練兵場に新招魂社を造営する旨決定（四〇〇〇坪を払下、二ヵ年計画で）
	七／十	招魂社奉賛会組織。出羽町に一般寄付十五万円で着工
昭和　八(一九三三)	五／三十	県から内務省・陸軍省に出願中の出羽町練兵場の一部（二六五六坪）の無償払下決定。県へ陸軍大臣から通知。奉賛会は造営準備
昭和　九(一九三四)	一／九	出羽町練兵場は近代戦の演習場として不適当になり、大蔵省へ移管内定。金沢市は大蔵省から払下を受け、招魂社を設ける案を第一案として考慮しており、吉川市長は近く上京予定
	二／十	出羽町練兵場の移管正式決定。市会の承認を得しだい大蔵省に払下げ交渉開始
昭和　十(一九三五)	四／十三	官祭招魂社落成。卯辰山の旧社殿から一万五九〇五柱の遷座 四月　五日　清祓式、神殿祭 四月十二日　遷霊、合祀祭（一万五七八一柱） 四月十三日　遷座祭 四月十四日　慶賀祭
昭和十二(一九三七)	五／五	内務省、金沢市の風致地区決定（卯辰山周辺地区）
	九／二十八	「精動」第一回石川地方委員会県庁にて開催
	十二／十一	南京陥落、市内わき立ち、招魂社で知事・市長・官民代表三〇〇人参列し、戦勝奉賛と武運長久祈願祭
昭和十三(一九三八)	七／十七	石川少年勤労報国隊の結成式
	十／二十八	知事・市長・師団長の発起で招魂社において戦勝記念祭（一万五〇〇〇人参加）
昭和十四(一九三九)	四／一	官祭招魂社が内務大臣指定の石川護国神社と改称
	四／六	護国神社前で警防団の結成式
昭和十五(一九四〇)	四／七	軍機保護法の改正（二〇メートル以上の高所から撮影禁止）。金沢憲兵隊は行楽でにぎわう卯辰山を取り締まり、違反者六人
	十一／十	紀元二六〇〇年式典
	十一／三十	大政翼賛会石川県支部の結成式

（注）鏑木勢岐「顕忠廟の由来」並びに、『官祭招魂社造営誌』『金沢の百年』『北国新聞』記事より作成。

局（軍・県・関係団体など推進の主体）の意図がうかがえることも少なくない。例えば、坂井久能氏の研究によれば、神奈川県下では昭和十五年（一九四〇）の護国神社創建に際して、県内一二ヵ所もの候補地をあげたうえで、創建会理事会にて協議を重ねていたという。その過程では担当技師が最好適地とした五ヵ所を選定したうえで、うち三ヵ所（岸根・三ツ沢・下永谷）を関係者が臨検し設置場所を決定しているのである。その際、『横須賀新聞』によれば、次のような選定条件があったという。(1)

〔敷地選定条件〕

一、護国神社としての尊厳を永遠に保持するに足る清浄なる環境を有すること。

一、可及的市の中枢部に近く交通便利にして日常一般縣民が多数容易に参拝し得る場所なること。

一、護国神社として必要なる規模を十分に容るるに足る地形を具備すること。

一、敷地の取得容易なると共に整地、参道工事等に著しく多額の経費を要せざること。

検分の結果、候補地は二ヵ所（岸根・三ツ沢）にしぼられ、最終的には神奈川県と横浜市の協議で最終地（三ツ沢）に決定した。その段階でも横浜市は公園として整備されている岸根地区を要望し紛糾、県市協議会での「神鎮まる環境、相応の広さの敷地、交通の便、取得の容易さ」等々を基準とした選定協議の末、創建会の意見通り三ツ沢地区に決定したのだという。極めて慎重な調査と明確な選定基準、議論を重ねた決定の過程がうかがえよう。選定条件に関しても当時の社会的風潮（とくに第一項など）を考慮すれば、「護国神社」の立地環境として概ね常識的なところであろう。

ところで、これに対して金沢招魂社の遷移〜改称の事情（理由）はいかなるものであったか。例えば、『金沢市史』現代編の記述には、以下のように説明されている。(2)

A 遷移の理由＝「招魂社が都心を離れた卯辰山にあって、しかも、その境内が狭かったため、日露戦争当時から毎年執行した第九師団管下の戦病死者の招魂祭は金沢市出羽町陸軍練兵場の一部に、その都度仮斎場を設けて執行しなければならない状態であった」。故に「招魂社の移転改築は県民一般の宿望であった」（傍点引用者）。

B 改称の理由＝「招魂社は明治初年以来次第に発展して、一種の神社として動かすことのできない地位を築きあげたが、その制度上不備な点が多かったので、昭和十四年三月法令を制定して、社名を護国神社と改称」し、「四月一日より実施された」（同右）。

執筆者の立場や自治体史としての制約もあるためか、このいわば「定説」化した説明からは、肝心の社会的背景の説明や制度に内在する矛盾はうかがえない。はたしてここでいうように、遷移の理由を「偏小不便」さに矮小化し、「移転改築は県民一般の宿望であった」とする認識は妥当なのだろうか。さらに、「護国神社」に「改称」せざるをえない「制度上不備な点」とは何か。この具体的な考証が本来は明らかにされなくてはならないのである(3)。さらに言えば、この記述では「遷移」と「改称」が別個の経緯から説明されているが、両者に通底する歴史的事情、例えば招魂社遷移の論理のようなものが、あるいは存在するのではないのだろうか。また、当然議論となり得る「遷移」「改称」過程における内務省や陸軍当局との交渉、さらに県内外の神社界の動向との関係等々も、あわせて明確にされなくてはならないだろう。つまり、金沢における招魂社の遷移をめぐっては、明らかにされるべき課題がかなり残されているのである。本章では以上の問題につき順次整理を試みたい。

2 遷移の前提

本節では、まず遷移が日程にのぼる直前の招魂祭の様相を検証し、遷移問題がいかなる層のいかなる要求を背景に現実化してきたのか確認しておく。管見によれば、遷移問題が表面化したのは昭和七年（一九三二）前後（表6）のことと思われる。いまいちど昭和五〜七年段階の招魂祭の諸相を、主に地元紙の記事からたどってみよう。

①　昭和五年（一九三〇）十月

「秋晴れに恵まれて近年希に見る人出　競馬に手踊りに相撲に人の波　招魂祭第一日の賑ひ」／催物は、野村練兵場の競馬、出羽町の手踊り、彦三大通りの相撲、市内各町からの出物。そのほか剣道、競馬、相撲、馬術教練、手踊り、その他獅子舞、剣舞、祇園囃子など。人出三万人、金沢駅の利用客二万人。(4)

②　昭和六年（一九三一）十月

「招魂祭当日旧城本丸解放」／第九師団の招魂祭は来る十九、二十の両日出羽町練兵場で行はれ、十九日は神式、手踊り、花火等余興あり、九師団当局は両日特に旧城内を解放する。(5)

③　昭和七年（一九三二）十月

「賑ふ招魂祭の巷に軍国謳歌の余興　手踊や相撲に集る大人気」／お祭り気分は例年に見ぬ高潮を示し、折からのうす曇り秋空に金沢の人出は五万人と算せられ、金沢駅におりた郡部方面からの人出は約七千と数えられた。余興は祇園囃子、獅子舞、弥彦婆、仁輪加、剣舞、相撲、西・北廓手踊、魚暖目節踊、主計町・安宅町の関所踊など。（略）「花火や映画に招魂祭夜の賑わい　日支事変展に生新しい感激」／商品陳列所内の上海事変戦利品及戦死者遺品展は観覧者に多大の感動を与へ、生新しい戦史の追想、招魂祭にふさわしい感激の興奮に満ちた。(6)

こうしてみると、Ⅱ―一でみた明治後半〜大正期における招魂祭と、ほとんど変わらない様相が確認できるのである。もちろんその動員力が飛躍的に拡大していることも事実ではある。その意味で、確かに（卯辰山の境内では）「狭くて不便」という事情は、遷移理由のひとつでもあろう。しかし、遷移の理由を「偏小不便」さにのみ矮小化した説明は、一見説得性をもちながら、実は大きな陥穽を秘めている。なぜなら一九三〇年代前半段階で遷移を現実の日程にあげなくてはならない事情は、実際の祭祀の内容や規模からは存在しないのである。

というのも、第一に、既述のごとく明治後半頃から金沢の招魂祭は、兼六公園の明治紀念標前で開催されるのが「通例」化しており、[7]日露戦争以降から大正初め頃には、招魂社の遷移こそないものの、仮斎場をもちいる形で大規模かつ祝祭的な招魂祭会場は市中へ移動（下山）してしまっていることがうかがえるからである。第二に、その一方で、明治後半期の段階でも儀礼としての招魂祭は、遺族・部隊を中心に、ひきつづき卯辰山で開催されていたことも確認されており、その様相はむしろ「偏小不便」な印象を受けるには、およそ程遠い情景であったからである。例えば、以下の記録からは、「偏小不便」な卯辰山の招魂社でも招魂祭はそれなりに執行されていたことが知れる。

① 明治二十九年（一八九六）五月

「卯辰山招魂祭」／旧加藩の士人にして戊辰の役に戦死したる者の招魂祭は、例年の通り去月五日卯辰山招魂社に於て執行せられたり、当日の参拝者は三間知事、三好少将、（略）午前十時号砲を以て式を始め一同着席奏楽あり（略）当日は午後より社前に於て撃剣の奉納あり、又昼夜数十発の狼火を打揚げて祭典に幾多の賑ひを添へたる由[8]

② 明治四十年（一九〇七）六月

「卯辰山招魂祭」／戊辰の役戦死者を祀れる卯辰山招魂社にては例年の通り去月二十五日祭典を挙行したるに（略）当日は師範学校中学校商業学校小学校の各生徒隊を組んで登山参拝し奉納撃剣もありて中中盛んなりき[9]

③ 明治四十一年（一九〇八）九月

「卯辰山の官祭」／卯辰山招魂社に於ては五月二十五日午前十時列年の如く官祭を執行し、県立学校生徒は午前九時頃より教師と伴に夫々参拝し（略）式を挙げ挙式後余興には戦利品の陳列、煙花の打ち上げ、剣術柔道の仕合ありて、退散せしは午後四時なりき(10)

とすれば、少なくとも明治後半までは、招魂祭は卯辰山と兼六園の両祭場で並行して開催されているわけで、この段階での「偏小不便」の認識は、それほど本質的なものではなかったようにも思われるのである（むしろ、両方の祭式の関係のほうが気になるところである）。すなわち、卯辰山の招魂社境内が、招魂祭の会場として「狭い」と「意識」されたことによる、本格的な遷移への「県民一般の宿望」は、かならずしも一九三〇年代前半に特殊な課題ではありえなかったのである。だとすれば、この時期に遷移が当面必要な課題と「意識」された歴史的な背景が考慮されなくてはなるまい。次節では、この背景を招魂社遷移運動そのもののなかに検証してみることにしたい。

(二) 招魂社遷移運動の展開

1 石川県招魂社奉賛会

招魂社遷移に関する動きは、先述のごとく昭和七年（一九三二）なかばごろから本格化する。当時の新聞報道によれば、同年六月十六日、「卯辰山招魂社移遷問題協議会」が開催され、石川県、金沢市、軍部の代表がこの問題について協議した結果、出羽町練兵場に新たに招魂社を造営する旨が決定されたのである。当時、出羽町の練兵場は、当然のことながら陸軍第九師団の管轄下にあったが、このうち四〇〇〇坪の払い下げを受け、二ヵ年の計画で招魂社を移転改築しようとするものであった。(11)これに呼応して七年七月十日には造営のための「招魂社奉賛会」が組織され、一般寄附一五万円を目標に献金を募り、着工への期成運動が開始される。(12) とはいえ、「移転改築は県民一般の宿望であった」（遷移理由）と謳われるにもかかわらず、この運動は当初から順調に進んだようにはみえなかった。例えば、同年九月の『北国新聞』紙面は、この間の事情をつぎのように報じている。

「招魂社移遷の猛運動へ／来る二十八日準備委員会を開き促進の拍車を入れる」／卯辰山招魂社の出羽町練兵場移遷問題はその後連隊区司令部および在郷軍人有力者その他において、極力実行運動中であるが、何分十万円の費用が簡単に出ないのと、練兵場の敷地について陸軍側と未だに折合がつかぬ模様なのでやや停滞の赴きを呈してゐるが、かくては徒に時日が遷延するのみで、折角の時節を外してはといふので、更に実行運動に拍車をかけることになり、来る（九月）二十八日午後二時から石川県庁においてその準備委員会を開くことになった（傍点引用者）。(13)

これによれば、遷移運動の推進役は、第九師団・第七連隊ならびに在郷軍人会の関係者が担ったものの、この段階では軍中央との連携は、むしろスムーズにいっていない実情がうかがえる。なお、この「準備委員会」には連隊区からは斎藤（済一）司令官および松山（猛）副官が出席している。以下、こうした実情の背景を含め、「準備委員会」＝発起人会の発足から「石川県招魂社奉賛会」の結成に至る過程を関係史料を紹介しつつ詳しくみていこう。

なお、この動きに際しては、金沢に駐留する第九師団の軍人や在郷軍人会の意志が当初より深くかかわっていたわけだが、昭和七年六月三十日に石川県庁に提出された、「招魂社建設事業の大要」なる趣意書の発起人も、陸軍少将水島辰男、同林賢徳、陸軍歩兵大佐千田侃次郎の三名であったことに注目しておきたい。(14)

ちなみに、この史料の付言にも、官祭招魂社移転造営計画は従来「地方有志ノ企図」より始まったものだが、「帝国在郷軍人会金沢支部ニ於テ協議」さるるに至り、「昭和七年ノ軍人勅諭下賜五十周年記念事業」として計画されたものと記されている。

〔石川県招魂社建設事業ノ大要〕

一、目的

本事業ノ目的ハ石川県招魂社ヲ金沢ニ建設シ諸戦役ニ於ケル殉国者ノ英魂ヲ迎ヘ郷土ノ祭祀ヲ行ヒ永ヘニ其武勲ヲ伝ヘ且ツ県民思想ノ善導ニ資スルニアリ

二、経過

本事業ハ従来有志者ノ企図セシ処ナルモ好機ヲ得ズ荏□今日ニ至レリ然ルニ今回在郷軍人会金沢支部ニ於テ偶々本年勅諭下賜五十年ニ際会シ之ガ記念事業トシテ発起シ支部長ヨリ在県有志者ノ一部ニ謀議スル処アリシモ時恰モ第九師団ノ上海出動ニ遭遇セシタメ其進行遅々タリシガ凱旋完了ノ今日出動ノ後始末ノ残レル重要行事トシテ急速促進ヲ見、師団長、知事（前知事平賀周氏）金沢市長ノ賛意ノ下ニ大体敷地ニ関シテハ師団ニ於テ、其他ニ関シテハ県市ニ於テ尽力ヲ得ツ、アルノ一面ニ於テ県内有力者ノ蹶起ヲ得タリ而シテ時偶々長官ノ交代ニ遇ヒシヲ以テ建設ニ必要ナル機関ノ組織ヲ作リ実行ニ着手スルコトハ暫時新知事ノ着任ノ時ヲ待テリ在郷軍人会ニ於テハ記念事業ナルガ故ニ既ニ之ニ着手シ某一郡ノ如キハ負担経費ノ準備ヲ終ラントスル状況ニアリ

三、事業ノ内容

事業ノ内容ニ付テハ従来県、市、支部、有志者ノ一部ニ於テ準備的ニ研究セシモノニシテ未ダ確定的ノモノニアラザルノ如シ

1、組織　石川県招魂社建設奉賛会ヲ組織シ本部ヲ金沢ニ支部ヲ県外主要地ニ設置ス

2、敷地予定　出羽町練兵場ノ一隅ニ四千坪ヲ予定ス。

3、経費予算

最小限見積　拾参万円（募集費ヲ含マズ）

建設費其他　九万円

基本金　弐万円

予備費　弐万円

経費ハ県内、県外有志ノ醵金ニ待チ奉賛会組織後二年ヲ以テ募金ヲ完了ス

4、祭典　毎年行フベキ大祭ハ従来ノ招魂祭ノ恒例ニヨリ県主催ニテ行フ

この史料によれば、第九師団、石川県、金沢市一体となった、かなり官製的な色彩の濃い運動として展開が期待されている。これを受けて、まず「石川県招魂社奉賛会」を組織する計画が進行し、「招魂社奉賛会計画」が作成された。この計画によれば、昭和七年秋季招魂祭当日を起点として、寄附募集期限を「向フ四ケ月」、社殿竣工を「向フ壱ケ年」、整備完成を「向フ弐ケ年」としている。また、この段階で予定される「神域」を「神霊ニ最モ縁故アル地ヲ選定ス、之ガ為メ金沢小立野台上陸軍用地ニ建設方ヲ当局ニ出願スルモノトス、其境内ハ社殿及同附属建物用地二千坪外ニ祭典及参拝地域二千坪」（傍点引用者）としている点は注目したい。立地の問題としても興味深い記述であろう。建設予定の社殿と附属建物として、「本殿、拝殿、社務所、神庫、手水舎、鳥居、玉垣、制札舎等」があげられている。ちなみに、「本殿」は「前口二間奥行一間半向拝前口二間奥行一間建坪五坪ノ流造リ」とされた（図13参照）。この段階で、すでに「永世ニ祭祀シ其崇厳ヲ維持シ創建ノ主旨」に副うために、「御造営記念基金ノ設定」が創設されていることも付言しておきたい。(15)

以上のように計画の具体案が提示され、正式の陳情があったことを受けて、県当局も数次に亘り関係主脳部とこの件につき協議したもようである。この間、すでに建造を先行している名古屋の愛知県官祭招魂社に建設の進め方や実際に建築をする際の問題点について、照会している点も興味深い。

〔招魂社移転ノ件照会〕

貴管内招魂社移転計画ノ趣ニ付左記事項御手数ナガラ御取調御回答相煩度得貴意候也

記

一、移転セントスル招魂社ハ官祭私祭ノ何レナルヤ
　其ノ御祭神名及靖国神社ノ御分霊ハ合祀済ナルヤ

一、移転セントスル招魂社自体ノ祭典日ト後日合祀セル靖国神社ノ御分霊ノミヲ主トセル招魂祭典ト同一ニ執行セラル、ヤ
　若シ区分シ執行セラルトセバ其ノ方法並計画承知致シタシ

一、祭典ノ種類別並其ノ執行月日（移転後ニ於ケル予想ヲモ記入願ヒタシ）

一、移転御許可ノ場合ハ内務省令第六号第三十九条ニ依リ特別由緒アル神社トシテ御取扱ヒノ御予定ナルヤ

一、移転セズ新設セントスル御計画ナルヤ

一、右諸計画ニ開スル印刷物ノ余部アラバ一部御送付願ヒタシ(16)

以後に検討する、招魂社遷移をめぐる問題点のいくつかが、すでにここであげられていることに注目しておこう。

かくして、七年十月十二日には、石川県知事山口安憲を議長に奉賛会の発起人会が開かれ、招魂社の出羽町遷移は本格的に推進されることが決定するのである。この間の事情を『北国新聞』十月十二日付夕刊は、「かねて一部在郷軍

人間に唱えられていた卯辰山招魂社の出羽町移築問題に関しては、十日午後一時県庁に発起人会を開いた結果、山口知事を会長に推し、いよいよ決行することになった」（傍点引用者）と伝えている。なお、同計画によれば「総工費十五万円で県内外の寄付に求め、今明二カ年計画で実施せんとするもの」とされた点は、ほぼ「建設事業ノ大要」を踏襲したものであった。

さて、奉賛会発起者会は十月十日午後二時より県庁において以下の次第で開催された。議事の次第は、「一、開会ノ挨拶、一、閣議（趣意書決定、会則議決、会長・副会長選任、事業計画決定）、一、閉会の挨拶、解散後午後五時より仙宝閣にて知事招宴」とある。議事そのものは、山口知事が議長となり「至極円満ニ進行」、提案された事項は全て「原案承認」された。この結果、繰りかえし述べるように、会長には山口知事が就任、石川県招魂社奉賛会が設立されたのである。以下は、その議事録である。議事内容によれば、事業を全県下の総意により立ち上げるべく「郡部ヨリモ発起者トシテ蹶起ヲ求ムル」との意見や、卯辰山招魂社の保存を求める意見など、いくつかの建設的な意見も出されたようである。

〔発起者会議事録〕

一、出席者別紙ノ通(17)

二、開会ノ挨拶

本会ノ議長ヲ山口石川県知事ニ委嘱ス。議長ノ挨拶アリテ予定ノ議事ニ入ル

三、議事

1、趣旨書、会則、会長副会長選任及事業計画トス

提案ヲ基礎トシテ審議ヲ進ム

・趣旨書ニ就テ

本趣旨書ニ賛同ヲ得、石川県招魂社奉賛会ノ設立ヲ得タリ

但シ

・本事業ガ全県下ノ総意ニヨリ出発スベキ主旨ニ基キ郡部ヨリモ発起者トシテ蹶起ヲ求ムルヲ妥当トスルノ提議（小松四高長）アリテ会ニ於テ適宜取リ進ムベキ決議ヲナス

・卯辰山招魂社ノ保存方ニ関シ質問（相良前市長）アリ。遺蹟保存ノ著意ヲ必要トスルモ其ノ方法ノ採択ハ今後ノ問題ナリ而テ之ニ対スル経費ハ恐ラク充分ニ割当スルコト能ハザルベキ説明（提案者）アリ

2、会則ニ就テ

提案通決定ス

3、会長、副会長選任

会長ニ山口石川県知事ヲ推シ同知事ノ受諾ヲ得タリ

副会長ノ選任ヲ会長ニ委託スルコトヲ決議ス

4、事業計画ニ就テ

提案通決定ス

右議事ニヨリ決定セシ成案左ノ通リ（略）。

その後、昭和八年二月一日付を以て、石川県知事に「招魂社移転許可申請書」が提出される。これを山口知事は二月六日付（収社兵第二一六〇号）で、以下の「添付書類」を添え内務大臣に稟請したのである。[18]

〔招魂社移転許可申請書添付書類〕

一、卯辰山官祭招魂社移転申請書
一、同　事由書
一、卯辰山官祭招魂社及金沢市出羽町陸軍用地概覧図（附図第一）
一、管理換出願移転敷地実測図（附図第二）
一、同　建物配置図（附図第三）
一、移転造営設計概要書
一、奉賛会趣意書並会則
一、同　予算書
一、卯辰山官祭招魂社明細書及境内見取図（附図第四）
一、同神社ノ財産目録並処分方法
一、同神社ノ予算及決算書
一、本年度招魂祭予算書(19)

一方、この正式稟請と並行して、運動の促進を計るため、招魂社奉賛会事務局は二月七日、移転に関する件を旧藩主前田家（前田侯爵家総務、中川次郎）へ連絡・依頼している点も金沢の地域性からすれば興味深いところである。(20)というのも、前章でみたように、もともと招魂社は前田家の創設によるものであるから、当然のことといえば当然であろうが、この段階では、むしろ同家の資力（寄付金）を期待したものにほかならない。同家への依頼状にも「正式手続ニ着手致シ候、就テハ右手続ハ卯辰山神社ヨリ受持神職及崇敬者総代連署ノ上（崇敬者総代トシテ男爵奥村栄同、奉賛会長山口安憲ノ両閣下）取運申候条右御了承相願度候、猶ホ移転許可相成候上ハ、卯辰山旧敷地ハ自ラ神社用地トシテノ使用ヲ停止セラル、次第ニ有之候モ、豊国神社ヨリ使用出願ノ場合ハ県トシテハ可成希望ニ添ヒ得ル様取計ヒ度キ意中ニテ、又不用建物其他ノ処分ニ就イテハ只今ノ処審議中ニ有之候、之ニ関スル御意見ハ此際拝承置キ度得貴意候猶ホ前田侯爵閣下ヘノ御取計倣ハ貴殿ヨリ可然御取計御願致度併セテ御依頼申上候、敬具」とあるように、卯辰山招魂社旧敷地の取り扱い、及び不用建物その他の処分等に関して前田家の采配を仰ぐとともに、もちろん寄付の依頼を主眼とした意図が主眼にあるものであった。

これと前後して、内務省総務部長より石川県内務部長あてに「内務大臣ハ石川県知事ノ稟請ニ対シ左ノ通リ聴届ク」旨の指令があり、同時に神社局長から以下の依命通牒があった。(21)

〔内務省神社局長依命通牒〕

内務省石社第一号

石川県知事

昭和八年二月六日附収社兵第一二六〇号稟請

官祭招魂社移転ノ件聴届ク

昭和八年三月二十二日

内務大臣　男爵山本達雄

（別紙）

内務省石社第一号

昭和八年三月二十二日　内務省神社局長

石川県知事　殿

石川県指令収社兵第一二六〇号

金沢市東御影町　官祭招魂社　昭和八年二月一日附申請其ノ社移転ノ件許可ス

昭和八年九月二十一日

石川県知事　山口安憲

ちなみに、昭和八年二月一日の「移転許可申請」から同年九月二十一日の「移転許可指令交付」までの関係機関の間のやり取りは以下のとおりである（年月日／件名／文書番号／発信者／宛名）。

①昭和八年二月一日「招魂社移転許可申請」官祭招魂社→知事
②昭和八年二月六日「招魂社移転ノ件稟請」（収社兵一二六〇号）知事→内務大臣
③昭和八年三月二十二日「招魂社移転許可指令」（内務省石社一）内務大臣→知事
④昭和八年三月二十二日「招魂社移転許可通牒」（内務省石社一）神社局長→知事
⑤昭和八年三月二十五日「公用財産管理換ノ件」（発社兵一五七三）知事→第九師団経理部長
⑥昭和八年五月三十日「公用財産管理換ノ件同通牒」（九経営九九）第九師団経理部長→知事
⑦昭和八年六月一日「国有財産管理換ノ件稟請」（発社兵四四三）知事→内務大臣
⑧昭和八年九月五日「国有財産管理換ノ件通牒」（内務省石社一一）内務大臣官房会計課長→知事
⑨昭和八年九月五日「国有財産管理換ニ関スル件」（内務省石社一一）内務大臣官房会計課長→知事
⑩昭和八年九月二十日「国有財産授受証書提出ノ件」（発社兵一〇六二）知事→第九師団経理部長
⑪昭和八年九月二十日「国有財産管理換ニ関スル件上申」（発社兵一〇六三）知事→内務大臣
⑫昭和八年九月二十一日「招魂社移転許可指令」（石川県指令収社兵一二六〇）知事→官祭招魂社

かくして、八年五月三十日には、県から内務省・陸軍省に出願中であった出羽町練兵場の一部（二六五六坪）無償払下げが決定。石川県には陸軍大臣からその旨通知があり、招魂社奉賛会はさっそく造営準備にとりかかることになった。(22)

2　招魂社奉賛会の組織と活動

まず、石川県招魂社奉賛会の「趣意書」を掲げる。(23)

〔石川県招魂社奉賛会趣意書〕

石川県人ニシテ明治戊辰役以来日清、日露ノ戦役ニ従ヒ屍ヲ兵革ニ裹ミシ殉難ノ士少カラズ、然モ其忠魂義魄ハ纔ニ城東卯辰山招魂社ニ合祀セラレツ、アルニ過ギズ創建依以来十余星霜ヲ経過シテ神垣既ニ荒廃ニ就カントシツツアルノミナラズ、境域狭隘ニシテ一般ノ参拝ニ適セズ、衆庶ノ報祀ニ便ナラザルアリ、茲ニ於テ客秋来有志相図リ高燥小立野ニ地ヲ選ンデ、荘厳崇美ナル社殿ヲ構築シ以テ顕忠ヲ無窮ニ伝へ、更ニ敬神愛国ノ赤□沈ヲ交枚セントセリ、輓近道心ノ陵夷ニ思想ノ尖鋭ニ世相頗ル憂慮スベキモノアリ、時恰モ日支ノ事変勃発シ大命第九師団ニ下ルヤ吾等ノ同胞ハ満蒙ノ曠野ニ江南ノ□泊流ニ転戦数閲月遂ニ東洋ノ妖雲ヲ掃蕩シテ国威ヲ中外ニ宣揚セリ、是ニ幾多殉難将士ノ功烈偉勳ニ外ナラザルナリ、此時此機招魂社ノ移転造営ハ蓋シ吾等銃後ニ在リシ石川県民ノ一大使命ニシテマタ最重ノ責務タルベキヲ信ズ、仍テ茲ニ石川県招魂社奉賛会ヲ組織シ普ク有志ノ献資ヲ募リテ其期成ヲ画シ以テ英霊ヲ千載ニ奉祀シ休光ヲ萬世ニ景仰セントス、江湖ノ諸賢冀クハ吾等ノ微衷ヲ諒トセラレ奮ツテ賛襄アランコトヲ　昭和七年十月

ここでも「境域狭隘ニシテ一般ノ参拝ニ適セズ」という理由があげられている。なお、「趣意書」の発起者には、

山口安憲知事、吉川一太郎市長をはじめとした先のメンバーに加え、八田三郎、本多政樹、横山隆俊、中島徳太郎、石黒伝六、飯尾次郎三郎、久保田可全ら、いわゆる金沢の「名士」が顔をそろえている。理事長には、辻利吉が就任した。以下は、奉賛会の規程である。(24)

〔石川県招魂社奉賛会規程〕

第一条　本会ハ石川県招魂社奉賛会ト称ス

第二条　本会ハ卯辰山官祭招魂社ノ移転造営事業ヲ翼賛シ益々御神威ヲ宣揚スルヲ以テ目的トス

第三条　本会ハ前条ノ目的達成ノ為必要ナル資金ヲ募集ス

第四条　本会事務所ハ石川県社寺兵事課内ニ置ク

　但シ必要ニ応シ地方ニ支部ヲ置クコトヲ得

第五条　本会ハ左ノ役員ヲ置ク

会長　一名

副会長　三名

顧問　若干名　会長之ヲ推薦ス

相談役　若干名　同

評議員　若干名　会長之ヲ委嘱ス

理事長　一名　同

理事　若干名　同

第六条　会長ハ本会ヲ代表シ会務ヲ処理ス

第七条　副会長ハ会長ヲ輔佐シ会長事故アルトキハ之ヲ代理ス
第八条　顧問及相談役ハ会長ノ諮問ニ応シ本会ノ事業ニ関シ意見ヲ開陳ス
第九条　評議員ハ重要ノ会務ヲ審議ス
　評議員会ノ議長ハ会長之ニ当ル
第十一条　理事ハ会務ヲ処理ス
　理事ノ内若干名ヲ常任理事トス
第十二条　本会ニ事務員若干名ヲ置キ理事長之ヲ任免ス
　事務員ハ上司ノ命ヲ承ケ諸般ノ事務ニ従事ス
第十三条　会長ハ必要ニ応シ特別委員ヲ嘱託スルコトヲ得
第十四条　本規程施行ニ関スル細則ハ会長之ヲ定ム

この結果、「移転造営計画大要」が確定され、従来の計画に以下の点が追加された。(25)

一、境内ニハ植樹其ノ他ノ施設ヲナシ森厳ナル神域トナス
一、移転造営ニ要スル一切ノ経費（建設及維持基金）ハ十五万円トシ石川県内外ノ崇敬者ノ寄附ニ俟ツ
一、本事業ハ二ケ年計画トナシ昭和七年十月ヨリ着手ス
一、資金経費募集方法及寄附者ニ対スル待遇方法ハ別ニ之ヲ定ム

また、さきの発起者会議の議論をうけ、「郡部ヨリ発起者ヲ求ムルコト」となり、各郡町村長会長・各郡在郷軍人会連合分会長を発起人に加えることとし、七年十月十五日には「郡方面発起者依頼状」が発送されている。

一方、「郡方面」と並行しつつ、さきの前田家への働きかけとともに、運動の拡大を期して支部を東京に設置する

準備も進められた。まず、八年七月十四日、石川県出身の有力者中田敬義に奉賛会会長が上京して訪問、懇談の中で募金組織の立ち上げに関する依頼交渉をしている。これをうけ、十五日付で辻利吉理事から前田侯爵家の千田勘兵衛常任理事宛てに出された「石川県招魂社奉賛会東京支部設定ニ関スル要項」によれば、結局、招魂社の移転造営費募集に関する業務は「加越能郷友会」（ほぼ石川県人会に近い組織）に委嘱することになり、これを東京支部と見做すことにしている。同十月十五日には、会長山口知事名で「十三日の会合にて快諾」をえた礼状を、三井清一郎、中田敬義、中川友次郎、矢木亮太郎に差し出している。(26) なお、東京支部長には井上一次が就任した。ちなみに、招魂社奉賛会の募金手続きは、つぎのように定められている。(27)

〔石川県招魂社奉賛会寄附金募集取扱手続〕

寄付金ノ募集ハ左ノ要領ニヨリ取扱フモノトス

一、本募集ニ関シテハ市町村ノ分ハ市町村長ニ、学校官衛工場其ノ他各種団体ノ分ハ各管理関係ノ長ニ委嘱ス

二、市町村長及各管理開係ノ長ハ募集金ニ連名薄（現住所、氏名、金額ヲ記シタルモノ）ヲ添ヘ本会事務所（県庁社寺兵事課内）又ハ市内新聞社宛送付スルモノトス

三、個人ヨリ直接本会事務所又ハ市内新聞社宛送付スルモ差支ナシ

但東京、大阪、京都市在住者ノ為支部ヲ設ケ右ノ取扱ヲ為ス

四、寄附金ノ受領証ハ本会事務所ヨリ発行スルノ外県公報ヲ以テ発表ス

但新聞壮取扱ノ分ハ新聞ノ掲載ヲ以テ受領証ニ代フ

〔寄附金募集予定方法〕

寄付金ヲ拾五万円トシ左ノ如ク予定シ昭和八年五月末日迄ニ醵出方ヲ依頼ス

記

金弐万円　金沢市
金参万円　県下町村ニ対シ家屋税及現住戸数ニ按分割当ス
金壹万五千円　在郷軍人会及第九師団管下現役軍人
金弐千円　県内各種学校職員学生生徒及児童
金壹千円　県内諸官衙公署職員
金五千円　福井、富山、岐阜、滋賀ノ各県ニ割当
金五万五千円　県外在住者一同
金壱万円　国防研究会補助金
金壹万五千円　招魂祭基金繰入

また、この段階で、募金の期限は「昭和九年六月」とされた。この間、奉賛会の例会では、幾度か「事業進捗状況報告」が事務局により行われているが、この報告書より事業の進展の一部をうかがうことができる。例えば、昭和八年十月六日の報告では、「知事ハ移転ニ関シ内務大臣ニ、又移転敷地管理換ニ関シテハ第九師団経理部長及内務大臣ニ願出デ内務大臣ヨリ本年三月二十二日付移転ノ件聴届ケラル、敷地移管ハ九月五日付認可セラレ、同月十八日現地ニ於テ師団当局ト立会該地ノ引継ヲ了ス」とあり、(28)八年十二月の報告では、「基礎設計略ボ完了ス、引続キ細部設計地盤土盛工事及建築準備作業ニ入ル、建築工事着手ハ明春ノ予定、造営ハ経費七万円程度、県社中等並ノモノトス」とか、「県外居住者献金募集ノ件ヲ挙ゲテ県出身東京先輩ニ依頼シ其ノ処理方ヲ一任シタル所、東京先輩ニ於テ支部ヲ設置シ其ノ事務所ヲ東京市小石川区表町一〇九加越能育英社内ニ置キ左記ノ通役員ノ決定ヲ見、目下献金募集ノ準

備中ナリ」とされている。(29)

このように軍部と石川県が先導する形で遷移運動が進むなか、行政サイドの一方の当事者金沢市でも、移転改築にむけての動きが活発化する。昭和九年（一九三四）一月九日、出羽町練兵場の大蔵省への移管が内定すると、金沢市では大蔵省から同地の払下げを受け招魂社を設ける案を第一案として、吉川市長が近く上京する予定を発表した。(30)これをうけ翌二月十日には練兵場の移管が正式決定。市会の承認を得たうえで、大蔵省に対し具体的な払下げ交渉が開始されたのである。

以上の経緯をへて招魂社の移転改築事業は軌道に乗り、造営工事は県民の労働奉仕をも得て順調に進んだ。社殿の建築については、「内務省の角南技師、宮地考証官の指導を受け、殿内装飾は井上造神宮使庁技師の設計監督に係り、招魂社建築として一新機軸（のちの護国神社建築様式）を出した」(31)のだという。なお、前掲「第九師管招魂社奉賛会賛助趣意書」にも「一旦緩急アラハ義勇公ニ奉スルノ大精神往々ニシテ、世態時相ノ変移ニ伴ヒ動モスレハ根軸ノ弛緩ヲ免カレサルノ秋ニ際シ、此ノ如キ師団司令部所在地ニ相応シタル招魂社造営ノ挙アルハ、寔ニ機宜ヲ得タリトスヘク、其ノ国民精神

図13　新招魂社の竣工（出羽町，『官祭招魂社造営誌』より）

ノ作興ニ資スル所頗ル大ナルモノアルヲ疑ハス」(32)などと表現されるごとく、いわゆるファシズム期特有の言説が散見され、時代の雰囲気を示しているといえよう。

かくして、昭和十年四月、ようやく出羽町招魂社の社殿造営は竣工する。四月五日には「清祓祭、新殿祭」、同十二日には「遷霊、合祀祭」、そして同十三日には「遷座祭」が執り行われ、一連の模様を地元紙の記事は以下のように伝えている。(33)

「第九師団招魂社の新殿完成」

在天の第九師団英霊一万五九〇五柱を祀る第九師団官祭招魂社の新殿が金沢城東、出羽町練兵場西南隅の一角に完成。十三日深夜から十四日未明にかけてしめやかに御霊代の遷座式が執り行われた。まず桜花満山にかすむ月清らかな十三日午後十時三十分、卯辰山旧社殿にて斎主尾山神社宮司男爵前田孝以下十二人の神職及び祭主生駒石川県知事ら諸員により、修祓の儀・御霊代の遷御の儀が執行。続いて御霊代は神門より準備の御羽車に御移されて正十二時、御大典記念坂を供奉諸員に護られながら出羽町新殿に進御あらせられた。

また、翌十四日の「慶賀祭」を含め一連の祭典は全国神職会の機関紙『皇国時報』は以下のように報じている。(34)

「石川県官吏祭招魂社の遷座祭並慶賀祭―新装成れる社殿で執行さる―」

総工費十五万円と三箇年の歳月を費して移転新装中であった第九師団管下の石川県官祭招魂社はこの程漸く竣工を告げたので、去る四月十三日午後十時より別格官幣社尾山神社前田宮司斎主の下に祭主知事以下各団体関係者参列し古式に則る厳かな遷座祭が執行された。引続き翌十四日午後十時よりは竣工慶賀祭を執行、第九師団長並に県知事学務部長、その他地方名士多数参列し盛大であった。尚慶賀祭と共に各種奉納行事と奉納余興に十四日から十五日にかけて桜花爛漫の招魂社一帯は、北陸三県下よりの遺族の参拝等で雑踏を呈した。因に全国神職会よりは太田理事が慶賀祭に参列した。

3 招魂社遷移をめぐる社会的背景

以上、招魂社遷移をめぐる県内の動向を不十分ながら確認した。ここに明らかにされたように、一連の招魂社遷移事業は「県民一般の宿望」というよりは、ある一部の層、すなわち「連隊区司令部および在郷軍人有力者」に代表される人々を中核とした意図的主体的な運動の産物であった。そしてこの意図が、一九三〇年代後半、さらに言えば満州事変以降に具体的な運動として展開したのも、極めて必然的な意味をもっていたといえよう。

なぜなら、こうした招魂社の建築・改築が地元の師団や連隊区司令部との協議の上行われたのは、まさに全国的な動向であったからである。例えば、埼玉県では県国防義会が中心となり、昭和八年（一九三三）十月「大宮町氷川公園に県招魂社の創建に着手し、約五箇月工費二万七千余り円でこの程竣工」[35]しており、また、島根県でも九年官祭招魂社の建設が松江と浜田の二箇所に計画され、「県当局から江口社寺兵事課長が上京して内務省当局に懇請諒解を求めた結果」、許可を得、松江・浜田連隊区司令官、県神職会長その他各方面の有力者が発起人となって寄付募金徴収に着手している。その際の建設費は「二社で約十万円、近く着工の予定である」と報ぜられた[36]。このような動きは、このほか姫路市などいくつもの県市で確認され[37]、時には京都でみられるように、「軍隊の労力奉仕」が提供される場合もあった[38]。さらに建設改築のための寄附は、徳島県のように各市町村ごとに担税額に準拠して割り当てが決められたり[39]、「完納」されない地域にたいしては、広島県のように強制的な形で取り立てが図られたりしている[40]。

以上のような動向に関して、坂井氏もいくつかの事例を整理して紹介されており[41]、一部重複するものの大変参考になる。一括引いておきたい（傍点引用者）。すなわち、昭和九年十一月の神祇院旧蔵資料「招魂社創立内規ニ関スル件」[42]に「府県ノ区域内ニ師団管轄ヲ異ニスル歩兵連隊ノ設置アル等ノ事情アリテ止ムヲ得サル場合ハ当該府県内ニ新ニ二社迄之カ創立ヲ認ムルコト」とあり、府県一円を崇敬区域とする招魂社を一社のみ創立を認める規定の例外がある。

右の内規に関係して作成したと思われる同綴りの資料に「招魂社ノ配置並将来創立予定地ノ調地図」および「常備団隊配置要図（昭和三年一月現在）」があり、官祭招魂社・私祭招魂社・創立予定地が書き込まれている。その創立予定地の二五箇所は、総て師団・旅団・連隊・大隊の所在地に当てており、招魂社と軍との関係が明瞭である。

府県一円を崇敬区域とする招魂社以外に、師管や連隊区を崇敬区域・祭神出身地とする招魂社がみられる。例えば、昭和十三年十二月調の「招魂社制度改正ニ依ル指定候補招魂社調（道府県内申）」[43]によると、私祭札幌招魂社は札幌連隊区管内、石川県の官祭招魂社は第九師管一円を崇敬区域とし、島根県の私祭松江招魂社は松江連隊区、私祭浜田招魂社は浜田連隊区出身者を主神としている。岐阜県は「二師管三連隊区ニ跨ルヲ以テ各連隊区毎ニ一社宛指定ヲ希望ス、目下岐阜市ニ岐阜連隊区管内ヲ崇敬区域トスル招魂社ノ創建準備中」とされる。

長野県では一県一社の招魂社を建設するにあたり、長野市と松本市との激しい抗争の末に、連隊衛戍地である松本市に決した経緯がある。理由として軍隊の参拝や精神教育上、及び陸軍墓地があることなどが挙げられている。[44]群馬県でも県庁所在地の前橋市に厩橋招魂社、館林に官祭の館林招魂社がありながら、一県一社の護国神社は歩兵十五連隊の衛戍地高崎市に創建され、連隊の兵営と川を隔てた練兵場の近くに創建された。[45]

このように、招魂社は師団や連隊との関係が深く、その衛戍地に建てられる場合が多かったわけである。ちなみに坂井氏は、この背景として、軍隊の教育上の参拝や連隊の戦没者の合祀・祭祀の際に、招魂社が近いことは、便利であったためであろうと推測されている。なお、神奈川県の場合、連隊及び連隊区司令部の衛戍地は甲府であったこともあり、同県内に招魂社を創立する積極的根拠は乏しかったようである。

以上のような状況を、かつて江口圭一氏は「満州事変の開始後最初にみられるのは、国威宣揚・武運長久・戦勝祈願祭の急増であり、地域のあらゆる半官団体の計画的組織的な動員である。そして軍事行動が一段落した昭和七年（一九三二）の春には、それは戦没者の慰霊中心のものとなる」[46]と分析された。これを受けて、赤澤史朗氏は、「この慰霊祭がひとめぐりした後、この慰霊行為を継続し恒久化させる目的で、各地で招魂社の建設や改築がおこなわれる。その際新たに建築される場合はこれまで県の招魂社がないか、あっても地域的に偏した場所に建設されていた場合であり、改築は従来の小規模な招魂社を移転拡張した場合が多い」[47]と指摘しているのである（傍点引用者）。石川県においても、満州事変の勃発から昭和七年二月までに、県内で国運隆昌の祈願祭を行った神社は一四五と社寺兵事課に報告されているが、[48]本節でみたような県下の招魂社遷移運動は、まさに赤澤氏の指摘そのもの（パターンどおり）の経緯をたどったものといえよう。

かくして、出羽町の招魂社は名実ともに招魂儀礼を遂行する「慰霊空間」として、その位置を確立したのであった。この過程は、いわば明治後期以降の招魂社（卯辰山）と招魂祭（兼六公園）の乖離状態を制度的に解消したものともいえよう。しかし、こうして市内中心部に整備された招魂社は、戦時体制がしだいに強化されるなか、新たな矛盾を顕在化させることになる。というのも、招魂社はその性格上、国家神道を軸とした「民衆意識の統合」の総合的な施設（空間）としての役割を新たに期待されることになるからである。すなわち日中戦争の激化に伴い、国民の戦意高揚の手段として頻繁に当局の指示が発せられ、各神社においては「祈願」ならびに「願後祈念祭」が一斉に行われるようになる。[49]こうした、内務省や文部省の主導する「国意宣揚」運動の高まりのなかで、招魂社には招魂祭のみならず、祈願祭をはじめとしたあらゆる国家イデオロギーの発揚の場（顕彰空間）としての役割が課されるようにもなる。しかし、これら国家総動員的な統制に対し、従来の招魂社制度では十分な対応をしきれないきらいがあったのである。こうした問題について、この時期の神社界（全国神職会）では様々な議論が展開されている。代表的な意見を紹介してみよう。(50)

次に不備なものとして招魂社の制がある。第一、招魂社といふ名称からしてをかしいので、招魂といふことは臨時的、一時的の事象に係るモノ、社は永久的施設である（中略）。之が職員として受持神官といふものがある。之はその正体甚だ明瞭でなく、名称・性質・任命・待遇等に於いて疑義百端である。神官と云へば本官たる祀職の意であるが、事実は全く之と違ふ（中略）。当局においては招魂社制度の整備・確立とに研究・努力中とのこと、冀くは一日も早く実施の運びに至らしめたい。つまり、

一、名称を適宜改正する。

二、社格を附して神社とする。

三、すべて官祭招魂社として私祭をなくする。といふことになる。

（高木忠彦「社格・招魂社私見」）

ここにみられるような新たな段階への対応が、招魂社制度の再度の改革の必要性を促したのであった。次章ではこうした矛盾に対する神社界ならびに内務省ほか関係各省の動向を検討したい。

注

（1）坂井久能「神奈川県護国神社の創建と戦没者慰霊堂」上・下（『神道宗教』一七四・一七五号、一九九九年）四三〜四四頁。

（2）『金沢市史』現代編、五七四〜五七五頁。なお、これら一連の記述は、元石川護国神社神官の故鏑木勢岐氏が担当されたと察せ

られるが、同様の説明は、『石川県神社誌』の記載をはじめ、護国神社境内の案内板や卯辰山の旧招魂社址碑文など随所にみることができ、いわば「定説」となっている。

(3) これらの記述の原形は、鏑木勢岐氏が昭和九年（一九三四）三月に作成した「官祭招魂社銘記」（銅版）の「其地偏小ニシテ衆庶ノ報賽ニ便ナラズ是ニ於テ一昨年官民相謀リ本社奉賛会ヲ設ケ（後略）」なる一文に求められる。なお、この記述は護国神社の公式的な説明書である、鏑木「顕忠廟の由来―卯辰山招魂社から石川護国神社へ―」一九八〇年にも説かれている。

(4) 『北国新聞』昭和五年十月二十日付。「」内はタイトル。以下同じ。

(5) 『北国新聞』昭和六年十月二十日付。

(6) 『北国新聞』昭和七年十月二十日付。

(7) 明治紀念標前での招魂祭の問題に関しては、II―一―(二)及びII―二参照。

(8) 『加越能郷友会雑誌』八六号、明治二十九年五月三十一日付。

(9) 『加越能郷友会雑誌』二〇一号、明治四十年六月二十五日付。

(10) 『加越能郷友会雑誌』二一〇号、明治四十一年九月十五日付。

(11) 『北国新聞』昭和七年六月十七日付ならびに『金沢の百年』。

(12) 『北国新聞』昭和七年七月十一日付ならびに『金沢の百年』。

(13) 『北国新聞』昭和七年九月二十二日付。

(14) 「招魂社建設事業の大要」（前掲『官祭招魂社造営誌』、以下『造営誌』と略す）四七～四八頁。千田倪次郎に関しては、II―二でふれた。

(15) 「御造営記念基金ノ設定」（『造営誌』）五〇～五一頁。

(16) 「招魂社移転ノ件照会」（『造営誌』）五三頁。

(17) 協議会の出席者は以下のとおり（順序不同）。

石川県知事山口安憲、金沢市長吉川一太郎、石川県内務部長中村忠充、石川県学務部長辻利吉、金沢市助役市川潔、（前金沢市長―引用者注）相良歩、金沢市収入役小竹芳朗、石川県会議長関戸寅松、石川県町村長会長前田豊吉、陸軍少将鉾田俊、陸軍少将水島辰男、同松本三太郎、同林智得、海軍少将村上莞爾、海軍少将瀧田吉郎、第四高等学校長小松倍一、金沢高等工業学校長青戸信賢、金沢連隊区司令官齋藤済一、金沢地方裁判所長井上鋏太郎、金沢地方裁判所検事正佐藤栄太郎、奥村栄同、陸軍少将福田栄太郎、帝国在郷軍人會金沢市連合分会長後藤昔壯、北国新聞社長林政武、北国夕刊新聞社長土井三郎、第九師団司令部付陸軍少将平田幸弘。

(18)「招魂社移転許可申請書」(『造営誌』)一九頁。
(19)「招魂社移転許可申請書添付書類」(『造営誌』)五頁。
(20)『造営誌』二〇頁。
(21)「内務省総務部長より石川県内務部長あて指令」(『造営誌』)二〇頁。
(22)『北国新聞』昭和八年五月三十一日付ならびに『金沢の百年』。
(23)「石川県招魂社奉賛会趣意書」(『造営誌』)五七～五八頁。
(24)「石川県招魂社奉賛会規程」(『造営誌』)五九～六〇頁。
(25)「移転造営計画大要」(『造営誌』)六〇頁。
(26)「三井清一郎ほかあて山口知事礼状」(『造営誌』)七六～九九頁。
(27)「寄附金募集取扱手続」(『造営誌』)一一一～一一二頁。
(28)「官祭招魂社移転造営ノ進捗状況」(『造営誌』)一二九頁。
(29)「官祭招魂社移転造営ノ進捗状況」(『造営誌』)一〇七～一〇八頁。
(30)『北国新聞』昭和九年一月十日付ならびに『金沢の百年』。
(31)鏑木前掲「顕忠廟の由来」。
(32)『造営誌』九九～一〇一頁。
(33)『北国新聞』昭和十年四月十四日付。
(34)『皇国時報』五六二号、昭和十年五月一日付。
(35)「埼玉県招魂社鎮座祭　朝香宮殿下御参拝」(『皇国時報』五二五号、昭和九年四月)。
(36)「島根官祭招魂社　二箇所に許可」(『皇国時報』五四八号、昭和九年十二月)。
(37)「兵庫県姫路招魂社竣工」(『皇国時報』六六八号、昭和十三年四月)。竣工は昭和十三年四月だが、記事内容記事から計画自体は昭和十一年以前であることが確認される。

(38) 「霊山官祭招魂社　社殿造営に着手」(『皇国時報』六六三号、昭和十三年十二月)。

(39) 「徳島県招魂社　建設費割当額決定」(『皇国時報』六〇九号、昭和十一年八月)。

(40) 「官祭広島招魂社　今秋十月竣工」(『皇国時報』五三八号、昭和九年九月)。

(41) 坂井久能「神奈川県護国神社の創建と戦没者慰霊堂」上・下(『神道宗教』一七四・一七五号、一九九九年)二九〜三〇頁。

(42) 神祇院総務局庶務課旧蔵「例規(護国神社)」所収「招魂社関係規程」神社本庁所蔵。

(43) 内務省神社局旧蔵、神社本庁所蔵。

(44) 小林・照沼前掲『招魂社成立史の研究』。

(45) 石川忠良『群馬県護国神社誌』群馬県護国神社、一九七一年。

(46) 江口圭一「満州事変と民衆動員—名古屋を中心として」(古屋哲夫編『日中戦争史研究』一九八四年)一四五〜一五二頁。

(47) 赤澤史朗「日本ファシズムと神社」(『近代日本の思想動員と宗教統制』第五章、校倉書房、一九八五年)二〇一頁。

(48) なお、石川県内でも昭和六年十一月には、石川県国防研究会、翌年二月には出動軍人並びに遺家族慰問会、十月には石川県婦人国防会が結成され、また十一月からは愛国飛行機献納運動が本格化した。『石川県史』現代篇1、七九一頁。

(49) これよりさき、他県ながら、招魂祭への参加についても一部の教育現場では取り組みが実施されていたことは注意したい。埼玉県師範学校附属小学校の訓練志操の啓発/「招魂祭の際上級学年は特に参拝を行ひ、忠勇の士の霊を弔ひ、感謝の念を旺んにせしむると共に国家的情操を培ふてゆく。」(埼玉県師範学校附属小学校『中正原理日本教育の経営』一九三六年)。

(50) 『皇国時報』六七二号、昭和十三年五月二十一日付。

四　護国神社の創設と展開

(一)　護国神社制度の創設

1　一府県一社制度の形成

卯辰山招魂社の遷移運動が軌道に乗り、造営も着実に進むころ、中央当局（主として内務省神社局）においては、招魂社制度に対する新たな統制が開始されつつあった。以下本章では、この点につき当局の政策を年次的にたどってみたい。

昭和九年（一九三四）十一月、内務省は招魂社制度に関する次のような内規を省令として発した。

十一月十九日付「招魂社創立内規ニ関スル件」（内務省令発社第五八号決判）

一、招魂社ナキ府県ニ在リテハ其区域一円ヲ崇敬区域トナスモノニ限リ一社創立ヲ認ムルコト

二、府県内ニ既存ノ招魂社アルモ其ノ崇敬管内一円ニ亘ルモノナキ場合ハ其ノ内一社ヲ該当府県一円ヲ崇敬区域トスル招魂社タラシムル様勧奨セシムルコト

但シ特別ノ事由アリテ府県一円ヲ崇敬区域ヲトスル招魂社タラシムルコトヲ得サル場合ニ於テハ府県一円ヲ

崇敬区域トスル招魂社一社ノ創立ヲ認ムルコト（以下略）

その他府県一円を崇敬区域とする一社を原則とすること、設備は府県社並とすること、専任受持神官（金沢の場合豊国神社神官が兼務）をおくことなどとある。この内規は、前章でみたように、満州事変以来、創設あるいは改築のつづく各地の招魂社建設に対し、内務省としてのガイドラインをしめしたものといえよう。また一方で、これをみる限り、のちの一府県一社制を原則とした護国神社制度の萌芽が、この時点でほぼすでに構想されつつあったことが察せられるのである。以後この内規の線にそって各県（和歌山・姫路・徳島・長野・香川・秋田・栃木・愛媛・熊本）では、招魂社の創設、既設の招魂社の移転・改築による一府県一社制にむけての整備が進められていった（石川県は既に改築中）。(1)

しかし、このような内務省当局の考え方は、一方で、それぞれの出身者の英霊を氏神なり産土社境内に祀りたいという、地域の実情（民衆意識）とはかならずしも一致するものではなかった。例えば、官幣中社生田神社の宮司加藤金綾次郎は、「一府県に一招魂社であったら、その招魂社を常に拝することができる地方は良いが、さうではないところは社会教化に利するところが少ない」と主張、こうした意見に代表される地方神職の心情が事実存在したことをうかがわせた。また、こうした議論の延長として、「各府県一社宛と、更に各町村には各鎮守社の境内社として建設し、各町村出身者の英霊を奉祀し」てはどうか、などというような折衷的意見もみられたのである。(2)

とはいえ、一府県一社という統制の取れた招魂社制度を確立しようとする神社局の基本方針と、戦没者の霊を広く郷土に祀りたいという一般国民の要望とでは、結果として前者の考え方が主導権を得ることになるのは自明の成り行きであった。その際、以下に代表されるような内務官僚の強固な信念が貫徹していたことに注目しておきたい。

靖国神社の御神霊を各府県毎にまとめて招魂社というやうなものをそこに建立して、さうして一県一社といふやうなことで行くならば、そこに一つの崇敬が集まって来るのではなかろうかといふやうな感じを持って居ります。（昭和十三年五月開催「〝時局と神社問題〟座談会」での神社局総務課主任属高田興之丞の発言）[3]

さて、こうした議論を制度化する動きは昭和十三年（一九三八）の秋に至って具体的な日程にのぼり、一府県一招魂社制度の実現化の方向が明確になったのである。この画期になったのが、内務大臣の諮問機関「神社制度調査会」（水野錬太郎会長）での論議であった。すなわち十月二十七日の第十回総会において、以下に掲げた神社局作成の「整備要綱」が提出され、いわゆる「招魂社制度に関する審議」が始められたのである。

〔招魂社制度改善整備ニ関スル参考案〕

招魂社ノ沿革ト現状ニ鑑ミ其ノ社名ヲ護国神社ト改称シ、概ネ府県社以下神社ノ制度ヲ適用スルト共ニ、尚其ノ特性ヲ参酌シ大略別紙要綱ノ通制度ノ改善整備ヲ図ルヲ以テ適当ト認ム

「招魂社制度改善整備要綱」

一、社名及社格ニ関スル事項

社名「招魂社」ハ之ヲ「護国神社」ト改称シ、社格ハ従前ノ通ヲ付セサルコト

二、祭祀ニ関スル事項

祭祀ニ関シテハ府県社以下神社ニ関スル法令ノ適用ヲ明ニスルト共ニ其ノ鎮座祭及合祀ヲ大祭ニ加へ、且祭式及祝詞ヲ其ノ実情ニ適合セシムル様考慮スルコト

三、神職ニ関スル事項

現行受持神官ノ制度ヲ廃シテ新ニ左ノ区分ニ依リ府県社以下神社ト同様社司社掌ヲ置クコト

（以下略）

四、神饌幣帛料供進ニ関スル事項
現制ニ於テハ所謂官祭ノ制ヲ存シ明治八年以降百四社ニ限リ毎年定額ノ国費ヲ給スルモ、右ハ其ノ侭之ヲ存置シ別ニ地方公共団体ヨリ其ノ例祭鎮座祭及合祀祭ニ付神饌幣帛料ヲ供進シ得ルノ途ヲ開クコト
五、財産及会計ニ関スル事項
財産及会計ノ取扱ニ関シテハ法令ノ適用ヲ明ニシ以テ財産ノ格護ト金銭出納ノ精確ヲ期セシムルコト(4)
この諮問を受け、調査会内には「神職ノ待遇資格等ニ関スル特別委員会」(清水澄委員長)(5)が設置され、この参考案に対する詳細な検討が託された。
以後十一月四日〜十二月二日まで四回の会合が開かれこの間審議を継続、十二月十五日の第十一回総会で答申が出された。なお総会では委員会の答申を原案通り了承、神社制度調査会の結論として承認された。僅か五十日足らずのスピード審議であったという(6)。では、その答申はいかなる内容であったか。『皇国時報』に掲載された報告より瞥見してみよう。

「招魂社制度の改善整備に関する神社制度調査会の答申成る—『護国神社』制度は明春二月頃より施行」
招魂社制度の改善整備に関し審議せる内務省の神社制度調査会第十一回総会は、去る十二月十五日午前十時より内務大臣官邸に於いて開催。末次内務大臣、水野会長、清水、高山、木村、河野、船田、宮西、今泉、柳原、有馬、勝田、白川、伊東、佐々木、佐藤、白根、館の各委員、入江、児玉、中村、宇佐美、阪本の各幹事並びに関係官吏出席。先づ水野会長開会を宣し、清水委員長より招魂社制度改善整備に就いての特別委員会に於ける審議経過を報告し、河野、佐藤各委員より社号、社格、市町村単位等の招魂社（護国神社）につき希望意見の陳述があり、水野会長の採決をもって全会一致招魂社制度全般に関する報告案を可決、該案に基き、上記希望を付帯

せしめて、会長より内務大臣に答申することに決定し、午前十一時散会した。内務省ではこれに基づいて明年二月頃新制度を交付する予定であるが、答申の内容は次のとおりである。(7)

〔昭和十三年十二月十五日付「招魂社制度改善整備要綱修正案」(神職ノ待遇資格ニ関スル特別委員会答申)〕

第一～五項（第一〇回総会の要項と同じ―引用者注）

第六項　護国神社ノ創立ニ付テハ市町村等ヲ其ノ崇敬区域トスルモノハ独立神社タルト境内神社タルトニ拘ラズ原則トシテ之ヲ認メザル様考慮スルコト

なお、調査会のなかでは、市町村を崇敬区域とする招魂社の建立を一律に禁ずることへの批判も出たというが、神社局長は「仮リニ各町村ニ招魂社ヲ認メルト云フコトニナリマスルト、其ノ維持経営ハドウ云フ風ニシテヤツテ行クカ」として、維持・経営の頗る困難である事情を強調し、結局、参考案のすべてが無修正で承認されたと記録されている。短期間の集中審議といい、答申内容といい、招魂社制度にかかわる神社制度調査会の審議は、ほぼ完璧に神社局（内務官僚）のペースで運営されたとの印象が強いものであった。

こうして、昭和十四年二月には、つぎのような制度改革が令達されたのである。(8)

〔昭和十四年二月三日付「招魂社ノ創立ニ関スル件」（発社第三〇号神社局長通牒）〕

今般右招魂社ノ創立ニ関シテハ、（略）道府県一円ヲ崇敬区域トスルモノニ一道府県ニ一社ヲ限リ之ヲ許可スルコトトシ、市町村等ヲ崇敬区域トスルモノハ、其ノ独立招魂社タルト境内招魂社タルトニ拘ラズ、之カ創立ハ容易ニ許可セラレサルコトニ決定相成候条御了知相成度（後略）。

招魂社をめぐる「府県一社制度」創設の画期といえよう。

2　石川護国神社の創設

前項のような制度改革の過程を踏まえて、翌月には招魂社の府県一社制度を前提とした、いわゆる「護国神社制度」が確立されるに至る。すなわち、昭和十四年（一九三九）三月十五日、「招魂社ヲ護国神社ト改称ノ件（内務省令第十二号）」において、「招魂社ハ護国神社ト改称ス（以下略）（附則）本令ハ昭和十四年四月一日ヨリ之ヲ施行ス」と令せられ、同日付内務省神社局長通牒「招魂社制度ノ改善整備ニ関スル件」によって同制度の骨格が規定されたのである。以下同通牒により、その概要を検討してみよう。

まず通牒はその前文で、「崇敬者ヲシテ一層感謝崇仰ノ誠ヲ効サシムルト共ニ地方公共団体ニ於テモ亦崇敬奉祭ノ範ヲ垂レ以テ本制度確立ノ趣旨達成ニ付遺憾ナカラシムル様格段ノ御配意相成度」と、その「趣旨」を掲げ、以下一一の条項により制度の内容を詳しく規定している(9)。

(一)総則、(二)社名ニ関スル事項、(三)社格ニ関スル事項、(四)祭神ニ関スル事項、(五)祭祀ニ関スル事項、(六)服制ニ関スル事項、(七)神職ニ関スル事項、(八)神饌幣帛料供進ニ関スル事項、(九)財産及会計ニ関スル事項、(一〇)社殿ニ関スル事項、(一一)公費供進ニ関スル事項

この内、同制度の特色と思われる条項を条文を引いて掲げ、その「改正」のポイントを確認してみよう。

まず、(一)総則の第一項で「招魂社ニ関スル諸規程ハ凡テ護国神社ニ関シテモ其ノ適用アルモノトス」とし、両者が同一の制度上に位置することを強調している。つぎに、(二)社名ニ関スル事項では、第一項で「招魂社ハ一般ニ護国神社ト改称」、第二項で、「道府県名ヲ用ヒシメラルルハ指定護国神社ニ限ルモノトス」とされる。また、(四)祭神ニ関スル事項では、「護国神社ニ合祀スコトヲ得ベキ祭神ノ範囲」について、「右祭神ノ地域的範囲ハ指定護国神社ニ

在リテハ当該神社所在道府県一円ノ区域」とされ、さきの一府県一社原則が踏襲されている。また(五)祭祀ニ関スル事項では、第五項で「(護国神社ノ)例祭ニハ地方長官若ハ市町村長幣帛料供進使トシテ参向シ、鎮座祭及合祀祭ニハ地方長官若ハ市町村長前行ノ所役ヲ奉仕スルト共ニ又幣帛ヲ供進スルモノトセリ」とされ、同様に(八)神饌幣帛料供進ニ関スル事項では、第一項で「指定護国神社ニハ府県又ハ北海道地方費ヨリ、指定外護国神社ニハ市又ハ町村ヨリ神饌幣帛料ヲ供進シ得ル」として、いずれも地方行政機関との連携を特に謳っている。さらに問題の(七)神職ニ関スル事項は、第一項で「招魂社受持神官ノ制度ハ廃止セラレ、新ニ内務大臣ノ指定スル護国神社ニハ社司・社掌ヲ、其ノ他ノ護国神社ニハ社掌ヲ置クコトトナレリ」と規定された。さらに(一〇)社殿ニ関スル事項では、「招魂社ノ社殿設備ニ付テハ著シク不備ナルモノアルヤニ認メラルルヲ以テ、今回ノ制度確立ニ際シ之ガ整備ニ関シ留意セシメラルルヲ要ス」とし、この財政的な裏付けを(一一)公費供進ニ関スル事項で、「神社ニ対スル公費供進ノ件ニ関シテハ(中略)道府県又ハ市町村ニ於テハ財政上支障ナキ範囲ニ於テ相当額ノ公費ヲ供進シ以テ愈々敬神ノ実ヲ挙グルニ遺憾ナキ様配意アランコトヲ望ム」と規定している。

こうして、道府県あたり一社を基準に、全国三十道府県、全三十四社が新たに中核的「護国神社」として内務大臣により指定され、一種の「招魂社ヒエラルキー」を形成したのである。(10) これをうけて石川県でも、「神社名／石川護国神社　鎮座地／石川県金沢市出羽町一番丁」が指定された。(11) その際石川護国神社では、「改称」を祝って「奉告祭」が催されている。その様子を地元紙は次のように伝えている。(12)

「官祭招魂社が石川護国神社に」

金沢市出羽町官祭招魂社が本日付けをもって内務大臣の名により護国神社に指定。同社は石川県知事はじめ軍関係者、金沢市長らを来賓に迎えて改称奉告祭を執行した。

かくして「明治初葉以降ニ於ケル区々タル諸規定ノ集則ニシテ重要事項諸般ニ亘リ不備ナルモノ多ク従テ又其取扱ニ疑義ヲ生セサルモノ甚少カラザリシ」（改正理由）招魂社制度は、ここに「面目を一新」し、新たに「護国神社制度」の発足に至ったのである。さきの招魂社遷移運動（一九三〇年代前半）が、軍中央の指導や全国的な気運を背景にしつつも、少なくとも個別地域的な契機を推進力として、これらを織り込みながら展開したのにくらべ、この度の護国神社制度への再編過程（一九三〇年代後半）は、きわめて中央官僚主導の画一的（国家主義的）なものであったのが特色といえよう。

(二) 護国神社制度の展開

1 護国神社制度の構想

このようにして確立された「護国神社制度」は、従来の「招魂社制度」のいかなる矛盾を克服するために構想されたものであったのか。さきにみた「高木意見」との比較のうえからも、また条文に盛り込まれた同制度の性格を再確認する意味でも、若干検討してみたい。幸い『皇国時報』には省令・通牒とともに、内務省神社局自身による「招魂社制度の改善整備に就て」なる解説文（以下「解説」と記す）が掲載されている。[13] 以下この「解説」をもとに逐次検証してみることにしよう。

まず「解説」には、「招魂社制度を改善し整備を図ることは、斯界多年の宿望であり、特に非常時局下に於いて国民の各方面より熱心に要望された所である」（傍点引用者）と「戦時体制」下における同制度の現状と役割を確認したうえで、「当局に於いても之が必要を痛感」するとともに、「神社制度上極めて重要なる問題として慎重に之を取扱ひ」、「審議を重ねた次第である」と制度改革の必要性と経緯をのべている。そして従来の招魂社制度は「なお極めて不備であって改善整備を要するものが少なくない」とし、その理由してつぎの諸点をあげている。すなわち「招魂社に関する現行制度は明治初葉以降の三十に足らざる雑則並に行政実例をその基礎とするのみであり、而も之等は官祭招魂社に限り適用せられるものと解せられるものが多く、為に私祭招魂社に関する制度は特に明瞭を欠くのみならず、根本的には一般神社に関する諸法令が招魂社にも適用ありや否やに就て、頗る曖昧なる状態に在る」、つまり当局は、「所謂国家の宗祀として、遺憾の多かったことは否定し難い所」（同右）であったという認識なのである。

なお、この点については、昭和九年（一九三四）四月六日、福井県にて開催された「北陸四県神職連合総会」でも、「議案」（石川県神職会提出）のひとつとして、「靖国神社の神霊並同神社の神霊たるべき戦病死軍人の霊位を公式に祀らんとするものは国礼国式を以てせらるる様其の筋に建議方全国神職会に提出の件」[14]が、また翌昭和十年の「北陸四県連合神職総会」（四月六日富山市で開催）では、「官祭招魂社の制度を確立せられるやうその筋へ建議の件」[15]が論議されたように、官僚主導の制度改革とはいえ、この時期の地方神官のなかにもこれに呼応する認識（ある程度は建前だとしても）が存在していたことに注目したい。

また、「解説」では社名、祭祀、神職、財産会計等「制度の全体に渡り改善整備が企図」されたとして、今回の制度改正が極めて総合的・全面的なものであることを強調しているが、一方で「巷間の一部に誤解せらるる如く、既存の招魂社を廃して護国神社を創設するもの」では「決してない」こともまた強調している。

さて、そこで第一の問題点は、全国招魂社のうち私祭招魂社が「二七社」、他に境内招魂社が「五五社を数える」という現実である。神社の国家統制を強化するうえで、内務省権力の及ばない私祭社が存在することは、内務官僚としては許さざるべきことであった。そこで内務省当局としては、護国神社の中に「内務大臣の指定する護国神社と然らざる護国神社とを区別」し、「内務大臣の指定する護国神社」は府県社と同様の取扱いをするかわりに、「然らざるもの」は村社と同様の取扱をすることにして、両者に歴然たる区別を導入したのである（招魂社ヒエラルキー）。なお、指定護国神社は、石川県の場合にみられるように、「師団所在地等、陸、海軍の関係地に設けられた招魂社が多かった」ことにも注目したい。(16)

第二に、護国神社の祭祀に関しては、つぎのような規定が付加された。特に注意すべきは、通常三祭（例祭・鎮座祭・合祀祭）を通じて、「関係部隊代表者が祭典に参列して祭文を奏上し、祭神の縁故者（遺族）が之に参列し得る旨を規定せられた点」であるという。この点については、『皇国時報』七〇三号の内務省神社局「護国神社の祭祀について」にも、とくに「例祭の祭式が今回新たに制定され（略）その最も特色とするところは（略）関係部隊代表者参列の場合、幣帛供進使の祝詞奏上に次いで祭文を奏上し、幣帛供進使の祝詞奏上に次いで玉串を奉仕り拝礼することを得る旨定められたことである」とされる。(17)

第三に、財政面での公費支出の道を官祭招魂社にひきつづいて積極的にひらいていることも注目したい。すなわち「内務大臣の指定する護国神社には総て神饌幣帛料の供進される事を希望する次第である」とし、「地方公共団体は財政の許す範囲に於て公費を供進せられ」、「愈々敬神の実を挙ぐるに遺憾なきよう格別の配意」を期待しているのである。

以上、改正護国神社制度は、従来の招魂社制度に比べ、極めて国家主義的な色彩の濃いものと結論されよう。ここにおいては、あらゆる手段を駆使しての「英霊信仰」の鼓吹が準備され、加えて「崇拝霊」の国家による差別・選択が強制されつつあったのである。

2 総動員体制と護国神社

それでは、このような護国神社制度の特徴は、いかなる社会的背景を反映したものであったのか。ここでは、石川県の社会状況をも考慮に入れつつ考察してみることにしたい。

一般に、陸海軍の徴兵人数は、一九二〇年代（大正末期）の軍縮によってしばらく減少していたものの、昭和六年（一九三一）の満州事変から昭和十二年（一九三七）の日中戦争にかけての戦局展開、軍備拡張につれて、次第に増加した。日中戦争期の半ばには、従来壮丁の三〇％内外であった甲種合格者が、第一補充兵役をも含めて、全壮丁の五五％ないし六〇％に達するに至ったという。こうした増員の傾向は、本土決戦が決意された昭和十九年ごろには、「防衛召集」が実施されたこともあって、海軍では予備役、後備役の九五％以上、陸軍では第一国民兵役の召集が八〇％以上に拡大、いわゆる「根こそぎ動員」となったことはよく知られるところである。[18] つまり、日本が大陸へ進出し、全面的な戦闘を展開するに伴って、兵員の確保、ならびに戦意の高揚は、軍をはじめとする国政当局の最大の課題となっていった。このような背景の下に戦死者を「英霊」として祀り、国民の意識を戦争協力の方向へ収斂させていく役割が、靖国神社をはじめとした招魂社／護国神社制度の機能に期待されたのである。[19]

その際、こうした神社制度のネットワークには、マス・メディアの機能とは別の形での国家主義的なイデオロギーの宣揚が求められた。これが、どのような様相を帯びたものであったのかは、神社界の思想動向がよく示している。ここでは、幸い「全国神職会」の支部としての「北陸四県連合神職会」[20]のこの時点での思想傾向をうかがいうる史料が残されているので、護国神社制度創設にいたる期間（一九三四〜三九年）の「宣言」等から瞥見してみたい。

① 昭和九年北陸四県神職連合総会「宣言」（四月六日、福井県にて開催）

今や皇国未曾有の時難に際し日本精神作興の機運澎湃たるものあり此の秋に方り吾等神祇に奉仕する者其の本来の面目に稽へ一路日本精神の徹底拡充に邁進し以て愈々皇威の宣言揚に貢献せむことを期す。(21)

② 昭和十一年北陸四県連合神職会「宣言」(四月二十一日、金沢市にて開催)

国体明徴の実績を挙ぐるの途は一に敬神尊皇の大義を確立し日本精神を高調して国民思想の善導に努むるにあり。我等は深く自己の職責に鑑み益々国典国体を講明し協力一致以て皇運の隆昌と国力の発展に貢献せんことを期す。右宣言す。(22)

③ 昭和十三年北陸四県連合神職大会「宣言」(四月九日、福井市で開催)

今や皇国未曾有の重大時局に当り職を神明に奉ずる吾人は愈々肇国の皇謨を顕揚して祀典の恢弘に努め国威の隆昌と皇軍将兵武運長久を祈念し愈々威神の大道を闡明し協心力戮力皇運を扶翼し奉り以て匪躬の誠を效さしむことを期す。

同「決議」

一、時局の重大性に鑑み一層祭祀の厳修に努むること

一、銃後の後援強化に努むること

一、神社を中心とし国民精神総動員の実を挙ぐること(23)

④ 昭和十四年北陸連合神職総会「宣言」(富山市にて開催)

敬神崇祖は我が肇国の大道にして神祇祭祀は国民道徳の根本なり今や挙国東亜新秩序建設に邁進すべき秋吾人祀職の人に在る者蹶起奮励、実践範を垂れ躬行実を挙げ愈々国体の精華を発揚し国運の興隆に貢献せむことを期す

「決議」

一、一層祭祀の厳修に努め神社の興隆発展を期すること
一、神社を中心として国民思想善導に努むること
一、銃後援護の強化を図ること(24)

以上のような思想傾向が、北陸神社界に特殊なものでないことは、いうまでもあるまい。国政当局は、全国津々浦々の「精神総動員」の手段として、ファシズム体制の思想的な支えを国家神道に求めたのである。いわば、「お国のために死ぬこと」の意義が強調されたのであった。「招魂社」制度から「護国神社」制度への移行は、こうした国家主義イデオロギーの発揚の場を、制度的に補完するものともいえよう。

3 太平洋戦争期の護国神社

こうして確立された護国神社制度は、戦局の拡大とともにどのような展開をみせたのだろうか。昭和十六年(一九四一)十二月、わが国は周知のごとく太平洋戦争に突入する。この際の特徴的な現象は、全国いたるところの神社における戦勝祈願のさまざまな集会であった。護国神社は、いうまでもなくその中核的な役割を果たしたのである。石川県下の動向を地元紙の紙面からいくつかひろってみよう。(25)

① 十二月八～九日／石川護国神社では、新たなる誓いを披瀝した全市の各種団体、町会、学校生徒らが、八日夜から九日正午にかけて赤誠の誓いを奉上。ただちに電撃的町常会をひらいた白菊町町会では、千田会長ほか一〇六余名が一斉に出席、小立野新町松下町共和会では岡田会長と全町二八〇余名が集まり、〝一町一丸で打倒米英の銃後戦線へ体当たりだ〟と、ただちに深夜石川護国神社へ参拝した。

② 十二月九日／神前に戦捷の祈り、昨早暁来引きも切らぬ各神社々頭／金沢市内石川護国神社をはじめ各神社に

は戦捷祈願をする男女市民が続々と続き、市内国民学校でも早くも全校参拝をなすよう通牒した。

③ 十二月十日／午前八時より石川護国神社境内では、金沢市全町会員（一世帯必ず一名）の参加による米英撃滅国民大会が、石川県金沢市翼賛会県市支部、金沢師団司令部、金沢軍人事部を主催者として開催される。

④ 十二月十日／午前八時から石川護国神社では、白熱的な米英撃滅国民大会が挙行され、太田社司の修祓について、村沢翼賛会県支部庶務課長の開会の辞、一同宮城遥拝、二万人が奉唱する荘重なか、君が代が雨の境内で流れた。

こうした祈願の嵐は、つぎのような全国の神社・神職に対する国政当局のさらなる期待を喚起する十分なものがあったに違いない。

「昭和十八年（一九四三）全国神職会あて内務大臣訓令」

戦争は重大な段階に入った。神々の奉仕者たる諸氏は、一意専心益々その職務に精励し、誠心誠意をもって高慢な敵の征服を祈願されたい。

ここにおいては、もはや護国神社は単に招魂祭を執行する「慰霊空間」としての役割を完全に脱皮して、戦争遂行のための戦意高揚の一大キャンペーンの場と化していたのであった。かつて内務省神社局の官僚は、「招魂社」から「護国神社」への「改称」は、単なる呼称の変更にすぎないと強調したが、ここに至って、この「改称」に象徴されたものは、いわゆる戦没者の「慰霊」行為に属するところの招魂祭のみならず、祈願・決意・宣伝・奉祝等々、戦争遂行のいかなる局面にも対応し得る施設、すなわち、広く国家神道を槓桿とした民衆動員の総合的な「顕彰空間」としての護国神社に位置づける道をひらく契機であったことが、明らかにされたのである。この意味で、太平洋戦争開戦時における護国神社を中核とした県民の「祈願」の諸相は、前々年に整備を完了した「護国神社」制度が、その意図された役割をも越える機能を、もののみごとに果たした光景ともいえよう。

(三) 護国神社制度の再編

1 占領下の宗教政策

戦後、連合国総司令部（GHQ）によって実施された対日占領政策は、その初期においては軍国主義・超国家主義を打破する方針がとられた。このため軍隊・軍需生産・特高警察・財閥の解体、農地改革、公職追放などが実施され、これに加えて「政教分離」政策が推し進められた。その際、同政策の基本方針とされたのは、昭和二十年（一九四五）十二月の「国家神道・神社神道ニ対スル政府ノ保証、支援、保全、監督並ニ弘布ノ廃止ニ関スル件」、いわゆる「神道指令」（国家と神道の分離指令）」であった。以後、同年十二月に制定された「宗教法人令」、翌年二月の同令改正により、他の神社とともに靖国神社等も「宗教法人令ニ依ル法人ト看做ス」こととなった。これにより、六十余年にわたる神社の国家管理はその歴史を閉じたのである。

ところで問題は、この場合の靖国神社・護国神社・招魂社の扱いであった。というのも昭和二十一年十一月、GHQは「宗教団体に使用中の国有地処分に関する件」なる指令を発し、これによって各神社の現用境内地の取得を保証したものの、「軍国的神社（military shrine）」にはこの規定が「適用されない」という付帯条件（第三項F号）をつけたのである。その理由は、いうまでもなく「軍国的神社（靖国神社、護国神社、招魂社）は、戦没した兵士の神格化を通して、軍事的理想（military ideal）に栄光を与えるために創建された」ものであるから（その存在を保証し得ない)、というものであった。

こうした指令にみられるGHQの強硬姿勢に危機感をいだいた神社側は、同年十一月二十八・二十九両日、神社本庁において指定護国神社の宮司会を開催、その自主的対応策「護国神社改正要項」を決定したのである。詳細は省くが、この改革内容は、まさしく七年前に発足した護国神社制度をほぼ解体し、招魂社の旧に回帰する厳しいものであった。ところが、W・P・ウッダードを中心とする民間情報教育局(CIE)宗教課の内部では、四年後の一九五〇年六月に至り、「軍国的神社」にこれ以上大きな「改変」や「制限」を加えることなく、現状のまま存続させることが決定され、これによりGHQの宗教政策は大幅な方針転換が図られたのである。

かくして、「神道指令」の文言に名前こそ出てこないが、GHQが最も危険視した靖国神社・護国神社に対する彼らの措置は、結局のところ、当初深刻に懸念された神社の全面的閉鎖はもとより、その存在形式を大きく変更させ神社にとって致命的となるようなものにはならなかったのである。そしてこの方向転換を決定的にしたのは、ほかでもなく、折から勃発した朝鮮戦争を契機に、一挙に加速された平和条約締結の動きであった。

以上この過程を一言でまとめるならば、GHQ内部では、「多くの解決策が検討されたけれども、合意に達しなかった」ために、(護国神社制度の廃止)指令を発するまでには至らず、まさに時間切れということで幕引きになってしまったものといえよう。[26]

2 石川護国神社の戦後

一連の占領政策により、戦前の軍国主義的・超国家主義的な招魂社制度/護国神社制度は一応の終焉をみた。この「解体」作業の過程を通じ、日米双方の共通認識として明らかにされたのは、「一九三〇年」を「改変」あるいは「制限」を加える「標準とすべき時点」と設定したことであった。ある報告でウッダードは「護国神社制度は一九三〇年以降（厳密には満州事変以降）の超国家主義と超軍国主義の発展と発露である」と指摘している。[27] この視点は、本章の論旨にとってきわめて示唆的であるといえよう。

とはいえ、先述のごとく各地域の護国神社は、境内地の没収などの全面的な閉鎖措置はもとより、その存在形式を大きく変更させるには至らなかった。その際、これら神社の存在形態を規定したのは、またしても冷戦構造の深化という「政治状況」だったのである。

さて、以上のような中央の占領政策の変遷をうけて、石川県下ではどのような経過を示したのであろうか。ごく素描的にたどってみたい。[28] 昭和二十一年（一九四六）十一月八日、軍国主義の一掃と政教分離を図るため、県当局は各市町村長に対して、地方公共団体が公葬や慰霊祭などの宗教的儀礼を行うことを一切禁止し、さらに遺族の私的なものを除いて忠霊塔や銅像などを取り壊すことを指令した。[29]

こうしたなかで石川護国神社は、社名を「石川神社」と改称する。これは前節でみた昭和二十一年十一月の「護国神社改正要項」中、「護国神社ノ名称及社名ニ都道府県又ハ護国ノ文字ヲ冠スルコトハ之ヲ避ケル」という条項によるものであった。なお、この社名変更については、全国的にも多くの対応例があり、これにはいくつかの類型があったことも確認されている。つまり、

A、「護国」を削って所在地名のみとしたもの（北海道護国神社→北海道神社）、

B、旧国名を用いたもの（福山護国神社→備後神社）、

C、地名と「霊」を組み合わせたもの（埼玉県護国神社→埼霊神社）、

D、古称にちなんだもの（長野県護国神社→美須々宮）

などである。石川県の場合はAに該当しよう。しかし、これらの名称は占領解除後旧に復し、「石川神社」も昭和二十七年再び社名を「石川護国神社」として、現在に至っている。

さて、同じく二十七年四月には、「石川護国神社維持奉賛会」が結成され、以後神社の運営を支えた。同会は四十五年三月に一旦解散。現在は「石川護国神社奉賛会」（昭和五十八年結成）と形を変えて存在している。なお、四十年三月には、同じく奉賛団体である「永代講」が組織され、同年七月には第一回「永代講大祭」を執行した。また、これよりさき三十三年十月二十四日には、戦後初めて天皇・皇后の参拝を得ている（天皇・皇后がそろって来県したのはこれが初めて。天皇にとっては二十二年の地方巡幸以来、一一年ぶりの来県となる）[30]。

ところで、戦後の護国神社の動向のうちで特記すべきことは、昭和四十年十一月の石川県戦友諸団体主催「第一回合同招魂祭」の開催であろう。このときのもようを地元紙はつぎのように報じている[31]。

「五万柱を慰霊」／県戦友団体合同招魂祭が石川護国神社で開かれ、県内から約千二百人の遺族関係者が参列、霊安らかにと約五万柱の英霊を慰めた。この慰霊祭は県内の旧軍関係者十六団体の合同で行われるもので、戦友関係団体の合同祭は初めてである。

戦後二十年の歳月は、再び招魂祭をこの地に開催せしめたのであった。かくして新「招魂社制度」は、形式的にはほぼその形を整えたことになる。以後、昭和四十五年（一九七〇）の「創立百年記念大祭」をへて、護国神社は今日に至っている[32]。

㈣　連隊営地と営内神社

1　七連隊兵営の忠魂社

石川護国神社の境内、拝殿の左方隅に、他の荘厳な碑群と離れてひとつの小さな石碑が残されている。石碑の表面には「至誠通神」と刻まれている。裏面の碑文ならびに説明板によれば、この「至誠通神の碑」は、旧歩兵第七連隊の「営庭跡（旧金沢城越後屋敷付近、元金沢大学グランド一帯）の一隅に鎮座」されていた、「歩七忠魂社」の前に建てられていたものを、「昭和四十八年六月、歩七戦友会によって現在地に移築されたもの」であるとされる。

これによると、卯辰山の招魂社とは別に、第七連隊兵営の営庭にも招魂社のような社が存在していたことがうかがえるのである。このような軍隊兵営内の社は、ふつう「営内神社」と称され、全国でもいくつかの例が確認されているものの(33)、管見では、詳しい調査や研究もほとんど行われていないように思われる。

例えば、筆者が調査した事例では、第十五師団及び歩兵第十八連隊（のち百十八連隊）の駐留した「軍都」豊橋の旧軍営地に設置された営内神社「彌健神社」がある。同敷地は、旧藩時代は豊橋城の「金柑丸」であり、明治以降は金沢の尾山神社のごとく、旧藩祖を祀った「豊城神社」が置かれていたものである。彌健神社は、この境内跡に建てられていたものと推察されるが（拝殿等は同地には現存しない）、現在は「三遠国防義会／昭和八年四月三日建之」銘の刻まれた鳥居と、昭和十二年四月に鳥居の前にこれを飾るかのように設けられた国旗掲揚塔（国防婦人会田原町会銘）のみが残されている。

図14　歩七忠魂社〔石川県立歴史博物館所蔵〕

さて、さきの「至誠通神碑」の傍らの石碑には、以下の戦死者の名前が刻まれている。

故陸軍歩兵曹長　松田友次／故陸軍歩兵伍曹　森下伊一／故陸軍歩兵伍長　大多尾直義／故陸軍歩兵伍長　奥野政治／故陸軍歩兵伍長　南野新一／故陸軍歩兵伍長　石野久雄／故陸軍歩兵伍長　橋村喜一／故陸軍歩兵伍長　木阿彌秀夫／故陸軍歩兵伍長　加藤悌一／故陸軍歩兵上等兵　松下忠一／故陸軍歩兵上等兵　吉田政雄

この一一名は、『金城連隊史』や『石川県将士の記録』によれば、歩兵第七連隊第一中隊の兵士たちであることが確認される。これにより、この石碑は第七連隊の殉職兵士慰霊のために建立されたものであることがわかるし、その時点で、営庭内の「営内神社」において何らかの「慰霊祭」が実施されたことも推察できるのである。ただし、この慰霊祭がいわゆる「招魂祭」であったのか、また、第七連隊の「営内神社」（歩七忠魂社）が「招魂社」であったのかは、「霊」の性格も含め今のところ定かでない。さきにみたように、金沢における招魂祭は、卯辰山の招魂社で創始されたのち、兼六園の明治紀念標前で行われたほか、城内の連隊営庭や出羽町練兵場内でも開催されている。おそらく、連隊営庭での招魂祭がこの「営内神社」で行われた可能性は高い。となると一方で出羽町練兵場内の招魂斎場はどのような施設であったのかも、気になるところである。とりわけ後者は、招魂社遷移〜護国神社建設の「場所性」の前提としても興味深いテーマといえよう。例えば、仮設斎場を設定する場合にしても何を「依り代」にして執行されたのか。前章でみた「招魂社奉賛会計画」にある「神霊ニ最モ縁故アル地ヲ選定ス」という表現の意味するところからも重ねて問題になろう。

ところで、石川護国神社の境内には、同じく旧「歩七忠魂社」の境内に建てられていた記念碑が移設されている。それは「日露戦役凱旋記念月桂樹」と刻まれた円形の石碑で、「越中国砺波郡松澤村」（現、小矢部市）の「宮のさ子女子」の記念碑だという。碑文によれば、女子は、「兵隊婆さんと愛称された憂国の人」で、明治三十九年（一九〇六）十一月、日露戦役の勝利を祝い、その凱旋記念として、当時歩兵第七連隊の営庭に鎮座されていた「歩七忠魂社」の神域に月桂樹を献木し、傍らにこの記念碑が建立されたというものである。「歩七忠魂社」境内の景観をうかがう参考になろう。このほか営庭には愛馬の碑やハトの碑も建てられていたというが、これらが「歩七忠魂社」の神域であったかは定かでない(34)。

このように、歩七忠魂社に関しては、設立の経緯や祭式の実態がいまひとつ摑みきれていないものの、近年、同社を撮した写真資料を入手することができ、境内の規模・配置等が一応確認されるに至った（図14(35)）。これによれば、境内は樹木と玉垣に囲まれており、「歩七忠魂社」の扁額を掲げた鳥居の内に、灯籠、狛犬が両側に配されていた。写真では鳥居に日章旗が掲げられており、あるいは祭日の光景とも思われる。中央に「祠」とでもいうべき小ぶりの社殿（本殿）がみえ、その前には何れの戦役の戦利品であろうか、砲弾を転用した記念物が両脇に据えられている。

ちなみに営内での位置については、金田隆明氏の作成した「金沢営所配置図（終戦前）」に、「神社」と表示のある旧「新丸」、河北坂脇（射場に隣接）の崖下の一画が確認されている。ただし、第七連隊の編纂刊行した「金沢城趾営造物配置要図」(36)には下士集会所・酒保の側に「大神宮」とあるので、神域が、一貫して城内のどの位置だったのかはにわかに判断しがたい。「大神宮」がその前身であるとすれば、旧城内三之丸隅の河北門付近ということになるが、さきの元営庭碑には「旧金沢城越後屋敷付近、元金沢大学グランド一帯」とあるから「配置要図」の「大神宮」の位置とは異なっている。写真では崖の上段に木造兵舎がみえており、景観からして河北坂横の旧金沢大学テニスコートあたり、すなわち「金沢営所配置図」の位置と合致する。いずれにせよ、金沢においても「営内神社」が存在したことが確認されるとともに、その実態に関して今後の検証が求められよう。

2　野田兵営と営内神社

一方、第九師団（第六旅団）を構成するもうひとつの連隊、すなわち第三十五歩兵連隊の営地にも「営内神社」は創建された。すでに明らかにしたように、明治二十九年（一八九六）から三十年（一九九八）にかけて、第九師団は、金沢の郊外野田往環の広大な土地を、歩兵、騎兵、輜重兵などいくつかの連隊や大隊の駐留用地として占有した（I—二—(二)参照）。これらの部隊には、戦死者を慰霊するための営内（構内）神社が創建されたのである。具体的には、部隊単位で設置されたもので、工兵連隊には「功久神社」、騎兵連隊には「貴勲神社」、山砲連隊には「燦勲神社」、輜重兵連隊には「輜勲神社」が創建され、営内の慰霊対象とされた。(37)このうち輜勲神社は、昭和十年（一九三五）野村輜重兵連隊の部隊内に創建されている。同年十月十四日社殿を建立、「靖国神社の御神霊と同隊関係の神霊五九三柱」を鎮祭し、以後毎月十四日を全員参拝日に定めたという。(38)つまり同連隊の戦没者は、靖国神社に合祀されるとともに、同社に奉祭されることになった。これは、戦局の窮迫に備え、「将兵の士気鼓舞に資すべく」企画されたもので、十四年十二月には、従来の境内が狭すぎるとして営庭面会所前に遷宮。これよりさき十月二日には、「支那事変陣没者ら四二五柱」が合祀されている。戦後は兵営医務室跡（現、平和町二丁目）に移された。敷地は一二六坪、幣殿、拝殿、神饌所、社務所など四棟の建坪は二四坪であった。ちなみに、引揚者の簡易住宅が並んだ「平和町」の命名開町式は、この輜勲神社前広場で行われ、以来、平和町の「氏神」として春秋の例大祭が、有志により続けられているという。

なお、その後輜勲神社は、昭和二十四年（一九四九）天照皇太神宮の分神を「主奉斎神」として迎え、社名も平和神社と改称される（その際、功久神社、貴勲神社、燦勲神社は、輜勲神社に合祀された。現境内には、馬魂碑も残されている）。以下、戦後の改称→合祀経緯とその間の民俗信仰との軋轢に関しては、終章で検討したい。

このように金沢には、歩七忠魂社、功久神社、貴勲神社、燦勲神社、輜勲神社と、少なくとも数箇所で「営内神社」が建設されたことになる。とすれば、これらの神社と招魂社・護国神社との関係はどうなるのか、という問題がおのずと生じよう。「至誠通神碑」の碑文で確認したように、歩七忠魂社に祀られているのは、単なる営内死亡者（例えば事故死者や病没死者）ではなく、部隊出身の戦没者であった可能性が高い。とすれば営内神社の祭神は、いわゆる戦没「英霊」ということになる。だとすれば、何故、卯辰山の招魂社に祀らなかったのか、あるいは、のちに護国神社へ合祀されたのかされなかったのか。一般に、営内神社への関心の低さは、さきに指摘したとおりであるが、こうした営内神社と招魂社・護国神社との関係（祭神・合祀・管理等の実際）を説いた研究は、管見ではほとんどみあたらない。本節をむすぶにあたって、両者の存在と関係についての課題を加え、戦没「英霊」をめぐる「慰霊（招魂）空間」の複雑さと裾野の広さを指摘するにとどめておきたい。

注

（1）大原康男『忠魂碑の研究』（暁書房、一九八四年）一〇一頁。なお、この計画の進展とともに、招魂社の建設はある種のブームの様相を呈する。このため招魂社の建設を専門とする建築業者も現れるようになったという。例えば、大阪市の山田組はそのひとつである。山田組は嘉永四年創業の社寺建築を専門とした会社で、護国神社創建ブームのなかでその多くを手がけたという。同社が請け負った招魂社護国神社の新築工事は、昭和十四年に愛媛県招魂社、香川県・大阪護国神社、十五年に岐阜県・群馬県・兵庫県神戸・函館護国神社、十六年に岡山県・大分県・静岡県・長野県護国神社、十七年に福山・新潟県・神奈川県護国神社、十九年に宮崎県護国神社などがある（「社寺建設経歴書　合資会社山田組」より。坂井久能「神奈川県護国神社の創建と戦没者慰霊堂」上・下〔『神道宗教』一七四・一七五号、一九九九年〕九〇頁参照）。

（2）『中外日報』昭和十三年八月二十五〜二十六日付。

（3）同座談会は、宗教界の専門紙である『中外日報』が、官・学・神社界の有識者を集めて開催したもので、六月二日・五日付の同紙に掲載された。

（4）「神社制度調査会第十回総会議事録」（大原前掲書、一〇四〜一〇六頁による）。

（5）清水澄。法学博士、学士院会員。明治元年金沢の表具師の長男として生まれ、馬場小学校、旧制四高を経て、東大独法科を卒業。行政裁判所長官、芸術院院長などを歴任し一九四五年最後の枢密院議長となる。戦後一九四七年天皇制の将来を悲観して自殺した。石川護国神社境内と生家に記念碑がある。

（6）大原前掲書一〇六頁。

（7）『皇国時報』六九三号、昭和十四年十二月。

（8）『皇国時報』六九八号、昭和十四年二月。

（9）『皇国時報』七〇二号、昭和十四年三月。

（10）昭和十四年四月一日付内務省告示「護国神社ノ指定ニ関スル件」による。なおこれは、全国の護国神社百三十一社中の約二五％に相当した。

（11）『皇国時報』七〇四号、昭和十四年四月。

（12）『北国新聞』昭和十四年四月一日付。

(13)『皇国時報』七〇二号、昭和十四年三月。
(14)『皇国時報』五二五号、昭和九年四月。
(15)『皇国時報』五六一号、昭和十年四月。
(16)村上重良『国家神道』(岩波書店、一九七〇年)一八七頁。
(17)『皇国時報』七〇三号、昭和十四年四月。
(18)『石川県史』現代篇1、七八五頁。またこの間の召集動員の特徴については、粟屋憲太郎「民衆動員と抵抗」(『岩波講座日本歴史』二一巻、岩波書店、一九七七年)一七七頁参照。
(19)昭和十三年に入ると、靖国神社の宮司に陸軍大将鈴木孝雄が就任、同社も完全な戦時体制下におかれることになった。大祭の日に境内に立ち並んでいたサーカスや見世物小屋などは、不謹慎であるとして一掃されたという(土方前掲「なぜ靖国神社か」二四頁)。
(20)福井・石川・富山・新潟四県で全国神職会の北陸支部を形成し、毎年持ち回りで連合総会を開催した。会員数は一九三五年一月現在で一九一一人。会報は年六回発行されている。なお、このうち石川県神職会は事務所を石川県庁内におき、学務部長(該当期は辻利吉)が会長を兼ねた。
(21)『皇国時報』五二五号、昭和九年四月。
(22)『皇国時報』五九八号、昭和十一年五月。
(23)『皇国時報』六六九号、昭和十三年四月。
(24)『皇国時報』七〇五号、昭和十四年四月。
(25)いずれも『北国新聞』昭和十六年十二月十~十一日付より抜粋。またこの間の石川県下の「祈願行為」の傾向とその位置付けに関しては、本書Ⅲ—三—㈢参照。
(26)この間のGHQの政策の変遷に関しては、ほぼ大原康男「神道指令と靖国神社・護国神社」(『國學院大学日本文化研究所紀要』六八輯、一九九一年)一四~四一頁によった(のち大原『神道指令の研究』原書房、一九九三年に収録)。
(27)"*Gokoku Jinja Stuff Study*" Box 5931, CIE Records "WNRC"; 大原前掲「神道指令と靖国神社・護国神社」三六頁。
(28)石川護国神社作成のパンフレット『石川護国神社の創建より現在まで』の年譜参照。

(29)『北国毎日新聞』昭和二十一年十一月八日付。
(30)『北国新聞』昭和三十三年十月二十四日付。
(31)『北国新聞』昭和四十年十一月七日付。なお、昭和五十四年三月には石川県出身殉職自衛官十柱を、本殿の相殿にまつる「配祀祭」を執行している。
(32) なお忠霊塔については、昭和二十一年十一月二十七日付で内務省警保局通牒「忠霊塔・忠魂碑等の措置について」が交付され、撤去が命ぜられた。しかし、昭和二十三年二月の文部省通牒（同名「忠霊塔・忠魂碑等の措置について」）に基づく「破壊等の確認調査報告」によれば、石川県内では忠霊塔を含む郡部一五一基、市部七基、合計一五八基の存続が確認されている。
(33) 坂井久能氏のご教示によれば、神奈川県でも浜空神社（昭和十一年十月創建）、水雷神社（創建年代、以下不明）、稜威神社、追浜神社、綾瀬神社、靖国社ほかが確認されているという。これらの多くは、横須賀の海軍関係施設（兵学校）の敷地内に建てられたようで、慰霊の対象になっていた場合も多いとされる。ちなみに、これらの一部は、戦後同地に誘致した企業の「社内神社」として残されているという。
(34) 旧営庭の動物碑で確認できるものは、以下のとおり。愛馬之碑／碑文に「昭和三年六月建立／山下虎吉」とある。愛馬之碑／第九師団留守団長安藤紀三郎中将が支那事変以後戦地で死んだ軍用馬の慰霊のため揮毫、連隊営庭に建立したもの。ハトの塚／碑文に「天とどけ　ハトはいづこへ　雲の峯」とある。第九師団司令部構内（旧金沢城二ノ丸）にあったもの。
(35) 第七連隊の歩兵であった金沢市の故東野輝昭氏の写真帳に貼付されていたもの。石川県立歴史博物館所蔵。
(36) 歩兵第七連隊編纂『金沢城の沿革』付図、一九二三年。
(37) 軍隊と国家神道との結び付きが一層進められた明治三十一年（一八九八）、はじめて東京赤羽工兵隊構内に天照大神、歴代皇霊、天神地祇を祀った社祠を設け、将校以下兵士までに拝礼させることにした。これが軍隊内に神を祀った最初とされ、以後全国に広まったという。
(38) 編集委員会編『追憶金沢輜重兵連隊（九連隊）』（金沢輜重兵連隊戦友会、一九七六年）。

補論　台湾神社の創建

(一)　台湾における海外神社

植民地下の神社（海外神社）は、日本の植民地支配の精神的シンボルとされ、とりわけ一九三〇年代以降のいわゆる皇民化政策期において、「神社への強制参拝やそれに伴う、現地住民の在来信仰やキリスト教の抑圧などが行われた」とされてきた。[1]このような植民地神社＝海外神社は、台湾、朝鮮、「満州」といった地域だけではなく、樺太、「関東州」、南洋群島、東南アジアといった、日本の「外地」「占領地」の全般にわたり、「八紘為宇の大精神の如実なる顕現として」、上は官国幣社クラスから下は村社・無格社、さらには社（祠）と呼ばれたものや遥拝所といったものを含めれば、おそらく、一〇〇〇社に迫るものが建立されたと推定されている。[2]

そうしたなか、明治二十八年（一八九五）の下関条約により台湾が日本に割譲されて以降、昭和十六年（一九四一）十二月までに台湾全島に建てられた、官国幣社以下の神社の内訳総数は、官幣社が台北と台南にそれぞれ一、県社が一一、郷社が五、無格社が四四となっており、神職はあわせて六七人であったという。[3]

これらの諸神社のうち中心となるのは、いうまでもなく台北の「台湾神社」であった。同社は、明治三十二年に造営を開始し、翌三十三年九月官幣大社として創建列格、三十四年十月台北市大宮町に鎮祭され、台湾全島の「総鎮守」とされたものである。祭神には、大国魂命・大己貴命・少彦名命の開拓三神に加え北白川宮能久親王が奉祀されたが、昭和十九年(一九四四)六月、「海外神社はいずれも天照大神を奉祀すべし」、という方針に従い、従来の祭神に加えて天照大神を合祀、同時に神宮号が与えられ台湾神宮と改称した(なお、創建当時、天照大神を祀らなかった事情については検討が必要。中島三千男氏によれば、この点は海外神社史の中でも大きな問題であるという。ちなみに蔡錦堂氏は、のちの朝鮮神社との比較から、その「軽重の差」すなわち海外神社間の「格」の違いに理由を求めている)。

この台湾神社を頂点として、官国幣社が台南神社(官幣中社)、新竹神社(官幣小社)、台中神社(同)の四社、県社が開山神社のほか、嘉義神社、宜蘭神社、基隆神社、高雄神社、阿侯神社、台東神社、花蓮神社、澎湖神社の九社と、台湾の主要な地に建てられていった。これらの主要神社は、澎湖神社(昭和九年)などを除いて、明治末年から大正前半期に次々と創建されたものである。

図15 台湾神社本殿(『台湾神社誌』より)

(二) 祭神「北白川能久親王」について

台湾の神社の特徴の一つは、台湾神社をはじめとして祭神に能久親王を祀っていることにある。「台湾神社々格及

社号之儀ニ付稟申」によれば、

本島従来ノ建立ニ係ル廟社ハ、(略)僅ニ台南ニ一県社アルノミニシテ、其他ハ内地ニ於ケル郷社以下ノ社格ニ相当スルモノタルニ過キス(略)台湾ノ鎮護ヲ永久ニ祈願シ、下ハ忠愛ナル国民ノ希望ヲ遂ケシメ、島民ヲシテ義方ヲ知ラシメ度存候。右ノ次第ニ付、台湾鎮守ノ神トシテ、前期三神(大国魂命・大己貴命・少彦名命の開拓三神)ヲ一座トシテ奉祀シ、(北白川能久親王)殿下ヲ一座トシテ、此二座合祀ノ上ニ、台湾神社ト号シ官幣大社ニ列セラレ候様、其筋ヘ御稟議相成度、此段及稟申候也

明治三十三年七月十四日

台湾総督　男爵　児玉　源太郎

内務大臣侯爵　西郷　従道　殿

とあるがごとくである。

北白川能久親王は、いうまでもなく下関条約調印後、近衛師団長として台湾に派遣され、抗日武装ゲリラと戦って台湾を軍事的に「鎮定」しながらも、自らも台南で「病死」した皇族である。(4)一部「匪徒襲撃」による虐殺説もあるが、皇軍の士気ならびに皇室の権威等に鑑み、この事実は伏せられたものとされる。こうした経緯をもつ皇族(親王)を祭神にすえた例は、蒙疆軍参謀であった北白川永久王が演習中に死亡した時、昭和十六年(一九四一)に蒙疆神社に祀られた例があるだけで、極めて異例なことだという。(5)また、そうした祭神がその地域全体の祭神とされたのは台湾だけで、そういった意味ではほかの地域の海外神社と比較しても、台湾の神社が極めて政治性の高い神社であったということがいえよう。

なお、これに関連して、台南市様仔林街にある能久親王病没の地には、「故宮殿下本島御在営の最終地」として廟

所が造営された。この「台南御遺跡所」は、明治三十二年（一八九九）十一月、磯貝台南県知事ならびに高井第三旅団長が視察・協議したうえで、遺跡保存工事の費用を総督府に請求、これに金三万円下附の許可を得たものである。この間、工事設計書作成中の三十三年三月には、磯貝知事が更迭されたが、今井新知事もこの建設事務を続行し、稟申の結果、三十四年一月認可、同年七月起工、十二月二十四日竣工となり、翌年五月二十六日には奉告祭を執り行ったのである。爾来台湾神社より主典一名、出仕一名を常に駐在させ、祭儀その他の任にあたった。(6)

(三) 台湾神社の創設

台湾神社の創設の経緯については、総督府発行のいくつかの概要報告に簡単にふれられるほかは、同社社務所が編纂した『台湾神社誌』（以下、『神社誌』と略す）が定本とされている。とはいえ、『神社誌』は台湾神社の公式的かつ概説的な刊行物であり、総督府内部における行政上のさまざまな経緯については、具体的な叙述がおよんでない（例えば、総督府と内務省がしばしばこの問題で齟齬をきたした点など）。あるいは、『台湾総督府事務成績提要 五』第五編（明治三十二年度）民政部／土木の「台湾神社建築建築」の項目記述には、

本工事ハ三十二、三十三両年度継続事業ニシテ本年度ニ於イテハ五月中始メテ工ヲ起シ地均シ及材料買入並運搬ノ事ヲ行ヘリ、又本工事ニ附属スル剣潭架橋工事ハ七月ニ於テ工ヲシ起シ本年度内ニ於テ全部ニ対スル五分八厘ノ成功ヲ告ケタリ

とあるのに、他方、同『提要 五』第五編（明治三十二年度）民政部／県治の「台湾神社造営」の項目では、

七月台湾神社造営ノ工事ニ着手ス、台湾神社ハ故ノ北白川宮能久親王殿下ノ英霊ヲ奉祀センカ為メ、曩ニ帝国議

会ノ建議ニ基キ予算ヲ定メラレ、本府ニ於テ造営スル所ニシテ地ヲ台北県芝蘭一堡剣潭山ノ中腹ニ相シ二箇年ノ継続事業トシテ着手シタルナリ

と記載されるなど、同一刊行物においても起工の期日に混乱がみえたりもする（傍点引用者）。少なくともこの程度の記述では、まさに「概要」に過ぎないといえよう。このため本論では、台湾における民衆統合の要のひとつであると思われる、台湾神社創建をめぐる諸事情を改めてたどってみることにしたい。

さて、『台湾神社誌』第二篇「社記」の「緒言」に、「近衛師団長陸軍大将大勲位功三級能久親王の薨去し給ひしや、天下皆其御功烈を追慕景仰し奉り、台湾に一の官社を建て、もって親王を奉祀せしめられむ」とされたごとく、台湾神社創立の動きは、日清戦後まもなく起こっている。明治二十九年（一八九六）一月十六日の『貴族院議事速記録』によれば、同年一月十三日、発議者根岸武香、賛成者公爵徳川家達外四三名によって、「国費を以て台湾に神社を建設するの建議案」が提出されている。同建議案は、まず能久親王の功績を縷々述べた後、「速やかに神座を該島に経営し、（能久親王）一周年忌より大祭を起行し、爾後天壌無窮と共に報賽し奉り」と訴えている。

ついで、同年三月二十五日、衆議院議員北原信綱外二名により「別格官幣社を台湾に建設する建議」（明治二十九年三月二十五日衆議院議事速記録）が提出された。これには、「能久親王殿下、金葉横流の身を以て、台湾征討の任に当り給ひ、鎖金鑠石の熱地を冒し、瘴煙毒霧の蕃境に入られ、韜略其機を制し、綏撫其宜を得させられ、我帝国の光威を発揮し、我版図の領有を拡充せらる。親王を台湾神社別格官幣社に奉祀し奉らんことを切望す」とある。

このように、台湾神社創設の議が出るにおよんで、これをうけた乃木希典総督は、明治三十年（一八九七）九月一日、「故北白川宮殿下神殿建設取調委員（会）」を設け、その社殿建設の具体策を委嘱した。この委員の顔触れは、以下のとおりであった。

委員長海軍少将角田秀松、委員海軍大佐中山長明、陸軍歩兵少佐菊池主殿、台湾総督秘書官木村匡、民政局事務官高津慎、同横沢次郎

したのである。

かくして委員らは台南、基隆、台北の三地を視察、協議の結果、台北圓山の西部（圓山公園内）を社地として選定したのである。ところが、乃木に代わって就任後直接現地を視察した児玉源太郎は、乃木時代の建設取調委員による圓山の台湾神社建立計画を「規模狭小」と看做し、別に「劒潭山中腹の地をトした」のであった。この点は、『神社誌』にはまったくふれられていないが、これには劒潭山中腹の土地が、樺山総督時代に契約したフランス領事館の建設予定地であったことを理由にこれを避けた取調委員会の判断をあえて退けた、という経緯がある。その際、「老獪な」外交手腕によって用地を取り戻したいきさつは、児玉の総督期を語る際のエピソードのひとつにもなっている。(7)

いずれにせよ、劒潭山中腹の地は、「南を圓山公園と対し、西北に観音大遯の諸高山を控え、（略）本島唯一の神社を創設するには、実に無比の勝地」とされる場所であった。この境内約一五万六〇〇〇坪、内三八九〇坪を神社宮域と定め、明治三十二年二月地均しに着手、位地作業には工兵隊の労力を動員し、さらに「帰順土匪」を授産を兼ねて使役させたともいう。以下、三十三年五月二八日、社殿造営に着手、三十三年九月十八日、内務省告示第八十一号を以て、前述のように、大国魂命・大己貴命・少彦名命、能久親王の四神を以て祭神とし、官幣大社台湾神社の創建が発表されたのである。(8)

(四) 造営の経緯

台湾総督府文書第四二二文書の一七「台湾総督府神社地鎮祭（四月一日）施行ニ付参列方通達及照会」（民文第九

二号／明治三十二年三月二十五日決裁・発送）は、台湾神社建設時の地鎮祭のようす並びに、その行政実務をうかがい得る貴重な史料である（内容は、民政長官代理から各課長、参事官、陸軍幕僚参謀長への通牒案。さらに「参列者注意」案など）。

〔台湾総督府神社地鎮祭施行ニ付参列方通達及照会〕

台湾神社地鎮祭御施行ニ付参列方第一按ヲ以テ民政部高等官ヘ通達第二按陸軍幕僚ヘ第三按海軍幕僚ヘ御回答相成可然哉仰高裁

第一按

年四月一日（土曜日）劔潭山ニ於テ台湾神社地鎮祭御施行相成候ニ付文武高等官ハ参列可為之事ニ決定相成候間依命此段及通達候也

年　月　日

民政長官代理

削〔台北県知事〕

各課長

参事官

国語　県庁　郵　警

土調　製薬　医

在台北民政所属官衛長（判任長ノ分除ク）

追テ参補（列）者ハ別紙注意書ノ通補（可被）御心得訂〔可相成候也〕（只参列人員）ハ来ル二十八日限本部訂〔土木〕

（文書）課へ通知相成度候也

別紙

台湾神社地鎮祭参列者注意

一 四月一日午前八時半マテニ入場ノ事

一 式場ハ圓山公園対岩劒潭山ノ事

一 入場口ニ於テ警衛掛ニ名刺ヲ差出スヘキ事

一 参列者服装ハ文官ハ大礼服陸軍武官ハ正装海軍武官ハ正服ノ事
但文官ニアリシノハ燕尾服フロックコート陸軍武官ニアリテハ通常礼装ナルモ妨ケナシ

一 祭式終テ委員ノ指図ニ依リ着席順参拝ノ事

一 参拝後御神酒ヲ受トル事

一 終テ退散

第二按

来四月一日（土曜日）劒潭山ニ於テ台湾神社地鎮祭御施行相成候ニ付文武高等官ハ参列可為之事ニ決定相成候間在庁台北陸軍諸官衙へ御通達相成度依命此段及御照会候也

年　月　日

民政長官代理

陸軍幕僚参謀長宛

追テ参列者ハ別紙注意書ノ通御心得相成度且参列人員ハ来ル二十八日限当部訂（土木）（文書）課へ御通知相成

度候也（別紙別日程）

第三按

来四月一日（土曜日）剱潭山ニ於テ台湾神社地鎮祭御施行相成候ニ付文武高等官参列可為之事ニ決定相成候在庁台北海軍武官へ御通達相成度依命此段及御照会候也

年　月　日

民政長官代理

海軍参謀長宛

追テ参列者ハ別紙注意書ノ通御心得相成度也

『台湾神社誌』第二篇「社記」では、これ以降の建設経過を以下のごとく記載している。

〔神社造営〕　台湾神社土工は、明治三十二年二月着手し、建築工事は翌三十三年五月二十八日に始め、三十四年十月二十日全く竣工せり。工事の担任を、神社の建築と架橋とに分かち、建築は総督府技師片岡浅次郎、架橋は同技師十川嘉太郎主任となり、直轄工事として慎重なる監督の下に、精錬なる工匠を使役し、本殿を始め其他重なる建物は、何れも本柱を地下六尺通り、若くは四尺通り深く掘下げ、柱根石は硬石を据付け、柱両面にて抱合せ、鐵物にて堅く締め、其周囲を凝固土にて埋立てたり。鉄橋は延長三〇〇呎、幅三九呎にして、中央を車馬道に充て、左右を人道とす、左右の欄干は桐葉を鏤め、橋名明治橋の扁額を橋頭に掲ぐ、荘厳なる神社の建設に配して、頗る壮観を極めたり（境内は約八万坪にわたり、神社宮域は三八九〇坪に及んだ）。

建築経費は以下の如し。

建築総費額　金三五万六三五八円一四銭

内訳
建築費　金二五万一八五八円一四銭
架橋費　金　九万六六五六円三九銭五厘
雑費　金　七八四三円六〇銭五厘

このうち、「架橋費」というのは、神社社頭「明治橋」の架橋工事費のことであるが、これに関しても、児玉ならではの逸話がある。これよりさき、明治二十九年の大洪水により流失した基隆河の架橋は、国道士林街道随一の大工事で、久しく総督府の懸案事項であった。児玉は、これを台湾神社の建設と抱き合わせで予算に計上させたのである。内務省内では、社寺局や台湾課の査定の段階で当然これにクレームをつけたものの、折から上京中の児玉は、内務省内で次官や書記官に直談判。「三の鳥居以内」を神社の敷地と主張して、国道（架橋）建設費との分離を訴える内務官僚の逆手をとり、「であれば三の鳥居を基隆埠頭に建設する」と切り返して、結局、国道工事費をまんまと神社建設費のなかに盛り込ませてしまったのであった。(9) かくして、二年半余にわたる造営工事は、翌三十四年十月二十日、全て竣工、十月二十七日、鎮座式が盛大に執行された。台湾島内では、「台北に祭典委員、各地方に遥拝委員を設け、全島官民都鄙の別なく、近きものは親しく詣でて典儀を拝し、遠きものは遥拝式を行ひ、上下一致、粛然として敬虔尊信の意を表し奉りぬ。翌二十八日例祭には、児玉総督奉幣使として参向せられ、其式の荘厳なる亦前日に順」じたという（『神社誌』）。

これ以降、台湾神社では、宮司一名、禰宜一名、主典八名、出仕及守衛若干名を置いて社務を掌理せしめ、(10) 毎年十月二十八日を例祭日と定めて、祈年祭、新嘗祭とあわせ祭祀を執り行った（以上三大祭）。なお、宮中よりは幣帛料、神饌料が奉納せられ、各祭礼には奉幣使が参向したのである。

(五) 鎮座式及び台湾神社の紋章

とはいえ、先述のごとく『台湾神社誌』は概説的かつオフィシャルな刊行物であり、総督府内部における行政上のさまざまな経緯や事業の詳細については、具体的な叙述がおよんでない。そういう意味で「台湾総督府文書」中に確認された台湾神社の鎮座式及祭典に関する一連の文書は、鎮座式を迎える準備作業の過程を具体的に示す極めて貴重なものといえよう。同文書は「台湾神社鎮座式及祭典ニ関スル件」と題された簿冊に綴じられた一件書類である。この簿冊は、全冊台湾神社鎮座式の準備過程における行政上の案件が網羅されており、[11] 台湾神社の創設祭典という民衆統合の一大プロジェクトの全体像がうかがえる、非常に興味深い資料である。とりわけ鎮座式の次第はこの文書に極めて詳しく、筆者は改めてこの復元を試みるつもりだが、紙幅の事情もあり、ここでは本章のテーマに関係深い「台湾神社の紋章について」という一括文書を参考に、皇室・皇族と植民地下の海外神社の「社格」の問題について考えてみたい。

ところで、台湾神社の特徴の一つは、さきに述べたごとく、祭神に能久親王を祀っていることであった。[12] このため台湾神社創設の過程は、北白川宮という天皇イメージの代替としての表徴的存在を祭神とすることで、これを植民地に拡大する大きな契機となったものといえよう。

こうした理由から、台湾神社の紋章に皇族の家紋である「菊花紋」の使用が検討された事情は容易に了解できる。その点、同文書は、鎮座式及祭典を約一ヵ月後に控えて、さまざまな準備が進むなかで、台湾神社の紋章の意匠を菊花紋に定めこれを祭典時の奉祝提灯に使用する問題をめぐる、民政局県治課内での逡巡を明らかにした資料となっている。この文書の内容からは、宮内省をもまきこんだ一連の経過のなかで、菊花紋章＝皇室（皇族）イメージに対する行政当局の微妙な配慮がうかがえ興味深い。

なお、この文書の綴られ方は、同一案件ごとに起案から決定までが順番に綴じられている形となっているが、一部前後した部分もみうけられる（ここでは、仮にA〜J文書としておく）。以下、ことの成り行きに順じ若干の解説を付しておこう（紙幅の関係で原文は略す）。

まず、A文書「台湾神社御紋章ノ件在京課長問合案」は、台湾神社の紋章デザインの詳細に関して、在京中の総督府民政局県治課長に宛てた代理課長の問合せである。「台湾神社御紋章ハ十四輪ノ菊ノ中ニ台字ト決定セラレシ由果シテ然ラハ菊ト台字ノ歩合ヲ問フ　明治三十四年八月三十八／代理課長／松岡課長宛」。この場合「松岡」が在京中の県治課長で、「関屋」が代理課長。文書では「代理」が省略されているので注意されたい。他の文書から「総督府参事官」であることが確認される。

B文書「台湾総督府県治課長代理宛県治課長電報」は、A文書をうけ、デザインの詳細に関しては県治課員（属）に直接確認するよう返答した県治課長の電文である。「受信人　ケンチカテウタイリ／発信人　マツオカ（平野）／発局　八月三十一日　午前十一時二〇分／着局　午後一時十五分／消印　台湾台北電信取扱所卅四年八月三十一日電信／ゴモンシヨウハアハヤゾクニキカレタシ（御紋章ハ粟屋属ニ聞カレタシ）」（電報原文）。なお原文中の「ケンチカテウタイリ」は県治課長代理のことである。

C文書「台湾神社御紋章ノ件県治課上申」は、紋章のデザインに関して、県治課として具体的な仕様を定める旨を上申したものである。「台湾神社御紋章ヲ十四輪ノ菊ノ中ニ台字ト御決定相成ラルモ其菊ト台字ノ歩合ヲ定メラレズ候處御紋章トシテハ一定ノ歩合ヲ定メ置カルヽノ必要可有候ト話在候ニ付左ノ如ク御制定被成可然哉仰高裁」とあり、文中に「左ノ如ク」とあるものの、該当する図面等は付されていない。

D文書は「台湾神社御紋章ノ件台北県宛指令ニ付上申」である。これによれば、台北県知事より、台湾神社の菊花紋章を奉祝の軒燈などの提灯に付してよいか、との稟申があり、これを許可するについての総督府部内での上申がなされたようである。「台湾神社御紋章ノ件／台湾神社御祭典ノ際使用スル軒燈ニ該社御紋章ヲ附シ度旨ヲ以テ台北県知事ヨリ別紙伺出候処該社ノ御祭典ニ限リ使用スルモノニ候得者別ニ不都合モ無之儀ト被存候ニ付左按之指令被成御出哉仰高裁／按／指令第一九三四号／台北県／明治三十四年八月廿九日付台北庶第一一／六五号台湾神社御紋章ヲ提灯ニ附スルノ件聞届ク／明治三十四年九月　日／総督」とある。同案では「別ニ不都合モ無之」と、この時点では承諾する方向ですすんでいたのであった。

E文書「台湾神社御紋章ヲ祝燈ニ附スル儀ニ付台北県ヨリ稟申」は、D文書のもととなった、台北県知事よりの稟申である。「台湾神社御紋章ヲ祝燈ニ附スル儀ニ付稟申／台湾神社祭典当日ハ市民各戸ニ軒燈掲吊スル筈ニ有之然ルニ其軒燈ニハ神社崇敬ノ念ヲ表彰スル為メ一面ニ神社ノ御紋章ヲ他ノ一面ニ日章ヲ附シ度旨市民一同ヨリ出願致候右ハ固ヨリ同神社祭礼ノ日ニ限リ掲吊シ濫リニ使用スル儀ニ無之候得ハ格別ノ御詮議ヲ以テ市民出願ノ趣御聞届相成候様致度此段及稟請候也／明治三十四年八月廿九日／台北県知事村上義雄（印）／台湾総督男爵児玉源太郎殿」。なお、台北県知事の村上義雄は、こののち石川県知事に転出した内務官僚である。

F文書は台湾神社御紋章図である。書き込みには、「官幣大社台湾神社御紋章　十四輪菊花中ニ台字　台字ノ径ハ菊花　直径四分ノ一（御紋章図）」とあり、台湾神社の紋章の図面が添付されている。注記にある「台字ノ径ハ菊花直径四分ノ一」から、C文書の文意と対応するため、同文書の付図ではないかと推察される。

G文書「台湾総督府県治課参事官宛県治課長電報」は、在京中の県治課長から代理の参事官に宛てた緊急電報である。「受信人　ソウトクフケンチカセキヤサンシカン／発信人　マツオカ／消印　台湾台北電信取扱所卅四年九月十五日電信／発局　九月十五日　午後八時十分／着局　午後十一時□分／ノキテウチンニ一四ギクノモンショウハクナイショウニテコショウアリヲミアワセアリタシ／訳（平野）軒提灯ニ十四菊ノ紋章ハ宮内省ニテ故障アリ御見合セアリタシ」（電報原文）とある。紋章を提灯に付す件につき、宮内省より菊花紋章の「濫リ」な使用は支障ありと異議が申し込まれたため、実施を見合わせるよう命じている。

同じくH文書「台湾総督府県治課属宛県治課長電報」では、G文書と同日付の県治課長より県治課職員（属）宛の電報。現実的に紋章デザインの取り代えが可能かどうか、返電をもとめている。「受信人　ケンチクア　アワヤソク／発信人　マツオカ／発局　九月十五日　午後八時十二分／着局　午後九時十四分／消印　台湾台北電信取扱所卅四年九月十五日電信／一四キクニダイジノモンハクナイシヨニテイギアリナニナニツケシヤマタイタムトリカエルコトデキルヤスグヘン／訳（十四菊ニ台字ノ紋ハ宮内省ニテ異議アリ何々ニ付シヤマタイタム（以下、電文不明）トリ変ヘルコト出来ルヤ直ク返（後欠））」（電報原文）。なお、電報原文にある「ケンチクア」は「ケンジカ」（県治課）のことである。

I文書「在京県治課長宛電文控」は、在京中の県治課長に宛てた電文の控である。「神社ノ紋ハ已ニ発表シ当日限リ用ヰヘキ献燈（サ、ゲル）ニ紋ヲ付シ既ニ一部分ハ新調□ナリシモ昨日ノ電報ニヨリ直ク差止メタリ京都ニテ注文ノ法被ヲ除ク外紋ヲ付シタルモノナシ」。紋章を付す件につき、現況ならびに差し止めの報告をしたもの。期日や発着信を特定する記載はない。

J文書「台湾神社御紋章ノ件在京県治課長宛電報」は、G文書の緊急電報に対し、現況を報告する旨の返電の文案。「台湾神社御紋章ノ件／松岡課長ヨリ別紙之通電報有之候間左按返電可然哉此段相伺候也／案／神社ノ紋ハ已ニ発表シ（市中軒提灯─削除）当日ニ限リ用キベキ軒燈ニ紋ヲ付シ（居タルモ─削除）既ニ一部分ハ新調□ナリシモ昨日ノ電報ニヨリ直ク差止メタリ京都ニテ注文ノ法被ヲ除クノ外ハ紋ヲ付ケタルモノナシ」。起案中に一部修正の跡が認められ、前後の関係からI文書は同一案件の一部であると推定される。

K文書「台湾神社御紋章ノ件在京県治課長宛電報」は、紋章の件につき、最終決定を確認する在京県治課長宛の電報。「電報案／台湾神社御紋章ノ件如何決定セシヤ軒提灯ハ調製準備ノ都合アリテ急ニ決定ノ必要アル故御申越ニ依リ断然□シメザルコトニ確定セリ／平田属へ侍従武官随行トシテ全島ニ出張ヲ命タリ／三十四年九月十四日／関屋課長／在京課長宛」。ただし、後段は別件の事務報告である。

L文書「台湾神社御紋章ノ件台北県知事宛通達」は、台湾神社の紋章一件に関する最終通達文書となった。「台湾神社御紋章ノ件／台湾神社御紋章ヲ提燈ニ付スル件ニ付本月三日第一九三四号（＝D文書）ヲ以テ指令相成候処詮議之次第有之候条提灯へ付シ候儀見合可相成依命此段及通達候也／明治三十四年九月　日／民政長官／台北県知事宛」。八月二十九日付の台北県知事の稟申（＝E文書）に対し、一旦は九月三日付のD文書（指令第一九三四号）で認めたものを、宮内省の異議により最終的にはくつがえしたことになる。文書中県治課長欄に「要再回」（再回答ヲ要ス）の印が付されている点に注意されたい。この一連のやりとりにより、台湾神社御紋章の制定の件はとりあえず落着したのであった。

むすび

「台湾神社の創設は、近代天皇制の原理の普及浸透と密接に関連していたもの」(13)と駒込武氏が指摘するように、植民地神社は内地の神社にもまして、天皇制との密接な関係を象徴するものであった。もとより世俗的権力と宗教的権威をあわせもつ存在としての天皇イメージのアピールは、数々の巡幸や御真影下附の過程にみられるように、明治維新期から行われていた[14]。しかし、（日清戦争を代表とする）歴史的プロセスを経ることではじめて、「国民国家」日本への帰属意識、「日本」という「共感の共同体[15]」への帰属意識が多くの民衆に浸透しはじめたと考えられる。

こうしたなか、台湾征服の過程で、近衛師団指揮官である北白川宮能久が死去したことが、「皇族といういわば〝金枝玉葉〟の身でありながら〝未開の蕃地〟にわたり難行辛苦の末病死」した「悲劇の英雄」としての「同情」を集めることになったのであった[16]。すなわち、台湾神社創設の過程は、北白川宮という天皇イメージの「ミニマムな表徴」を祭神とすることで、これを植民地に拡大する大きな契機となったものといえよう（この点に関して、駒込氏は「文明の象徴としての能久親王」に注目。とくに一九二〇年代以降、徐々に民間信仰の基盤を掘り崩していく役割を果たしたのではないかと指摘している）。

なお、この文脈に即していえば、明治三十六年十一月、台北に圓山台湾総督府警察官招魂碑が建立されたこと[17]、日本領有以後の台湾における戦死者殉職者等を祀る神社として建功神社が昭和三年（一九二八）創建されたこと、さらに、十七年五月には、台湾護国神社が創建されたことを明記しておきたい[18]。

以上、本章では、植民地における神社政策の台湾における具体例としての、台湾神社創設をめぐる経緯について、明治三十年代を中心とした数年間の動向をあとづけてみた。この過程は、いわば軍事を軸とした民衆統合という主題を含むものと思われる。むろん、この問題は、厳密には明治三十年代を起点に展開したわけではない。しかし、少なくともこの前後の歴史的状況を背景に生起したもので、その後の台湾統治、さらに、植民地統治全般に大なり小なりの影響をあたえた事例である。そういう意味で、台湾神社は植民地における宗教的・軍事的統合の前提であり原型であるともいえよう。

注

（1） 中島三千男「台湾の神社跡を訪ねて―旧花蓮港庁を中心に―」（神奈川大学常民文化研究所『歴史と民俗』一〇号、一九九三年）。中島は、近稿「『海外神社』研究序説」（『歴史評論』六〇二号、二〇〇〇年）で、海外神社の概要と現段階での研究史整理を手際よくまとめている。このほかこの問題では、横森久美「台湾における神社―皇民化政策との関連において―」（『台湾現代史研究』第四号、一九八二年）、蔡錦堂「台湾における宗教政策の研究―一八九五～一九四五―」（博士論文、一九九〇年。のち『日本帝国主義下台湾の宗教政策』同成社、一九九四年）、千葉正士「東亜支配イデオロギーとしての神社政策」（仁井田陞博士追悼論文集編集委員会編『日本法とアジア』勁草書房、一九七〇年）、青井哲人『神社造営よりみた日本植民地の環境変容に関する研究―台湾・朝鮮を事例として―』（博士論文、二〇〇〇年）、高木博志「官幣大社札幌神社と『拓殖』の神学」（『地方史研究』二四五号、一九九三年。のち「官幣大社札幌神社と『領土開拓』の神学」と改題、加筆して岡田精司編『祭祀と国家の歴史学』塙書房、二〇〇一年に収録）などが参考になる。

（2） 中島三千男「台湾・旧花蓮港庁下における神社の創設について―とくに『社』の評価をめぐって―」（馬原鉄男・岩井忠熊編『天皇制国家の統合と支配』文理閣、一九九二年）、中島「台湾に旧神社故地を訪ねて／意外に多い社殿転用／忠烈祠や軍隊の施設等に」（『神社新報』第九四九号、一九六六年四月二十三日）。

（3） 台湾総督府「台湾ニ於ケル官幣社以下神社ノ現況」（台湾総督府『台湾ニ於ケル官幣社明細帳・官幣社以下神社ノ現況』）参照（前掲中島論文所載）。

（4） 但し、北白川宮の「戦死」に関しては、異説あり。一般に、森鷗外の伝記による本文に示した「戦病死（コレラ）」説が流布しているが、吉野利喜馬や黄榮洛などは、匪徒（＝ゲリラ）の襲撃による「虐殺」説を強く主張している（吉野利喜馬『靖台の宮』、黄榮洛『北白川宮は新竹で死んだ』稿本。以上は、栗原純・檜山幸夫氏のご教示による）。戦闘の経緯については、檜山『日清戦争―秘蔵写真が明かす真実―』（講談社、一九九七年）など参照。

（5） 中島前掲「台湾・旧花蓮港庁下における神社の創設について」。

（6） 台湾総督府『台湾統治概要』、一九四六年（復刻、原書房、一九七三年）。台湾総督府文書のなかには、「台南御遺跡所」の設置に関する一件文書が、配置図面を含め残されている。

（7） 杉山茂丸『児玉大将伝』（中央公論社、一九一八年）。

（8）前掲台湾総督府『台湾統治概要』。
（9）杉山前掲『児玉大将伝』。
（10）前掲台湾総督府『台湾統治概要』。
（11）約一〇〇件ほどにのぼる。詳細目録は中京大学社会科学研究所台湾総督府文書目録編纂委員会編『台湾総督府文書目録』第六巻（ゆまに書房、一九九九年）二六五～二六七頁。
（12）台湾神社の祭神に関しては、むしろ「開拓三神」の意義を重視する見解もある（高木前掲「官幣大社札幌神社と『領土開拓』の神学」参照）。天照大神合祀の問題も含め、海外神社全体の中での位置づけの検討が求められよう。
（13）駒込武「異民族支配の〈教義〉―台湾漢族の民間信仰と近代天皇制のあいだ―」（『岩波講座　近代日本と植民地4／統合と支配の論理』岩波書店、一九九三年）。
（14）多木浩二『天皇の肖像』（岩波書店、一九八八年）、飛鳥井雅道『明治大帝』（筑摩書房、一九八九年）、栃木県立博物館『明治天皇と御巡幸』展示図録（一九九七年）など参照。
（15）酒井直樹『死産される日本語・日本人』（新曜社、一九九六年）。
（16）駒込武「台湾・一九〇〇年前後」（『植民地帝国日本の文化統合』岩波書店、一九九六年）。
（17）前掲台湾総督府『台湾統治概要』。
（18）旧神社の多くの本殿が忠烈祠に転用されているということが報告されている。なかでも台湾護国神社跡に建てられた忠烈祠は、中華民国の中心的な忠烈祠で、日本の「戦前の靖国神社を彷彿させる」ものであり、その他の台湾全土にある忠烈祠は、いわば戦前の護国神社、招魂社を彷彿させるものである（『神社新報選集』昭和四十六年度版）。ちなみに、忠烈祠とは、オランダの支配から台湾を解放した鄭成功、抗日武装闘争で戦った「台湾革命先烈」、また国共内戦の過程で倒れた「民国革命先烈」を中心に、いわゆる「国事殉難者の軍人官吏等」を祀ったものである。台湾の忠烈祠に関しては、蔡錦堂「従神社到忠烈祠―戦前与戦後台湾『国家宗祀』的転換」（『日本研究台日関係日語教育国際学術研討会論文集』二〇〇〇年）、同「忠烈祠研究―『国殤聖域』建立的歴史沿革」（『国科会台湾史専題研究計画成果発表』研究会会議論文、二〇〇一年）などが詳しい。

III 「慰霊」のコスモロジー

野田山陸軍墓地

前頁の写真は，金沢市郊外の野田山陸軍墓地に埋葬された軍人の個人墓碑．明治初年から三十年代に至る戦没兵士の墓である．墓碑の形態は「陸軍埋葬規則」に基づくものだが，墓碑の間隔や土饅頭の様式は埋葬地により差異がある．なお，同墓地には数基の合葬墓碑も建立されている．

この第III編では，陸軍墓地（軍用墓地）や招魂社の立地，その背景となった都市民衆の空間認識について，都市民俗学の成果を援用しつつ検討する．

一　陸軍墓地の創設と展開

㈠　野田山陸軍墓地の創設

「軍都」金沢の陸軍墓地は旧城下の郊外（金沢城の南西）、寺町台地の奥手丘陵「野田山」に設けられた。北越戦争以降、第九師団管下石川県域の戦没兵士は、基本的にはこの陸軍墓地に埋葬あるいは合葬されてきたものと思われる。もちろん、陸軍墓地以外に埋葬された個人墓の形態もあり、一時、北越戦争陣没者の一部が卯辰山に埋葬された事例もみられるが、野田山の墓碑等の数からして、日清戦争以前はその大多数がこの陸軍墓地に埋葬されたものといえよう。(1) 現在も将校二四柱、下士官兵三六八柱の墓碑が、同墓地内に残されている。(2)

その後、とりわけ日露戦争に勝利をおさめてからは、野田山麓一帯にも戦死者個人の立派な墓石が建ち始めるようになる。これらのなかには高さが優に二メートルを超え、正面には位階勲等、側面には武勲と勇ましい軍歴が刻まれた墓石もみえ、「大きさといい、風格といい、周囲では群を抜くものばかりだった」という。戦勝ムードが豪華な墓石建立に拍車をかけたとはいえ、一説では約一〇〇〇基の軍人墓が野田山に建てられたといわれるように、軍の墓地としての色彩を一層濃くしていったのである。

ところで野田山は、『金沢古蹟志』に「旧藩主歴代の廟所、金沢市中士族、平民の墳墓地にて、国初以来の埋葬地なるにより、毎年七月の盂蘭盆会には、各々灯籠を灯し（約四万基の奉灯が備えられた―引用者注）、昼夜共に男女群参して、十一屋野田道の繁昌いはんかたなし」とあるように、近世以降、城下町都市の墓地としての景観をしだいに濃厚にしてきた郊外の里山であった。(3)このなかで維新後、陸軍墓地の整備はおそらく明治十年代に進み、相次いで個人の墓碑が建立されるようになったものと思われる（墓碑銘からは兵士の戦没時期が確認されるが、ほぼ明治の一桁から十年代に集中している）。しかし、戦没者の増加とともに、墓域を確保しなくてはならないという物理的な問題もあってか、個人墓の造営は、しだいに制限が加えられたようである（前掲「陸軍埋葬地規定」では一〇基まとまれば合葬可能とされる）。

こうしたことから、明治二十六年（一八九三）野田山にはじめて戦没軍人の合葬慰霊碑が建立された。「陸軍軍人合葬之墓」である。この「合葬之墓」は、西南役戦没者と、これよりさき明治初年北越戦争の戦没者を合葬したものであった。ついで三十年四月には、「征清役戦没・病没軍人合葬碑」（一一八柱）の建碑式が挙げられ、四十年三月には「日露役陣没者合葬碑」（六一二四柱）が建立される。その後、昭和七年（一九三二）十二月には「上海事件陣歿者合葬碑」、さらに昭和十二年には「満州事変陣没者合葬碑」が建設される。日露役以下、満州事変、上海事変の合葬碑はいずれも一台座一基で、日露戦争以降の碑には玉垣も設けられている。そして昭和十四年には、従来の碑とは比べものにならないほど巨大な「支那事変戦没者忠霊塔」が建設されるのである。(4)

(二) 合葬墓碑の歴史的背景

ところで、これら軍人墓地の墓碑・合葬碑には、いかなる慰霊意識が投影されているのだろうか。以下、墓地空間

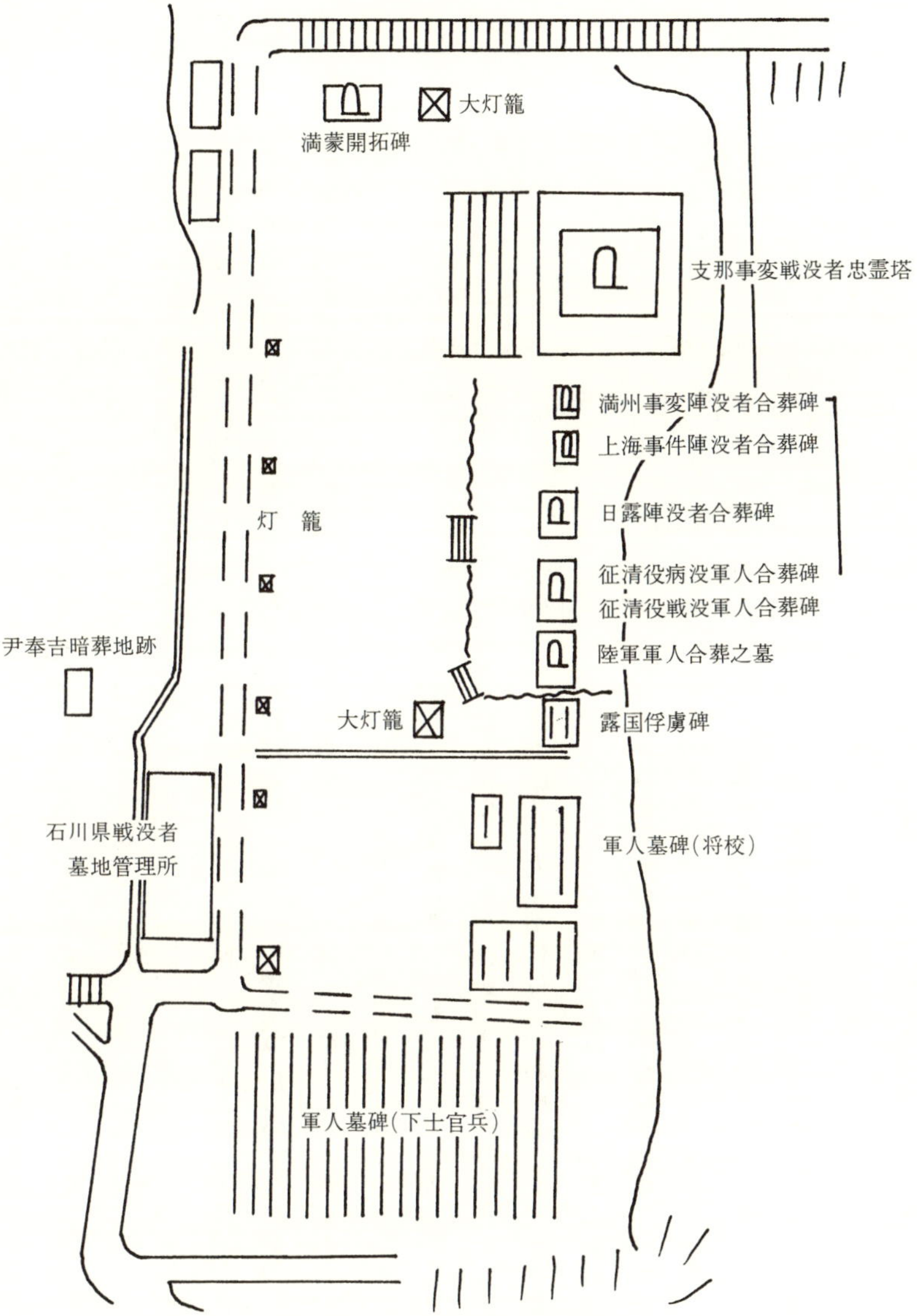

図16　石川県戦没者墓地構内図

の構成と特徴を確認してみよう（表7・図16）。まず、一見して明らかなように、石碑の規模がほぼ建立ごとに大きくなっていくことがわかる。その理由として考えられるのは、戦争の規模の拡大、あるいは戦死者の増加に見合った外観を整える、というきわめて自然な意図が推察されよう。

　いうまでもなく近代日本においては、戦役を重ねるごとに戦闘規模が拡大し、徴兵数および戦死者数は増加の一途をたどった。石川県でも特に戦死者が飛躍的に増加したのは日露戦争以降で、『金沢市史』現代編上によれば、「第七連隊のみでも、戦死一三九三人、戦傷三六八五人の多数に上り、まさに連隊全滅に近い状況であった」とされ、その後「陸海軍の徴兵人数は、一九二〇年代（大正末期）の軍縮によってしばらく減少していたものの、昭和六年（一九三一）の満州事変から昭和十二年（一九三七）の日中戦争にかけての軍備の拡張につれて次第に増加した」という。こうした徴兵傾向は、太平洋戦争下には一層激化し、本土決戦が決意された昭和十九年頃には、いわゆる「根こそぎ動員」に至った。つまり、日本が大陸へ進出し、全面的な戦闘を展開するに際して、兵員の確保ならびに戦意の高揚は、軍部をはじめとする国政当局の最大の課題となっていったのである。このことが、碑の規模拡大の背景を如実に語っているものといえよう（表8）[5]。

　一方、多数の個人墓が、合葬墓碑（一〜二基の）という形で一つにまとめられたことは、兵士にとって、あるいは彼らを慰霊する遺族にとって極めて重要な問題であったものと思われる。

備　　　考
土饅頭状の盛り土の上に陸軍墓地規定型墓石柱．大多数が兵卒と補充兵
大型の石造個人墓
10基の墓石柱．カタカナ人名上に十字架（１基は三日月）を刻む
１台２基，右基に下士官左基に兵卒名，西南役と北越役の合葬
１台２基，右基46名「明治二十八年之役」，左基72名「同上」銘
M40.3「合祀シ碑四基ヲ建立」，S12.5「今回之ヲ改修シ一基」に改造したもの，林銑十郎（首相）書
中将植田謙吉（第九師団長）書
中将蓮沼蕃（第九師団長）書
中将吉住良（第九師団長）書

域維持会)，「野田山忠霊塔御分骨安置箇所一覧簿」
者名簿」，「金沢陸軍墓地埋葬者調」（昭和18年７月30
成.

表7　野田山戦没者墓葬碑一覧表

	墓葬碑名	年代	御霊数(柱)	法量(cm)
1	軍人墓碑(下士官兵)	M10.5.5〜M38.8.11	368	15.2×15.2×H62
2	軍人墓碑(将校)	M12.4.12〜M44.7.-	24	51.8×51.8×H170
3	露国俘虜碑	M38.5.6〜M38.11.21	10	15.3×15.3×H63
4	陸軍軍人合葬之墓	M26.3.-	69	91.0×59.5×H160
5	征清役戦死軍人合葬碑 征清役病没軍人合葬碑	M30.4.27	118	90.0×59.0×H231
6	日露陣没者合葬碑	M40.3.-(S12.5.-)	6124	83.0×83.5×H220
7	上海事件陣没者合葬碑	S7.12.-	144	82.5×71.5×H270
8	満洲事変陣没者合葬碑	S12.5.-	104	74.2×66.2×H268
9	支那事変戦没者忠霊塔	S16.5.3	5814	300.0×335.0×H775

(注)　各墓碑銘のほか,「野田山忠霊塔納骨者いろは別名簿」(昭和22年10月調，霊(同上),「忠霊塔合葬希望者受付簿」(昭和22年6月起),「支那事変忠霊塔合葬日調),「野田山納骨名簿」(昭和30年〜37年，石川県厚生部民生課)等により作

この背景には、①限られた墓域の中で個人墓を収容しきれないという事情と、②「合葬」という形式に何らかの意味をもたせようとする意図が、はからずも読み取れる。陸軍墓地のように、基本的に同質な戦死者を、網羅的に埋葬して公式の「慰霊」を行う場所として設定された墓地の場合、合葬碑という形式は、とりあえずは物理的な問題(①)としてあらわれ、さらに②のごとく、墓碑を建設する主体に「合葬」を実施すべき何らかの事情があった場合、その選択がなされるものと推察されよう。(6)

この問題については、すでに籠谷次郎氏が、明治三十九年(一九〇六)の「県知事宛内務省宗教局長・同神社局長通牒」を紹介し、これにより「忠魂碑等の一市町村一碑の方針が出され、それ以前に多く造営されていた『戦没者個人碑』は後を絶った」ものと理解されてきた。(7)しかし、今井昭彦氏や下山忍氏の調査によれば、明治四十年代以降の「個人碑」の建立もないわけではなく、(8)例えば、埼玉県越谷市の事例にみられるように、「一市町村一碑」の方針以後の個人碑規制により社寺境内から私有地に建立場所を移すケースも確認されている。(9)そうした点をふまえて、以下、金沢陸軍墓地における「合葬碑」の成立事

表8　金沢陸軍墓地埋葬者調(昭和18年7月30日調)

	墓石数	将官	佐官	尉官	準士官	下士	兵卒	軍属	計
私設墓	24		3	19	2				24
1号合葬碑	1					50			50
2号合葬碑	1						63		63
個人墓	366						366		366
3号合葬碑	1			1	2		10	59	72
4号合葬碑	1			2		5	37	2	46
日露戦役合葬碑	1		19	126	43	877	5056		6121
上海事件合葬碑	1	1	3	8	1	48	53		114
満州事変合葬碑	1	1	—	4	2	23	70	4	104
支那事変以降分	1	—		—	—	—	—	—	5814
								合計	12774

(注)　戦没者墓地管理所所蔵文書より作成. なお私設墓は明治12～44年, 1・2号合葬碑は北越役及西南役, 3・4号合葬碑は日清戦争の戦没と病没, 個人墓は明治初年～38年のそれぞれの戦死者の墓碑. 支那事変以降分の戦死者は18年7月末迄の調査.

情を考察してみたい。ちなみに、「陸軍軍人合葬之墓」の形態は、一台座に二基の碑柱(石碑、以下同じ)で、右基に下士官、左基に兵卒の記銘がある。なお、「征清役碑」も一台二基だが、右基に「戦没軍人」、左基には「病没軍人」が合葬されている。

まず、「陸軍軍人合葬之墓」は、北越戦争の戦死者と西南戦争の戦死者とを合葬したものであった。さきに述べたように、西南戦争に出兵した兵士の遺骨(一四名分)は、野田山ではなく、はじめ卯辰山の共同墓地に葬られたと伝えられている。これが、明治十年(一八七七)頃から野田山に陸軍墓地が形成されるようになって、移葬=改葬されたのである。

ここには、二つの問題があるように思われる。ひとつは、この時初めて「合葬」という形式をとったことである。これにはもちろん①の理由、埋葬スペースの事情が多分にからむように思われるが、一方で、二つの戦争の戦死者を「合わせ葬る」必然性、すなわち戊辰・西南役を一連の軍事行動=政治的関連ととらえる契機もうかがえるのではないだろうか。ここには徴兵制度による農民の動員を基礎とした政府軍(新陸軍)が、旧士族の最大の反乱である西南戦争をようやくの思いで制圧し、軍隊組織としての危機をとりあえず乗り越え、軌道にのせたという政治的背景がある。この過程で戊辰役以来の戦いを総括するとともに、戦没兵士の霊をまとめ「合葬」を執行することで、ひとつの社会的な区切りを付けたいと期したのではないだろうか。あるいはそのような意図を推察することもできよう。

いま一つの問題は、西南戦争の戦没者が、野田山ではなく、当初卯辰山に葬られ、明治十年代に至って野田山に「移葬」のうえ「合葬」されたという背景である。これは、野田山墓地が本来県民一般に開放されていなかったことと関係するのではないだろうか（藩政期は、武士、町人の身分による埋葬制限があった。いうまでもなく、西南戦争の戦死者には、武士以外の階層を出自とする金沢以外の平民が含まれていた（『石川県将士の記録』によれば、西南の役の戦没者は、県下全体で四五九名となっている。さきの一四名が平民であったか否かは不明だが）。彼らは、野田山開放以前は、この「聖地」に埋葬されることは出来ず、明治十年代に至ってようやくその条件（資格）が生じたのではないか。それにしても、卯辰山に埋葬してあった遺骸（遺骨）をわざわざ掘り起こして野田山に改葬する

図17　日清戦争合葬碑（野田山）

というメンタリティーは、のちに詳述する野田山の性格を暗示する意味でも、極めて興味深いものといえよう。(10)

一方、「征清役合葬碑」の合葬事情は、おそらく「兵士の死」をいかに「慰霊」→「顕彰」するか、という課題に直面したところにあるのではないか。というのも、何度もくりかえすが、明治日本がしだいに「国家」としての体裁を整え、はじめて本格的な対外戦争を経験したのが、この日清戦争だったからである。この戦争は、従来の内戦とは、意義も規模も異なり、とくに遠く外地まで兵士を動員するという、軍事的にも国民統制のうえでもさまざまな課題を生じた（例えば、動員・徴用・軍属・戦死・戦病死の問題など）。

その際、国民にとって、「国のいくさ」により犠牲となった戦死者がどのように処遇されるかは、極めて重大な関心事であったろう。国家は常に国民を説得しうる「正当な死」の意味を用意し、また戦死者とその遺家族に対する態度を明確にしなくてはならなかった。折から軍当局は、来るべき日露戦を射程に、陸軍編制の七個師団体制から一三個師団体制への拡張計画を策定し、これを実施しつつあった（明治二十九〜三十一年の陸軍軍拡。I—一参照）。金沢の第九師団もこのとき創設されたことはI—一で確認したとおりである。そして、この軍拡は、単純にいえば徴兵等を通じて国民に一層の負担を求めたものであった。こうした背景をふまえ、従来の「陸軍埋葬地規定」に基づく、師団以下の軍隊衛戍地における埋葬制度のなかで、軍当局は、日清戦争における戦死者をめぐるいくつかの新たな局面に対応せざるをえなかったのではないだろうか。具体的には、外地における戦死者の扱い（＝結果としての死体の処理）、戦死者の増加に対する墓地の物理的な収容能力の問題、さらに「戦死」を単に一人の兵士個人の死ととらえるのでなく、一定の精神的な共通体験としてとらえる認識の存在などがあげられよう。こうした日清戦争をめぐる諸事情を背景として、戊辰戦争以来の「個人墓」ではなく「合葬墓」という形態が、選ばれたものと思われるのである。

加えて問題になったのが、戦場では死ななかったにもかかわらず、戦傷や戦病が原因で死んだ、すなわち「戦病没者」の扱いであった。というのも、日清戦争段階では「戦没者」と「戦病没者」の処遇の差が存在し、これが民衆の不満として顕在化しつつあったのである。こうした事情を受けて、明治三十一年（一八九八）十月一日、陸軍大臣告示「戦病死者特別合祀について」が発令された。この告示は、戦病死者がどのようにあつかわれるのかを具体的に示すことによって、政府や軍が、国民に対してより大きな負担への国民合意を得ようとする努力にほかならなかった。繰り返すが、軍当局は、来るべき日露戦を射程に陸軍編制を七個師団体制から一三個師団体制へと拡張する計画をもっていた。このことは、より多くの国民に、環境が異なり、当然戦病死者の増加が想定される「外地」での負担を求めるものであった。そこで、日清戦争で報いられることの薄かった戦病死者の処遇について、軍＝国家の態度を明確にし、「英霊」の慰霊形式においても戦死者と同等にする必要があったのであろう。すなわち、この「戦病死者特別合祀」制度の制定が、結果として病没者「合葬碑」を併置する形態を生んだものと考えられるのである。(11)

なお、「合葬」と「合祀」の区分については、しばしば混同される場合がみうけられるので、ここで若干整理しておきたい。まず、「合祀」の漢語オリジナルの意味は「合祭」と同じく天神地祇を合わせて祀ることであった。しかし、神社神道における「合祀」は、神社の祭神を合わせ祀ることと解され、特に靖国神社では、招魂場と呼ばれる斎庭で、厳格な祭儀を経て、執り行われる儀式をさしていた。とはいえ、一般には、殉職あるいは殉難した者の氏名等を銘板に記して掲げ祀ることを「合祀」と称している。つまり、碑に姓名を刻んだことを、あたかも「合祀」とみなすような一種の習俗的施行があると見るべきである。とすれば、「合葬」「合祀」両者は、共通の心情を共有するのにもかかわらず、本来は明確に区別されなくてはならないものといえよう。ちなみに、軍人墓地の慰霊碑に関しては、「合祀」（合わせ祀る）という用語はどこにも使用されていない。あくまで「合葬」（合わせ葬る）という行為として理解されるべきであると思われる。(12)なお、戦場における「合葬」は、さきにふれた遺体処理の問題と深くかかわっている。このため内地における「合葬」との関係については、さらに検討を要するものといえよう。

この点につき、以下の興味深い事実を付しておきたい。というのも、もともと日清戦争前までの陸軍には、合葬という形式は制度的にはなかったようなのである。例えば、明治二十八年十月六日付『大阪朝日新聞』には「我陸軍には合葬の先例あらず、下士卒埋葬の敷地は一人に付一坪の規定」とされている。[13] もちろん、この記述は少なくとも野田山の「陸軍軍人合葬之墓」の明治二十六年という建設年代に照らせば、かならずしも正しくない。しかし、この記事の重要な点は以下の部分にある。すなわち、(日清戦争において)「今回遼東半島より各師団へ送還し来れる遺骨は、各部隊毎に准士官以下は四人に付約一坪とし、成るべく各人別々に埋葬し、将校は墓地の模様に依り、適宜取定むることとなりし由」(傍点引用者)としているのである。心情的には、規定どおり「成るべく各人別々に埋葬」したいのだが、「准士官以下」の膨大な外地戦死者＝遺体を前にして「四人に付約一坪」という実質的な合葬の形をとらざるをえない所に、日清戦争を画期とする合葬墓への移行の契機がみてとれよう。

次に「日露役陣歿者合葬碑」である。この碑をよく調べてみると、奇妙な事実に気付く。というのも、現在の碑は昭和十二年(一九三七)五月に改修再建されたものであることが確認されるのである。つまり、碑文によれば、もとの碑は日露戦後まもなくの明治四十年(一九〇七)三月に建立した四基のもので、「将校同相当官、准下士官、軍曹、兵卒並軍属ニ区分合葬シ、碑四基建立ヲシアリシカ、今回之ヲ改修シ一基ニ合葬ス」(傍点引用者)とある。つまり現存する碑は、元の碑をのちに一基にまとめたものであった。このことは何を示唆しているのであろうか。碑文のとおりならば、将と兵の区別をなくし、上下の階級を越えて合葬したことになる。しかし、わざわざ四基の碑を改築して合体する理由があったのだろうか。あるいは、昭和十二年五月という日中戦争直前の緊迫した状況が影響しているとも考えられるが(開戦は七月七日)、詳細は確認されていない。なお、下山忍氏のご教示によれば、北関東でも昭和十一年頃に戦争記念碑が建立される傾向にあり（蕨市和楽備神社乃木大将像、川口市川口神社小池幸三郎像など。Ⅱ—二—㈠参照）、これらの記銘から、日露戦争三十周年との関連ではないかと推察されている。あるいは、金沢の場合も同様の事情が考えられよう。(14)

ところで、そうなると、同十二年（一九三七）五月に建立された「満州事変陣歿者合葬碑」は、現在の日露の碑とほぼ同時期に建設されたことになる。もともと、第九師団には満州事変への動員令が下っていないので、師団としては当然派兵もせず、「陣没者」もいないはずである（厳密には部分的な動員が実施されたが）。にもかかわらず、事変から六年後の昭和十二年（一九三七）に改めて合葬碑を建設したのは、いかなる理由からだろうか。あるいは、日露陣没者の改修合葬と関連して建設されたとも考えられよう。なお、残念なことに「満州事変陣没者合葬碑」に本来掲げられていたであろう左右の銘板は、一枚は取り外され、一枚はコンクリートで埋められている。他の墓碑にこうした改修が施されていることはなく、この経緯と合わせ解明が求められよう。

となると、昭和七年（一九三二）十二月建立の「上海事件陣没者合葬碑」は、以上の理由から、合葬碑としては現在の日露の碑よりも前に建立されたことになる（形態は日露合葬碑と近似している）。幸いにも同碑の建碑事情は当時の新聞記事から確認できる。『北国新聞』昭和七年九月二十日付には以下のようにみえるのである。

「上海事変合葬碑　野田山墓地に建立　碑文は植田中将が健筆を揮ふ」

第九師団当局では、金沢・富山・敦賀・鯖江の各管下衛戍地に上海戦々合葬碑をたつるべく、かねて陸軍省へ申請中であったところ、この程許可来り、約五千円の経費をもって早速工事に掛かることになったが、金沢では野田山陸軍墓地に設立の予定で碑文は第九師団長植田（謙吉—引用者注）が健筆を揮ふはずである（下略）。

これによれば、上海事変の合葬碑は、第九師団管下の各衛戍地に建設されることになっており、その建設の動きが極めて組織的・官製的であったことが察せられるとともに、あらかじめ「合葬碑」として計画されていることが確認されよう。すなわち同陸軍墓地では初めての一台一基型「合葬碑」であった。すでに総動員体制を確立するに至った、陸軍当局の動向と本格的な対中戦争の初戦を経験した第九師団の対応が、この建碑運動のなかに透けて見えるように思われる。なお、既述のごとく満州事変以降の合葬碑（日露合葬碑を含む）には玉垣が設けられ、その整備がそれ以前の碑群とは様相を画して行き届いている点が極めて印象的である。

(三) ロシア兵捕虜の墓碑

時期は前後するが、陸軍軍人墓地の構内に日露戦後のロシア兵捕虜の墓碑が存在するのも特徴的な事例である。このロシア兵捕虜の戦病死者墓碑に関しては、つぎのような背景を指摘しえよう。すなわち、日本がまだ国際社会で近代国家としての認知を受けようとして配意していた明治後期には、日本軍・政府も国際法を順守する意志を示していたといわれる。例えば、捕虜を戦時法規に基づいて処遇するための努力も重要な対応策であった。こうした配慮から日露戦争におけるロシア人捕虜、第一次大戦におけるドイツ人捕虜が、日本国内の収容所で優遇され、日本人との間に浅からぬ交流が生じた例も伝えられるくらいである。

金沢でも明治三十八年（一九〇五）三月二十三日を第一次として、多数のロシア兵捕虜が市内に送致された。受け入れ側の金沢では、市当局も市民もこの「異人」を厚遇したようである。三十八年五月十日付金沢市諭示第四号によれば、

俘虜ニ対スル心得ハ諭示ノ如ク、彼等ハ其祖国ニ対シ義務ヲ尽シ一旦戦斗力ヲ失ヒ俘虜トナリシモノナレハ、之

ヲ仇敵視スヘカラサルハ勿論、寧ロ博愛心ヲ以テ接遇セサル可カラス。（彼らに危害を加え悪感を懐かしむることは―引用者注）市民ノ品位ヲ傷クルノミナラス延テ国家ノ威信ヲ失墜スルニ至ルヘキヲ以テ、斯ル軽躁ノ挙動ナキ様注意セラルヘシ

明治三十八年五月十日

とある。金沢市当局の戸惑いと配慮がうかがえよう。このようななか一〇柱のロシア兵捕虜の墓碑（ロシア正教九名、イスラム教一名）は、当時の国際環境のなかで建立されたのであった。(15)

なお、日露戦争の際に、日本の負傷兵が捕虜となって送還の途中死亡、チタ市の露国陸軍墓地に葬られた事例が、大正四年十二月二十日付『大阪朝日新聞』にみられる。(16) この墓地に埋葬された遺骨は、のちに日本からの「整骨使」一行により発掘され、鄭重な葬儀のうえ持ち帰られている。野田山のロシア兵のケースと比べれば、戦後の収集事業と併せ、我彼の「遺骨」に対する観念がうかがえる興味深い事例といえよう。

以上、野田山陸軍墓地における一連の墓碑の成立事情を、やや詳細にみてきた。それぞれの碑がそれなりの歴史的背景のう

図18　ロシア兵捕虜の墓碑（野田山）

えに建立されてきたことが理解されよう。いずれにせよ、こうした墓碑の集合体として陸軍墓地は形成され、また独特の景観を生み出してきたのである。そうした意味で、野田山陸軍墓地もまた（景観のうえでも、民衆意識のうえでも）「軍都」を構成する重要な要素と言えよう。終章では、金沢の陸軍墓地がなぜ野田山に建設されたのかという問題について、都市民俗論の成果を援用しつつ論及したい。

注

（1）野田山の一般墓地域にも戊辰戦争（北越戦争）戦死者の墓がいくつか確認されている。例えば、金子栄五郎富一、山下勇太夫政和、野村吉太郎幸友三名の亀型墓石をもつ墓碑（追悼碑）など。彼らはいずれも慶応四年（一八六八）六月二日の戦死者であった。

（2）『北国新聞』昭和五年七月三日付によれば、「明治六年以来在職又は召集中死亡した月加田歩兵中佐以下将兵卒六百二十三名、ならびに日清、日露両戦後に戦病死した諸勇士の英霊」とされる。細見長盛『不滅の墳墓』巖松堂書店、一九三二年、二七〇頁。

（3）森田柿園『金沢古蹟志』一八九一年。『北国新聞』昭和五十八年二月九日付「レポート野田山から（24）／市民墓地」参照。なお、野田山が、本来は藩主前田家の墓地が存在する「聖地」であったことは、場所性の問題として注目されなくてはならない。すなわち、藩祖前田利家は、慶長四年（一五九九）に大坂で没したものの、遺言により遺体は金沢へ送られ、野田山の山頂に墳墓を築いてここに埋葬されたのである。以後、代々の藩主もこの地に葬られることになるとともに、武家や町家の墓もここに集まり、城下最大の墓地空間となった。野田山のモチーフは、何といってもこの点にある。なお現在の墓石数は五万余りといわれ、前田家墓地を除く墓地域全体は金沢市が、「戦没者墓地」は石川県が管理している（『野田山の墓碑を訪ねて』金沢市観光課、一九九八年）。なお、近年、近世の野田山墓地に関して、近世考古学からの関心が寄せられつつある（例えば、出越茂和「野田山近世墓地研究序論―墓地の形成と構造―」『加能史料研究』第一三号、二〇〇一年など）。

（4）一般に石川県忠霊塔と紹介されるが、実際には、金沢市域の戦没者を対象とする慰霊施設である（原田氏のご教示による）。なお、この合葬碑群に関しては、本康宏史「『軍都』の民俗再考―祈願と慰霊を中心に―」（二）（『石川県立歴史博物館紀要』九号、一九九六年、五九〜六六頁）参照。藤井忠俊『兵士たちの戦争』（朝日新聞社、二〇〇〇年、二二五頁）にも紹介がある。

（5）『金沢市史』現代編上 戦争と軍事（金沢市、一九六九年）。この間の召集、動員の特徴については、粟屋憲太郎「民衆動員と抵抗」（『岩波講座日本歴史』二一巻、岩波書店、一九七七年）一七七頁、が参考になる。ほかに、『石川県史』現代篇1、七八五頁、石川県厚生部民生課『石川県将士の記録』（石川県、一九七三年）など参照。

（6）戦没者慰霊碑の形態については、近年「戦跡考古学」の問題提起などをうけて、注目されつつある。例えば、新宮譲治「明治期戦没者碑の変遷―個人墓から集合碑へ―」（『歴史と地理』四五七号、一九九三年）、寺門雄一「近代石造遺物からみた地域・戦争・信仰―茨城県取手市域の戦没者慰霊碑を例にして―」（『地方史研究』二五〇号、一九九四年）などが、本稿と問題関心を同じくした分析を試みている。一方、陸軍墓地の制度に関しては、原田敬一「陸海軍埋葬地制度考」（大阪大学文学部日本史研究室編『近世近代の地域と権力』清文堂、一九九八年）、原田前掲『国民軍の神話―兵士になるということ―』二一三頁以下、及び檜山幸夫編著『近代日本の形成と日清戦争』（雄山閣出版、二〇〇一年）における檜山氏の所論参照。

（7）籠谷次郎「戦没者碑と『忠魂碑』」（『歴史評論』四〇六号、一九八四年）。

（8）今井昭彦「群馬県下における戦没者慰霊施設の展開」（『常民文化』一〇号、一九八七年）、下山忍「戦没者墓石について」（『地方史研究』二五八号、一九九五年）、同「戦争碑の変遷」（『季刊考古学』第七二号、二〇〇〇年）、谷口貢「戦没者の慰霊と民俗信仰―福島県会津高田町の事例を中心に―」（松崎憲三『近代庶民生活の展開―くにの政策と民俗―』三一書房、一九九八年）など。

（9）新宮譲治「戦没者個人碑について」（『歴史と地理』四四二号、一九九二年）、新宮前掲「明治期戦没者碑の変遷」など。

（10）卯辰山と野田山の改葬問題については、原田敬一氏より新たなご教示をえた。原田氏によれば、明治六〜十二年の間に卯辰山及小立野天徳院に陸軍が埋葬地を借受けたこと、その後卯辰山から「将兵の墓地」の移転があったことが確認されるという（「陸軍墓地移転ニ関スル件」防衛研究所図書館所蔵「陸軍省大日記」乙輯所収。原田「書評、檜山幸夫編著『近代日本の形成と日清戦争』」『民衆史研究』六二号、二〇〇一年、五二頁）。

（11）ただし、日露戦争時の「戦病死者」にあっても、意識として「準戦死」という概念が残ることは、例えば、『石川郡誌』等の記載にみられるとおりである。なお、日清戦争では、これよりさき明治二十九年（一八九六）八月金沢市内大樋町北端に、徴発軍馬の勲功をたたえる軍馬紀念碑を建立することが決まっている。動物にも戦争は負担を強いたのである。

（12）例えば、『北国新聞』昭和五十八年二月十五日付の記事「レポート野田山から(27)／軍人墓地」には、「西南の役戦没者と、北越戦争戦死者を合祀した『陸軍軍人合葬之墓』だった」とある。この間の事情は、大原康男『忠魂碑の研究』（暁書房、一九八四年）に詳しい。また合葬についての議論は、原田敬一氏も陸軍埋葬規則等の分析に基づき展開している（原田前掲『国民軍の神話』二二二二頁以下)。参照されたい。

(13) 『大阪朝日新聞』明治二十八年十月六日付、細見前掲『不滅の墳墓』二四二頁。

(14) 慰霊碑の建碑状況からすると、明治四十年(一九〇七)の旧日露合葬碑から以下に紹介する昭和七年(一九三二)の上海事件合葬碑の間約三〇年は、合葬碑の建設がとだえている(師団管下の戦死者はシベリア出兵ほか皆無ではないのだが)。この大正~昭和初年の陸軍墓地の様相について、貴重な記録を得たので紹介しておきたい(『岐阜日日新聞』昭和二年七月九日付)。「陸軍の墓地でお盆の供養を営む師団長/金沢市外野田山にある陸軍墓地には戊申(辰)、西南、日清、日露各戦役に没した勇士佐官以下四百名の霊魂がねむってゐるのであるが、日月の経るままにたづねる人もやうやう疎く、遺族の人の影もうすくなったが、伊丹第九師団長は着任匆々この墓地を訪ねてその荒廃をなげき、早速陸軍墓地清掃規定をつくらしめ、従来のごとく墓番人に一切を任せず、衛戍各隊の戦友たちが代わりがわりで墓の守りをすることになり、陸軍墓地はその面目をあらたにするを得た」。さらに、伊丹師団長は遺族の所在調査を始め、苦心の結果調書を完成したが、「遺族者の住所氏名の判明したものは半分にみたなかった」という(細見前掲『不滅の墳墓』二六六頁)。また、昭和初期においても、第九師団では、例年七月の盂蘭盆会には法会を陸軍墓地で厳修していた模様である(「金沢第九師団の陸軍墓地盂蘭盆法要」『北国新聞』昭和五年七月三日付)。

(15) それぞれの墓碑銘と兵士の階級等は、以下のとおり。マフロータ・アンドレ(陸軍列兵、明治三十八年八月十四日没)、ワシリエフ・エゴール(陸軍上等兵、三十八年七月二十四日没、肺結核)、エーニェリ・イワン(陸軍歩兵、三十八年十一月二十一日没)、ロマノフ・ステファン(陸軍歩兵、三十八年五月六日没、銃創)、フーシン・グリゴリー(陸軍列兵、三十八年八月二十八日没)、ビゼロフ・イワンワシリエウィッチ(陸軍砲兵上等兵、三十八年十月十四日没)、シェーバン・デオニース(陸軍列兵、三十八年五月一日没、腸チフス、火葬)、ルバノフ・ゲバーリェリ(陸軍列兵、三十八年七月十八日没、顔面炎症)、ファフレンツェ・ハイダルシャン(陸軍歩兵上等兵、三十八年十一月十三日没、唯一のイスラム教徒。墓碑も三日月が刻されている)、イシュマハンベトヴィッチ・ジュマガヤ(陸軍上等兵、三十八年八月十五日没)。ロシア兵捕虜の金沢での動向に関しては、土田同子「ロシア人捕虜」(山本吉次責任編集『野田山の歴史的研究』金沢大学教育学部附属高等学校、一九九九年)に詳しい。

(16) 『大阪朝日新聞』大正四年十二月二十日付、細見前掲『不滅の墳墓』二五七頁。

二　忠霊塔及び忠魂堂建設運動

㈠　忠霊塔建設運動の展開

1　忠霊塔建設運動

野田山では、さきの招魂社遷移問題と平行して、「慰霊」をめぐるもう一つの半官製運動が昭和前期に展開している。いわゆる忠霊塔建設運動である。同運動は、護国神社と同様、地域の戦没者の慰霊・追悼をテコに「民衆意識の統合」を目指したものであった。以下、陸軍墓地の重要な構成要素である「忠霊塔」の建設について、若干経緯を確認しておきたい。

納骨施設を有する忠霊塔建設の動きは、昭和十四年（一九三九）の早い段階ですでに全国的に広がっていた。(1) とりわけ忠霊塔建設が本格的に展開するのは、その推進母体として陸軍・海軍・内務・外務・厚生・拓務など六省の共同所管とする「財団法人大日本忠霊顕彰会」が、「支那事変二周年」にあたる十四年七月七日に発足して以降である。これは明らかに日中戦争が泥沼化しはじめた状況下において、戦時体制での動員強化を補完する意図をもつものであった。以下、招魂社制度の再編運動とも微妙な関係をもつ忠霊塔建設運動の概略を紹介し、この時期の戦没者慰霊をめぐる諸相を立体的に検証してみたい。

さて、忠霊塔建設についての動きは、護国神社制度と同様、十二年にはじまる日中戦争とその戦争の拡大を背景に、さらに新たなる国民の「思想統一」「戦意高揚」を必要とした国家政策・社会状況の中であらわれてくる。籠谷次郎氏や坂井久能氏によれば、忠霊塔建設の計画は、昭和十三年三月にはすでに存在したという(2)。すなわち、十四年一月十八日、日中戦争二年目の春を迎え、内務省内で、同省警保局・神社局各課長のほか、陸・海・厚生・文部各省関係官の打ち合わせがもたれ、この結果、「今次戦没者碑の建設」については「一市町村単位に一塔碑に限る」との合意が確認され、その旨の通牒がだされたのである(3)。

ところで、この忠霊塔の建設運動は、内務省ではなく軍部（特に陸軍）の強い要望があったことが特徴である。例えば、十四年二月二十七日付、陸普第一一一〇号陸軍省副官通牒「支那事変ニ関スル碑表建設ノ件」（同月の『皇国時報』所載）には、

一、市町村ヲ単位トスル一基ノ碑表建設ニ当リ、戦没者ノ遺骨ヲ納ムル所謂忠霊塔ノ建設ニ就テハ、軍トシテ適当ナル支援ヲ与ヘ、永遠ニ護国英霊ノ塋域トシテノ中心タラシムルコト

二、（略）

三、個人墓地ニ対シテハ軍ノ関与スルトコロニアラサルモ、戦没者ノ葬喪ニ依ル永久ノ名誉ハ、忠霊塔及陸軍墓地合葬塔ニ依ル如ク指導スルコト

とあり、陸軍省が忠霊塔の建設運動を本格的に支援する意志を表明していた。つまり、「支那事変戦没者」の慰霊碑の建設について、一種の墓塔としての性格を有するもの、陸軍墓地における合葬塔と密接な関係を有するものを、早くからめざしていたことがわかる。逆に、所轄警察署をはじめとする内務省当局は、護国神社を先頭に、国家神道を

官僚的に統制する立場から極めて忠霊塔の建設には慎重であった。このことは、同時期の内務省の意図を考慮すると き、極めて示唆的である。

こうして納骨施設を有する忠霊塔を建設する動きは、十四年の早い段階ではすでに全国的に広がっていった。これらは明らかに日中戦争が泥沼化しはじめた同年の状況下において、戦時体制下の戦死者の増加に対応したものであった。なお、十五年三月段階での報告によれば、「東京市を始めとし、京都、名古屋、弘前、和歌山、仙台、徳島等その他の市町村もドシドシその建設準備が進められている。このうち西日本では、徳島が昭和十七年五月三十日陸軍墓地に建設、十月二十七日竣工式をあげている」という。

なお、「大日本忠霊顕彰会」(財団法人)は、名誉会長に当時の首相平沼騏一郎を、会長に菱刈隆陸軍大将(後備役)、名誉顧問に近衛枢密院議長はじめ、松平宮相・南朝鮮総督・小林台湾総督等を擁した半官の外郭組織であった。ただし実際の業務を執行する理事は陸海軍の次官・局長クラスの官僚であった(運動の推進役は陸大教官陸軍中佐桜井徳太郎と貴族院議員山岡万之助の二人)。

発会挨拶(陸軍省兵務局長陸軍少将中村明人)には、以下のような文言が続いている。「(前略)ここに大日本忠霊顕彰会は生まれ出たのであります。換言しますれば、国民精神をいよいよ指導作興し、皇道を八紘に宣ぶべき聖業を遂行せんがために、万民のすべてを皇戦に捧げ奉らんとする犠牲奉公の精神を高調し、かつこれを実行しもって天壌無窮の皇運を扶翼し奉らんがため、本会は生まれ出たのであります。故に本会の精神事業はまったくこの忠霊を永遠に顕彰し、万民をして真に死して余栄ありとの観念を形而上にも形而下にも抱かしむるに足るためにも万全をつくしたいのであります(4)」。

また、支部は各都道府県におき、支部長一、副支部長若干、理事若干、監事二、評議員若干とした。支部長は地方長官とし、副支部長は師団司令部附少将、海軍人事部長および道府県総務部長の職にあるものその他適当と認められたるもの、また理事は、道府県学務部長・連隊区司令官・海軍人事部第二課長または海軍人事部長の職にあるもの、その他適当と認められたるものと規定している。なお、各府県支部の設立目的は、同会事業の主旨の徹底と国民の協力を求めるためのもので、八月八日海軍報道部から「支部規程」が発表されている。規程は全一九条で、まず「支部は財団法人大日本忠霊顕彰会設立主旨に基く事業遂行に協力するとともに管下の指導助成をなすものとす」とされた。

以上、この忠霊塔建設運動の特徴をまとめてみよう。まず第一に陸軍中心であること。陸軍省は高級副官の名で内地、朝鮮軍、台湾軍、関東軍の各部隊、官衛はもとより、戦地の第一戦部隊にたいして、寄付金募集を依頼する通牒を発したという。(5) このように陸軍当局の、この運動への力の入れ具合は並々ならぬものがあったといえよう。さらにまた、小中学生にも忠霊塔顕彰運動を徹底させるため、小学校、中学校教員を集めて講演会を催すなど、国民各層を巻き込む幅広い活動が各地で展開されたことである。(6)

すなわち、この運動における「忠霊顕彰」の意味は、「すべて戦争遂行のための国民の精神統一、戦意高揚の運動である」ことを述べている。ここに集約される国民精神運動が単なる掛け声でなく、護国神社におけるそれと同様、戦場における後退への精神的足かせ、「死への誘導」であることが容易に理解できよう。

2　石川県の建設運動と大日本忠霊顕彰会

ところで、石川県では、これよりさき昭和七年（一九三二）十月には、すでに忠霊塔の原型とも言うべき発想がみられたことに注目したい。地元紙の記事によれば、「九師団戦勝記念塔建設の声おこる／近く有力実業家連が運動開始／勇闘の歴史を伝ふ」という見出しで、第九師管下の在郷軍人達の手によって向山（卯辰山）の招魂社を出羽町練兵場に移転するという案が発表されて以来これをヒントにして、最近金沢市内の有力実業者達によって第九師団戦勝記念塔を建立したらどうかとの説が起こり、昨今次第に賛成者を得て近く趣意書ならびに細則を作成の上実業方面のみに止まらず軍部有力者達の賛助を求めて軍部、官吏、実業家団等を一丸とした期成促進運動を起こさんとしている模様である。

という。(7) これによれば、招魂社遷移運動からも強く影響を受けていたことが確認される。

なお、この建塔の意図は「日清、日露を始め最近の事変に際し、最も華々しい奮闘をなした九師団のお膝元にこの勇闘の歴史を伝える何ものもないのは遺憾だというのでこの記念塔を実現しやうといふ」もので、この限りでは単なる戦勝記念碑の発想だが、「建設の暁はここに九師団戦死者の英霊を合葬の上恰の仏国パリにおける『無名戦士者の墓』の如く金沢市を訪ふものは誰彼を問はず必ずこの戦勝記念塔に礼を送るべく足を運ばしめるものにしたい」という構想は、まさに忠霊塔を先取りするものであった。また、この記事だけでは、具体的な運動の形態もその経緯も不明だが、「これに対する経費見積もりは約十五万円見当で一般の募集による意向」という点も、のちの忠霊塔建設運動に採用される方式であった。

さて、本来の忠霊塔建設運動は、石川県でも十四年に入ってから本格化した。同年七月七日『北国新聞』は、「支那事変二周年」に際し「国民の手で忠霊塔を各市町村に一基建設するよう」呼び掛けている。(8) ついで九月一日には、「忠霊塔建設基金募集」記事が掲載された。(9)

陸海軍当局の発意により菱刈大将を会長に仰ぎ、秩父・高松両殿下台臨のもと財団法人大日本忠霊顕彰会が設立された。戦地及び内地に、聖戦に準じた英霊を祀る忠魂塔の建設が計画され、これに関連して北国新聞社は同計画への絶対的協力を表明。自ら三百円を献金し、さらに各市町村の学校・工場・各種団体などに建設基金の献納を呼びかけた。

かくして石川県でも忠霊塔の建設運動がはじまり、「一市町村に一基の建設を企図」する大日本忠霊顕彰会の石川県支部（支部長は知事）が中心となって、各市町村に広まっていった。例えば志雄町では、昭和十五年から「在郷軍人・婦人・青年団・児童生徒など、村民が総出動」して建設が始まり、「日本最大といわれる忠霊塔」が翌十六年中に建設された[10]。また、十七年十月には、能美郡根上町でも忠霊塔建設の動きがみられる。同月十六日の「根上忠霊塔建設趣意書」によれば、町長、軍友会長、在郷軍人会分会長を代表とする「根上町忠霊塔建設奉賛会」が結成され、郷土出身の「御魂百六十六柱」の「誠忠を顕揚し偉勲を偲び、冥福を祈る」ために、この建設を進め寄付を募っている。同会の組織は、「建設奉賛会会則」によれば、事務所を根上町役場内に置き、委員幹事に町内名望家各種団体代表を据えるという極めて官製的なもので、「根上町忠霊塔建設寄附割当表」にみるごとく、各集落ごとに合計二万円の「寄付」が「割当」られたのであった。ちなみに、初回委員会は十月二十五日に町役場で開かれている[11]。なお、第九師団管下の「支那事変戦没者忠霊塔」（石川県忠霊塔）は、十四年金沢市野田山の陸軍墓地内に師団長吉住良の碑文を得て建設された。ちなみに、これら建設にかかる労働奉仕はもとより、その費用は全国民が悉く一日戦死したつもりでその一日分の収入に当

図19　忠霊塔（野田山）

たる金額を寄付するという「一日戦死」をスローガンに寄付を呼びかけるものであったという。(12)

(二) 忠魂堂建設運動の展開

1 忠魂堂建設運動の諸相

忠霊塔の建設は、昭和期に特殊な「慰霊」運動といえるが、これよりさき納骨堂を含む仏教的色彩の濃い慰霊施設として、各地で慰霊堂や忠魂堂の建設がみられる。この動きは、忠魂碑や招魂社の建設事情と根を同じくするものの、宗教的な背景の違い、ならびに建設主体の違いの問題として検討に値する。とりわけ日清・日露戦争時以降全国で建設されたと推定される忠魂堂の実態は、忠魂碑や招魂社・忠霊塔以上に詳らかにされていない。(13) こうしたなか、北越佐渡における日清戦争期の戦死者記念堂(紀念堂)の事例が、近年高田あや氏により報告された。(14)

高田氏によれば、佐渡の明治紀念堂の創設者、得勝寺住職の本荘了寛がこの建物の建立を思いたったのは、日清戦争終結後の明治二十九年(一八九六)のことであったという。高橋宏通『佐渡の了寛』によれば、「了寛はこの年東京で遊ぶうちに、九段の靖国神社と遊就館に強く心せかれて、佐渡にも同じものを作りたいと願うようになった」のだという。佐渡に帰ってからは、さっそく全国募金行脚を展開し、「一年後には明治紀念堂の外郭を整える」に至った。実際に落成式を挙行したのは、三十五年のことである。

堂内には、祭祀者(戦没者)の肖像写真を大きく引き伸ばして掲げ、霊壇中央には「忠魂と書かれた扁額が掲げられた。その後も対外戦争が起こるごとに佐渡出身の兵士を写真に掲げて祀り、日露戦争が終結したのちは、写真を祭壇に日清戦争の戦没者とそれ以降のものと、両側に分けて祀ったという。なお「忠魂」の揮毫は、同時期に建てられた忠魂碑のご多分にもれず、のちに大山巌によって書かれたもので、堂内入口にある「明治紀念堂」と書かれた揮毫は東郷平八郎によるものであった。[15] なお、高田報告のなかでは、熊本県における「戦争記念室」の例にも言及されているが、[16] 日清・日露戦争後の戦利品展示施設と本節で検討する忠魂堂は、一応別物と考えた方がよいだろう。[17]

ところで、戦死者を祀るという行為から考えれば、明治紀念堂のモデルにもなったともいわれる靖国神社を考えないわけにはいかない。靖国神社は大濱徹也氏によれば、「戦死者を靖国の神とすることで、国家の祭祀体系に位置づけ、民衆の怨念を封じこめようとした」ものであり、「戦争のプロパガンダ」として機能した施設の代表例だという。具体的には、日露戦争後、多くの民衆が靖国神社を訪れ、戦没者の霊を親しく慰めるとともに、付属する「遊就館」(記念館)を見学し、戦士たちのおもかげを偲んだのであった。この遊就館に収められた数々の戦利品や武器、将兵たちの形見の品々を見て、「苦難に耐えて日本を〝一等国〟にしたことへの思いにふけり、その癒されることのない痛苦を一時なりとも忘れ、国民たることの自覚を強くした」のである。さらに大濱氏は、この一連の施策で「国家は、民衆がもつ戦争の辛苦に対する怒りを靖国神社に連なる産土社のなかに封じこみ、遊就館に代表される各地の戦役記念室で〝栄光〟のみを強調し、民衆の力が〝国家の栄光〟への途へ歩むよう方向づけた」のだと指摘している。[18] 検討すべき見解であろう。こうした忠魂堂は、金沢においても日清戦争期、実は招魂社の建設された卯辰山に建設されたのであった。以下、この施設の性格、さらに招魂社や招魂祭維持講との関係など、その実態を具体的に検討してみたい。

2　卯辰山忠魂堂の創建

日清戦争下、まだ戦線では「海城」の攻防戦が続き、「威海衛」の攻撃が始まろうとしている頃、つまり明治二十八年（一八九四）一月の段階で、金沢の仏教界を中心とした「忠魂堂」建設計画が展開している。すなわち、「明治二十八年一月」と付記された『忠魂堂建設賛襄帖』（石川県立歴史博物館所蔵大鋸コレクション）の記載によれば、浄土宗管長日野霊端の名で、「兵営及ビ軍港所在地ニ忠魂祠堂建設ノ挙アリ」とされている。これは、招魂社（＝金沢招魂社）がすでにおかれている卯辰山山麓にあって、さらに仏教式の「忠魂堂」を創設しようとするものであった。この「挙」は、同年七月には、かなり具体的な方向性をもつに至る。

同年同月付「金沢忠魂堂建築費勧募之序」によれば、「加越能僧侶」を発起者として、「我輩発起者、広ク有志ヲ募リ、金沢分営所在ノ地ニ一ノ忠魂堂ヲ建築シ、以テ征清忠死者ノ英魂ヲ永遠ニ吊祭シ、芳名ヲ千歳ニ伝承シ、国民ヲシテ長ヘニ忠死者ノ勲功ヲ想セシメ、斯ノ如クシテ死者及遺族ヲシテ遺憾ナカラシメンコトヲ期ス」とされ、さらに「壮麗ナル忠魂堂ヲ建築シ、後世之ヲ聞クモノ之ヲ見ルモノヲシテ皆当時ヲ追想シ忠死者ノ鴻恩ヲ知リ忠死者ヲ尊敬スルノ念ヲ生ゼシメントス、国民忠死者ノ恩ヲ知リ之ヲ尊敬スルコト愈深ケレバ、勇敢決死ノ軍人益多カラン、斯ノ如ク忠魂堂ハ既往ノ忠死者ヲ慰メ、将来ノ軍人ヲ励マス、一挙両得ノ利益アリ」としているのである。

また、この「附言」に、「軍人忠死者ノ為ニ招魂社アリト雖皆是神式ナリ然ルニ軍人ノ多数ハ仏教ノ信徒タリ、仏式ノ招魂社ナキハ忠死者ノ霊魂及忠死者ノ遺族ヲシテ遺憾アラシムル処ナリ、我輩ガ仏式ノ招魂社即忠魂堂建築ノ挙ヲ企ツル亦已ムヲ得サル故、忠魂堂ノ建築果シテ成ランカ、何宗何派ノ論ナク来テ法要ヲ営ミ、市祭ヲ行ハル、於テ支障アルナシ、希クハ各宗道俗共ニ奮フテ此挙ヲ賛成アラン事ヲ」（傍点引用者）とあることで明らかなように、この運動は、県下仏教界の論理として、さきに紹介した明治紀念標前の招魂祭における仏式「永続講」の発想とも通底する興味深いものといえよう。なお、運動の具体的な展開は、旧盆をひかえた同年八月五日付の「金沢忠魂堂建築費勧

募規則」からうかがうことができる。(19)

〔金沢忠魂堂建築費勧募規則〕

第一条　建築事務所ハ金沢蛤坂妙慶寺中ニ置ク

第二条　建築費勧募ノ事務ハ建築事務所ニ於テ総轄ス

第三条　建築事務所ヨリ派遣スル勧誘員ハ事務長ノ公認状ヲ携帯セシム

（中略）

第八条　義表金壱圓以上ハ事務長ヨリ領収書ヲ渡シ浄土宗管長ヲリ賞状ヲ附与セラレ壱圓以下ハ浄土宗務所ヨリ領収書ヲ交附セラル

明治二十八年八月五日

金沢忠魂堂建築事務所

さらに、注目すべきは、計画された「忠魂堂」が、単なる「慰霊」施設にとどまらず、「皇軍死者ノ遺品ヲ忠魂堂ニ保存シ、春秋両度大法要ヲ修スルノ際之ヲ展覧セシメ観ルモノヲシテ当時ヲ追想シ益感情ヲ深カラシメント欲ス」る、積極的な展示記念施設としても構想されていることである。つまり、以下の「皇軍死者法名及遺品寄贈ヲ乞フ広告」によれば、

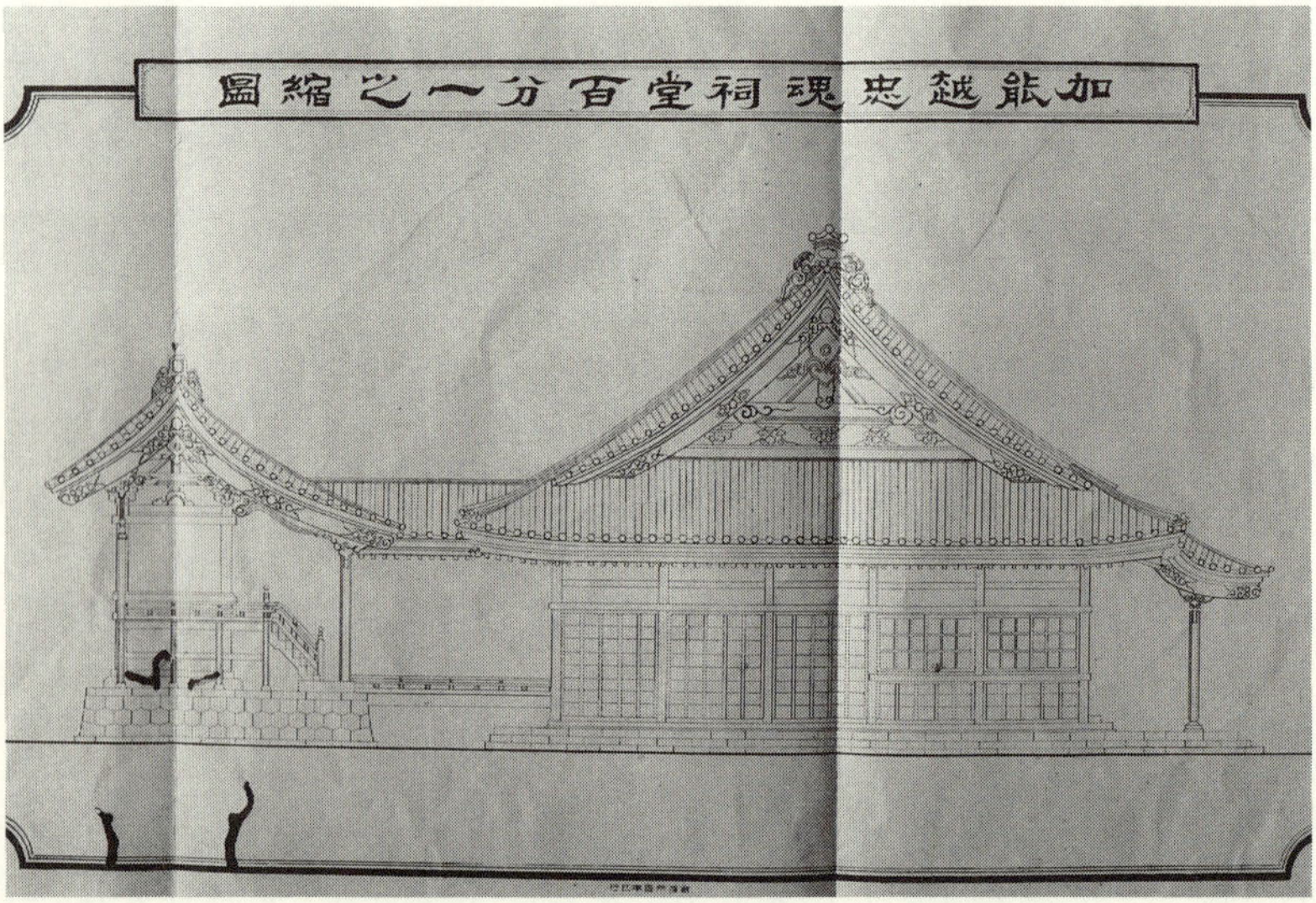

図20　卯辰山忠魂堂図面〔石川県立歴史博物館所蔵〕

「戦地ヨリノ書翰」など書画や遺品の寄贈をもとめ展観に供するものであったのである（佐渡・明治紀念堂と同様のパターン）。これは一面、日清戦争後盛んに行われる、「戦利品の展示」「戦捷紀念物の奉納」などと（遺品と戦利品の違いこそあれ）一脈つうじる発想といえよう。(20)

〈皇軍死者法名及遺品寄贈ヲ乞フ広告〉

金沢分営所在地加賀国金沢市卯辰山ニ仏道ノ忠魂堂ヲ建築シ　皇軍死者ノ芳名ヲ千載ニ伝ヘ忠魂ヲ永遠ニ吊ハント欲ス附テハ金沢分営ニ関スル（飛騨越前加賀能登越中）皇軍死者ノ法名（俗名ハ全国総体ノ芳名録ヲ製シテ忠魂堂ニ保存ス）ヲ過去帳ニ記載シ朝夕回向致度且紀念ノ為皇軍死者ノ遺品ヲ忠魂堂ニ保存シ春秋両度大法要ヲ修スルノ際之ヲ展覧セシメ観ルモノヲシテ当時ヲ追想シ益感情ヲ深カラシメント欲ス希ハ皇軍死者ノ親族諸氏此趣意ヲ諒シ忠死者ノ法名及遺品ヲ寄贈シ玉ハンコトヲ

加賀国金沢市蛤坂　妙慶寺中

明治廿八年八月　　忠魂堂建築事務所

〈皇軍死者法名及遺品寄贈方注意〉

一　法名ヲ寄贈スル方ハ俗名所書所属軍隊死所及死亡年月日宗旨檀那寺ヲ明記セラルベシ

一　遺品ヲ寄贈スル方ハ寄贈者ノ証明書ヲ添ヘラルベシ

一　遺品ハ成ルベク書画（戦地ヨリノ書翰ナレハ愈珍重ナリ）記名アルモノヲ最上トス（以下略）

なお、この忠魂堂は、卯辰山観音院上（旧観音院跡）に建設され、明治二十八年十一月十一日祝建式が行われている。当日は、浄土宗僧侶日野霊瑞門跡による願文が奉祭され、「風景の優美なる得て言ふべからず此勝地に於て仏堂を造る其功徳甚広大なりとす」としたうえで、この「幽には殉役者の忠魂を慰め顕には見聞の人をして知恩の情を起

さしめんことを」目的とした「大善事業」の完成を祝った。その後三十一年十月二十三日には慰霊式が行われている。(21)

この落成記念慰霊式の費用も寄付金で賄われたが、建設募金も含め、以上の募金は、最後には半官製運動のような形をとったようである。というのも、最近入手した「金沢忠魂祠堂建築寄付金交名帳」(明治三十一年十月)(22)によれば、金沢市内の各町内会に募金収集事務が委託され、各戸割の集金にちかい方法で寄付金が求められていることがわかるからである。交名帳の内容は、寄付入金帳、交名帳、領収証などだが、寄付領収書の宛て名こそ「竪町有志」とあるが、交名の依頼には「金沢忠魂祠堂今回新築落成相成候ニ付、於御銘々幾分寄付金被下度此段相願候也／明治三十一年十月／竪町世話役」とあり、町会が寄付の窓口になっていることがうかがえるのである。

領収書

一　金　拾円五十銭

右忠魂祠堂建設費中へ寄贈相成

正に領収ス仍テ規程ノ通リ挙行候

金沢忠魂堂建設事務局長　竹村真成（印）（浄土宗賑恤加越能支部長）

（忠魂堂建築事務所）

竪町有志　殿

あるいは、建設費の不足分を各町内に割り当てたものでもあろうか。いずれにせよ、忠魂祠堂建設にみられるような、日清戦後経営期における社会統合を、どのような層とシステム（この資料自体、金沢における町内会資料の初出と目されている）が担ったかを、うかがう貴重な事例であろう。ただし、現在は、観音院そのものも境内を縮小し、忠魂堂もその姿をとどめていない。

注

(1) 大原康男「続・忠魂碑の研究—護国神社制度の成立と忠霊塔建設運動に焦点をあてて—」(『國學院大学日本文化研究所紀要』五二輯、一九八四年)参照。本章も政策や制度の動向については、教えられる点が少なくなかった。

(2) 籠谷次郎「市町村の忠魂碑・忠霊塔について」(『教育と国家の思想』阿吽社、一九九四年)。また、坂井能久氏の研究によれば、神奈川県でも昭和十三年(一九三八)の段階で、かなり具体的な計画が進められていたようである。しかし、のちに政府の指導があったのか、あるいは別に護国神社の創建が推進されたためか、神奈川県忠霊塔の建設計画は消滅してしまったという(坂井「神奈川県における忠霊塔建設」神奈川県高等学校社会科部会日本史研究推進委員会編『神奈川の戦争と民衆』一九九七年、三九頁)。忠霊塔の建造物としての考察に関しては、井上章一『戦時下日本の建築家—アート、キッチュ・ジャパネスク—』(朝日新聞社、一九九五年)参照。

(3) 昭和十四年二月二日付警保局長神社局長通牒「支那事変ニ関スル碑表建設ノ件」(内務省警保局発甲第十号)。これによると、「郡府県ノ区域ヲ単位トスルモノハ認メサルコト」とされた。

(4) 『大阪朝日新聞』昭和十四年七月八日付。

(5) 『東京日日新聞』昭和十四年八月九日付。

(6) 『東京朝日新聞』昭和十四年九月十三日付。

(7) 『北国新聞』昭和七年十月十三日付。

(8) 『北国新聞』昭和十四年七月七日付。

(9) 『北国新聞』昭和十四年九月一日付。

(10) 『志雄町史』(志雄町役場、一九七四年)四八二〜四八三頁。

(11) 「根上忠霊塔建設趣意書」「奉賛会会則」「奉賛会案内」「寄付割当表」昭和十七年十月、いずれも根上町史編纂室所蔵(『新修根上町史』史料編下、根上町役場、一九九四年、三七〇〜三七三頁)。

(12) 『大阪朝日新聞』昭和十四年七月八日付。なお、戦後、忠霊塔に関しては、「神道指令」に基づく「昭和二十三年二月付内務省警保局通牒（忠霊塔、忠魂碑の措置について）」が公布され、撤去が命ぜられた。しかし、同「昭和二十三年二月付文部大臣官房宗務課長内事局長通牒（同名「忠霊塔、忠魂碑の措置について」）」に伴う「破壊等の確認調査報告」によれば、石川県内では忠霊塔を含む郡部一五一基、市部七基、合計一五八基の存続が確認されている（うち金沢市内には一七基の忠魂碑が建立され昭和二十三年段階で残存していたのは、わずか三基であった）。なお、全国では、同年五月一日段階で、七四一一基の忠魂碑が措置対象となり、うち五六一三基（七五・七％）が除去されている。

(13) 忠魂堂の多くは、外地での遺骨処理の問題から、満州や朝鮮に建設されたものが知られている。例えば、『大阪朝日新聞』明治四十年五月七日付には、「旅順の納骨堂完成」と旅順白玉山上に建設中の納骨堂が落成したことが掲載され、さらにその除幕式が白玉山で行われたこともわかる（『大阪朝日新聞』明治四十二年十一月二十九日付）。また、『大阪朝日新聞』昭和五年九月二十七日付には、「日露戦争勇士の納骨堂記念碑破壊」という記事がみえ、鴨緑江沿岸東辺道由巌県にある日露戦争記念碑、および戦病没者納骨堂が現地住民により破壊されたことが報道されている。

(14) 高田あや「戦死者の写真が語るもの―佐渡・明治紀念堂をめぐる一考察―」（「都留文科大学文学部比較文化学科卒業論文」一九九六年）。

(15) 高田前掲「戦死者の写真が語るもの」六頁。

(16) 熊本県阿蘇郡小国村では、戦役記念室に、日露戦争の際に送られて来た手紙や絵ハガキの類を集めるとともに、戦死者の写真に略伝をつけて展覧に供したという。学校生徒はいうまでもなく、一般の村民にも再々これを参観させ、戦争当時の光景を偲ばせることによって、「義勇奉公の念を養成」した。このように、記念室は小学校などに設けられることが多かったが、神社などの武器庫におかれた場合もあったという（大濱徹也『明治の墓標―庶民の見た日清・日露戦争』河出書房新社、一九九〇年、二二六～二二七頁参照）。

(17) 高田氏の説明の限りでは、「村が設立した戦役記念室」は明治紀念堂（附属記念館の開導館）と似ている部分が多い。なお、大濱前掲書によれば、軍が分配した戦利品は、郷土出身の将兵を偲ばせる形見の品々とともに、「村が設立した戦役記念室等のようなもの」に収められたのだとされる。各地に日露戦争を偲ぶよすがとなるような記念物をつくらせることで、生活の場において民衆に日露戦争の追体験をさせようとしたものだという。なお、日清戦争後の戦利品の下賜とその展覧・教育的効果に関しては、鈴木智夫・水野明「正眼寺所蔵清軍『戦衣』の研究―日清戦争の『戦利品』をめぐる諸問題―」（『日本史研究』三一二号、一九八八年八月)、籠谷次郎「日清戦争の『戦利品』と学校・寺社」(同志社大学人文科学研究所『社会科学』五六号、一九九六年)、籠谷「日清戦争の『戦利品』と東京府―その配布について―」(東アジア近代史学会編『日清戦争と東アジア世界の変容』下巻、ゆまに書房、一九九七年)、金澤大典「学校における日清戦争とその『戦利品』」(『金沢大学教育学部修士論文』一九九九年)など参照。

(18) 大濱前掲『明治の墓標』二二六頁。

(19) 『忠魂堂建設賛襄帖』(石川県立歴史博物館所蔵大鋸コレクション)所収。同資料は、本康宏史「軍事・戦争」(『金沢市史』資料編11 近代一、五九二~五九五頁)に採録。

(20) 同前『忠魂堂建設賛襄帖』より。日清戦争後、こうした「慰霊紀念堂」建設の動きは、各地で確認される。

(21) 『久徴館同窓会雑誌』八四号、明治二十八年十二月、四七頁。なお『金沢の百年 明治編』では十一月十七日落成式挙行とある。また、『忠魂堂建設賛襄帖』には平面図・立面図が残されている。

(22) 『金沢忠魂祠堂建築寄付金交名帳』明治三十一年十月、石川県立歴史博物館所蔵。

三 「慰霊空間」と民衆意識

㈠ 「軍都」の空間認識

1 「軍都」と慰霊

国家神道の強い影響下にあった当時の日本にあっては、戦死者の霊魂＝「英霊」に対して慰霊行為を営む場合、特定の場所が設定されていたことは、これまでもくりかえし述べて来た。それらは、慰霊祭の行われた忠魂碑・忠霊堂、慰霊式典の行われた陸軍墓地や墓碑（合葬碑）、招魂祭の行われた招魂社・護国神社など、いわば「慰霊空間」とも呼ぶべき場所であった。また、デイビド・E・ソーファーの「宗教と景観」が示唆するごとく、「宗教的建造物の様式、方位および密集度、共同墓地の土地利用（中略）これらは、宗教体系がその土地に形に現れた伝統的な諸相をもたらすのに効果をあげている」(1)という認識は、「軍都」金沢のケースにおいても一定あてはまるものではないだろうか。

一方、森村敏己氏は「記念日、祭り、銅像さらには儀式といった表象形態は本来不可視であるものを可視化する機能を持っている」と指摘しているが、「本来不可視であるもの」とは他でもなく、国家や国民という意識であろう。

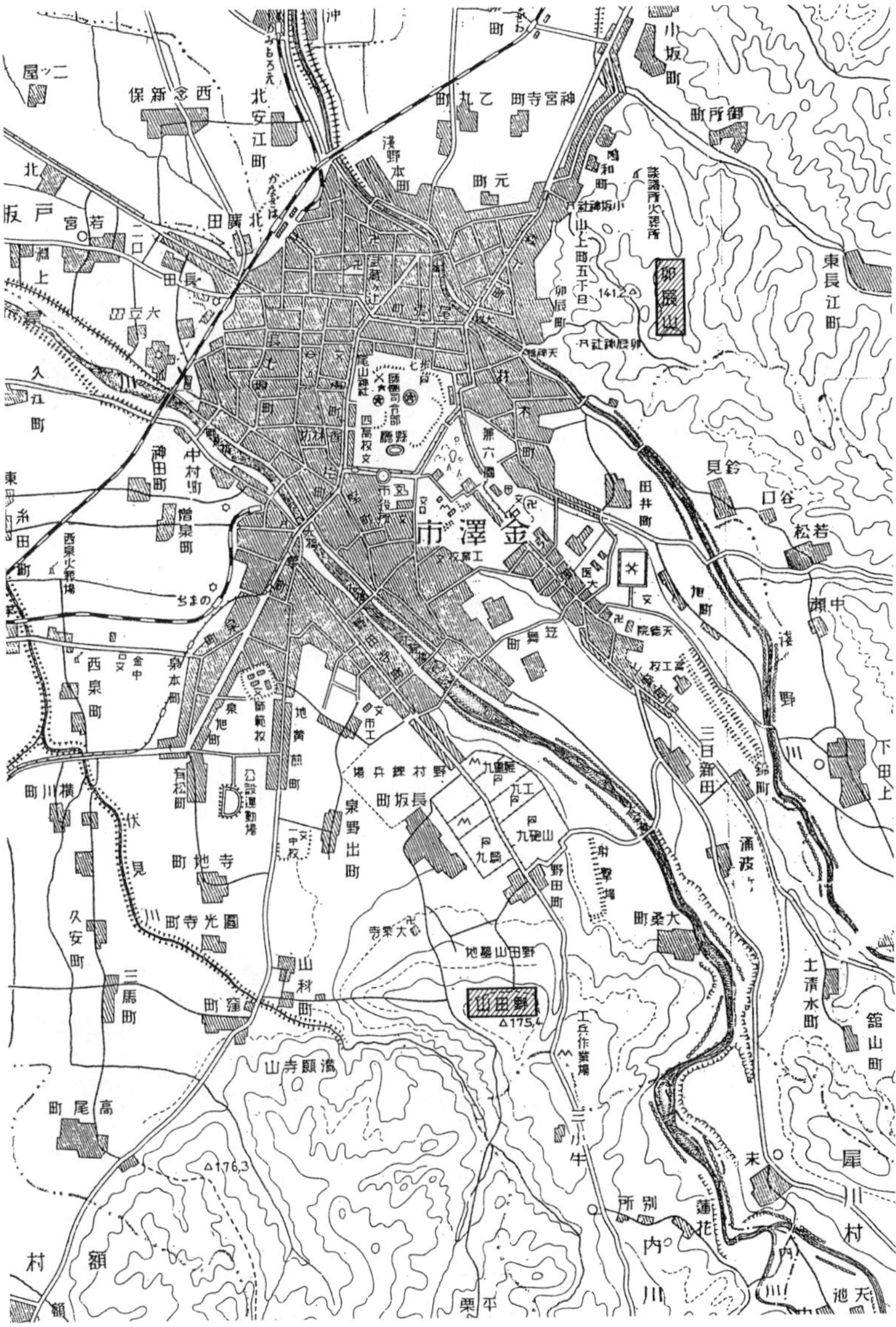

図21　卯辰山と野田山（金沢市内地図）▨で示したところ

こうした国家、国民といった抽象的な概念を具体化し、その権力を正当なものとして民衆に受容させるためには、より情緒的、感覚的な要素に訴える必要がある。その意味で「慰霊空間」におけるこれら「記憶のかたち」（コメモレイション）が担う表象機能は、極めて大きな役割を果たすものといえよう。[2]

これまで明らかにしてきたように、「軍都」金沢においては、招魂社は卯辰山（市域の北東台地）、陸軍墓地は野田山（市域の南西台地）に造営され、それぞれ象徴的な機能を果たして来た。こうした議論をふまえ、本章では、地域社会における「慰霊空間」の認識の様相を検証すべく、とりわけ招魂社と陸軍墓地の近世期以来の立地に関する背景（条件）を考察してみたい。[3]

2　卯辰山――「再生」の空間認識

卯辰山は、金沢城の東にある丘陵（標高一四一メートル）で、向山、夢香山、臥龍山とも称された里山である。明治二年刊の内藤誠斎著『卯辰山開拓録』によれば、「卯辰山最頂上には、もともと庚申塚の旧跡があり、これを削り取って平地としたもの」であるという。すなわち「むかしは庚申として、天正年中朝倉義景没後、

図22　卯辰山（金沢市内からの光景）

義景の臣堀左近という者剃髪して万蔵坊と唱へ、此所に庚申堂を建て庵を結びせし」場所とされ、その景観の特徴は、「山上に多く塔婆たつ。庚申塚は卯辰山にての高山にて加越能を一望」できる、という一種特異なものであった。しかし、この「庚申塚」は、従前は「山中にての高峰なりしかど、慶応三年嶺上を平均せし時、悉く取毀ち、今は其の遺跡もなし」(『金沢古蹟志』「庚申塚」の項)という状態であった。なお、庚申塚は青面金剛を祀った塚で、全国にひろく分布する。庚申の夜、青面金剛や帝釈天(仏式)、あるいは猿田彦(神式)を祭って、長生きを祈念し、(寝ないで)徹夜する庚申待という習俗がしばしばみられた。この青面金剛は本来は病魔を除く鬼神で、庚申会の本尊の場合は猿の形をとり、猿神信仰との習合はこの辺りから起こったものと考えられている。塚に三猿の形を刻んだ石塔(三年目の供養のしるし=庚申塔)などが建ててあることが多い(ちなみに、兵士の慰霊でも特色のある東山真成寺も鬼子母神信仰に関連して三猿信仰がみられる。また、東京の軍人墓地護国寺境内にも文政年間の銘をもつ「音羽連中」建立の立派な庚申塔が残されている)。猿田彦信仰が道祖神の信仰と結び付いて、境界のイメージを形成することにも注意したい。

一方、藩政期の卯辰山は、卯辰観音院や卯辰八幡宮など、前田家由縁の重要な寺社がおかれた藩主一族の信仰の舞台でもあった。『加賀藩史料』慶長四年(一五九九)三月十八日の「卯辰八幡宮御造営之事」という項に、利家が重臣横山山城守に命じて「卯辰山荒地之内ニ御宮御立被成候」という記録がある。この卯辰八幡宮は、二代利長の守護神とされ、利長が金沢移転の際金沢城の鬼門にあたる卯辰山へ勧進、卯辰八幡宮として城普請時の祈禱を執行させたものだとされる(「貞享二年寺社由緒書上」)。また三代利常の時代には、夫人の安産祈禱・子女の参宮がしばしば行われ、藩主の祈禱所としての地位を確立していく。

この間の事情は、『国事雑抄』に採録の、卯辰八幡宮司厚見摂津守から提出された、延宝八年(一六八〇)二月の「由来書上」にも示される。同書上には「社地並居屋敷共千五十歩拝領仕候、社頭破損並御宮御道具損申刻ハ、跡々ヨリ御修理被為仰付候、御代々御誕生蟇目之御用等被為仰付、年頭御礼申上候、御代々之御祈禱相勤」とあり、ここからも卯辰八幡宮が藩主の子息の誕生に深くかかわる特別な宗教施設であったことがうかがえよう。現に『加賀藩史料』慶安三年（一六五〇）九月四日の「（卯辰八幡宮にて）犬千代様御祈禱」の項をはじめとして、同様の祈禱記録は枚挙にいとまがない。

同じく卯辰山麓の観音院は、慶長六年（一六〇一）利長が観音堂と山王社を造営し、元和二年（一六一六）には三代藩主利常夫人の発願で観音院として造営されたものと伝えられる。この卯辰観音院の境内には、医王院（寛永九年）、愛染院（慶安二年）、市姫社、山王社が合祀されており、城下の民衆からも「卯辰観音、卯辰山王」と称され親しまれていた。なかでも、山王社は幕府には秘密で豊臣秀吉を合祀していたにもかかわらず、城内の産土神とされ、藩主に子供が誕生すると観音院と併せて宮参りが行われた。以後前田家の子女は、代々産土神として参詣するのを常とした(4)。つまり、卯辰山は藩主家の子息誕生に関係した祈願の場所であったわけである。なお、こうした藩主一族の参詣は、江戸初期のみならず、幕末に至っても頻繁に行われたことが、『加賀藩史料』などからも確認される。例えば、以下のような次第である。

元治元年（一八六四）　九月　七日　観音院并市姫宮参詣致し、夫より庚申塚江罷越
九月十八日　役所後観音院参詣候事
十月十八日　直様観音院参詣之事
十一月十八日　卯辰観音院江参詣致し候事
十二月十八日　今早朝木町風呂へ這入り、観音院江参詣致し候事

（『加賀藩史料』より抜粋）

このように観音院や八幡宮に限らず、城下町の形成とともに、市中の産土神や真宗以外の寺院がかなりこの地域へ移され、いわばカワムコウ(浅野川の外縁)の宗教空間の中心となった。

さらに、卯辰山といえば、春の蓮如忌《れんによき》(一家中打ち揃って赴き、飲めや歌えの大騒ぎで一日を過ごす金沢の風習)の場所としても認識されている。この「山上他界」思想を背景とする「高山参り」の習俗もまた、雪消えの季節に春山遊び・花見などの行楽に過ごす「山行き」「山遊び」の行事、すなわち民衆の「春の再生」を喜ぶ心情が基調となっているのである。真宗信仰の根強い石川県、ことに蓮如が圧倒的な支持と共感を得る金沢で、その「再生」を祈願する舞台が卯辰山であったことも注目されよう。(5)

ところで、明治元年十一月二日に執行された初めての霊祭(招魂祭)で唱えられた祭文には「此の卯辰山ノ高根ヲイヅノ磐境ト攘ヒ清メテ招請奉ル」とある点に注目したい。(6)「高根」、すなわち小高い山が、霊祭の「磐境《いわさか》」として、清浄なものと意識されているのである。招魂祭という儀礼を構成する意識のなかに、「合祀される戦死者は何十万・何百万を数えても、靖国神社祭神としては常に一座である。個々の死霊が浄化されて『祖霊』という一体のものにとけこんでゆくといふ古来の考え方と共通したものがそこにある」(7)とすれば、合祀された戦没者の「英霊」が、「『祖霊』という一体のものにとけこんでゆく」空間として、つまり柳田民俗学のいう「祖霊の山上他界」概念を重ねることも、必ずしも的はずれなことではないだろう。

「招魂」という行為は、もともと「御霊信仰」に基づいたものとされる。これは、のちに国家神道の建前からは否定されるものの、幕末維新期においては民衆の意識の中に十分残っていたものと推測される。そうした段階では、古くからの日本人の霊魂観にみられる「死霊」は忌むべき「穢れ」という意識も、あるいは共通認識としてあったのではないか。この場合、三十二年、あるいは五十年の年忌を勤めることによって、死者の「死穢」は消失するととらえられてきたのであった。卯辰招魂社が山王社（＝御霊信仰）を境内に併置したのも、このこととなんらかの関係があったのかもしれない。(8) あるいは、庚申の鬼神が祟りやすい神であることも「御霊信仰」との関連をうかがわせるものであろう。いずれにせよ、卯辰山は、「再生」をめぐる濃密な宗教空間として金沢の民衆に認識され、人々の心的世界を規制する役割を担っていたとも考えられるのである。そして、そのイメージに覆いかぶさるように招魂社が創設されたものとはいえないだろうか。

3　野田山——「死」の空間認識

金沢城の南西、寺町台地の奥の部分にあたる野田山には、藩主前田家の墓所がある。藩祖利家は、慶長四年に大坂で没したが、遺体は金沢へもどされ、小立野の護国山宝円寺で葬儀が行われ、遺言により野田山の山頂に墳墓を築いてそこに埋葬された。以後、代々の藩主もこの地に葬られることになるとともに、武家や町家の墓もここに集まり、城下最大の墓地となった。野田山のモチーフは、なんといってもこの点にある。(9)

利家埋葬の状況を、まず文献史料から確認してみよう。『加賀藩史料』慶長四年（一五九九）三月二十一日の項には、「前田利家その夫人に命じて遺書を記さしむ」とあり、出典として、「高徳公遺誡」の「我等煩弥爾々無之候間、近々と存候。相果候はゞ長持に入金沢へ下し、野田山に塚をつかせ可被申候。則我等死骸と一度に、女ども加賀へ下し可被申候事」をあげている。(10) 同じく『金沢古蹟志』には「慶長四年三月旧藩祖大納言利家卿、二世利長卿へ遺される遺戒書（「御遺誡十二条」）」に、「我等煩弥爾々無之候間相果候はゞ、長持に入金沢へ下し、野田山に塚をつかせ可被申と載られたり」とあり、また大乗寺万山和尚の『万山和尚廣録』に載る「法華経碑名」には、「高徳公慶長四年の四月爰に埋葬せよとの遺命にまかせ廟所と定めたる、是より藩士町人等墳墓となし、爰に埋葬する事とは成りたり

図23　犀川と野田山

けん」とある。つまり、墓地を野田山に選定したのは、藩主利家の遺言によるものであるとするのである。もちろん、この背景は語られていない。(11)

ちなみに、現在の利家ら藩主一族の墓は仏教的なものではなく、いわゆる上円下方墳（一〇～一六間規模）とよばれるもので、天皇陵の一部にも見られる形式であるという。「あるいは、利家が神というものに案外こだわっていたのかもしれない」と分析する郷土史家もある。(12)ただ、明治維新以降は、維新政府の政治的根本思想として、復古神道による祭政一致を決め全国へ布告（「廃仏毀釈」）したため、前田家の墓所も大きな変容を余儀なくされる。明治七年（一八七四）墓地の形式が仏式から神式に変わったことで、藩祖前田利家以下の墳墓にも手が加えられるに至った。ちなみに藩主とその近親の墓地は明治十年に神式に改修されたものという。このとき墳墓からは仏教の匂いが完全に消し去られ、歴代藩主らの塚の前に建立されていた御霊舎、正確には石塔の一種である石幢《せきどう》は打ち壊され、地中深く埋められたという。その代わりに各代の墓域入り口に鳥居が造られている。(13)なお、この石幢、利家のものは、間口一・五、奥行き一・七、高さ二・二メートル、二代利長のものはさらに大きくて、それぞれの長さが二・四、奥行き三、高さ二・二メートルもあったというから、墓域の景観はがらりと変わったに違いない。

時代は下るが、明治四十年代の野田山前田家墓地の情景を報告した記録がある。参考までに一部を引いておく。「前田家の墓は神道式だらう御陵の様だ、土を盛り上げて、上に松の樹を数本植ゑてある、盛り上げた土は、小山の形を成す、利家の墓は封土の高さ五間、周囲四八間だから随分大きいものだ。其の前に大きな木標を建てて、従二位大納言左近衛中将、加賀太守菅原太守□□之墓といふ具合に書いてある。其周囲には非常に広い地面を取って木柵を結ふてある」[14]。いずれにせよ、明治期以降は、『金沢古蹟志』に「野田山は旧藩主歴代の廟所、金沢市中士族、平民の墳墓地にて、国初以来の埋葬地なるにより、毎年七月の盂蘭盆会には、各々灯籠を灯し（約四万基の奉灯が備えられた）、昼夜共に男女群参して、十一屋野田道の繁昌いはんかたなし」とあるような、金沢最大の墓地としての景観を整備してきたわけである。

一方で「利家が葬られたころ野田山は特別な意図、例えば神的存在といったようなこと[15]」があったのではないかと、奥村哲氏が指摘するような心性が、とりわけ明治前半頃まで受け継がれていたことも想像に難くない。というのも野田山は実際に墓地の山であったとともに、金沢の都市民衆にとって「死」のイメージを喚起する心的空間でもあったのである。この点、小林忠雄氏は、金沢の伝統空間を都市民俗論の立場から分析し、野田山を含む寺町台地一帯を、「ノ」の場所であったと指摘している。すなわち「犀川の大橋を渡ると〝野町〟であり〝野田〟であった。（中略）カワムコウ（犀川、浅野川の外側を金沢ではこうよぶ—引用者注）は、いわゆる〝ノ〟（野）の場所であったことも見逃せない」[16]というのである。確かに、野田山は、古くは、野端（のば）山と別称していたようであり、青地礼幹『本藩略譜』には「金沢城南野端山」とみえ、同じく青地『可観小説』にも「野端山常に野田山と書。国初高徳公・瑞龍公の時分の記載には野端山と書いたり。字義宜きやうに存じ随之」（傍点引用者）と記されている。また、『加邦録』にも

「昔は野端山と書、今は野田山と書たり」とみえる。すなわち、野田山はかつて「野端山」とよばれ、明らかに「野=ノ」の場所のさらに「端=ハ」にある「山=ヤマ」であったのである（ノの空間の都市民俗論的な意味は、次節で卯辰山の性格とともに改めて考察する）。

こうしたことから、野田山を霊峰高野山に擬して認識する傾向が近世初期から存在していたことは注目してよいだろう。例えば、元禄期の成立とされる『三壺聞書』(17)には、「野田山の松山生いしげり、是は当所の高野山、浮世の隙を明らかに、楽み極めはかりなき、命の仏の住み給ふと、心の中に念し、はや金沢に入りぬれば」とあり、野田山=高野山のイメージが定着していることをうかがわせる。それゆえか、野田山には近世期を通じて、以下のような厳しい入山規制が行われ、特別な場所として管理されていたのである。

「寛永二十年六月　加賀藩年寄連署達書写」

覚

一、貴寺江御寄進被成置候野田山者、御国御先祖　高徳院様（利家）御廟所御座敷候条、若自公義不知案内用木之儀申来候共、御書之趣被告仰聞、当時之奉行人承引無之候者、本多安房守（正重）、横山山城守（長知）方江可被御断事

一、御墓山之内江近所之村百姓共、並遊山人放入牛馬、野火事候

一、於野田山之内、不依何者殺生仕事

右、今度従　少将様（前田光高）被仰出御制度之趣候之条、自今以後、可被得其意候、以上

（寛永二十年カ）未六月五日　前田出雲守　貞重判

神谷式部少　長次判

横山大膳亮　亮　判

野田　桃雲寺

（『野田桃雲寺伝来禁制札』(18)）

こうした藩主の墓所にして「野」の端のヤマという、二重の「死のイメージ」をもつ野田山が、死者の生産を存在的必然とした軍隊組織にとって、きわめて注目に値する場所であったことは容易に想像されよう。

かくして野田山は維新期の「特例」（例えば、西南戦争時の戦死者が卯辰山に一時埋葬されたことなど）を除いて、いわば公認の「慰霊空間」を形成していくのである。

4　「軍都」金沢の空間認識——民俗社会のコスモロジー

以上、招魂社と陸軍墓地を中心に慰霊空間の諸相をそれぞれ具体的にみてきた。ここにうかがえるのは、いわば「軍都」のコスモロジーともいえる心的空間の様相である。都市民衆にかかわらず、共同体内において人々がどのような空間意識をもつかということは、その共同体成員の生活や心情を規定する要因となることはいうまでもない。以下、こうした祈願／慰霊の諸相が、「伝統都市」金沢においてどのような意味をもったのか若干検討してみることにしたい。

出征した者、戦死した者に対する人々の思いは、「イエ」の成員として当然それぞれの氏神、産土神、墓碑をよりどころとして注がれた。一方、都市金沢の共同体成員としての民衆の慰霊意識は、卯辰山招魂社と野田山陸軍墓地に濃密に展開した。ではイエ成員としての金沢の民衆は、この兼合いをどう処理し、あるいは処理しえなかったのか。

前節でみたように、卯辰山と野田山の両丘陵（ヤマ）は、金沢においては、特別な空間として深い意味をもっていた。こうした都市のコスモロジーに関しては、これまで金沢の民俗学や文化人類学の研究者によってさまざまな検討が加えられ、その分析は金沢の民俗社会を語るうえでの、ひとつの前提となっている。(19)

例えば小林忠雄氏は、「金沢でヤマ（山）といえば、野田山か卯辰山を指すのが一般的である。この二つの山は、金沢の中心部からいえば、それぞれ犀川と浅野川の対岸にあり、麓に寺院群と遊廓をかかえている点で共通して」おり、「寺社、遊廓、墓地といった中世においては無縁的であったものが、二つの川の対岸地域である城下の外縁部に集められるようになったと考えられる」と指摘している。ここには、中世社会史の「無縁／アジール」論（網野善彦氏）や文化人類学の「中心／周縁」論（山口昌男氏）などの援用がみられるが、このような空間概念を都市構造の分析に利用することにより、いくつかの有効な視点が与えられると思われる。

例えば、こうした観点からすれば、野田山は、「野端山」という旧名からも察せられるように、「ノ」（民俗学的知見によれば、「ノ」とは、京都の鳥辺野や奈良の飛火野などにみられるように「死」の象徴空間であるとされる）の空間と意識されたのである。とりわけ「ヤマ」における「合葬」という形式が、個々の遺骸・遺骨の埋葬地というよりも、何千何万という戦死者の「死霊」が一体となって存在する空間というイメージを形成し、柳田民俗学でいう「山中他界」観念に近いものを想起させる装置となっていることを見逃してはならない（柳田の言説では、「『祖霊』という一体のものにとけこんでゆく空間」）。

一方、野田山が墓地として藩主の「死」に関係した場所であるのとは対照的に、卯辰山は藩主である前田家の子息誕生に関係した場所、すなわち「再生」の空間として位置づけられよう。これに関連して、慶応三年（一八六七）卯辰山が開発された際、その入口に建造された天神橋は、別名を「甦橋《よみがえりばし》」と称したことは興味をひく。「卯辰山開拓図絵」なる錦絵（芳智画、石川県立図書館蔵）には、天神橋の景色が描かれ、詞書には、「甦橋　冬かれの草木もいま

是よみかえり　橋の名志らきみよの春なり」とあるのである。「甦橋」とは、いうまでもなく「再生」の橋という意味である。[20]そうしたことを考えると、この橋を起点として、春秋の彼岸の深夜に「七橋渡り」という民俗行事が続けられているのも、極めて示唆に富む事例といえよう。なぜなら「七橋渡り」とは、浅野川を三途の川に見立て、行きつ戻りつ、下流に向かって無言で七つの橋（＝境界）を渡る（此岸＝現世と、彼岸＝他界を往復する）ことによって、生と死の境界を認識し、「再生」を疑似体験するものであった（現世利益としては老齢期にも惚けず、自然死できるという民間信仰とされる）。ここには生↓死↓再生という民衆の霊魂観に通ずる心性がみてとれよう。

かくして金沢の都市空間における野田山、卯辰山の両丘陵は、単にマチの外域との物理的な境界のみならず、コスモロジカルな境界として意識されてきたのである。こうしたコスモロジーの上に、「軍都」の空間的イメージを重ね合わせるという作業は、あながち不毛とは言えないだろう。ソーファーの宗教地理観や、あるいはティヤール・ド・シャルダンの「精神圏」[21]の概念を援用するならば、加賀藩にせよ第九師団にせよ、金沢を支配した「軍事統率権力」は、この都市の特異なコスモロジーをなぞるかたちで、招魂地と墓地、つまり「再生」と「死」の「慰霊空間」を配置したのであった。このことは、時節で述べる俗信や祈願の寺社などの配置とあいまって、総体としての金沢の民俗を基層とした軍事的精神空間を形づくることになったとはいえないだろうか。

5　「軍都」長崎の「慰霊空間」

ところで、こうした事情は、個別金沢だけの事情ではないものと思われる。これまでにみてきた各地の「軍都」における慰霊施設の立地の諸相（具体的にはI—三）、すなわち本書でいう「慰霊空間」の在り方は、少なくとも近世期以来の、その土地土地の住民の空間認識（＝土地の記憶）に多かれ少なかれ規定されてきたものと思われるのである。

多くの招魂社・陸軍墓地が軍都の周辺の里山や高台に立地しているのも、単なる土地取得の便宜を超えた「清浄・不浄」の観念を基底とする、「民俗社会」（レッドフィールドのいう「フォークソサエティ」）における一定の空間認識に規定されたものなのではないだろうか。例えば、一例として筆者が調査し得た長崎の事例を紹介してみよう。

長崎では、幕末期以来二つの招魂社がほぼ隣接して立地していた。このうち「梅香崎招魂社」（長崎市西小島町）は、明治維新戊辰の役に戦没した長崎府振遠隊四三柱の霊を祀ったことを起源とする。長崎初の招魂祭は、振遠隊生存者の凱旋を待って、明治元年十二月二十六日、戦死・戦病没者一六人の遺髪を納めた棺を奉じて当時の本籠町大楠神社前（のちの梅香崎招魂社）で執行された。続く函館戦争に長崎より参加し殉難した二六名は、はじめ函館七面山に葬られ盛大な招魂祭が行われたものの、のちにやはり梅ケ崎招魂社に合祀された。こうして二年六月八日全ての遺髪を振遠隊墓地に埋葬、新たに社を新設し大楠神社と合祀、梅ケ崎招魂社と称えることになったのである。[22]

一方、「佐古招魂社」（長崎市西小島町、現、仁田小学校側）は、もともと幕末期から病院があった場所で、明治七年の征台役の際に傷病者を収容、療養者のうち百数十名がここで没した。そこで翌八年「大徳園の東部に地を卜して招魂場を設け」、征台役の戦病死者五三六名を逐次ここに葬ったのである。この霊地が、のちに西南の役の戦死者を葬るに及んで佐古招魂社と称されるようになる。以後年々大祭を梅香崎招魂社と共に行い、明治十六年勅祭招魂祭を執行し、官祭招魂社となる。同年「土地狭隘」により梅香崎墓地の埋葬分も佐古に合葬した。さらに大正七年二月には県下各招魂社祭祀以外の者で、靖国神社に合祀中の在県在籍者一二四二柱を合祀しているという。[23]

ところで、長崎の二つの招魂社が置かれた佐古稲荷山は、都市空間としてはいかなる場所（「土地の記憶」）であったのか。よく知られるように、長崎の町は長崎湾を挟んで丘陵のせまる湾沿いに市街が形成されており、佐古稲荷山は「出島」の南東、稲荷嶽の山麓に位置する高台であった。現地調査によれば、かつての官祭梅香崎招魂社跡は、梅香崎神社、大楠神社、稲荷神社の境内と小公園に、官祭佐古招魂社跡は、一部はそのまま戦没者墓地として残り、大部分は仁田小学校の敷地になっている。そしていずれも長崎の旧市街を見下ろす高台にある。維新直後に作成された「明治三年（一八七〇）八月　長崎港全図」(24)をみると、この一帯は丘陵の尾根を切り開いた台地であることがうかがえる。台地の一角には、我が国蘭学の拠点のひとつで、オランダ医師ポンペが勤務した医学校も置かれていた。この西洋医学校が、のち戦病者を収容した蕃地事務局所管の病院となったのである。

さて、さきの地図の記載によれば、梅香崎招魂社・振遠隊墓地の辺りは、「ウメカサキ社」（梅香崎神社）、「楠社」（大楠神社）、「天マン宮」（天満宮）の境内で、医学校に隣接している。佐古招魂社と現在の仁田小学校一帯には、「クワンオンドウ」（観音堂）、天后堂、土神堂、□魂堂が置かれていることも興味深い。これよりさき江戸時代には、佐古稲荷山一帯は青龍山大徳寺並びに江戸の護持院の末寺観音堂の境内で、多くの墓碑が建ち並んでいたという。周辺は華人街であり、大徳寺も長崎の華人（華僑）の力で建てられたものと伝えられる。また梅香崎天満宮は、寛文十二年（一六七二）頃、長崎奉行が天満宮を祭ったのが最初で、その後、宝永元年（一七〇四）僧侶月珍が開山した大徳寺大教院がこの地に移ったとき、大徳寺の鎮守社となった。明治に入って廃仏毀釈により大徳寺が廃寺になると、梅香崎天満宮が改めて開かれたのである。さらに、楠稲荷神社は、寛文四年（一六六四）修験者寿福院が琢生院を創建、廃仏毀釈後、楠稲荷神社（楠社）となったものだという。(25)

このうちいわゆる「霊地の記憶」として注目されるのが、梅香崎神社、楠社、天満宮の神道系施設とともに、大徳寺・護持院観音堂、修験の琢生院、あるいは天后堂、土神堂などの仏教・道教的な施設である。とりわけ土神堂については、土地の民俗信仰的色彩が強いものであり、「産土神」と「招魂」観念との関係からも注目すべきものといえよう。

もともと、土神（ドジン）は地神（チヂン・チシン・ヂガミ・ヂノカミなどと称する）の一種で、長崎では一般の墓地に土神を祀る習俗が知られている。民俗学的知見では、地神は地主様などと同類の屋敷神に属するもので、全国に分布し、一般に屋敷神として屋敷内に祀るが、一方でヂヂンとよぶ農神もあって岡山等では百姓の神様といわれている。集落の辻や堂にあって作神である田の神と同じ性格をもつものもあるという。なお、地神様の塔は五角形の柱状のものが特徴的であるが、自然石に筆太の文字で「地神」とだけ刻んだものも多い。長崎の墓地にみられるもの（土神）は直径二〜三〇センチの円盤で、墓石の隅に置かれている。(26)

さらに、地神・土神の系譜である屋敷神を、開発先祖の墓あるいは古墓と結びつけて説く伝承が、広く各地に分布しているのも「祖霊」信仰との関連から注意すべきであろう。例えば、北陸でも富山県下新川郡宮崎村笹川（現、朝日町）の地神は、開発先祖の墓との結び付きがはっきりしていて、本家屋敷の多くは背戸の山側に同族の墓地を持っており、その一番よい場所に「地神様」とよばれる祖先の墓を祀っている。ここでは一族の共同墓地にある五輪塔や石の祠が、開発先祖の墓とされ、それが「地神様」とされている。また、石川県鳳至郡鵜川町柿生柱山（現、能都町）でも、部落の旧家二戸ともに屋敷後方の畑のわき、叢地の一角に地神様を祀っているが、これを先祖の墓と伝えているのである。(27)もちろん地神・土神あるいは屋敷神（祖霊神）と招魂社、あるいは戦没者墓地の立地を短絡的に結び付けるつもりはないが、いずれにせよ、長崎の招魂社・軍人墓地が立地した佐古稲荷山も金沢の卯辰山・野田山同様、近世期からの濃密な「慰霊空間」であったものといえよう。

なお、最後に、金沢の都市空間認識をうかがう際に、都市構造そのものの「軍都」性も考慮されなくてはならないことを付言しておきたい（I—二参照）。すなわち、向井英明氏が指摘するように、金沢では、武家の屋敷地が「軍事目的から城を取り巻く形で何重にも配置され、寺社地も軍事的目的を強く意識し集中化が図られ」ていたのである。

例えば、「小立野寺院群には天徳院、宝円寺など前田家と密接な関係にある寺社が集められ、その広大な敷地は軍事的結集場として城の背陣を固めるための役割も与えられた」(28)という。つまり、近世期を通じての「一大軍事都市」であるとした認識が背景にある。これを肯定するならば、我々が金沢を「伝統都市」と呼ぶところの〝伝統〟とは、こうした「軍都」としての空間の〝伝統〟をも指し示しているといわざるをえない。とすれば、以上のような軍事的な認識をベースとした精神構造の総体（いわゆる場所性）として、金沢の「慰霊空間」を理解することも可能であるように思われるのである。次節では、より民衆の意識に即した「軍都」認識を確認するために、都市民俗的な方法論による考察を試みてみよう。

(二)「軍都」の民衆意識――戦争のフォークロア

1 「弾丸除け」の俗信

本節では、「軍都」の民衆意識の一端をうかがうために、戦争や戦没者慰霊にかかわる習俗や民間信仰について簡単にみておきたい。このような、いわゆる「戦争のフォークロア」に関する研究は、近年、歴史学・民俗学、さらには歴史社会学・文化人類学等の分野で、意識的かつ意欲的に取り組まれている分野である。(29)この問題に関しては、筆者もかつて若干の検討を試みことがあり、詳細はこれに譲るが、(30)ここではとりわけ「慰霊空間」に関連する（＝場所性の顕著な）金沢の事象についてのみ、その概略を紹介しておきたい。

近代史を通じて、いずれの戦争にも神仏を頼んだ戦勝祈願が盛んであったことはいうまでもない。こうしたなかで、

表9つづき

静岡県	由比町東倉沢／西倉沢	藤八権現(中峰神社)	弓の的撃ち
	御殿場市神場	山神社	厄よけ，厄切り，刃物の神様
	清水市下黒川	山の神	弓矢に竹棒を結ぶ
	伊東市八幡野	八幡宮来宮神社	大杉の皮をお守り
	静岡市北部	竜爪山大現権	守護札，祈願依頼書，玉除羊羹，手拭，神輿(かつぐと徴兵から逃れられる)
	静岡市	穂積神社	
	藤枝市	大井神社	草鞋(神様の出征，明治後期)
	藤枝市大津	龍爪神社	
	花倉	白蛇神社小祠	蛙の供犠
	焼津市小川(こがわ)	信香院城代稲荷	兵士の祈禱
	浜松市有玉	天白社	
	裾野市	千福地蔵堂	武運長久千社札(5枚，昭和前期)
	小笠郡小笠町河東	神宮寺	疎開観音(昭和24年～)
	賀茂村月原		
富山県	下新川郡愛本村	明日仁王	草鞋(神様の出征)
徳島県	美馬郡貞光町端山	友内神社	同社由緒書(明治23年)
	麻植郡山川町川田	高越大権現	祈念旗，千人力，麻布
兵庫県	武庫郡瓦木村瓦林		
山口県	佐波郡徳地町	三坂神社	

(注)　岩田，大江，大濱，松谷，中村，巨勢，黒羽氏らの文献(本文注参照)により作成．

全国的にいくつかの特定寺社における「弾丸除け」「徴兵逃れ」祈願の事例が報告されている（表9）。これらの多くは、「戦捷」や「武運長久」という名目で、霊験あらたかな神社仏閣に祈願したもので、その際、幟や絵馬を奉納したり守護札を戴くことがはやったものであるが、内実は「弾丸除け」や「徴兵逃れ」の信仰であったという。[31] 例えば、茨城県猿島郡長須村では、紙片に「奥山半僧坊大権現何々村軍人何の誰」と記し、これを「竹の串」にさし、「道路の十文字にさす」という風習が知られている。その際には「一千本を製して道の十文字にさす」ものだったという。また、山梨県鳴沢村の魔王天神社にみられるように、山神、山鬼、天狗の類が「徴兵逃れ」の神とされていることも多く、同じく鳴沢村大字三反田の佐七山福道寺（日蓮宗）では、巫女による戦死逃れの祈禱も報告されている。[32] これらは明治二十二年（一八八九）の徴兵令改正によって、養子その他一切の合法的徴兵逃れの道が閉ざされたこ

表9　日本各地の弾丸除け，徴兵逃れ信仰

	所　在　地	信　仰　対　象	信　仰　内　容／資　料
秋田県	岩崎町天ヶ台，里美村柄内	摩利支天	
茨城県	高萩市大能	大山祇神社	弾丸除け祈願絵馬（鉄砲を持つ山の神）
	猿島郡長須村	奥山半僧坊	紙片の竹串千本
	真壁郡大国玉村	鈴木直次墓	竹橋騒動反乱兵
千葉県	印旛郡佐倉町	麻賀多神社	
	富里村	三州奥山半蔵坊大権現	
	遠山村	三州奥山半蔵坊大権現	
	成田町	三州奥山半蔵坊大権現	
	臼井町	八幡大神	
	酒々井町	大権現	
	宗像村	畑皇子神社	
	志津村	日蓮上人	
	木下町		
	本埜村		
	阿蘇村		
栃木県	真岡地方	千角詣り	
	猿島郡長須村	奥山半蔵坊大権現	竹串千本
千葉県	印旛郡	千角詣り	
	千葉郡大和田町	七八幡	
神奈川県	津久井郡藤野町野川	軍刀里神社（椚原井戸）	神将の出陣，白馬の出征
山梨県	南都留郡鳴沢村	魔王天神社	
	鳴沢村三反田	佐七山福道寺	
	鳴沢村東石川	ムエン様の小祠	
	忍野村	天狗様	
	小立村	浅間神社	
		法華寺，常在寺	
	船津村	八王寺神社	
	鳴沢村東石川	ムエン様の小祠	
静岡県	引佐郡引佐町奥山	奥山半僧坊（方広寺）	千本幟（明治後期），奥山霊神増補記
	榛原郡吉田町神戸	城代稲荷	籠もり部屋
	西伊豆町祢宜ノ畑		
	祢沢田		
	松崎町小杉原／池代		
	三島市伊豆佐野	龍爪神社	射撃大会
	伊豆元山中	龍爪神社	
	伊豆小沢	龍爪神社	
	修善寺町瓜生野	龍爪神社	
	田方郡天城湯ヶ島町	龍爪神社	弾丸除神社棟札（元禄10年銘）
	天城湯ヶ島町青羽根	龍爪神社	
	月ヶ瀬	龍爪神社	

表10つづき

絵馬	年代不詳	金沢市 禅ヶ峰神社(高尾町)	武運長久銘，木彫
絵馬	年代不詳	金沢市 護国神社(南千谷町)	武運長久銘
北清事変上海々軍陸戦隊	明治33年	金沢市 粟崎八幡神社	写真，森外吉
平壌陸戦海洋嶋海戦日兵大勝利の図	明治28年	金沢市 粟崎八幡神社	石版刷物，菱垣吉太郎銘
日清戦争記念文字額	明治29年	金沢市 大野湊神社	人名列記／芳名長存，征清出師従軍人士，板地金彩
日清戦争記念文字額	明治41年	金沢市 大野湊神社	五月十二日，明治三拾七八年戦役記念上金石軍人
日清戦争奉納文字額	明治39年	金沢市 犀川神社	福増氏，私年号（征露三年）記載，紙本墨書
征清役閑院宮殿下御勇戦図	明治32年	松任市 馬場大御神社	
日清戦争関係図	明治後期	松任市 源平島武甕槌神社	
南山の激戦図	明治後期	松任市 運上出合神社	
日清戦役図	明治33年	松任市 米光日吉神社	
日露戦役従軍記念図	明治39年	松任市 黒瀬菅原神社	工作額
日露戦利品工作額	明治40年	松任市 北安田安田春日神社	
日露戦役の図	明治40年	松任市 八田中八幡神社	
日清戦役従軍記録図	明治後期	松任市 八田中八幡神社	
シベリア出兵戦利品図	大正11年	松任市 八田中八幡神社	工作額
日清戦役従軍記録図	明治31年	松任市 八田大松神社	
日清戦役戦利品図	明治40年	松任市 八田大松神社	工作額
日露戦役の図	明治後期	松任市 橋爪新脩塚八幡神社	
日露戦役ダニール入城図	明治後期	松任市 橋爪兎橋神社	
日露戦役図	明治後期	松任市 橋爪兎橋神社	
清国威海衛全図	明治後期	松任市 平松春日神社	鳥瞰図
日露戦役図	明治39年	松任市 坊丸菅原神社	
金州城占領図	明治38年	松任市 番匠中ノ郷神社	
日清戦役の図	明治後期	松任市 番匠中ノ郷神社	
日露戦役凱旋図	明治後期	松任市 専福寺南郷八幡神社	
日露戦役盤龍山の合戦図	明治39年	松任市 安吉山島八幡神社	
日露戦役戦利品	明治38年	松任市 島田八幡神社	
日清戦争図	明治28年	小松市 佐美町白山神社	漢城付近陸戦・黄海海戦・講和会議
日清戦争図	明治33年	小松市 那谷町若宮白山神社	四月吉日那谷区青年会奉納，平壌付近陸戦講和会議
日清戦争攻城図	明治29年	鶴来町 曽谷町乙剱神社	巌如春・一勇斎芦雪画
日支事変朱盃奉納額	昭和11年	穴水町 諸橋稲荷神社	四月十六日，２名奉納，朱漆盃に沈金
征露偽年号絵馬	明治38年	飯田町 春日神社	征露之初年，征露第弐年奉納
馬上軍人図	明治43年	吉野谷村 佐良神社	日露戦争，八月十五日，地球を跨ぐ軍人，金鶏
日露戦闘図	明治後期	吉野谷村 佐良神社	日露戦争，年記なし，ロシア海軍旗
シベリア風景写真奉納額	大正10年	吉野谷村 佐良神社	九月，西伯利亜浦塩全景写真

（注） 現地調査，並に石川県内各地の博物館図録，調査目録(本文注参照)により作成．

表10　石川県内の主な戦争絵馬

絵馬の図柄	年代	奉納場所	備考
弓術射的奉納額	万延元年	珠洲市 長浜八幡神社	八月吉日奉納，射的の的
大正八年銘絵馬	明治後期	珠洲市 上山神社	
征露元年偽年号絵馬	明治後期	珠洲市 飯田春日神社	不動剣
日清戦役戦闘図	明治後期	鳥屋町 日霊女八幡社	二十九日区，日清両兵乱闘図
日露水師営会見図	明治38年	鳥屋町 新庄八幡社	乃木・ステッセル会談
征露三年額	明治後期	中島町 日枝鳥越神社	板額
三ヶ国艦隊下関砲撃図	慶応３年	羽咋市 中川当麻神社	
西南役戦勲功者等之略歴	明治26年	羽咋市 円井椎葉比咩神社	
日清戦争攻城図	明治28年	羽咋市 吉崎湍津姫神社	九月若連中奉納，巌如春，一勇斎芦雪画
金州南山大激戦図	明治38年	羽咋市 石野石野々神社	負傷したロシア兵士を助ける日本兵
銭額(皇紀二千六百年文字)	昭和15年	羽咋市 四柳神社	
違い杵額	明治38年	羽咋市 羽咋神社	一月二日第三連区奉納，戦勝紀念，木製額
日清戦争攻城図	明治27年	羽咋市 深江八幡神社	
日清戦争図	明治28年	羽咋市 垣内田八幡神社	
奉天城陥落図	明治35年	羽咋市 兵庫神社	
金州城占領図	明治37年	羽咋市 兵庫神社	
軍資金献金朱盃額	明治38年	羽咋市 若部住吉神社	
日露戦争図	明治38年	羽咋市 滝谷神社	
二百三高地突入図	明治38年	羽咋市 柳田揚田神社	
水師営会見図	明治38年	羽咋市 上中山中山神社	
凱旋記念漢詩額	明治38年	羽咋市 鹿島路能登神社	
鳥居に日章旗絵馬	明治38年	羽咋市 神子原八幡神社	鳥居に日章旗
戦勝朱盃額	明治39年	羽咋市 本江八幡神社	
日露戦争記念	明治38年	羽咋市 土橋白山神社	
日本海々戦図	明治38年	羽咋市 福水白山神社	
扁額「征露記念」	明治38年	羽咋市 深江八幡神社	
凱旋記念額	明治38年	羽咋市 兵庫神社	
日露戦役凱旋者氏名額	明治39年	羽咋市 柳田揚田神社	
感謝状	明治40年	羽咋市 下曽根奈鹿曽姫神社	
日露紀念朱盃奉納額	明治後期	羽咋市 福水白山神社	日露紀念奉納，若連中奉納
扁額「朝鮮守備記念」	大正２年	羽咋市 菅池諏訪神社	
シベリヤ出兵軍戦闘図	大正11年	羽咋市 柳田揚田神社	
扁額「凱旋記念」	大正11年	羽咋市 深江八幡神社	
凱旋記念朱盃額	昭和３年	羽咋市 本江八幡神社	
上海事変図	昭和７年	羽咋市 吉崎湍津姫神社	
日華事変出征兵士写真額	年代不祥	羽咋市 寺境水本神社	
軍人に日章旗絵馬	年代不詳	羽咋市 新保八幡神社	軍人二名，旭日，鳩，日章旗
日清戦争之図	明治28年	金沢市 松村愛宕八幡神社	巌如春画
世界地図奉納額	明治28年	金沢市 木越八幡神社	大日本帝国軍隊之歳乙未五月吉日
九万坊(天狗)図	明治38年	金沢市 満願寺九万坊奥院	祈我軍人健康銘
絵馬	明治39年	金沢市 真成寺	成瀬久太郎銘
馬上軍人図	明治40年	金沢市 石浦神社	田中謙三銘

とにより、自然「くじはずれ」の幸運を祈るという「神頼み」が広まり、流行することになったものだといわれている。(33)このような「弾丸除け」や「武運長久」をめぐる祈願の信仰は、金沢においてもいくつか確認されている（表10）、以下、一、二、三の事例を紹介してみよう。

例えば、日蓮宗真成寺は、もともと鬼子母神を祀り、女人、小児の守護神として地域の信仰が篤い寺院であるが、出征した子供を守護するという信仰に転化し、武運長久を祈る者が多かったという。

同じく卯辰山麓の宝泉坊魔利支天（真言宗）も、慶長十一年（一六〇六）富田越後守重政が、摩利支天堂を造営したもので、これを念ずれば「一切の災いを免れ、また能く身を隠す術を得る」とされる。もともと摩利支天は女神で、『太平記』五、「大塔宮熊野落」の条にも「是れ偏へに摩利支天の冥応」とあるように、武士の守護神として崇拝された。興徳寺の清正公は、戦国武将加藤清正を祀ったもので、清正が大の法華経信者であったため法華経の守護神と崇められるに至った。いうまでもなく武勇絶倫の伝承があり、武勇の神、武運の神として広く信仰された。軍人の妻子や兄弟姉妹の参拝祈願者が多く、特に昭和七年（一九三二）の上海事変や同十年日中戦争時の外山部隊の渡満に際して武運長久を祈願するものが増加したようである。

卯辰山麓の全性寺清正公も起源は同じである。全性寺はもと越中放生津にあり、高岡をへて現在地に至った。なお、清正信仰については松任の行善寺も武運長久祈願で知られており、朝鮮役の際清正が持ち帰ったと称される梅檀木彫の摩耶夫人尊像が安置されるという。(34)

金沢近郊の森本付近では、神社の跡と伝えられている所に「一の井戸」がある。これは平時は水がなく、鍵付きの蓋がしてあるものの、戦時には不思議に水が出て蓋も開けられているという。この水を血縁のなるべく近いものが汲んで出征者に飲ませ、出征した際には写真に供えると弾丸が当たらないといわれる。この水は汲んできていくら経っても澄むことがなく濁っているという（「富山師範学校の調査」による）。同様に、森本の町に近い海岸寄りの「福久の井戸」も武運長久祈願の水として知られている。この湧き水を飲むと無事帰還が出来るといわれ、村人の信仰を集めていたという。[35]

こうしたなかで、金沢の「弾丸除け」信仰、「武運長久」祈願の習俗として比較的まとまった形をみせているのが「九万坊信仰」であろう。橘礼吉氏の調査によれば、金沢周辺の九万坊信仰は、現在のところ九例（箇所）が確認されるという。[36]このうちいくつかは、兵役・戦争に関する祈願の習俗・遺物が残されており注目したい。ちなみに「九万坊」は宗教民俗的には「天狗」の一種（仏教的表現）とみなされている。[37]

例えば、黒壁山の九万坊には、日露戦争以降「戦勝祈願」「武運長久」にかかわる祈願参拝の流行があったことが伝えられている。もともと黒壁山は、いわゆる金沢の「魔所」と目されていた宗教空間であり、信仰対象の「九万坊」自体は黒壁山礼拝堂の本尊とされている。ここでは本堂のある薬王寺の奥、山腹の急崖に窟を穿って奥院があり、さらに黒壁山頂にも祠の跡（ドウバ＝堂場）をもっている。こうした形態から察せられるように、黒壁山の九万坊は修験道と関係深い寺院であった。[38]寺伝によれば、開創は養老二年（七一八）泰澄によるものとされ、九万坊、八万坊、照若坊を招いて祠を作ったものだという。はじめ富樫家、のちに前田家の祈願所となり、士民の信仰をあつめたものの、明治維新後の明治六年（一八七三）「淫祠」として一旦破却されたという（明治三十六年、小島山薬王寺として再興）。日露戦争後、しだいに寺院としての体裁を整えたもようで、奥院（洞窟）の石標にも「黒壁山奥之院、明治四十三年十月、黒壁山一世青木良随建之」と記されている。

既述のごとく、九万坊＝天狗は、「武運長久」祈願に霊験があるとされ、地理的にも第九師団の野村兵営に近い関係で軍人の祈願も多く、日露戦後以後事変ごとにますます多くの信者をみた。日中戦争に際しては千数百枚の守護札を出したともいう。なお、黒壁山奥院への参道中途には横穴式の室が掘り込まれ、このなかに「日露戦利品 明治四十三年十月」銘の大砲の弾丸が納められている。[39] なお、山岸共氏の聞き取り調査（薬王寺住職青木良学氏より）によれば、祠から奥院（洞窟）までの道が紆曲して不便であったので、野村の工兵隊の将校（逸見某）が現在の道を開いてくれたのだという。近くに演習場を持つとはいえ、破格の協力ぶりといえよう。

一方、満願寺山の九万坊には、戦争絵馬の奉納がみられる。これは満願山頂上の奥之院にある赤い鼻高天狗の出征祈願絵馬で「明治参拾八年」の記銘がある。由来によれば、この九万坊は、大正九年（一九二〇）に堂宇が創建されたものとされるが、これよりさき満願寺山頂には祠堂があり、古くより一向一揆の戦死者を弔っていたものだと伝えられる。確かにこの地区一帯は、旧国司富樫一族の居城（高尾城）を含む一向宗徒の激戦地で、民俗的にもこれにちなむ「鬼火」「坊主火」「狐火」「燐火」の類の伝承がたえない場所である。ちなみに満願寺山九万坊の奥之院への石段の入り口には「富樫大明神」の石碑が建てられ、政親を筆頭とする富樫家の怨霊（戦死者霊）の慰霊と九万坊（天狗）信仰が、何らかの形で結び付いていることをうかがわせる。

さらに、金沢北郊森本地区の山間集落清水谷にある日蓮宗直乗寺には、「最高位の天狗」とされる「一老大権現」が祀られている。この天狗はもと森下川左岸

図24　黒壁山の九万坊（戦利品を納めた祠）

の天狗壁に棲んでいたものが、清水谷に夢告により祀られたもので、集落住民の守護神として今日でも崇拝を集めている。ここでも「権現さま」を拝めば、「山仕事で怪我をしない」「大病しない」とされることに加え、戦争中には「出征しても死なない」として「戦死逃れ」の信仰を得ていたのである（この項、多くを橘氏のご教示による）。

こうしてみると、いずれの寺社もいわゆる名刹でも大刹でもなく、ごく庶民的な信仰対象である。しかし、それゆえかえって民衆が出征する身内に対して抱く心意のほどを、直裁的にうかがえるようにも思われる。なお、これらの神社仏閣・社祠・伝承が、さきにふれたように、いずれも「山の神」信仰に関係深いことは、民俗的性格を分析するうえで興味深い事実である。大江志乃夫氏も「弾丸除け」信仰が、天狗など「山の民」（ワタリ、タイシ、杣人）の信仰となんらかの関係があるのではないかと考察されている。[40] さらに岩田重則氏は、前掲「天狗と戦争」で、天狗が山の神であり、修験道の影響を強く受けているとしたうえで、「天狗信仰の本質をさらに掘り下げるためには、山の神の性格（多面的な）が解明されなければならないといえよう」と指摘されている。

一方で、御霊信仰の系譜から「弾丸除け」信仰を考える必要も付言しておきたい。和田稠氏は、「明治の青年たちの心のなかに、そのうけた高い水準の教育とは別に、御霊信仰がなお息づいていたとしても不思議ではない。この青年たちが、こうした民間信仰に基づいて、戦場における加護を超人的な霊力にたよるべく、霊神霊社に祈る気持ちもまた理解出来る」と指摘している。[41] 招魂観念との関係からも興味深い指摘といえよう。

2　守護札と奉納物

祈願の保障として守護札を求める習俗も根強い。「弾丸除け」信仰の一種といえよう。金沢では、とくに日露戦争時に守護札下付の風習がはやったようである。これは、日露戦争が、従来にない動員と、それにも増して多数の戦死者を生んだこととも無関係ではない。というのも第九師団は乃木希典率いる第三軍に属し、明治三十七年（一九〇四）五月に動員令が発せられたのち、主戦場の旅順攻略や奉天会戦に参戦、犠牲者は他師団を遥かに凌いだからである。ちなみに旅順攻撃時の被害は、戦死者四五五〇人、戦傷者一万一四一〇人に達している。『北国新聞』にみる案内広告から、祈願祭と守護札下賜のようすを瞥見してみよう。(42)

①　本日十四日、征露戦役祈勝祭執行　軍人及出役兵ニ戦時守護、守札ヲ授与ス
　明治三十七年二月十一日　尾山神社々務所

②　本日十四日、十五日執行、征露戦役祈勝祭　軍人及出役兵ニ戦時守護、守札ヲ授与ス
　明治三十七年二月十一日　安江神社々務所

③　本日十五日、十六日執行、征露戦役祈勝祭　但シ、軍人諸君及出役諸氏ニ一万体ヲ限リ無料ニテ戦勝守護ノ守札ヲ授与ス
　明治三十七年二月十一日　犀川神社

④　本日十五日、征露戦捷祈勝祭執行　明治三十七年二月十三日金沢忠魂祠堂

⑤　来ル十五日、征露戦役祈勝祭執行　軍人及出役兵ニ戦時守護、守札ヲ授与ス
　浅野川神社々務所　御守御入申ノ方ハ当日授与ス

⑥　泉野神社　不拘戦勝守護ノ神符ヲ呈ス

⑦　久保市乙剣神社　無料神符授与

なお、「弾丸除け」祈願そのものを表示した守護札は現在のところ金沢では確認されていないが、石川県立歴史博物館所蔵（小川家文書）の「弾丸除け守護札送付状」は、北越戦争の際の「弾丸除け守護札」の送付依頼の書簡で、

数少ない事例（ことに明治初年という極めて早い事例）の傍証資料として貴重である。

一方、出征者の武運長久や無事帰還を祈願する手段のひとつに、身の回り品や縁物を奉納し神仏に加護を託す方法がある。金沢でもいくつかの特定寺社で、さまざまな奉納物を通して祈願する事例が確認される。以下、特徴的なものをあげてみよう。

まず、さきに「弾丸除け」信仰の項で紹介した真成寺は、卯辰山麓にある日蓮宗の寺院で、藩政時代から金沢の人々には「鬼子母神さん」と呼ばれ親しまれていた。堂内には、安産祈願や成長祈願のための、提灯、人形、千羽鶴、柄杓、ワラジなどが所せましと奉納されている。その隅には何百枚と積み重ねられた肖像写真の棚があり、幼児のものに混じって軍服姿の青年男子の写真が散見される。これは「お預け」といって信者の家族の運命が「鬼子母神」に託されるものである。女人、小児の守護神として地域の信仰篤い寺院の民間信仰が、出征した身内（子供）を守護するという信仰に転化し、写真を預けるという形で「武運長久」「無事帰還」を祈るものであった。日清・日露戦争当時から太平洋戦争までの写真が圧倒的に多いことからもわかるように、出征兵士の家族が祈願のため奉納したものである。特に明治期には、「写真に撮られると魂を吸い取られる」とか、「三人で写すと中央の人物が始めに死ぬ」とかいう俗信にみられるように、肖像写真に特別のこだわりと心性をもっていたものと思われる（写真のもつアウラ性）。このような「お預け写真」の信仰は、金沢ではほかに尾山町の真宗大谷別院にも見られ、石川県内では小松の安宅住吉神社、輪島（町野町）の岩倉寺、県外でも山口県の例が報告されている。[43]

さらに、祈願の奉納物としては、寺社や絵馬堂の「戦争絵馬」が注目される。絵馬は、馬やその他の絵または文字を、板などに描いて神仏に祈願し、あるいはお礼に奉納した扁額である。庶民の信仰や民俗にかかわる民俗絵画であるといえよう。同様の民俗絵画「鯰絵」を解釈学的に分析したC・アウエハントがのべているように、「その多くは、

図25　兵士のお預け写真〔真成寺所蔵，石川県立歴史博物館提供〕

図26　戦争絵馬（馬上軍人図）
〔石浦神社所蔵，石川県立歴史博物館提供〕

表11つづき

軍艦吾妻図	年代不明	氷見市 懸札剣之神社	洋紙に印刷，海軍機関兵奉納
日露戦争図	明治37年	氷見市 懸札剣之神社	十月吉日，紙本彩色，二面
陛下御親征広島御発輦之図	明治27年	氷見市 寺尾日吉社	洋紙に印刷，刷物
新政厚徳之図	明治13年	氷見市 指崎天満宮	ガラス板に彩色，明治第十三春，西南戦争
征露戦役記念書額	明治37年	氷見市 姿白山神社	八月，板地墨書，陸軍砲兵一等卒奉納
戦艦加賀進水式図	大正12年	氷見市 中波火神社	八月，神戸川崎造船所建造戦艦加賀進水式之光景
戦艦鹿嶋写真額	大正10年	氷見市 泊神明社	モノクロ写真，皇太子殿下御渡欧紀念，供奉艦
乃木大将会見図	明治後期	氷見市 谷屋飛滝神社	
南京攻撃図	昭和13年	氷見市 大野北野社(表大野)	四月十三日，布地墨画彩色，於上海陸軍病院謹書
平壌占領野津中将奮戦図	明治30年	大沢野町 布尻神社	四月二五日，若連中，日清戦争，尾竹国一筆
爆弾三勇士図	昭和初期	滑川市 柳原櫟原神社	上海事変
支那事変記念図	昭和初期	富山市 水橋沖加茂神社	昭和十二年以降出征者名
日清戦争図	明治期	婦中町 中の名熊野神社	尾竹国観筆
西南戦争図	明治13年	滑川市 下梅沢加積郷神社	九月奉納，桐生漱盥画，新政厚徳熊本城攻略図
西南戦争図	明治10年代	大山町 花崎花咲神社	三月奉納
旅順口占領図	明治末期	富山市 中川原神明社	尾竹国一筆
十九連隊入営絵馬	明治後期	武生市 日野神社	
日露戦争二竜山攻撃図	明治41年	福井市 佐野賀宝神社	九月吉日一〇名奉納，夢楽洞万司筆

（注） 現地調査並びに，『富山の絵馬－その世界と系譜－』（塩照夫著，1989年），『羽咋の絵馬』（羽咋市歴史民俗資料館，1990年），『絵馬と信仰展』（小松市立博物館，1991年），『絵馬 EMA GALLERY』（福井県立博物館，1993年），『土蔵』第６号（砺波郷土資料館土蔵友の会，1993年），『大野湊神社絵馬・扁額一覧表』（金沢美術工芸大学大田研究室，1997年），『氷見の絵馬展－市内の全絵馬調査の成果から－』（氷見市立博物館，1997年）など参照．

ある状況のもとで特殊な目的のために描かれたものであって、いずれも民衆の創造力豊かな心意を満足させることが意図されていた」（傍点引用者）のである。[44] そうした意味で、心の内に秘めた悩みの解消を願って、その内容を神仏に奉納するものが祈願絵馬といえよう。

このうち戦争絵馬は、出征兵士への祈願や戦争をめぐる様々なハレの行事を何らかの形で残しておこうとする、民衆の記憶装置として見逃し得ないものであろう。全国的には、さきの弾丸よけ信仰と結びついた多くの絵馬が確認されているが、金沢では、奉納絵馬の悉皆調査が実

表11　北陸の戦争絵馬（石川県を除く）

図　　像	年　代	所　在　地	備　　考
日清戦争戦役記念	明治27年	砺波市 神島神社	日清戦争戦役記録
大砲図	明治39年	砺波市 増山神社	晩春吉祥日，信田暁耘(香邨)筆，日露戦争
日清戦争	明治後期	砺波市 増山神社	川波□思，征清軍人奉納
大砲の玉ほか奉納額	大正11年	砺波市 五郎丸神明社	九月奉納，大砲の砲弾・鉄砲の砲弾・木製プロペラ
戦争図	明治後期	砺波市 宮森新神明社	日清あるいは日露戦争
出征絵馬	明治後期	砺波市 東宮森春日神社	
砲弾の鳥居	明治後期	砺波市 木下神明社	
戦争図	明治後期	砺波市 鹿島神社	
戦争図	明治後期	砺波市 鷹栖八幡社	日清あるいは日露戦争
日清戦争戦歴記念絵馬	明治29年	砺波市 太田住吉神社	九月十日奉納，豊島砲弾云々　清国黄景星書
馬上軍人絵馬	明治後期	砺波市 寺尾明神社	
刺繡戦勝祈願絵馬	昭和７年	小矢部市 水島神明宮	
硬貨軍艦絵馬	昭和37年	小矢部市 水島神明宮	
日清戦争図	明治後期	氷見市 前田神明社	牙山
日露戦争大捷紀念画	明治末期	氷見市 西ノ前住吉社(坂津)	歩兵三十五聯隊第十中隊，洋紙に印刷
南京攻撃図	明治後期	氷見市 大野北野社	
山砲砲弾	昭和10年頃	氷見市 仏生寺諏訪社	板地に砲弾取り付け，除隊兵
観艦式図	昭和５年	氷見市 仏生寺諏訪社	五月奉納，キャンバスに油彩
日清戦争図	明治期	氷見市 栗原諏訪社	板地彩色
合戦図	明治42年	氷見市 神代加久弥社	六月吉日，板地彩色
欧州戦争図	大正８年	氷見市 十二町火社(矢崎)	八月三日奉納，洋紙に印刷
日清戦争戦勝図	明治期	氷見市 赤毛土倉社(土倉)	九月十九日奉納，一部欠損
日露戦争凱旋記念額	明治末期	氷見市 赤毛土倉社(土倉)	凱旋記念，五名奉納，金泥書
盤龍山激戦図	明治末期	氷見市 岩ケ瀬岩瀬神社	盤龍山激戦之図
盤龍山之戦図	明治末期	氷見市 早借速川神社	九月奉納
金州南山激戦図	明治40年頃	氷見市 早借速川神社	明治三十七八年戦役
朝鮮京城大鳥公使大院君護衛之図	明治28年	氷見市 小窪八幡社	四月，洋紙，検閲許可刷物，小窪村小若連中奉納
日清戦争戦勝図	明治36年	氷見市 小窪八幡社	四月十八日，二名奉納，洋紙に印刷
日清戦役従軍者一覧	明治期	氷見市 小窪八幡社	十一月十四日，征清従軍紀念，洋紙に印刷
日清戦争戦勝図	明治30年	氷見市 柿谷白山社(谷内)	四月，一〇名奉納，板地彩色
支那事変戦利品額	昭和10年代	氷見市 上田神社	板地に戦利品取付の跡，南京攻略戦参加脇坂部隊
日清戦争牛荘城大激戦図	明治28年	氷見市 稲積天満宮(上稲積)	十一月一日，野戦砲兵第三連隊兵士奉納，板地彩色
日章旗	昭和13年	氷見市 泉天満宮	四月十三日，布地縫付墨書，於上海陸軍病院謹書
軍装具	明治40年頃	氷見市 懸札剣之神社	征露記念，肩章，剣鞘，名札貼り付け

施されていないこともあって、管見に至ったものは僅かである。師団司令部や連隊本部の設置された地域としては、いささか寂しいように思われる。ちなみに『卯辰山開拓録』には、のちに招魂社が置かれる咸泉ケ丘に絵馬堂が描かれ、前田慶寧の「顕忠」額も掲げられていたが、現在の護国神社や尾山神社にも、古い時代のものはほとんど残されていない。あるいは経年的な廃棄が行われたことも考えられよう。現存する絵馬も石浦神社所蔵の「明治四十年十月十一歳田中謙三」銘をもつ「馬上軍人図」(図26)や満願寺山九万坊の「天狗」の日露戦争奉納絵馬などをのぞけば、いずれも「武運長久」の銘文はあるものの、オーソドックスな馬の図柄がほとんどである。

もちろん、戦争絵馬の内容は、武運長久や無事生還を祈願するものだけとは限らない。むしろ凱旋や戦闘(講和を含む)の記念絵馬が多いことも確かである。しかし、例えば、昭和六十年(一九八五)に絵馬の県内悉皆調査をした山形県では、明治期の戦争絵馬九面のうち三面の祈願絵馬を確認しており(ほかに凱旋奉祝図三、戦闘図三)、そのなかには、東根市内の明治二十七年と三十一年の「出征兵帰国祈願図絵馬」(宮崎八幡神社、六日町秀重院)のような、兵士の帰還を率直に祈念するものや、鮭川村向居の観音堂の「軍人参詣図絵馬」のようなユニークな祈願絵馬が残されているのを確認することができる。絵馬調査の立ち遅れが指摘される金沢において、こうした戦争絵馬の発掘をさらに進める必要を痛感せざるをえない。(45)

(三) 民衆統合と地域社会

1 戦時体制と民衆統合

軍国社会の進展、戦時体制の強化という過程は、一面で神社の崇拝等伝統的な社会習俗の強調という事態をもたらしたが、反面、フォークロア的な地域社会の伝統（ここでは「民俗社会」の習俗とよぶ）との共存という点で、しだいに乖離する傾向をみせるようになる。例えば、金沢における招魂社を卯辰山から「下界」へとおろし、市域の中心に広大な土地を確保して、これを「護国神社」という「顕彰」をその役割の主眼に加えた空間にかえていったのは、主体的にはファシズムに至る軍部・在郷軍人会など政治権力の力であったといえよう。この過程は、遺族や戦友といった身近な霊魂を慰めるための「招魂」システムを、国家を護る「英霊」を顕彰するための「護国」システムに代置されたものともとらえられる。それはつまり、ある段階では「民俗社会」の枠組みを利用しうる範囲で利用し、その後はこの枠組みをなしくずし的に解体することによって総力戦体制の地域的基盤を確保し、国家神道を軸としたイデオロギーの浸透を謀る動きでもあった。

このことは、金沢の野田山においては、忠霊塔の建設の過程で確認される。「上から」の半官製民間運動として展開した忠霊塔の建設は、従来「周辺」的な「慰霊空間」としての性格を残していた陸軍墓地を、「英霊顕彰」と「戦意高揚」の空間に変質させたものといえよう。いわば墓（埋葬）から塔（納骨）への展開が象徴するごとく、「慰霊空間」は質的な転換を遂げ、十五年戦争のもと地域を総動員体制（強制的同質化）へ再編する民衆統合の役割を果たしたのである。これは一方で伝統都市における民俗社会の崩壊を意味するものでもあった。

一方、かつて江口圭一氏は、満州事変期における民衆の祈願の諸相を、主として地方新聞の記事より分析し、その祈願内容を武運長久・皇軍安泰、国威宣揚・国運安泰、国難打開に分類された。(46) しかし、民衆が祈願の内容を意識的に区別していたとは、考えにくいし、実際は、次の例に見られるように、祈願内容を混同してするのが普通だったようにも思われる。

「昭和十九年度　常会誌並ニ配給品及国債々券等控」

（前略）

一　東方遥拝、皇居ニ対シ奉リ謹ミテ最敬礼

一　国歌斉唱、君が代

一　詔勅奉読

一　感謝祈願

戦没英霊ノ御冥福ヲ祈リ白衣ノ勇士ノ全快ヲ祈リ

皇軍将兵ノ武運長久ヲ御祈リスルタメ祈願ヲ捧ゲマス

祈願初メ　　一分間

祈願終リ

一　勝ち抜く誓

（後略）

（鳳至郡柳田村石井部落会、傍点引用者）(47)

問題は、（分析対象が新聞記事であることから、ある意味ではやむをえないことながら）江口分類で抜け落ちている、親や子や兄弟など出征した身内の兵士の無事のような、本来は個人的な祈願の内容が、公的な祈願の場面では、戦力保存としての兵士の武運長久を祈る姿勢に否応無く変質してしまう点にあった。(48)ここでは、さきにみたような（明治期に多くみられた）「徴兵逃れ」や「弾丸除け」の祈願は、当然のことながら陰をひそめざるをえない。

同じことは太平洋戦争時にさらに増幅した形で明らかになる。例えば、昭和十六年（一九四一）十二月、真珠湾攻

撃の報が伝わった際の金沢市内の情景は以下のようなものであった。

① 十二月九日、「神前に戦捷の祈り、昨早暁来、引きも切らぬ各神社々頭」 金沢市内石川護国神社をはじめ各神社には、戦捷祈願をする男女市民が続々と続き、市内国民学校でも早くも善幸参拝をなすように通牒した。

② 十二月十日、「午前八時より石川護国神社境内で、金沢市全町会員（一世帯から必ず一名）の参加による米英撃滅国民大会」 石川県、金沢市翼賛会県市支部、金沢師団司令部、金沢海軍人事部を主催として開催される。(49)

日露戦争当時は、参拝・祈願にも個人的な色彩が濃く、例えば守護札の授与が必ず伴うことに伺えるように、「武運長久」や「無事生還」を願う心情が強いようにみえるのに対し、総力戦体制もほぼ完全に整備された昭和十六段階では、個人の心情は、集団的な参拝の中に埋没してしまっているようにみえる。民衆の素朴な願いである、出征した身内の無事を祈るという契機よりは「国威宣揚」を祈念し、それも個々人の意思によってというよりは、公的諸団体（町会、在郷軍人会、国防婦人会、校下諸団体）による動員に従って参拝する傾向が表面上は強いといえよう。

さらに参拝の対象も、日露戦争時は金沢でも藩政期以来の伝統である五社（田井椿原天満宮、安江鍛冶八幡宮、野町神明宮、卯辰八幡宮、山ノ上春日社）をはじめとした地域の産土神への参拝が基本となっていたが、太平洋戦争時では、圧倒的に石川護国神社へのそれが多い。こうした過程は、個人の主体性をしだいに規制していく反面、全体性を強調し、顕彰＝鼓舞という側面を前面に打ち出す形で組織化され、強化されてくるようにみえてならないのである。

2 戦争と民俗社会の変容

戦争により民俗社会がいかに変質したかという問題は、まさに本節の主題のひとつである。ここでは、「年中行事」や「祭礼」、あるいは「民俗集団」が、具体的にどのように対応をせまられたのか問題となろう。金沢での一例として、卯辰山の蓮如忌《れんによき》の終焉事情をあげておきたい。「真宗王国」石川において、中興の祖蓮如の年忌、すなわち蓮如忌は、春の到来を喜ぶ祝祭行事であるとともに、北国金沢の市民にとって、「山行き」の民俗的な行事としても伝統的な風習であった。(50) この長年つづけられてきた市民的行事が、太平洋戦争期を境に行われなくなってしまったのである。これは戦時中の卯辰山入山禁止を境にすたれ、戦後も復活しなかったものだといわれている。というのも、昭和十五年(一九四〇)の「軍事機密保護法」の改正により、防空・防衛上二〇メートル以上の高所からの写真撮影が禁止され、いわゆる里山への立ち入りが禁止されたのが一因であった。このため、かつては招魂祭や蓮如忌で賑わったはずの卯辰山でも、金沢憲兵隊による市民の登山違反の厳重な取り締まりが行われ始め、人々は卯辰山に登って散策することすら禁じられたのであった。「高度国防国家」建設の過程で、卯辰山は、「慰霊」はおろか生活や風習のために気楽に立ち入ることもできない空間と化してしまうのである。これにかぎらず、戦時期(とくに太平洋戦争末期)に途絶えた習俗や祭りは、全国でも決して少なくない。反面、秋田県の「ひらかさ祭り」にみられるように、戦時中男子が徴兵や徴用でいなくなり、残された女子が祭りを受け継いだものが戦後もそのまま引き継がれて、女だけの祭りとして定着してしまったものもある。さらに、金沢と同じく「軍都」として発展した仙台では、勇壮な山車巡行で知られる仙台祭りが、招魂祭を兼ねるようになってしまったという。それぞれの祭りや行事や習俗が、途絶えたり変化したりした理由や時期の検証を通して、民俗社会における伝承母体の喪失や変質の問題が明らかになろう。

一方、「民俗集団」の変質の問題は、天野武氏の『若者組の研究』などで指摘されている。天野氏は、戦争によって「ムラの平和な生活がいかに影響を受けているか、若者組の活動がいかなる方向へ傾斜していったかという視点」とその解明が必要としている。こうした若者組のような民俗社会内の構成体が、戦時体制のなかでどのような役割を果たし、それ自体いかなる変質をしたかという問題も興味深い。(51) 天野氏によれば、日清・日露戦争を契機として、

「若連中」等と総称されたムラの男子層は、近代化を推進する「青年団」として組織強化されたという。戦前、青年団の入会者を「新兵」、脱会者を「古兵」と俗称したムラもあるという。天野氏の紹介する能登柴垣の青年団のように、太平洋戦争期、戦争勝記念提灯行列への参加・出征軍人遺家族に対する労力奉仕・軍人防寒用具の野兎狩りなど、国家や行政当局の指令に従順した活動に励んだ若者達は全国各地にみられたであろう。

この件に関しては、今村充夫氏も鳳至郡柳田村石井の部落会の常会の活動にふれ、東方遥拝、国家奉唱、詔書奉読、戦勝祈願などの一連の「儀式」を経たのち常会の協議が始まるようすを紹介し、戦争によってムラ共同体の性格とその習俗が変化するさまを明らかにしている。[52] さらに、講組織と戦争の関係では、松崎憲三氏により砺波市大門の太子講の事例が報告されている。同講は元来軍友会が結成したというもので、その由来については、以下のように伝えられている。日露戦争に出征する時、大門の人々はすべて瑞泉寺から太子のお守りをもらっていった。真宗の信仰と「タイシ」との関係からか、このお守りに弾丸は当たっても人には決して当たらず、一人も死者が出なかった。それゆえ、人々は帰還後太子講を結成し、「太子さま」をお迎えして感謝の意をこめ、日露戦争参加者だけで行事を行ってきたという。その後一般の住民で講への加入を希望するものが多かったが、第二次大戦の終戦までは、決して加入させなかったという。[53]

3　民俗信仰と軍国信仰

柳田国男は戦死者霊魂に思いを馳せ、『先祖の話』を書き上げたとされる。同書の最終節で、柳田は「国の為に戦つて死んだ若人だけは、何としても之を仏徒の謂ふ無縁ぼとけの列に、疎外して置くわけには行くまいと思ふ。勿論国と府県とには、晴の祭場があり、霊の鎮まるべき処は設けてあるが、一方には家々の骨肉相依るの情は無視することが出来ない」と結んでいる。岩田重則氏が指摘するように、柳田は、戦死者が「国と府県」の「晴の祭場」、つまり靖国神社と護国神社によって「英霊」として祀られるのではなく、「家々の骨肉相依るの情」によって祀られるべきであると主張していたのである。明らかに柳田は、戦死者がイエ共同体によって「先祖」として祀られるべきであると考えていた。

こうした点、静岡県志太郡岡部町の事例（五〇回忌の塔婆をシイノキトーバとよび、樫の木の先端に枝葉をつけたまま塔婆にする）や、裾野市の事例（五〇回忌をトリバライとよび、杉の木で塔婆をつくり先端に枝葉をつけて置く）、さらに静岡県裾野市富沢の事例（念仏講で「英霊和讃」を行う）など、すなわち戦没者を主として民俗信仰で慰霊するケースは、柳田の求めていた「まつり」本来の姿といえよう。(54)

しかし、現実には民俗社会と軍国社会の直接的な競合により、従来からその土地に定着していた民間信仰等が破壊されるケースも少なくはなかった。前節では、民俗社会のコスモロジーが軍国社会の進展により変質する過程を考察したが、本節では、より具体的に「民俗信仰」が「軍国信仰」に駆逐される事例を紹介したい。

第九師団は、金沢の郊外野田往環の広大な土地を、歩兵、騎兵、輜重兵などいくつかの連隊や大隊の駐留用地として占有した。これらの部隊には、戦死者を慰霊するため構内に神社が創建された。営内神社（部隊内忠魂社）ともいうものである。工兵連隊には功久神社、騎兵連隊には貴勲神社、山砲連隊には燦勲神社、輜重兵連隊には輜勳神社が創建され、営内の慰霊対象とされた（II—四—㈣参照）。このうち輜勳神社は、昭和十年（一九三五）野村輜重兵連隊の兵営内に創建されたものである。十四年十二月には、従来の境内が狭すぎるとして営庭面会所前に遷宮。戦後は兵営医務室跡（現、平和町二丁目）に移され、有志により祭祀がつづけられている。平和町の命名開町式はこの輜勳神社前広場で行われ、以来、町の氏神として春秋の例大祭が執行されていた。

その後、輜勲神社は、昭和二十四年照皇大神宮の分神を「主奉斎神」として迎え、社名も「平和神社」と改称される（その際、功久神社、貴勲神社、燦勲神社は、輜勲神社に合祀された）。このとき注目されるのが、寺町闕野神社に合祀されていた稲荷大明神を奉遷していることである。というのも、この稲荷社は、従来この地域の産土神だったもので、明治三十年（一八九七）、野村一帯が軍用地に買い上げられるまで土地の守護神として住民の篤い信仰を得ていた社であった。すなわち、輜勲神社は、かつて野村の民衆の信仰を得ていた稲荷社を駆逐したうえで創建されたものであったのである。

ちなみに、さきに紹介した野村から一里ほど山に入った黒壁山にある九万坊（天狗信仰）の祠も、もともと金沢城内にあったものが、明治八年（一八七五）歩兵第七連隊の駐屯により「邪魔になったので、有徳者松本米次郎が現地に移転させたものである」と伝えられている。(55)

こうした事例は各地で確認されることと思われる。例えば、筆者が調査したなかでは、第十五師団及び歩兵第十八連隊（のち百十八連隊）の駐留した「軍都」豊橋でも、旧軍営地（旧豊橋城金柑丸）に設置された営内神社「彌健神社」は、その土地にそれ以前にあった土着の信仰を凌駕して建てられているのである（II—四—(四)参照）。というのも同敷地内には、旧藩祖を祀った「豊城神社」の碑（昭和七年五月、旧豊橋藩士族義団建之）や「金柑丸稲荷跡」の石碑が残されており、明治初期には金沢の尾山神社のごとく旧藩祖を祀った「豊城神社」があり、それ以前かあるいは境内社として稲荷神社が建てられていたものと推察されるからである（現在は鳥居や手水が神社の境内であった名残をとどめている）。ちなみに鳥居の前にはこれを飾るかのような位置に、昭和十二年四月に国防婦人会田原町会が建てた国旗掲揚塔が残されている。しかも、今日この敷地には、戦後移転された戦没者慰霊碑（神武天皇像、正式には古代武人像と称している）が設置されているのである。この神武天皇像に関しては、II—二でふれたように、三度の移設をへて現在地に建っているわけだが、その位置関係は、あたかも神社の御神体をいだくかのような（鳥居の中心軸線上に）配置されているのである。ここでは、藩政期―明治維新期―戦時期と、いわば多重的な「慰霊空間」の認識（濃密な「土地の記憶」＝ゲニウス・ロキ）が可能であるといえよう。

さて、こうした軍国神社の延長線上に「軍神」信仰の「流行」も位置付けられよう。神島二郎氏は、前掲論文で、真珠湾奇襲攻撃の特別攻撃隊の「九軍神」に始まり、広瀬中佐や橘中佐、加藤隼隊長、爆弾三勇士など、壮烈な戦死をした人を特出して「軍神」として崇める事例を、政治文化の問題として紹介したが、(56)金沢では、空閑昇少佐や木村三郎大尉らの例が知られている。空閑昇は、第七連隊の大隊長。昭和七年（一九三二）上海事変の戦場で負傷し、中国軍の捕虜となり治療後日本軍へ送還された。本人はそのことを恥じて約一ヵ月後、現地に戻り自決した。陸軍当局はこれを軍人精神の最高の発揮として讃えたのである（「戦陣訓」の原型ともいわれる）。木村三郎は、金沢市出身の陸軍省軍務局大尉。九州での大演習に参加中、自分の架設した電線が通話不能となった責任から割腹自殺。のちに軍神となり、野田山麓大乗寺に銅像も建立されたという。このような「生き神信仰」の実態も、戦争のフォークロアの重要なテーマといえよう。ただし、軍人の生神信仰は、柳田国男のいう本来の民俗社会のあり方を大きく逸脱したものでもあったのである。

まとめにかえて

かくして、軍隊を軸とした「祈願」と「慰霊」の展開、すなわち国家神道の浸透は、金沢という〝伝統都市〟の基層的な精神構造を、あるときは織り込み、あるときは根こそぎ破壊しながら、都市の民衆を総力戦体制の枠に再編していったといえるのではないだろうか。かつて黒羽清隆氏は、「戦争の民衆『疎外』と民衆の戦争『疎外』という矛盾的構造」[57]こそが、戦争の社会史を分析する際の重要な課題であると論じたが、金沢の事例もまた、そうした「疎外」の矛盾的構造をはからずも明らかにしているといえよう。

ところで、戦後の出発にあたって、政治学者丸山眞男氏が「超国家主義の論理と心理」を世に問い、幅広い反響を呼んだことはよく知られるところであろう。このなかで丸山氏はヨーロッパ近代の（中性）国家と比較しつつ戦前日本の軍国主義国家を批判し、

（ヨーロッパ近代国家は）価値の選択と判断はもっぱらほかの社会的集団（例えば教会）乃至は個人の良心に委ね、国家主権の基礎をば、かかる内容的価値から捨象された純粋に形式的な法機構の上に置いているのである。（中略）ところが日本は明治以後の近代国家の形成過程に於て嘗てこのような国家主権の技術的、中立的性格を表明しようとしなかった。その結果、日本の国家主義は内容的価値の実態たることにどこまでも自己の支配根拠を置こうとした[58]

と分析している。社会的・政治的な価値の一切を包摂して存在する国家、それが過去の日本の全体主義国家だと丸山氏はとらえているのである。つまり、戦前の日本国家は法体系を備えた単なる権力機構でも、市民社会の矛盾を調整する単なる管理機関でもなく、宗教や道徳をも内に含み、さらには芸術や学問さえも、あるいは自然までも内に含んで成り立つ、巨大な共同世界であったとするのである。ここにおいては、国家が「精神的価値の独占的決定者」として立ちあらわれるのであった[59]。そのような大それた国家像を人々はなぜ受け入れたのか。こうした疑問の一端に答えるべく、ささやかな検討を試みたのが、いわば本書のもうひとつの主題であったといえよう。

注

（1）デイビド・E・ソーファー「宗教と景観」（マルティン・シュヴィント編著『宗教の空間構造』大明堂、一九七八年）。

（2）森村敏己「『記憶のかたち』が表象するもの」（阿部安成ほか編『記憶のかたち―コメモレイションの文化史―』柏書房、一九九九年、二二六〜二二八頁）。高田あや「戦死者の写真が語るもの―佐渡・明治紀念堂をめぐる一考察―」（『都留文科大学文学部比較文化学科卒業論文』一九九六年）参照。

（3）本章でも、主題の関係から忠魂碑の「慰霊空間」としての問題は捨象する。ただし、金沢市内でも忠魂碑・慰霊碑の碑前が戦没者慰霊の「空間」として機能した例は少なくないものと思われる。例えば、昭和七年十月七日付『北国新聞』記事によれば、「護国の神を祀る　一中厳霜碑祭」という表題で、来る十五日の創立（創校）記念日に、「上海戦の矢部海軍少佐、満州事変の不破陸軍少佐、その他日露戦等戦病没者遺族参列、職員一同碑前に整列して厳霜碑祭を執行」とされている。なお、この「一中厳霜碑」は戦後GHQの命令による破壊を怖れ校庭に埋めておかれたものが、占領終了後掘り出され、現在では第一中学校の後身校金沢泉ヶ丘高校の校庭に建てられている。

（4）大濱徹也氏の「産土神の系譜を引く靖国神社」説（本書Ⅲ―二―㈡）を参照されたい。ちなみに、濃密な祈願空間の事例として次節で紹介する真成寺も卯辰山麓にある。同寺には鬼子母神信仰に基づく産育民俗資料も多く残され、安産、養育に関する民間信仰を今日までよく伝えている。

（5）蓮如忌は、北陸では旧暦の三月二十五日（現在は一月遅れの、四月二十三日）から三、四日間さかんに行われる。金沢市内では、仕事を休んで二俣の本泉寺や若松の専徳寺へ弁当持ちで、登山気分を兼ねて御忌法要に参詣する門徒も少なくないが、多くは市内の卯辰山へ花見を兼ね町内こぞって出掛けて飽食乱酔する。こうした事例は他の地域にもみられるが、いずれも真宗の法儀とはかかわりない「山遊び」行事が習合したものとされる。和田俊昭「ハレ・ケ・ケガレ―民俗儀礼がめざすもの」（和田『日本人の習俗と信仰』本願寺出版社、一九九一年、四一頁）、西山郷史「『蓮如忌』考・二」（『都市と民俗研究』第七号、一九八五年）、加能民俗の会編『蓮如さん―門徒が語る蓮如伝承集成―』（橋本確文堂、一九八八年）など参照。

（6）森田柿園『続々漸得雑記』加越能文庫、金沢市立玉川図書館所蔵。原文は宣命体。

（7）広瀬誠「戦死者祭祀に関する補記」（『富山史壇』四二号、越中史壇会、一九六八年）二八頁。

（8）大江前掲『戦争と民衆の社会史』参照。また、桜井徳太郎氏は「戦死者の亡霊は、ことごとく怨霊となって祟りを及ぼす」として、民俗学の立場から、招魂儀礼における「民間怨霊思想・御霊信仰の根強い存在を肯定しなければならない」と指摘している（「明治百年と靖国神社―日本における御霊信仰の系譜―」『祭りと信仰』新人物往来社、一九七〇年）。

（9）野田山墓地の形成に関しては、和田文次郎『金沢墓誌』加越能史談会、一九一九年、八木士郎『加賀藩前田家墳墓史』一九九一年、八木『加賀藩八家墳墓史』一九九三年など参照。近年では、二〇〇一年五月、滝川重徳氏が「金沢城・城下町の学際研究」プロジェクト研究会にて、「『野田山』―近世墓地の形成―」をテーマに報告されている。本章も滝川報告から多くを学んだ。なお、利家がなぜ野田山を埋葬の地に選んだのかは、定かではないし（稗史では夢告によるとの叙述もある）、また利家の兄の利久の墓を造営したのが一応の起源とされるものの、それがいかなる理由からであったのか、またそれ以前に野田山が埋葬地であったかどうかも史料的には確認されていない。金沢の近世史研究者のなかでも、利家が遺言までしてなぜこの地に墓所を築いたのか、というのが、共通の疑問であるという（『北国新聞』一九八三年二月二十一日付「レポート野田山から(31)／座談会①」、参加者は、森栄松、奥村哲、亀田康範の各氏）。なお、中世～近世期の野田山の関係資料は、野田山を管理していた桃雲寺が元和元年（一六一五）と明治初年に二度焼けていることにより極めて乏しいといわれる。ただ、石川県立歴史博物館『祝い忌み祈り』（特別展図録、一九九三年）によれば、戦前まで野田山では「骨捨て」の習俗が残っており、民俗学の立場から土葬以前の埋葬形態が類推されている。また、古代においては、同山麓には長坂二子塚古墳がつくられたことも報告されており（「金沢市長坂古墳群の研究」『石川県立郷土資料館紀要』第九号、一九七八年）、直接近世の墓地と関連させるのは無理だとしても、景観上何らかの参考になろう。

（10）『加賀藩史料』慶長四年（一五九九）三月二十一日の項、「両亜相公遺誡」（『御夜話集 上編』石川県図書館協会、一九三三年）参照。なお、利家の死去は、閏三月三日。

（11）滝川氏のご教示によれば、元禄～享保前後には、平士クラスまで野田山へ改葬する機運が高まったようである（『加賀藩史料』慶長四年四月八日の項。『国事雑抄巻七』所収「改葬遠慮引書付指出事」、同「野田御廟所御定」並びに「御葬送附品川左門事」『三壺聞書』石川県図書館協会、一九三一年）。ほかに『俳諧草庵集』（元禄十三年刊、一七〇〇年）にも野田山に集まる盆（参詣）の群衆の記述がみえるという（『加越能古俳書大観 下』石川県図書館協会、一九三六年）。また、『一丸家諸事記』の享和三年（一八〇三）九月二十三日の条には、新興富裕町人の一丸家が、墓所を六斗林幽寺より野田山へ移転したことが記されている（「野田墓所拵候ニ付、墓番平右ヱ門取次ニテ、桃雲寺江六匁五分地面料遣ス、役僧ニ弐匁遣ス、墓雇賃九百文遣ス事、其外、佐助雇ニテ出来候事、夫迄ハ六斗林幽寺ニ墓在之分、不残前々ヨリ之分モ引取、惣打込之事、其節ノ墓所左ニ記ス（略）」、「一丸家諸事記」

『一丸家諸事記 附 小倉日記抄』日本海地域史料叢書、文献出版、一九八四年)。
(12) 森栄松氏の見解(前掲「座談会①」より)。
(13) 藩主家の墳墓は、利家の子女(利豊・元禄六年没、督姫・元和二年没、千世姫・寛永十八年没)の墳墓の在り方からすれば、本来石廟を備えていたとみてよく、原則的に堀と墳丘をもつ形だと推察される(滝川前掲報告による)。
(14) 「細川家墓地附たり加賀前田侯の墓」『大阪朝日新聞』明治四十二年四月三日付。細見長盛『不滅の墳墓』(巌松堂書店、一九三二年)二七〇頁。
(15) 奥村哲氏の見解(前掲「座談会①」より)。
(16) 小林忠雄「伝統都市の他界観について—心的空間の構造—」(『都市と民俗研究』第五号、一九八二年)。
(17) 『三壺聞書』石川県図書館協会、一九三一年。
(18) 桃雲寺文書写「野田桃雲寺伝来禁制札」金沢市立玉川図書館加越能文庫所蔵(『金沢市史』資料編13 寺社、金沢市、一九九六年)。「寛永二十年六月 加賀藩年寄連署達書写」加賀越後能登文庫桃雲寺文書写(金沢市立玉川図書館蔵、前掲『金沢市史』資料編13 寺社)、なお、桃雲寺の野田山全山管轄は、享和〜文政頃には墓番の活動記録により確認される(前掲『一丸家諸事記』参照)。
(19) 例えば、小林忠雄「都市の生活感覚と民俗社会—金沢の民俗研究における課題—」(『都市と民俗研究』第一号、一九七八年)、小林前掲「伝統都市の他界観について—心的空間の構造—」、これらをまとめたものに、小林『都市民俗学—都市のフォークソサエティー』(名著出版、一九九〇年)。向井英明「伝統都市の民俗空間—都市の記号論—」(『都市の民俗・金沢』第一章、国書刊行会、一九八四年)、同「卯辰山と金沢—シアター・シティ論—」(『都市と民俗研究』第五号、一九八二年)、由谷裕哉「原風景としての金沢のコスモロジー」(『都市と民俗研究』第七号、一九八五年)など。
(20) いうなれば、「卯辰山開拓」自体が、財政並びに政治的な逼迫状態に至った加賀藩における、地域「再生」を懸けた復活プロジェクトともいえなくもない。
(21) ティヤール・ド・シャルダンは、「宗教制度は土地に対してさまざまな強度や感情をもって作用している。(中略)景観が種々の時代や場所における宗教的影響の濃さあるいは弱さを物語ってくれることになるであろう」とし、これを「精神圏」の概念で特徴づけた(「宗教地理学の課題について」マルティン・シュヴィント前掲『宗教の空間構造』)。鈴木博之氏はこれを「ゲニウス・ロキ」（地霊＝土地へのまなざし）と表現している（鈴木『日本の〈地霊〉』講談社、一九九九年、三〜四頁）。

(22) 福田忠昭著『振遠隊附函館出征始末』一九一八年、豊穣編『長崎神社巡り』（長崎県神職会長崎支会、一九三六年）。

(23) 豊前掲『長崎神社巡り』九九〜一〇二頁。ちなみに、長崎県招魂社は、昭和十七年三月長崎の郊外（大村）城栄町城山に移転、社名を長崎県護国神社と改称した。十九年十月社殿完成、本殿遷座祭を厳修したが、二十年八月九日の原爆により社殿はことごとく灰燼に帰している。戦後の昭和三十八年十月、社殿を再建、遷座祭を執行した。同地（旧淵村。現、西高校）は、中世大友氏の重臣であった土豪志賀氏の館址がある。幕末には銃砲大隊が置かれたという。

(24) 「長崎港全図」（明治三年庚八月渡邊忠章識　復刻古地図長崎港全図、人文社）。高知県立坂本龍馬記念館所蔵「文政四年肥州長崎図」によれば、同地は「大徳寺御朱印地」とされ、境内には、金剛院、梅岡天神、イナリ社などが配されていた（近接して正覚寺、八剱社も立地した）。

(25) 以上は、二〇〇〇年十二月四日、長崎市の長崎南公民館にて、地域の記念碑研究グループ「土成会」会員からご教示いただいた（国立歴史民俗博物館の非文献資料研究「戦争記念碑等の全国調査」の一環として聞き取り調査したもの）。

(26) 土井卓治『民俗民芸双書73　石塔の民俗』（岩崎美術社、一九七二年）。なお、長崎の土神信仰に関しては、西村明氏よりご教示や資料の提供を得た。深謝したい。また、台湾でも墓地に土神碑が建てられていることを確認している。

(27) 直江廣治『屋敷神の研究─日本信仰伝承論─』（吉川弘文館、一九六六年）三三六頁。

(28) 向井前掲「伝統都市の民俗空間─都市の記号論─」、ほかに向井「卯辰山と金沢─シアター・シティ論─」（『都市と民俗研究』第五号、一九八二年）。

(29) 千葉徳爾『民俗学のこころ』（弘文堂、一九七八年）、和田正洲「特殊状況下の民俗」（『民俗』一三五号、一九九〇年）、片山美洋「戦時中の民俗学」（『名古屋民俗』四五、一九九二年）など。なお、この分野の課題を、松本博行氏は「戦争と民俗」（佐野賢治ほか編『現代民俗学入門』吉川弘文館、一九九六年）で整理している。同稿は、愛知県を主なフィールドに「戦争と戦時下の民俗学」「戦争と戦後の民俗学」「民俗の均質化」「戦時下の地域社会の変化」「戦争と生業の変遷」「屋根神様・隣組・町内会」「職人の変化」など、本節と重複する諸視点を紹介、事例と問題点を手際よくまとめている。また、佐野賢治「戦争と民俗」（国立歴史民俗博物館「近代における兵士の実像」研究会報告、一九九九年七月）は、戦争を文化としてとらえる視点を紹介し、『日本民俗宗教辞典』（東京堂出版、一九九八年）から、「国家と戦争」に関する数十の民俗文化項目をピックアップして問題の所在を概観した。

(30) 本康宏史「『軍都』と民俗（一）—金沢における祈願と慰霊—」(『都市と民俗研究』第七号、一九八七年)、同「『軍都』の民俗再考—祈願と慰霊を中心に—」(二)(『石川県立歴史博物館紀要』八号、一九九五年)、同「戦争のフォークロア」(『銃後の人々—祈りと暮らし—』展図録、石川県立歴史博物館、一九九五年)。

(31) 大江志乃夫『日露戦争の軍事史的研究』(岩波書店、一九七六年)第二章一節、同『徴兵制』(岩波書店、一九八一年)など参照。

(32) 大江志乃夫『戦争と民衆の社会史』(徳間書店、一九七九年)、巨勢泰雄「奥山半僧坊の千本のぼり」(『静岡県近代史研究会会報』第二四号、一九八〇年)、中村羊一郎「玉除け・徴兵逃れとしての竜爪信仰」(『月刊歴史手帖』九—一一、一九八一年)、岩田重則「弾丸除け信仰の基層—ケガレと認識された戦争—」(『静岡県史研究』第十一号、一九九五年)など。

(33) 大江志乃夫『昭和の歴史3　天皇の軍隊』(小学館、一九八二年)など。

(34) 金沢市高岡町高等小学校編『郷土人の民間信仰に関する調査研究』一九三八年など。

(35) 佐々木龍作「戦争と心意現象」(『越中郷土研究』二巻四号、一九二八年)。金沢市内の井戸・湧き水に関する民俗的な習俗については、北島俊朗『金沢市文化財紀要　金沢市のわき水調査報告書』(金沢市環境部環境保全課、一九九六年)参照。

(36) 橘氏の調査によれば、金沢市域で九万坊を祀った所として、以下の九箇所が確認されるという(橘礼吉「金沢の九万坊信仰」加能民俗の会例会報告、二〇〇一年四月)。黒壁山九万坊(三小牛町/天台宗薬王寺)、桃雲寺(野田町/曹洞宗)、満願寺山九万坊(窪町/天台宗・真盛派)、卯辰山九万坊(卯辰東山二丁目/金峰山修験本宗金峰山寺)、最勝寺(湯谷原町/天台宗)、西方寺(寺町五丁目/天台宗・真盛派)、西養寺(卯辰東山二丁目/天台宗)、伝灯寺山九万坊(伝灯寺町/臨済宗/不明)、飢渇山天狗谷九万坊(野田町/不明)。なお、金沢の九万坊信仰については、山岸共「九万坊大権現の考察」(『加能民俗研究』六号、一九七八年)。また、これを含む石川県下の天狗伝説全般に関しては、小倉學「加賀・能登の天狗伝説考」(『昔話伝説研究』二号、一九七二年)が詳しい。

(37) 知切光歳『天狗考』上巻(涛書房、一九七三年)、同『天狗の研究』(大陸書房、一九七五年)、宮本袈裟雄『天狗と修験者—山岳信仰とその周辺』(人文書院、一九八九年)など。近年、岩田重則氏は戦争と民俗をめぐる問題の一環として、「天狗と戦争—戦時下の精神誌—」(松崎憲三編『近代庶民生活の展開—国の政策と民俗—』三一書房、一九九八年)をまとめ、天狗と戦争に関する総合的な考察をすすめている。なお、山岸前掲「九万坊大権現の考察」によれば、京都愛宕権現(将軍地蔵)の神像版画には、愛宕権現を中心に眷属が配されており、このなかにも杉の生えた山上に「武器を持した天狗の軍兵」が描かれているという。

(38) 『三州奇談』には「魔魅の住む所」、『亀の尾の記』には「魔所」、『加賀志徴』には「魔所の主は天狗らしい」とある。泉鏡花の短編小説『黒壁』(明治二十七年十月、未完)にも、この山一帯が金沢の「魔所」「幽寂界」として語られている(「黒壁は金沢市の郊外一里程の処にあり、魔境を以て国中に鳴る」)。ただし、鏡花は、九万坊権現を彼の信仰する摩利支天に置き換えているが。なお、黒壁山と伏見川の峡谷をはさんだ満願寺山(ここにも九万坊の祠と伝承が所在する)も「魔魅の栖」(『亀の尾の記』)とされる。

(39) 橘礼吉氏のご教示による(加能民俗研究会、二〇〇一年五月例会)。

(40) 大江前掲『徴兵制』、同『戦争と民衆の社会史』、同『昭和の歴史三　天皇の軍隊』など参照。なお、「山の神」に関しては、ネリー・ナウマン『山の神』(言叢社、一九九四年)が比較文化史の視点から広範な問題を提起している。

(41) 和田稠「靖国のこちらがわ」(『伝統と現代』第七九号、一九八四年)。和田『信の回復』(同朋社、一九七五年)も真宗門徒の立場から靖国問題を論じている。御霊信仰に関しては、桜井前掲「明治百年と靖国神社」。

(42) 明治三十八年二月十三〜十五日付『北国新聞』記事より。

(43) なお、新潟県佐渡金井町の明治紀念堂には、地域の戦没者の遺影が所狭しと(奉納され)飾られている(高田あや「戦死者の写真が語るもの—佐渡・明治紀念堂をめぐる一考察—」都留文科大学文学部卒業論文、一九九六年参照)。

(44) C・アウエハント『鯰絵—民俗的想像力の世界—』(せりか書房、一九七九年)二三頁。

(45) 山形県立博物館編『山形の絵馬—所在目録—』一九八五年。なお、絵馬の概観に関しては、岩井宏美・神山登『日本の絵馬』(河原書店、一九七〇年)、岩井『ものと人間の文化史12　絵馬』(法政大学出版会、一九七四年)、石子順造『小絵馬図譜』(芳賀書店、一九七二年)、内田静馬『日本の民画』(理工学社、一九七八年)、塩照夫『富山の絵馬』(北日本新聞社出版部、一九八九年)など参照。石川県下の戦争絵馬については、本康宏史「兵士の死—石川県吉野谷村の場合—」(檜山幸夫編『近代日本の成立と日清戦争—戦争の社会史—』雄山閣出版、二〇〇一年、四六二〜四六七頁)参照。檜山氏も同書で、戦争絵馬の総合的な分析を試みている。また、近年、金沢市でも橘礼吉氏により、集中的な絵馬調査が実施された(『金沢市史』資料編14　民俗、二〇〇一年)。戦争絵馬も数点確認されており、注目される。

(46) 江口圭一「満州事変と民衆動員—名古屋を中心として—」(古屋哲夫編『日中戦争史研究』吉川弘文館、一九八四年)。

(47) 「昭和十九年度　常会誌並ニ配給品及国債々券等控」(『柳田村史』石川県鳳至郡柳田村役場、一九七五年)五一一頁。
(48) なお、こうした問題について川村光邦氏は、国家が戦没者を「カミ」として祀ったのに対し、遺族たちは戦没者を「ホトケ」として弔い続けたという相違としてとらえている(川村光邦「国家神道の登場と英霊祭祀—神々の帝国主義—」(山折哲雄編『日本の神2　神の変容』平凡社)一八五頁。
(49) 『北国新聞』昭和十六年十二月九〜十日付。
(50) 西山前掲「『蓮如忌』考・二」、和田前掲「ハレ・ケ・ケガレ—民俗儀礼がめざすもの」など参照。
(51) 天野武『若者組の研究』(柏書房、一九七八年)の第九章「若者組と世相」第二節「戦争との関係」参照。天野氏は、太平洋戦争期の能登半島羽咋郡(柴垣)の若者組の事例などを紹介している。
(52) 前掲『柳田村史』五一一頁、のちに今村充夫『加賀能登の年中行事』(北国出版社、一九七七年)に収録。
(53) 松崎憲三「真宗と民俗」(『巡りのフォークロア—遊行仏の研究—』名著出版、一九八五年)一五一頁。
(54) 岩田重則「柳田国男の祖霊研究—『先祖の話』再検討—」(『地方史研究』二五三号、一九九五年)。
(55) 山岸前掲「九万坊大権現の考察」六〇頁。
(56) 神島二郎「戦争と民俗—政治文化における変化と持続—」(『日本民俗文化大系12　現代と民俗—伝統の変容と再生—』小学館、一九八六年)。この問題に関しては、山室建徳氏が、近年「軍神論」(『近代日本文化論10　戦争と軍隊』岩波書店、一九九九年、九三頁以下)で総合的な考察を加えている。新谷尚紀氏も近稿「慰霊と軍神」(藤井忠俊・新井勝紘編『人類にとって戦いとは3　戦いと民衆』東洋書林、二〇〇〇年)で、「人を神に祀る風習」(柳田)の歴史的・民俗的な分析を試みている。
(57) 黒羽清隆「方法的な序説—はしがきにかえて—」(『十五年戦争史序説』三省堂、一九七九年)。同じく黒羽『十五年戦争と平和教育』(地歴社、一九八三年)もこの問題にふれている。
(58) 丸山眞男「超国家主義の論理と心理」(『丸山眞男集』三巻、岩波書店、一九九六年)一九〜二〇頁。
(59) 長谷川宏「日本ファシズム論」(『丸山眞男をどう読むか』講談社、二〇〇一年)五一頁。

あとがき

本書は、筆者が一九九〇年代以降にまとめた論文を柱としている。初出タイトルと掲載誌および掲載書（発表順）、各章、各節との関係は以下の通りである。

1「『軍都』の民俗再考—祈願と慰霊を中心に—」（『石川県立歴史博物館紀要』八〜九号、一九九五〜六年）。但し「『軍都』と民俗」（二）（『都市の民俗研究』七号、一九八七年）を加筆・改稿。

2「招魂社制度の地域的展開と十五年戦争」（高澤裕一編『北陸社会の歴史的展開』能登印刷出版部、一九九二年）。

3「『軍都』金沢—イメージと実態の変遷小史—」（本康宏史編『金沢学⑧イメージ・オブ・金沢—〝伝統都市〟像の形成と展開—』前田印刷出版部、一九九八年）。

4「台湾における軍事的統合の諸前提」（中京大学社会科学研究所台湾総督府文書編纂委員会編『台湾総督府文書目録』第四巻、ゆまに書房、一九九八年）。

5「『軍都』における都市空間の諸相—比較『軍都』論の一前提として—」（『石川県立歴史博物館紀要』一三号、二〇〇〇年）。

6「『軍都』のトポロジー—祈願と慰霊を中心に—」（櫛田清編『金沢学⑨トポス・オブ・金沢』前田印刷出版部、二〇〇〇年）。

7「旧陸軍兵器庫の保存と活用—第九師団兵器支廠兵器庫の場合—」（前田清志・玉川寛治ほか編『日本の産業遺産II—産業考古学研究』玉川大学出版部、二〇〇〇年）。

8「兵士の死—石川県吉野谷村—」（檜山幸夫編著『近代日本の形成と日清戦争』雄山閣出版、二〇〇一年）。

9『『軍都』金沢の民衆史—民衆生活とフォークロア—」（『民衆史研究』第六二号、二〇〇一年）。

10「明治紀念標をめぐる諸問題—金沢兼六公園の日本武尊像再考—」（『国立歴史民俗博物館研究報告』特集号「近現代の兵士の実像」二〇〇二年三月提出予定新稿）。

〔本書の章節〕（括弧内は初出論文番号）

序論　「慰霊」の場をめぐって（*9*ならびに*5*）

I　「軍都」論と「慰霊空間」

一・二（*5*ならびに*7*）、三（*6*）

II　「招魂」の空間

一（*2*）、二（*10*）、三・四（*2*、一部新稿）、補論（*4*の一部）

III　「慰霊」のコスモロジー

一・二・三（*1*ならびに*9*、二—(二)は*8*の一部）

本書をまとめるにあたって、各論稿を大幅に再構成し、初出論文の表題はほとんど改めた。各論文の本書への収載をご同意下さった関係機関・書肆のご好意に、改めてお礼を申し上げたい。

本研究の構想の原型は、のちに論稿*1*に結実することとなった、一九八四年十月の「金沢民俗をさぐる会」例会での報告「『軍都』の民俗―国家神道の周辺から―」である。同会は宮田登氏の影響をうけた金沢の民俗学研究者の集まりで、中心となって活動していた小林忠雄氏の誘いに応じ、畑違いながら当時市民権を得つつあった都市民俗学の方法をなぞって自分なりの問題提起をしたものであった。以来このスタンスが研究のひとつの軸となっている。なお、小林氏には、氏が金沢を離れられたのちも公私にわたるさまざまなご教示をいただいてきた。

国家神道をめぐる問題については、当時の社会情勢もさることながら、「治安維持法」の改正過程をめぐる拙い卒業論文以来、それなりの関心を抱いてきた。さきの論稿をふまえつつ地域における招魂社・護国神社の実態の整理を試みたのが、論稿*2*である。同稿は、筆者が歴史学の基礎を学んだ金沢大学日本史研究室の四十周年記念ならびに恩師高澤裕一先生の還暦記念として企画された論文集に寄せたもので、高澤先生の学恩に報いるため、故棚橋光男氏ならびに中野節子氏ら同窓生を中心に編まれたものである。同書に研究室同期の畏友布川弘氏はじめ諸先輩や後輩とともに拙稿を加えることができたことは望外の喜びであった。

その後、『金沢市史』等の編纂を通じて、金沢固有の軍事的な背景にとりあえずの関心を収斂し、「軍都」というモチーフをしだいに鮮明にしながら地域研究を進めていった成果が、論稿*3*・*6*である。この間『金沢市史』近代部会の橋本哲哉、林宥一（故人）、奥田晴樹、松村敏氏をはじめとする編纂部会メンバー（平野優、山本吉次、太多誠、新本欣悟、能川泰治氏）には、毎週のように（石川県下各自治体史の編纂作業ほかをつうじて）多くの刺激とご教示を得てきた。また、これと並行して、田中喜男・黒川威人氏を中心とする「金沢学研究会」（事務局は丸山敦氏）に参加する機会を得、会の運営にも係わるなかで、学際的なメンバーからさまざまなご教示をいただいた。とくに「軍都」論をめぐっては、土屋敦夫、伊藤悟、市川秀和氏より有意義な示唆を得た。金沢学研究会での活動の一端は、のちに筆者の編著となる『イメージ・オブ・金沢―〝伝統都市〟像の形成と展開―』にまとめることができた。

こうした金沢でのネットワークを軸とした活動とは別に、ここ十数年、台湾（中華民国）において台湾総督府文書の目録編纂事業に参加することができた。この事業は、中京大学の檜山幸夫氏を中心とする広範な研究者集団によって、長期にわたり内外の困難を克服しつつ継続されている地道な基礎作業である。この作業をつうじて筆者も台湾の初期軍政に関する問題関心を深めることができ、その一環として、台湾神社の創設に関する小論を、総督府文書の原本を駆使してまとめる機会を得た。台湾神社という具体的な海外神社に目が及ぶことで、筆者の招魂社・護国神社に関する研究に多角的な視点を加えることができたのではないかと自負している。なお、台湾神社関係の調査に関しては、檜山氏はもとより、広瀬順晧、栗原純、岡本真希子氏らから多くのご指摘を得、また近年この分野の第一人者である蔡錦堂氏の知己を得ることもできた。

一方、檜山氏とは、これと並行して日清戦争を中心とする戦争記念碑・戦没者墓碑の調査を総督府文書以前から進めてきた。これは檜山氏や東山京子氏らをはじめとする中京大学社会科学研究所のメンバーとの北陸各地での現地調査で、この延長として中国の山東半島・遼東半島の戦跡調査（日中歴史研究センター交付助成金に基づく）にも参加させていただいた。論稿*4*や論稿*8*は、これらの調査の過程で得た素材を活用したものである（論稿*8*は、もちろん奥田晴樹氏を代表とする『吉野谷村史』近代部会の調査成果でもある）。

多角的な視点といえば、一九九八年以降、国立歴史民俗博物館の共同研究員として「近現代の兵士の実像」研究プロジェクトに参加したことが、その後の研究の大きな示唆となった。これは太平洋戦争後五十年の一九九五年、勤務する石川県立歴史博物館で開催した戦争展『銃後の人々―祈りと暮らし―』（ちなみに記念講演は岩田重則氏に依頼）を機縁として、戦争と民衆、とくに戦没者の慰霊をめぐる研究メンバーの一員に加えていただいたものである。同研究会では、代表の藤井忠俊氏や鹿野政直氏をはじめとする研究者からさまざまな刺激を得た。この間、わずかながらも進めてきた「慰霊空間」に関する所論について、この分野の専門家である赤澤史朗、原田敬一、高木博志氏や民俗学の立場から佐野賢治、波平恵美子氏らに直接ご批評・ご教示いただいたことは、大いに励みとなった。論稿*10*は、この研究プロジェクトの成果をまとめる報告書に提出予定の新稿で、事務局の新井勝紘、新谷尚紀氏をつうじて、同博物館より特に収録許可を得たものである。両先生ならびに関係各位に改めてお礼申し上げたい。

その後、同研究会から派生する形で「戦争記念碑等に関する非文献資料」の調査研究会（事務局は新井、一ノ瀬俊也、粟津賢太氏）が立ち上がり、これにも引きつづき参加。原田・高木氏はもとより、海老根功、横山篤夫、坂井久能、今井昭彦氏ら、各地域で戦争碑・墓地を地道に研究されているメンバーとともに各地を調査、情報交換をつうじて多少なりとも全国的な視野を持つことができた。この調査研究は、新谷尚紀・関沢まゆみ氏を中心とする戦没者の聞き取り調査（筆者も参加予定）へと展開し、新たな視点での研究の進展が期待される。こうした国立歴史民俗博物館主催の諸研究会・調査をつうじて関心を拡げた結果、粗削りながらも「慰霊」や「軍都」に関する比較都市史的な分析を試みたものが、論稿*5*、*6*、*9*である。

なお、論稿*7*は、国立科学博物館の鈴木一義氏をつうじて関係をもった産業考古学会の依頼（創立二十周年記念論文集）により、金沢の軍事的近代化遺産に関して整理したもので、筆者が勤務する博物館の前身（建造物）が陸軍第九師団の兵器庫であったことが、そのモチーフとなっている。

以上のようなさまざまな事情で書き継いできたそれぞれの論稿を、この際、一定の構成に基づいてまとめてみるよう奨めていただいたのは、金沢大学の橋本哲哉先生である。幸い国立歴史民俗博物館の研究会での交友を得るなかで、原田敬一、高木博志氏より本書上梓に至る多大なご尽力を賜り、現今の出版をめぐる厳しい状況の中、刊行させていただく運びとなった。あわせて深謝したい。

こうした形にまとめることができたのは、さきにお名前を上げさせていただいた先生方をはじめ、多くの方々にご教示・ご協力いただいた所以であることはいうまでもない。とりわけ各論稿の作成のためにお世話になった方々については、なるべく注記等に記して、感謝の意を表したつもりではあるが、あるいは記し漏れた方もあるに違いない。あらかじめお詫びしておきたい。実際、こうした方々の学恩をどれだけ活かせたかと思うと内心忸怩たるものがある。しかし、この機会に、ご指導、ご協力下さった方々のご厚情の何分の一かでもおかえしできたらと思い、拙いながら一書としてまとめたしだいである。

なお、刊行にあたり、煩瑣極まりない編集の労をとらえた吉川弘文館編集部の諸氏、また装丁をお願いした右澤康之氏に改めてお礼申しあげたい。

最後に、今日まで筆者に研究に携わる環境を与えてくれた職場の先輩や同僚、さらに何かと励ましをいただいた友人たち、なによりも遅々とした歩みの執筆作業を支えてくれた家族に深く感謝したい。

二〇〇二年一月

本康宏史

索　　引

Ⅰ人　　名

＊紙幅の関係で注・表中の人名は除いた。

あ　行

か　行

さ　行

た　行

な　行

は　行

ま　行

や 行

ら 行

わ 行

II 事 項

＊軍都・慰霊・招魂社・護国神社・陸軍墓地・忠魂碑等の頻出語は除いた。

あ 行

か　行

さ　行

た　行

ご氏名《ふりがな》	年齢　　歳	男・女	
〒□□□-□□□□ ご住所	電話		
ご職業	所属学会等		
ご購読新聞名	ご購読雑誌名		

今後、吉川弘文館の「新刊案内」等をお送りいたします(年に数回を予定)。
ご承諾いただける方は右の□の中に✓をご記入ください。　□

注文書

月　　日

書　　名	定　価	部　数
	円	部
	円	部
	円	部
	円	部
	円	部

配本は、○印を付けた方法にして下さい。

イ. 下記書店へ配本して下さい。
(直接書店にお渡し下さい)
—(書店・取次帖合印)—

書店様へ=書店帖合印を捺印下さい。

ロ. 直接送本して下さい。
代金(書籍代+送料・手数料)は、お届けの際に現品と引換えにお支払下さい。送料・手数料は、書籍代計1,500円未満500円、1,500円以上200円です(いずれも税込)。

＊お急ぎのご注文には電話、FAXもご利用ください。
電話 03—3813—9151(代)
FAX 03—3812—3544

料金受取人払郵便

本郷局承認

7211

差出有効期間
平成28年1月
31日まで

郵便はがき

113-8790

251

東京都文京区本郷7丁目2番8号

吉川弘文館 行

愛読者カード

本書をお買い上げいただきまして、まことにありがとうございました。このハガキを、小社へのご意見またはご注文にご利用下さい。

お買上**書名**

＊本書に関するご感想、ご批判をお聞かせ下さい。

＊出版を希望するテーマ・執筆者名をお聞かせ下さい。

お買上書店名	区市町	書店

◆新刊情報はホームページで　http://www.yoshikawa-k.co.jp/

◆ご注文、ご意見については　E-mail:sales@yoshikawa-k.co.jp

な　行

は　行

ま　行

や　行

ら　行

わ　行

著者略歴

一九五七年　東京都に生まれる
二〇〇三年　金沢大学大学院社会環境学研究科学位取得、博士（文学）
現在、金沢星稜大学経済学部教授

〔主要著書・論文〕
『イメージ・オブ・金沢―〝伝統都市〟像の形成と展開―』（編著、前田印刷出版部、一九九八年）
『石川県の歴史』（共著、山川出版社、二〇〇〇年）
『からくり師大野弁吉の時代―技術文化と地域社会―』（岩田書院、二〇〇七年）
「「軍都」金沢と遊廓社会」（佐賀朝・吉田伸之編『シリーズ遊廓社会2　近世から近代へ』吉川弘文館、二〇一四年）

軍都の慰霊空間
―国民統合と戦死者たち―

二〇〇二年（平成十四）三月十日　第一刷発行
二〇一四年（平成二十六）五月十日　第二刷発行

著者　本《もと》康《やす》宏《ひろ》史《し》

発行者　前田求恭

発行所　株式会社　吉川弘文館
郵便番号一一三―〇〇三三
東京都文京区本郷七丁目二番八号
電話〇三―三八一三―九一五一〈代〉
振替口座〇〇一〇〇―五―二四四番
http://www.yoshikawa-k.co.jp/

印刷＝株式会社　平文社
製本＝誠製本株式会社
装幀＝右澤康之

ISBN978-4-642-03742-6